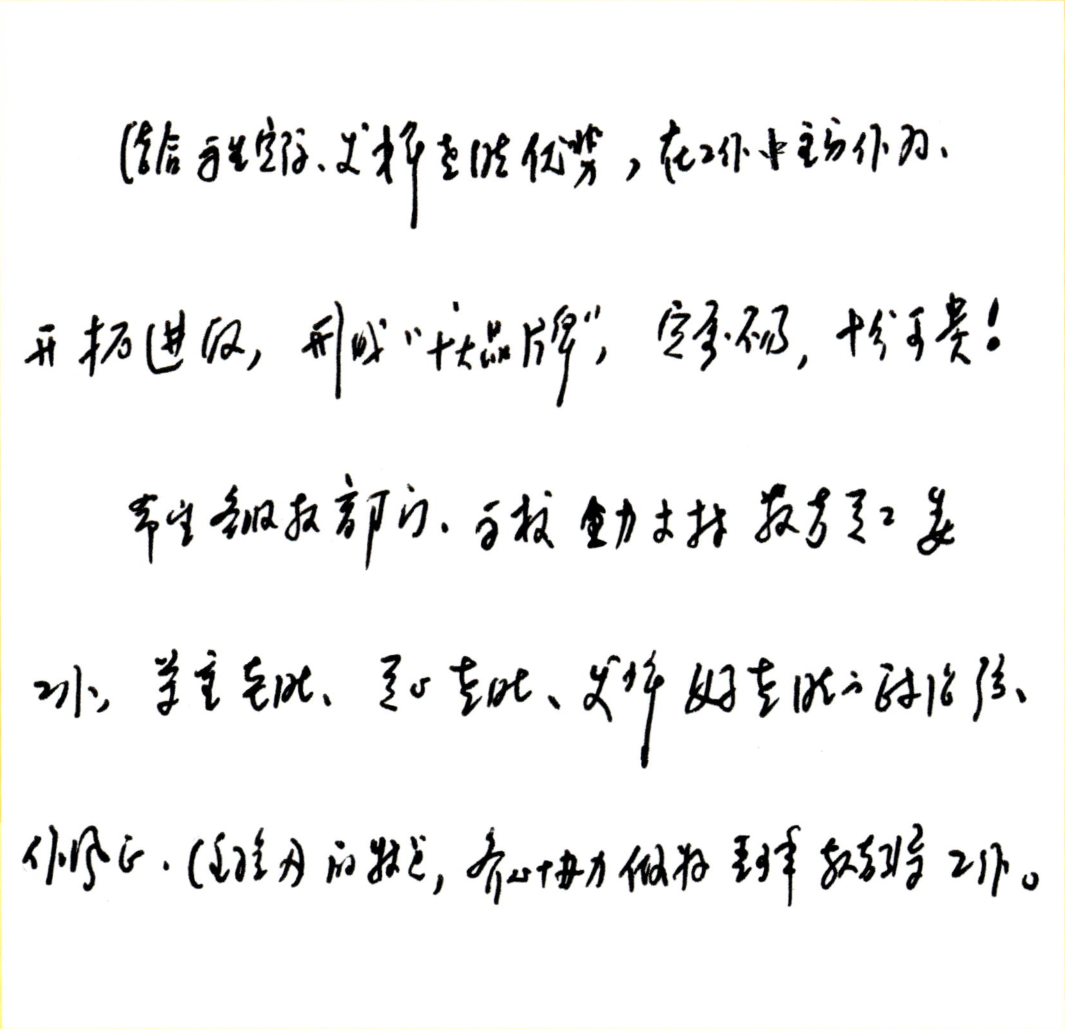

袁贵仁部长对关工委“十大品牌”工作的批示

全国高校关工委工作经验交流会于2013年10月在京召开

中国关工委主任顾秀莲与田淑兰主任、朱新均顾问亲切交谈

李卫红副部长在会上讲话

田淑兰主任在会上做大会主报告

清华大学钱锡康老师接受学生采访

北京大学开展“春燕行动”
组织学生志愿者拜访徐光宪院士

上海交通大学关工委召开特邀党建组织员工作例会

西安交通大学蒋季成教授举办名师讲坛

福建师大附属中学帮助永泰岭路小学建立爱心图书室

广东第二师范学院关工委老同志指导学生活动

华东政法大学关工委老同志研讨法律问题

广东海洋大学组织大学生下乡开展扶贫活动

桑榆霞满天

全国高校关工委工作十大品牌优秀案例选集

【十大品牌之一】特邀党建组织员
【十大品牌之二】五老报告团
【十大品牌之三】主题教育活动
【十大品牌之四】青蓝工程
【十大品牌之五】校园文化传承
【十大品牌之六】社团指导
【十大品牌之七】大学生涯导航
【十大品牌之八】老少共话
【十大品牌之九】帮困助学
【十大品牌之十】专题调研

教育部关心下一代工作委员会 编

广西师范大学出版社
·桂林·

图书在版编目(CIP)数据

桑榆霞满天:全国高校关工委工作十大品牌优秀案例选集/教育部关心下一代工作委员会 编.—桂林:广西师范大学出版社,2015.9
ISBN 978-7-5495-6486-6

Ⅰ.①桑… Ⅱ.①教… Ⅲ.①高等学校-青少年教育-教育工作-案例-中国 Ⅳ.①G64

中国版本图书馆CIP数据核字(2015)第064491号

出 品 人:刘广汉
责任编辑:刘美文 卢 义
装帧设计:徐 妙
广西师范大学出版社出版发行
(广西桂林市中华路22号 邮政编码:541001
网址:http://www.bbtpress.com)
出版人:何林夏
全国新华书店经销
销售热线:021-31260822-882/883
江阴金马印刷有限公司印刷
(江阴市滨江西路803号 邮政编码:214443)
开本:787mm×1 092mm 1/16
印张:22 插页:4 字数:491千字
2015年9月第1版 2015年9月第1次印刷
定价:68.00元

勤思方日进

（代序）

从二十世纪九十年代以来，教育部关工委在部党组领导支持下，围绕我国教育大局，配合主渠道，把立德树人作为根本任务做了大量很有成效的工作。广大老教育工作者忠诚党的教育事业，退而不休、辛勤耕耘、无私奉献的精神，得到了广大师生的赞誉。关心下一代事业，也被誉为培育未来事关长远的战略工程，真情奉献的爱心工程，情系千家万户的温暖工程，弘扬民族精神、传播正能量的阳光工程。

回顾这些年走过的路，教育关工委有一条很好的经验值得珍惜，那就是在探索实践中不断总结反思。反思是实践进步的阶梯。只有在实践中不断总结反思，我们工作的指导思想才能越来越明确，工作路径才能越来越通畅，工作机制才会越来越成熟。

第一，反思要有大调研。实践是我们总结反思的基础，反思是对实践的认识深化。反思成功，总结规律，乘风借势，正道而行；反思不足，总结教训，理智研判，走出迷雾。近几年来，教育系统各级关工委工作实践不断丰富，工作总结内容充实，反思也很深入。充分说明有意识地专题调研，对推动关工委工作的深入开展大有好处。在调研的基础上，我们从实践中总结推广的项目，如青蓝工程、特邀党建组织员等，及时借鉴了基层和高校关工委品牌创造的经验，推广促进关工委工作有了质的飞跃。这也证明了关工委只有通过调研，从实践中总结出的经验，才可以在全局推广。

第二，反思要有大境界。我们的反思一定要有大境界，就是指要有大局、责任意识，要与我国教育改革发展的总体要求和趋势同向而行，为中华民族振兴和实现“中国梦”贡献力量。关工委老同志是我们教育事业大发展的亲历者、见证者。他们人品、教品、学品俱佳，对教育战线发展现状有自己的评价，没有不负责任一批了之的高谈阔论，体现了他们在教言教、在教为教、在教爱教、在教兴教的博大胸怀和崇高境界。由于关工委组织本身的性质和队伍现状，使得关工委工作必须突出重点。为此，我们要不断地反思，听取和充分尊重老同志对工作的意见，要有所为，有所不为。我们一定要从教育工作的大局出发，发挥老同志政治、经验、情感、威望和时空五大优势，确定关工委工作的定位，找准关工委工作的突破口，引导关工委工作不断深入发展。

第三，反思要有大智慧。反思不能就事论事，要就事论理、不断探索规律。我国教育存在的某些问题，实质上是社会上诸多矛盾复杂现象在教育领域的反映，是国家特殊发展阶段难以避免的，有些问题正在解决中，但需要过程。要从根本上得到解决，必须依靠政府进一步加大投入、深化教育的改革发展。开展关工委工作，也要有全局的智慧。比如：职业院校关工委的工作目前已经启动，需要及时培育总结出一些典型。但这项工作的难度，仍在考验我们的智慧，要下大气力，不断总结反思，过一段时间还要回头看，才能在错综复杂的环境下寻找出适合自己的一条路。

勤思方日进，不断总结反思，要成为教育关工委工作的习惯。为了承上启下，我们将近年来关工委“立德树人”研究与实践的成果编辑出版了四本著作：《关心下一代工作指南》《关心下一代论文集萃》《桑榆霞满天——全国高校关工委十大品牌优秀案例选集》和《晚晴——基层关工委先进集体和个人事迹选编》。这四本书既是教育系统关工委工作的阶段性总结，又是关工委“立德树人”工作实践的探索启示。理论研究成果可以武装我们的头脑，典型经验可以丰富我们的智慧，先进事迹可以激励我们的精神。面对新形势新挑战，我们教育关工委工作必须不断探索、不断创新，在总结中提高，在探索中奋进。

田淑兰

二〇一五年八月

目　录

第三辑 主题教育活动

第四辑 青蓝工程

第五辑 校园文化传承

第六辑 社团指导

第七辑 大学生涯导航

第八辑 老少共话

立足新起点 开创新局面
把高校关工委工作提高到一个新的水平

——顾秀莲主任在全国高校关工委工作经验交流会议上的讲话

（2013年10月29日）

同志们：

在全国上下深入学习贯彻党的十八大精神和努力践行中国梦的热潮中，全国高校关工委工作经验交流会议在北京隆重召开。会上颁布的全国高校关工委工作"十大品牌"是高校关工委战线和老同志辛勤耕耘、无私奉献所取得的丰硕成果，也是教育部和各地高校党政领导重视、关心和支持的结果。借此机会，我代表中国关工委向教育部党组和高校党政领导表示衷心的感谢！向高校关工委战线上的全体同志和所有为关心下一代工作做出积极贡献的离退休老同志们表示崇高的敬意和亲切的问候！

刚才，淑兰同志做了报告，对全国高校关工委工作进行了全面总结和部署，卫红同志就教育部门、高校党政领导重视和加强关工委工作提出了具体要求，讲得很好，我都赞成。下面，结合这次会议的主题和今后的工作，我讲两点意见。

一、要认真学习领会中央领导批示精神，肩负使命，再接再厉

党的十八大报告指出："中国特色社会主义事业是面向未来的事业，需要一代又一代有志青年继续奋斗。全党都要关注青年、关心青年、关爱青年，倾听青年心声，鼓励青年成长，支持青年创业。"这不仅是对全党的要求，对广大青少年的深情嘱托，也是对新形势下关心下一代工作提出的新要求。对此，我们必须认真学习，深刻领会，积极贯彻。

一是要增强忧患意识，居安思危，防微杜渐。关心下一代工作，关键是要赢得未来，未来就是国家的长治久安。从国际看，西方敌对势力西化、分化我国的政治图谋始终没有改变，通过非政府组织潜入、培植代理人集团，利用网络推波助澜等各种方式，在青少年中极力散播西方的政治观点、价值理念和生活方式，与我们争夺青少年的斗争日趋激烈。从国内看，我国正处在发展机遇期和矛盾凸显期，各种社会思潮相互交织，个人主义、拜金主义、享乐主义不可避免地在部分青少年中滋生蔓延。特别是随着经济全球化、信息网络化，多种落后思想和非主流价值观形成庸俗文化和腐朽思想，对青少年的消极影响更不容忽视。高校的根本任务是"立德树人"，培养合格的社会主义建设者和可靠接班人。希望高校党政领导、有关部门和关工委的老同志要胸怀大局、始终保持清醒，在大学生思想政治教育中齐抓共管，协调配合，积极引导青年学生健康成长。

二是要增强责任意识，勇于担当，不辱使命。关心下一代工作，关键是要赢得青年，坚定他们跟党走中国特色社会主义道路的信心。今年初，9位中央领导同志在中国关工委

《2012年工作情况和2013年工作要点》中做出了重要批示，对关工委工作给予了充分肯定。习近平总书记批示："望再接再厉，认真贯彻落实党的十八大精神，要发挥'五老'优势，做好关心和教育青少年健康成长的相关工作。"同志们，对此，我考虑了很久，细细琢磨，里面有三个关键词。一是"望再接再厉"，就是要在关注青年、关爱青年、关心青年上多下功夫。过去的成绩不说明现在，关工委工作要继续创新发展。二是"五老优势"，就是要发挥老同志"政治、经验、威望、时空、亲情"的独特优势，要有"化作春泥更护花"的胸怀，为了我们的下一代更好地健康成长。三是"相关工作"，就是关工委的工作，要有所为，有所不为。工作要做好不容易，需要坚持正确的政治方向，"围绕中心、服务大局"，同时还要"积极配合、主动作为"，"有的放矢""日有所进、日有所新、精益求精"。我深切感受到中央领导同志对于关工委事业的重视，情深意切、语重心长，我们要不断增强做好关心下一代工作的使命感和责任感，要勇于担当，不辱使命，把中央领导同志的要求变成实际行动，在今后关工委的各项工作中，争取做出更大的成绩。

三是要增强创新意识，与时俱进，积极探索。关心下一代工作要赢得发展，关键就要有新思维、新办法、新举措。高校不仅担负培养人才的重任，还是文化传播、思想创新的智库和策源地，更应该成为加强和创新社会管理的高地。要着力探索工作规律，在重点问题上有所突破。要关注大学生思想动态，尤其是对理想信念方面所出现的新情况、新问题进行研究，探索关工委组织如何发挥优势，增强教育工作的针对性和有效性。要围绕新时期青少年的成长规律和发展要求进行研究，开展既符合中央精神又贴近基层需求、彰显关工委特色的主题教育活动，引导和帮助青少年健康成长。有条件的高校还应主动配合有关部门，利用专业优势和人才优势，发动"五老"和青年学生深入广大社区、企业、乡村做好帮教、扶贫、就业等方面的调研工作，探索规律，及时总结经验教训，在理论创新方面发挥主力军的作用，为关心下一代工作提供有力的理论支撑。明年，将召开全国关工委工作理论研讨会，希望我们高校切实加强对关工委工作的研究，注重把握关工委工作的规律性，提炼对全局工作有指导意义的经验，提交一批有深度、有对策建议的调研报告和理论文章。

二、新形势下的高校关工委工作，要立足新起点、创造新业绩

党的十八大提出了"两个百年"的奋斗目标，阐述了加强社会主义核心价值观建设的重要意义，为高校关心下一代工作指明了方向，提出了新要求。我们要适应新的形势，从教育规律出发，从高校实际出发，在继承中不断发展，在实践中不断创新，努力把高校关工委工作提高到一个新的水平。

（一）务必把关工委工作放在更加重要的位置

关工委工作不是中心工作、大局工作，却影响中心、牵动大局。高校关工委和老同志在学校思想政治教育中具有特殊优势和不可代替性，是高校党政领导做好青年学生和教师工作的参谋助手。高校党政领导要重视和支持关工委工作，并摆上重要议事日程，为关工委开展工作创造必要的条件；高校关工委要坚持"围绕中心、服务大局"的原则，自觉在学校党政领导下开展工作，深刻领会学校党政领导提出的决策部署，工作思路要与学校党政领导决策部署同步，工作措施要与学校党政领导的中心工作紧密配合，关工委的重要工作要请学校党

政领导把关定向，遇有困难和问题要请学校党政领导协调解决。

（二）健全关心下一代工作的领导体制和工作机制

各地高校要建立健全党委统一领导，有关部门和社团组织协调配合，关工委主动作为，依靠广大师生积极参与的领导体制和工作机制。高校关工委既要勇于“搭台唱戏”、以我为主，请相关部门一起做好关心下一代工作；又要巧于“借台唱戏”，利用相关部门创建的载体或活动，积极参与做好关心下一代工作；还要善于同台唱戏，与相关部门联起手来共同做好关心下一代工作。努力做到在协调中相辅相成，在协作中相得益彰，在协同中各尽其责，形成工作合力。要继续抓紧抓好关工委班子成员和“五老”骨干的培训工作，结合形势要求和青少年思想特点，学习上级有关文件精神，提高理论水平，增强创新能力，推动关心下一代工作的创新发展。

（三）深入持久开展“中国梦”的宣传教育实践活动

“中国梦”的宣传教育实践活动，是贯彻落实党的十八大精神的重要内容，是高校关工委今后一个时期的工作重点。高校关工委要在“中国梦”宣传教育实践活动的效果上下功夫，努力做好“立德树人”这篇大文章。通过深入调查研究，了解青年学生的思想实际，了解他们的所思、所想、所盼，不断增强“中国梦”宣传教育活动的针对性和时代感；同时还要把“中国梦”的宣传教育与中国特色社会主义教育相结合，与社会主义核心价值体系建设相结合，与关工委的各项工作相结合，引导青年学生把个人的抱负与实现中华民族伟大复兴“中国梦”的目标联系起来；倡导实现中国梦从自身做起，谱写自己追“梦”、筑“梦”、圆“梦”的人生理想，增强民族自尊心、自信心和自豪感，树立正确的世界观、人生观和价值观。同时，还要加强党史、国史教育的研究。历史是最好的教科书，只有了解过去，才能认清时局、把握未来，提高教育的针对性和有效性，坚定青少年跟党走中国特色社会主义道路的决心和信心。

（四）进一步开展创建“五好”基层关工委活动

关心下一代的工作对象和依靠力量在基层，关工委工作的主阵地在基层。2009年，我提出要以科学发展观统领关心下一代工作，努力做到“急党政所急，想青少年所需，尽关工委所能”。2010年，中国关工委做出创建“五好”基层关工委活动的重要部署后，各级关工委积极响应、结合实际、狠抓落实，经过三年努力，基层建设取得了显著成果。今年9月，中国关工委召开基层工作年总结表彰大会，表彰了1191个先进集体和389个优秀组织奖获得者。其中，在被表彰的教育系统271个单位中，有48所高校关工委受到表彰。他们是我国教育系统关工委基层建设的表率，他们所取得的成绩可喜可贺！为了贯彻落实党的十八大关于加强基层组织建设的要求，今后要按照重在实践、重在基层、重在实效的原则，以关心教育、培养帮助广大青少年健康成长为目的，继续深入开展“五好”基层关工委创建活动，建立健全基层工作的长效机制，并逐步走上持续健康发展的规范化、制度化、科学化轨道，把关心下一代工作提高到一个新水平。

同志们，经过数十年的艰辛探索和努力，我们党的伟大事业薪火相传，今天比历史上任何时期都更加接近中华民族伟大复兴的目标。关心下一代工作，使命光荣、任重道远。让我们更加紧密团结在以习近平同志为总书记的党中央周围，以大局谋规划，以创新求突破，以实绩求发展，深入推进高校关心下一代工作，为实现中华民族伟大复兴的中国梦，做出我们应有的贡献！

提高认识　加强领导
努力开创高校关工委工作新局面

——李卫红副部长在全国高校关工委工作经验交流会议上的讲话

（2013年10月29日）

尊敬的田淑兰主任，各位老领导、老同志：

今天，全国高校关工委工作经验交流会议在北京召开，教育系统和高校的许多老领导、老同志济济一堂，共同研讨、交流新形势下做好高校关工委工作的经验和体会。部党组历来高度重视教育系统关工委工作。借此机会，我代表教育部党组向所有参加这次高校关工委会议的与会代表，并通过你们向教育系统所有为关心下一代事业无私奉献的离退休老同志们表示崇高的敬意和亲切的问候！

下午，淑兰同志将对全国高校关工委工作做全面总结和部署，中国关工委顾秀莲主任还要作重要讲话。希望教育系统和高校关工委认真学习贯彻。近几年尤其是2009年以来，各地各高校关工委认真贯彻教育部党组20号文件，紧紧围绕学校中心工作，坚持以立德树人为主线，以理想信念教育为核心，以弘扬社会主义核心价值体系教育为重点，做了大量卓有成效的工作，取得了很好的成绩，积累了丰富的经验，形成了“特邀党建组织员”“青蓝工程”“五老报告团”等一批具有关工委特色的品牌工作，得到了学校党政领导和广大师生的好评。但是，我们也要看到，随着形势发展变化，高校关工委工作也面临着许多新的问题、新的挑战，对此，要有新的思考，新的定位。这应该引起各地教育部门和高校党政领导的重视，并认真加以落实和解决。下面，就加强高校关工委工作，讲三点意见。

一、提高认识，不断增强使命感和责任感

党的十八大提出“两个百年”的奋斗目标，以习近平同志为总书记的党中央提出中华民族伟大复兴的中国梦。实现“两个百年”目标和中国梦，人才是核心，科技是关键，教育是基础。高等教育对引领教育整体现代化，提升国家核心竞争力具有不可替代的地位。我国已经成为在学规模世界第一的高等教育大国，但还不是教育强国。高等教育未来发展的战略重点是以立德树人为根本使命，全面推动高等教育内涵式发展和提高质量。高校是我国培养中国特色社会主义事业合格建设者和可靠接班人的重要阵地；同时，也是各种思想文化交流交融交锋的前沿，是敌对势力与我们争夺接班人的重要战场。前不久，中央刚开过宣传思想工作会议，强调了意识形态工作的极端重要性。培养什么样的人和如何培养人始终是教育需要认真研究思考和解决的重大课题。今年初，习近平等多位中央领导同志对关心下一代工作作出重要批示，把关心下一代工作作为战略工程、希望工程、民生工程，摆到了重要位置。立德树人是教育的根本任务，也是高校关工委的根本任务。教育关工委和广大老同志受党教育

培养几十年，政治信仰和理想信念坚定，在青少年思想教育中，特别是意识形态领域斗争中具有独特的优势和不可替代的重要作用。希望各级教育部门和高校党政领导要认真学习领会中央领导批示精神，充分认识加强高校关工委建设和青年学生培养教育的极端重要性，不断增强做好关心下一代工作的使命感和责任感，更加重视、关心和支持高校关工委的工作。

二、加强领导，切实为关工委工作营造有利环境

教育部党组20号文件明确提出，教育关工委以现职党政领导为主导，提出工作任务，以老同志为工作主体，开展工作。各级教育行政部门和学校党政领导要按照部党组的要求切实发挥好主导作用，切实肩负起关工委工作的领导之责，真正做到思想认识到位、分管领导到位、组织协调到位、关心支持到位。要把关工委工作列入学校党委议事日程，放在更加重要的位置，统筹安排部署，定期听取汇报和研究关工委工作，及时解决他们工作中遇到的困难和问题；要配齐、配强并及时充实调整关工委领导班子，特别是选好老同志带头人，加强关工委日常办事机构建设，要有专人为老同志开展工作提供服务；召开学校全局性的工作会议和有关大学生思想政治教育、学生党建等专题性会议，要请关工委负责同志参加；注重发挥老同志的优势和专长，围绕学校中心工作，提出适合老同志完成的工作任务，构建适合发挥老同志作用的多样化平台；把关工委工作纳入学校有关职能部门和各院系工作，形成共同支持关工委的良性工作机制和条件保证；要主动参加关工委组织的重要活动，重视和发挥委员单位作用，指导和帮助关工委有效地开展工作；要积极为关工委工作创造必要的条件，在班子配备、活动场所、工作经费等方面给予实实在在的支持。

三、积极作为，努力开创高校关工委工作新局面

高校关工委是高校思想政治工作的一支重要力量。20多年的实践证明，高校关工委工作不是可做可不做，而是一定要做；不是有没有得做，而是一定可以大有作为。希望高校关工委继续深入贯彻部党组20号文件精神，进一步加强高校关工委组织建设，动员和吸引更多的老同志参与关心下一代工作；要进一步增强大局意识，紧紧围绕学校中心工作，牢牢把握大学生思想动向和需求，充分发挥老同志独特的政治优势和经验优势，积极配合主渠道开展社会主义核心价值体系教育，引导师生以实际行动践行中国梦；要加强新时期大学生思想特点和高校关工委工作规律的研究，积极为学校发展和学生健康成长出谋划策，当好参谋助手，发挥智囊作用；要积极探索关工委工作长效机制，不断推动高校关工委工作科学化、常态化建设。

同志们，高校关工委工作是一项艰巨而繁重的任务，也是一个长期的系统工程。我们一定要增强使命感和责任感，加强对高校关工委的领导和支持力度，发挥老同志的独特优势和作用，更加紧密地团结在以习近平同志为总书记的党中央周围，为完成立德树人的根本任务、实现中华民族伟大复兴的“中国梦”做出新的更大贡献！

为实现民族复兴的中国梦
努力推进高校关工委工作再上新台阶

——田淑兰主任在全国高校关工委工作经验交流会议上的讲话

（2013 年 10 月 29 日）

尊敬的秀莲主任，同志们：

今天，我们在北京召开全国高校关工委工作经验交流会，主要任务是：总结交流近几年高校关工委工作经验，研究探讨新形势下加强高校关工委工作新举措，推进教育部党组 20 号文件在高校的深入落实。中国关工委对教育系统关工委工作高度重视，秀莲主任多次到高校调研，多次对教育关工委工作做出批示，今天亲临会议，并将做重要讲话。在此，我代表教育部关工委，对中国关工委和秀莲主任表示衷心的感谢。卫红同志代表部党组于上午莅会并做重要讲话。下面，就加强高校关工委工作讲几点意见。

一、认清形势，增强做好高校关工委工作的责任感

党的十八大以来，以习近平同志为总书记的新一届中央领导集体推出一系列治国理政新举措，阐释中华民族伟大复兴的“中国梦”，在全党开展群众路线教育实践活动，倡扬艰苦奋斗、勤俭节约之风，赢得了广大人民群众的赞誉和拥护。截至 2012 年，我国高等教育毛入学率达 30%，高校 2442 所（其中高职院校 1297 所，占 51%），在读人数 3325 万人。高等教育已步入以提高质量为中心的内涵式发展的新阶段。以关心下一代健康成长为己任的广大“五老”无不为之欢欣鼓舞。但是同时我们深知，践行“两个百年”宏图之路越是接近目标，道路越是艰险，每一步都潜伏着风险和挑战。我们要做好关心下一代工作必须认清形势、把握大局，做到思考在前、谋划在先、因势而动、顺势而为，弘扬主旋律，凝聚正能量。为此，我们必须保持三个清醒认识：

一是对意识形态领域形势要有清醒认识。党中央历来高度重视对青年学生的教育和培养。20 世纪 90 年代前后的国内政治风波、东欧剧变以及苏联解体引起党中央特别是老领导的深度思考，他们高瞻远瞩、未雨绸缪，发动、支持社会老同志，大力加强对青少年的教育和培养，为保障党和人民选择的中国特色社会主义道路尽一份心、出一份力。20 多年来，我国在和平中崛起：经济快速发展，人民生活水平不断提高，广大青少年生活教育的状况明显改善，我国在国际上的力量对比发生明显变化。但西方反华势力对我西化、分化的图谋并没有改变，对我进行思想文化的渗透一刻也没停止。我们对意识形态领域的斗争要有清醒认识，既要看到斗争的长期性、复杂性，更要看到西方反华势力对我西化、分化的现实危险。他们以种种名义四处活动，传播西方价值观念。一些错误的思潮和主张，大量存在于境外媒体和反动出版物中，并通过互联网和地下渠道向境内校内渗透，其用心就是寻找“代言人”，

把青年人思想搞乱，把稳定的大局搞乱，以达到分裂中国、弱化中国的黄粱美梦。这些不能不引起我们的高度警惕。

二是对高校学生思想状况要有清醒认识。当前意识形态领域形势复杂，世界范围内各种思潮交流交融、交锋，国内各种矛盾和热点问题叠加出现，这些都对当代大学生的世界观、人生观、价值观产生潜移默化的影响。据有关部门调查，当前大学生思想政治状况总体积极健康向上，拥护党的领导，为国家发展自豪，并愿为实现“中国梦”贡献力量，但存在的问题也不容小觑。比如，少数学生对一些重大理论问题仍存在模糊认识，理想信念迷茫，宗教对学生的影响和渗透持续存在；部分学生对解决当前社会矛盾、社会问题信心不足；学生普遍反映就业压力较大，自身实践能力和心理调适能力有待提高；网络对学生的思想影响日益加剧，网络管理和网络思想政治教育有待进一步加强。青年学生成长中存在种种烦恼，需要关工委老同志对他们进行强有力的引导，帮助他们明辨是非，把握方向。

三是对当前高校关工委建设形势要有清醒认识。党中央对关工委的工作高度重视。今年年初，习近平、李克强、张德江、俞正声等9位中央领导同志对中国关工委工作做出重要批示，教育部袁贵仁等7位部领导也对教育部关工委工作做出批示。这么多领导、这么密集的批示是关工委成立以来前所未有的。这充分说明了领导对关心下一代工作的高度重视，把关工委工作作为战略工程、希望工程、民生工程，充分体现对关工委的殷切期望。对照领导的要求，我们的工作还有差距，对此要清醒地看到。①发展不平衡。从省级教育关工委来看，绝大多数是好的，班子强、抓工作有力度，但个别省教育关工委工作开展得还不够活跃。部分高校领导对关工委工作重视支持不够。从全国来看，高校关工委中先进、一般、薄弱大体各占三分之一。②后继乏人的问题令人担忧。有的高校关工委班子一号老人年龄偏大，存在年龄断档，青黄不接现象。③高校的发展变化给关工委工作带来了新挑战。如，校区变化，客观上老同志与学生见面难、信息渠道不畅，给老同志发挥作用增加了难度；随着科技的发展，老同志也面临着“能力危机”，需要加强学习。我们要正视问题，采取有效措施，尽快解决这些问题。

习近平同志在今年全国宣传思想工作会议上强调：“高校处于各种思想文化交流交融交锋的前沿，意识形态工作须臾不可放松。”高校是人才成长的摇篮。做好大学生的思想教育工作，促进大学生健康成长，课堂教育是主阵地，高校党政部门自然“守土有责”。我们关工委老同志很多都担任过高校领导工作，退休不退岗，也要有紧迫感、责任感，“守土有份”。教育系统老同志有讲理想、肯奉献的政治优势，懂教育，善教育的经验优势，爱学生、亲校园的情感优势，学为师、行为范的威望优势和较灵活可机动的时空优势；老、少共话、春风化雨，更注重思想的引导，更容易与大学生产生共鸣。面对意识形态的严峻形势、面对大学生的思想矛盾和困惑，面对发展中的困难和挑战，我们要增强忧患意识、责任意识，扬长避短，勇敢面对。要抓住机遇、适应变化、积极进取，不断推进关工委工作的创新发展。

二、总结经验，把握高校关工委工作特点规律

高校关工委工作经过20多年的实践探索，特别是部党组20号文件颁布以来，取得了

长足发展，组织更加健全、队伍更加壮大、机制更加完善、活动更富成效，积累了丰富的经验。

一是积极争取领导重视。领导重视是做好工作的关键，这是由关工委“以现职党政领导为主导”的性质决定的。但领导重视不是“等”来的、“靠”来的，还要通过关工委积极主动工作去争取。部党组20号文件下发以来，各级教育行政部门和高校党委普遍加大对关工委的领导、支持力度。各地各校关工委以此为契机，认真学习领会文件精神，积极争取领导支持，为关工委的发展赢得了有利的条件。一些省（区、市）教育工委和教育行政部门专门下发文件就加强高校关工委建设提出要求，有的已纳入高校和领导班子考核内容。多数高校做到班子中有人分管关工委工作或直接兼任关工委主要领导。各地教育部门在落实部党组要求、解决关工委实际困难等方面也有较大改进。北京市委教育工委、市教委拨款近百万元，为基层关工委驻会老同志解决实际困难，并已纳入预算；上海市教卫党委划拨230万元，用于支持特邀党建组织员工作；江苏省教育厅通过与财政厅联合发文，解决了各级教育部门和高校关工委的工作经费，并组织开展了高校关工委工作常态化建设考核。

二是充分发挥“五老”优势。以老干部、老战士、老专家、老教师、老模范为工作主体是高校关工委的基本特征。实践中我们坚持老同志参加工作的自愿原则，但实践也告诉我们，关工委的主体力量不会自发形成，需要组织起来建好三支队伍：首先是选准有威望、有能力、有热情、肯奉献的“一号老人”，关工委工作就成功了一半；其次选准秘书长，关工委日常运转就有了保障；第三广大离退休老同志是关工委工作的主体，是关心下一代的主要倡导者、实践者。充分调动并保护他们的积极性，把力量凝聚到关心下一代的实践中来，是关工委事业持续发展的力量源泉。

三是在服务决策中主动作为。“围绕中心、配合补充，因地制宜、量力而为，立足基层、注重实效”，是关工委的工作方针。业务部门搭台、老同志唱戏，是关工委的角色定位。事实证明，只有紧紧围绕立德树人这个根本，紧密配合学校中心任务，保持与高校主渠道目标一致、节奏同步、发挥优势、效果集成，才能充分发挥关工委组织和广大“五老”的作用。多年来，各地各校关工委发挥老同志理论素养高、工作经验丰富、分析判断能力强的优势，积极围绕高校中心工作开展调查研究，撰写了一大批高质量的调研报告，为领导科学决策提供了有价值的参考。如，东北林业大学、西南财经大学关工委积极申请承担教育部人文社会科学研究高校党建项目的课题研究；吉林省教育厅关工委、江苏省教育系统关工委、广东省教育厅关工委撰写的高校题材调研报告，分别得到了李长春、刘延东、顾秀莲等中央领导的批示。

四是努力搭平台、创品牌。关工委是群众性的工作组织，活动推动是关工委工作的重要途径。今年以来，为更好总结近些年来高校关工委工作的载体，开展了高校关工委工作品牌评选活动，32个省级单位共推荐了282个特色活动。这足以说明，高校关工委工作的平台是非常丰富且各具特色的。江苏大学关工委为老同志搭建了26个活动平台，实施菜单式服务，每个退休老同志在菜单中都可以找到发挥自身优势的活动平台。许多高校都有自己独具特色的活动平台。这次推出的“十大品牌”，是经过自下而上充分酝酿、反复征求意见，并综合各省、各高校和网络投票情况确定的，是在全国范围内普遍受到欢迎、有一定影响力的工作平台。它们是："特邀党建组织员""五老报告团""主题教育活动""青蓝工程""校园文化传承""社团指导""大学生涯导航""老少共话""帮困助学""专题调研"。这"十大品牌"，是现阶段高校关工委工作的重要标志，既是高校关工委的名片，也是工作的菜单。大家可以根据本校实际，选择适合自己的工作平台。我们更鼓励大家勇于创新，推出更多受学校和师生欢迎的精品工程。

五是不断推进长效机制建设。制度是管根本、管长远的。建立完善的符合关工委特点规律的规章制度，是规范工作、提高质量和效率，确保关工委工作健康持续发展的有力保证。多年来，各地、各高校关工委积极探索，逐步形成了学习培训、调查研究、协作交流、表彰激励等一系列行之有效的制度机制，有力地促进了高校关工委工作制度化建设。

三、明确任务，共同肩负起立德树人的根本使命

党的十八大提出"两个百年"的奋斗目标，以习近平同志为总书记的党中央提出中华民族伟大复兴的"中国梦"。为实现国家富强、民族复兴、人民幸福的目标，高等教育确定了"以立德树人为根本使命，以提高人才培养质量为核心任务，全面推动高等教育内涵式发展"的定位与战略。教育关工委要紧紧围绕这个大局，保持自己的特色，做出新贡献。为此，我们提出"12350"的工作思路：高校关工委工作要牢牢抓住"一条主线"，即以立德树人、加强社会主义核心价值体系教育为主线；始终立足"两个面向"，即以大学生和青年教师为主要对象；坚持"三线交一"，即从学校需要、学生需求、老同志所能出发，找准工作定位；发挥"五大优势"，即充分发挥"五老"队伍的政治、经验、威望、亲情、时空优势；推广深化"十大品牌"，积极配合主渠道做好高校思想政治教育工作，在助力大学生成才和青年教师健康成长中有所作为。

为此，要着力开展好五项工作：

一是开展好"我的中国梦"主题教育活动。"中国梦"是民族的"梦"，也是每一个中国人的"梦"。习近平总书记指出："青年的素质和本领直接影响着实现'中国梦'的进程。""中国梦"的实现主要靠青少年一代的接续奋斗，今天的高校大学生无疑是明天的生力军。教育部党组对"中国梦"教育活动作了部署，部关工委提出了具体要求。各地各校关工委要充分发挥"五老报告团""社团指导"等工作优势，把"中国梦"主题教育活动做深、做实。"中国梦"教育是理想信念教育的重要组成部分，也是学校思想政治教育的重要内容和长期任务。老同志亲身经历改革开放前后的重大变化，从内心深处认同只有中国共产党和中国特色社会主义是唯一正确的选择，要联系社会实际帮助广大师生解读"中国梦"的历史底蕴和时代内涵，不断坚定中国特色社会主义理想信念，坚定不移地听党的话，跟党走。要强化广大青年实现中国梦勇于担当、勇挑重担的责任意识。青年人正处于学习的黄金时期，应该把学习作为首要任务，作为一种责任、一种精神追求、一种生活方式。关工委要力所能及地支持高校正在开展的节粮、节水、节电"三节"教育活动，中华传统文化教育和大学生社会实践活动。通过形式多样、内容丰富的主题教育活动，引导大学生心中有梦的同时，以实际行动"逐梦""圆梦"。今年，部关工委组织开展了"老少共话中国梦"百优案例评选活动，希望各高校踊跃参加、积极创新，涌现更多更好的活动案例。

二是参与学生党建工作。学生党员队伍建设是高校党的建设的基础工程。做好新形势下的学生党员发展和教育管理服务工作，对于提高学生党员队伍整体素质，培养造就中国特色社会主义事业合格建设者和可靠接班人，具有重大而深远的意义。参与学生党建工作是发挥高校关工委和老同志作用的重要平台。特邀党建组织员是高校关工委工作中最受欢迎的一个品牌。学习贯彻教育部党组等部门共同印发的《关于进一步加强高校学生党员发展和教育管理服务工作的若干意见》(教党〔2013〕22号)，要领会精神，结合校情、生情，有针对性地做好落实工作。要把思想入党放到重要位置，提高新党员质量，推动特邀党建组织员工作的创新发展，为服务高校党建工作做出新的贡献。

三是助力青年教师成长。青年教师是高校教学和科研的重要力量。青年教师与学生接触较多，对学生的思想行为影响更直接，他们的思想政治素质和道德情操对学生的健康成长具有重要的示范引导作用。现在高校中青年教师比例不断加大。据统计，2012年普通高校专任教师中，40岁以下占60.77%；专职辅导员中，40岁以下占80%。中组部等部门《关于加强和改进高校青年教师思想政治工作的若干意见》(教党〔2013〕12号)，特别强调在工作中要充分发挥离退休老同志的作用。我们要进一步深入开展“青蓝工程”，这是教育关工委一项独具优势的特色工作。要充分发挥广大离退休老教师特殊优势，做好“传”“帮”“带”，助力青年教师成长。今年教师节，习近平总书记致信全国教师，嘱托“三个牢固树立”：牢固树立中国特色社会主义理想信念，牢固树立终身学习理念，牢固树立改革创新意识。这应当成为我们“青蓝工程”中的三个着力点。高校关工委要根据新要求，联合主渠道深入持续推动“青蓝工程”，为建设高素质教师队伍做出我们的贡献。

四是关爱困难学生成长。据有关部门调查，家庭困难学生的比例超过了1/5，学习困难的学生比例约占1/3。学生的“贫困”“学困”“心困”是学校助学工作的重点与难点。高校关工委要配合主渠道，发挥老同志的优势，力所能及地帮助贫困生解决生活困难，帮助学困生完成学业，耐心细致地做好心困生的疏导工作。

五是加强调查研究。面对多元思想文化并存、社会急剧转型、信息传播迅捷的外部环境，师生的思想状况也在不断变化。因此，必须开展深入细致的调查研究，切实摸清师生思想动态，把准师生思想脉搏，掌握师生需求，进而才能做到有的放矢地开展工作，取得实效。高校关工委一定要把调研工作作为发挥老同志优势和作用的重要方面、常抓不懈，通过调研，提出建议，当好参谋助手。在选题上，既可以围绕高校青年教师和大学生思想政治教育中的重点难点问题进行调查研究，如大学生思想状况调查，当代大学生关注的思想热点问题分析，大学生择业心理调查等；也可以围绕高校关工委如何配合当前高校中心工作进行调查研究，如：关工委在文化育人中的地位作用，教育部“立德树人”工程中关工委如何定位？在中国特色现代大学制度体系下关工委如何发挥作用？在社会实践育人体制机制建设中关工委的着力点在哪里？等。希望我们各地各校关工委在高校党政支持下，在调查研究上能有更多作为、更多建树。

四、多措并举，为高校关工委发展提供坚强保障

一是要落实领导责任。部党组20号文件是教育系统关工委建设的纲领性文件，是关工

委抓工作的“尚方宝剑”，要扎扎实实地抓好落实。年初，教育部办公厅专门发文，要求各级教育行政部门和高校党委做好部党组20号文件贯彻落实情况自查。希望各地以此为契机，提醒和督促党政领导搞好自查工作，切实解决关工委工作的实际困难，推进高校关工委的建设。学校党政要强化主导意识，切实做到袁贵仁部长提出的“思想认识、分管领导、组织协调、关心支持四到位”。要特别重视关工委的班子建设，结合高校班子调整，及时选好配强班子成员。各省级教育关工委也要加强对高校关工委工作的检查和指导，积极帮助协调解决工作中的实际困难和问题。

二是要着力基层建设。基层是关工委的活力之源。要着力加强基层关工委班子建设。要选配退休校级领导担任关工委“一号老人”。要配强班子，优化结构，做到合心、合拍、合力。对二级关工委的建设，各校可从实际出发，提出具体可行的要求。要着力加强队伍建设。通过广泛宣传、组织动员、活动吸引等办法把更多的老同志凝聚到关工委工作中来。要加强骨干层的学习培训，提高整体素质。学校工作领域广泛，关工委配合主渠道不必追求面面俱到，要在重点工作上下功夫、在提高质量上做文章、在关键环节上求突破。

三是要勇于改革创新。习近平总书记强调：“历史从不眷顾因循守旧、满足现状者，而是将更多机遇留给勇于创新的人。”我们处在一个飞速发展的时代，环境在变化，大学生的思想也在变化，如果我们还墨守成规，不适应形势任务的发展变化，就无法满足学生的需求。比如，现在的大学生更喜欢“一对一”的平等交流。像华东师范大学的“思齐”计划，即“老少共话”活动，大学生非常欢迎。但创新不是丢弃，老的好经验还要传承。创新要坚持一切从实际出发，要把学生需要、学校欢迎作为开展工作、评价工作的依据。这次高校关工委品牌评选活动网上投票，“老少共话”票数超过3万张票，是最多的，说明当代大学生渴望平等对话的新特点。关工委要主动适应新形势新任务给教育工作发展和青少年健康成长带来的深刻变化，在传承优秀传统的同时，积极转变思想观念、拓展工作领域、丰富工作内容、探索有效方法，不断提高关工委工作的针对性、实效性。

四是要注重资源整合。关心下一代工作是一项系统工程，高校的各项工作从本质上讲与关心下一代是完全一致的。必须整合各方资源、凝聚各方力量，努力形成关心下一代工作的合力。要加强教育关工委与地方关工委、高校关工委与社会关心下一代资源的整合，切实形成关心下一代工作的合力，不断提升关心下一代工作的影响力。湖北省关工委与教育关工委密切合作共同解决高职关工委建设问题，效果好，实现“双赢”。

五是要加大宣传力度。关心下一代是全社会的共同责任。广泛宣传中央领导、部领导对关工委的重视和支持，动员和吸引更多的人参与关心下一代工作。争取各级领导和社会各界的理解支持，并以我们的扎实工作不断扩大关工委的影响力，不断激发广大老同志的工作热情。要突出关工委独有优势和特色工作的宣传，特别要大力宣扬以“立德树人”为使命，以“忠诚、关爱、创新、奉献”的“五老”精神为核心价值，以“24字”为基本方针，以“关爱育人”为己任的关工委组织文化。让更多的人了解关工委，激励更多的人关心和参与关工委工作。要充分发挥报纸、杂志等传统媒体，网络、手机等新兴媒体作用，不断拓展关工委工作的宣传平台。今年初，部关工委开发建立了教育系统关工委网站群，给各省级单位都开通了网站，希望大家用好这个宣传阵地，打造成关工委对外宣传的窗口。

同志们，大学生是实现民族复兴中国梦的生力军，关爱大学生成长是全党全社会的共同责任，也是高校关工委义不容辞的神圣使命。希望大家再接再厉，把握规律、改革创新，不断推动高校关工委工作新发展，为高校的内涵式发展，为大学生健康成长，成为建设伟大祖国、建设美丽家乡的有用之才、栋梁之材，做出我们的新贡献。

关于全国高校关工委工作品牌评选结果的通报

教关委函〔2013〕22号

各省、自治区、直辖市教育厅（教委）关工委，新疆生产建设兵团教育局关工委，部属各高校关工委：

为进一步宣传典型、整合资源，创建高校关工委工作平台，充分发挥高校关工委独特优势和品牌效应，推动高校关工委工作健康发展，今年4至10月份，教育部关工委组织开展了全国高校关工委工作品牌评选活动。

全国高校关工委工作品牌评选活动于今年4月初启动，经过省级教育关工委普遍推荐、教育部关工委秘书处归纳整理、教育部关工委常务主任办公会议研究、征求省级教育关工委意见，确定了12个候选品牌。在此基础上，组织了各省级教育关工委、各高校关工委以单位形式投票，并在教育部关工委网站开展网上公开投票。最后，综合三个方面投票情况，经教育部关工委常务主任办公会议研究（9月2日），并征求部分省级教育关工委负责同志意见，确定以下10项工作为全国高校关工委工作品牌：

特邀党建组织员、五老报告团、主题教育活动、青蓝工程、校园文化传承、社团指导、大学生涯导航、老少共话、帮困助学、专题调研。

全国高校关工委工作品牌评选活动既是一次高校关工委工作宣传展示的过程，也是一次践行党的群众路线的过程。一是深入调查研究。4月初以来，部关工委先后到北京、江苏、福建、河南、湖北、湖南、广东、重庆、四川、贵州、陕西、宁夏等12个省市区进行高校关工委工作专题调研，与70多所高校的在职领导、关工委负责人和部分老同志、师生代表座谈，了解高校关工委工作开展情况、存在的问题及意见建议，并收集了大量典型案例。二是充分发扬民主。从品牌推荐的海选、候选品牌的确定、品牌简介的撰写、评选活动投票、到最后品牌的确定，教育部关工委先后5次征求省级教育关工委和部分高校意见，充分听取意见、集思广益。三是广泛宣传发动。通过会议、文件、网络等多种途径积极做好品牌评选活动的宣传工作，得到了各省级教育关工委和广大高校关工委的大力支持和积极响应。海选阶段，31个省（市、自治区）推荐高校关工委特色工作（活动）282个；投票阶段，28个省级教育关工委和1035所高校关工委参与了投票，10余万人次浏览了评选活动网页，7万多人次参与了网络投票。内蒙古、江西、山东、湖北、广西、贵州、宁夏等省（市、自治区）80%以上的高校参与了投票。

本次评选出的“十大品牌”，是从一批品牌中评选出来的，是高校关工委20多年工作实践的结晶，是高校关工委工作的总结与升华。各地各校关工委要尊重、爱惜、爱护基层实践创造，充分学习借鉴品牌工作经验，并在实践中不断创新、发展、完善，努力推进高校关工委工作再上新的台阶。

教育部关心下一代工作委员会

2013 年 10 月 18 日

附件：

全国高校关工委工作十大品牌简介

一、特邀党建组织员

特邀党建组织员经学校关工委和离退休干部工作部门党组织推荐，由学校党委批准、组织部门归口管理。特邀党建组织员由政治素质高、敬业精神强、热爱党建工作、经验丰富、身体健康的离退休老党员担任。

主要任务是：协助学校党委有关部门，重点做好学校院（系）的学生党员培养、发展和考察工作；协助学校党委组织部门审查《入党志愿书》等有关材料，与入党申请人（入党积极分子）和发展对象进行谈话；协助学校党委有关部门，指导学生党支部的建设工作；开展大学生党建工作和学生党员思想状况的调查研究，及时发现问题，有针对性地提出改进工作的建议。

特邀党建组织员制度，是 20 世纪 90 年代初由在京部分高校首先创立的。2010 年，教育部专门下发文件，对在高等学校聘请离退休老党员担任特邀党建组织员做出了进一步明确和规范。聘请离退休老同志担任特邀党建组织员，是发挥关工委组织优势和老同志政治优势的重要途径，也是加强和改进学生党支部建设和提高学生党员发展质量的有效举措。该项工作，2010 年曾得到时任中央政治局委员、中组部部长李源潮同志的充分肯定。

二、五老报告团

五老报告团是高等学校开展大学生思想政治教育的一种工作方式。五老报告团主要由理论水平较高、阅历丰富、学术造诣较深的老干部、老战士、老专家、老教师、老模范组成。

主要任务是：积极配合学校党委有关部门，以立德树人为根本任务，以社会主义核心价值体系教育为重点，结合个人的阅历和体会，在青年学生、青年党员、青年教师和干部中进行宣讲，弘扬主旋律，引导广大青年树立正确的世界观、人生观和价值观。

20 世纪 90 年代初教育系统关工委成立以来，就把大学生思想政治教育作为工作重点，积极组织开展“五老报告团”的宣讲活动，得到各级党政领导的肯定。2004 年，党中央和国务院又专门下发文件，要求高等学校进一步加强和改进大学生思想政治教育。目前，“五老”

报告团已经成为发挥老同志政治优势的一个平台，也是配合学校有关部门进行思想政治教育的有益补充。他们采取菜单式服务，依据有关部门邀请和要求进行巡回宣讲，在开创大学生思想政治教育新局面中发挥了重要作用。

三、主题教育活动

主题教育是各高等学校根据时事需要和学生成长特点，有针对性地确定主题教育内容，由学校关工委组织老同志协助学校党政部门，引导广大学生开展的特色教育活动。

开展主题教育活动，始终坚持以社会主义核心价值体系为引领，以立德树人为根本任务，以重大节日、重要会议、重点事件为切入点，围绕社会普遍关注的热点和难点问题，贴近青年学生的成长需求，逐步实现传播理念、培育素质、励志青春、报效祖国的成才目标。

主题教育活动特色鲜明、内容丰富、形式多样。如：举办专题讲座、征文大赛、电影展播、书籍推荐、歌曲传唱、网络文化等形式多样的教育活动；走出课堂校门，开辟第二课堂组织学生开展丰富多彩的社会实践活动，进行中华传统文化教育、革命传统教育、理想信念教育等。

目前，主题教育活动已经成为配合学校有关部门，围绕党的教育方针，开展大学生思想道德教育的重要平台。各地各高校关工委高度重视和发挥广大“五老”懂教育、爱教育、善教育的独特优势，积极协助和参与主题教育活动，已经成为活动全过程实施的重要推动力量。

四、青蓝工程

青蓝工程，就是聘请师德高尚、业务精湛的老教师参与培养青年教师工作，发挥他们“传”“帮”“带”的重要作用。许多地方和高校，采用老教师研究会、名师工作室、专家指导组、老教师督导团等多种形式，在制订教学计划、备课、听课、教学督导、教学质量评估、毕业设计等教学环节，在师德建设、教学态度、语言表述、教学方法、辅导员开展工作等方面进行了有力指导，在促进青年教师和辅导员队伍建设，提升教育、教学质量和管理水平等方面发挥了积极作用，丰富了在职教师培养模式，开拓了与系统培训相配合的培养青年教师的新途径。关工委充分发挥老教师的独特优势，开展“青蓝”工程，积极参与培养青年教师工作，集中体现了关心下一代工作的根本宗旨。

青蓝工程源于 21 世纪初，是辽宁省一些学校的积极探索与有益实践。2010 年 4 月，教育部关工委在辽宁沈阳召开了经验交流现场会。之后，在全国许多地方以不同方式、不同名称逐步展开和推进，取得了老、少两代教育工作者“双受益、双提高、双发展”的效益，得到学校领导、青年教师和老年教师的普遍认同。

五、校园文化传承

校园文化是社会主义先进文化的重要组成部分，是学校软实力的集中体现，是广大师生员工共同创造和传承的精神价值和理想追求，也是学校赖以生存和发展的动力源泉。热爱学校、熟悉历史和关爱学生，是老同志参与校园文化建设的独特优势。充分发挥他们在校园文化建设中的传承作用，是高校关工委工作的重要内容。

许多地方和高校采取举办专题讲座、主题班会、培养样板社团、开设专业课程和新生参观校园等形式，讲述学校办学特色、发展过程，解读学校精神，讲述为推动学校发展做出突出贡献的历史人物、杰出校友的故事，讲述学校在促进社会发展、民族振兴中的故事，大力弘扬爱国爱校的精神，激发学生成长成才的动力。

老同志参与校园文化传承活动，以立德树人为根本任务，以凝聚精神力量为重点，在学校精神文明建设中发挥了不可替代的作用。许多学校老领导、老同志都对学校的精神、历史发展以及杰出校友的贡献，如数家珍，娓娓道来，其见之灼，其情之真，让一届届大学新生深受感染。

六、社团指导

大学生社团是校园文化建设的重要载体和学生素质教育的重要阵地，同时在促进学生德智体美全面发展中发挥了重要作用。学生社团由学校有关部门归口管理。学校关工委组织在政治、科技、文化、体育和艺术等方面学有专长的老同志，充分发挥他们的独特优势，积极参与学生社团指导和协调活动。

老同志参与社团指导工作，主要体现在三个方面：围绕繁荣校园文化、促进学生全面发展的目标，协调、指导有关社团积极参与校园文化建设，开展丰富多彩、积极向上的文化、体育和教育活动，促进和提高学生的综合素质与能力；指导学生理论政治社团的组建、章程制定与修改，确定工作计划和重点，有针对性做好理论研究和指导；深入学生社团，加强与社团骨干的沟通交流，了解社团活动中存在的问题，及时向学校有关部门提出改进工作的建议。

学生社团是高等学校第二课堂的引领者。发挥老同志的独特优势，参与学生社团的指导工作，既充实了学生社团指导教师工作队伍、缓解了专职团干数量不足的矛盾，同时又为老同志老有所为、老有所学，发挥余热提供了广阔的平台。

七、大学生涯导航

大学生涯导航（以下简称“生涯导航”），是由高校关工委配合学校有关部门，以老同志为主体，对大学生在校期间的学习、生活实施全程引导和跟踪教育的一种工作机制。

“生涯导航”的宗旨是：“专于关爱，传递价值，成就卓越”，为社会输送志向远大、学业优秀、身心健康的合格人才。主要内容是：对低年级学生进行励志教育，引导学生树立正确的世界观、人生观、价值观，树立实现“中国梦”的理想追求，把“立志成才、乐于奉献”作为个人的成长目标；对高年级学生，进行择业观教育，引导他们理性选择就业，有条件时给予帮助和推荐；针对大学生中存在的情感、学习、形象、心态形成、心理健康等问题进行心理疏导，帮助他们化解心理健康方面存在的问题。

“生涯导航”，是新形势下一些高等学校在学生服务和管理中的积极探索，已逐步成为高校关工委的特色工作。其充分发挥了老同志的独特优势，在学校思想政治教育、帮助学生化解心理矛盾和顺利完成学业等方面发挥了积极作用。

八、老少共话

老少共话是关心下一代工作的独特机制，是发挥老同志优势关心帮助青少年健康成长不可或缺的重要形式。

老少共话，就是关工委的老同志，配合学校党政有关部门，在加强大学生党建工作、思想政治教育、学术文化教育等方面，特别是围绕理论和思潮问题、形势和社会热点、大学生成长等重大话题，通过书信、面谈、电话、座谈等形式，以自身的政治优势、威望优势、经验优势、亲情优势教育、启发、引导大学生明白做人道理、明确人生目标、坚定理想信念。

近年来，北京、上海、河北、江苏、湖南、湖北、四川、福建等地高校积极开展“老少共话中国梦”“思齐计划”“老少互助——双关工程”“热点问题宿舍谈”“学生对话老教授”“谈心屋”等活动，老少两代人通过面对面的交流，心连心的沟通，不仅建立了忘年交，而且薪火相传、细微育人，使大学生们受益匪浅。

九、帮困助学

帮困助学是高校关工委组织实施的，以老同志为主体，帮助有困难的学生完成学业的一种关爱活动。其特色是利用老同志的威望优势，动员社会力量募集善款，资助贫困学生，指导、帮助学习困难的学生完成学业。

帮困助学的主要任务是：向社会、企业和个人通报困难（特殊）学生情况，以获得慈善资助，帮助他们完成学业；协助学校有关部门遴选品学兼优贫困有志的学生，发放爱心助学善款；沟通企业需求和学生能力，促进企业给家庭经济困难学生提供勤工助学岗位，指导、帮助就业困难的毕业生实现就业；对学习有困难的学生，进行必要的心理疏导、学习辅导，指导和帮助他们顺利完成学业。

在帮困助学方面，许多地方和高校都进行了积极探索，以“一对一”帮学对子、“给我一个家”“关爱超市”“课程重修”“就业辅导”等形式开展活动，取得了显著效果。据2009年统计，教育系统关工委共筹措资金5亿6千万元，资助贫困学生456.1万人（次）。

十、专题调研

专题调研是高校关工委的一项基础性工作，也是发挥关工委老同志优势的重要途径。其主旨在于准确掌握青年教师与大学生的思想脉搏，为学校党政领导做好参谋、咨询，有针对性地建言献策。

专题调研主要以老同志为主体，围绕大学生和青年教师成长成才中遇到的难点、热点问题、立德树人中迫切需要解决的问题、教育改革中社会普遍关注的问题，以及高校关工委自身建设等开展专项调查研究，写出有情况、有分析、有建议的调研报告，供学校党政领导推动工作和决策参考。

在专项调研中，许多地方和高校非常重视发挥老同志政治理论素养较高、人生阅历丰富、有较强的科研能力的优势，鼓励和支持老同志开展专题调研。近年来，撰写出一大批高水平的调研报告，得到各地各级领导的肯定和认可，有的还得到了中央领导的批示和肯定。

关于高校关工委工作十大品牌优秀案例征集活动评选结果的通报

教关委函〔2014〕22号

各省、自治区、直辖市教育厅（教委）关工委，新疆生产建设兵团教育局关工委，各计划单列市教育局关工委，部属各高等学校关工委：

近几年来，各地各高校关工委认真贯彻《中共教育部党组关于加强全国教育系统关心下一代工作委员会建设的意见》（教党〔2009〕20号）精神，围绕学校中心工作，配合主渠道，在高校思想政治工作、学生党建、促进青年教师成长、开展调查研究和帮困助学等方面，做了大量卓有成效的工作，得到了学校党政领导和有关部门的肯定。

2013年，教育部关工委组织开展了全国高校关工委工作品牌评选活动，经过层层推荐、网上投票、综合研究等环节，最终确定“特邀党建组织员”“五老报告团”“主题教育活动”等高校关工委工作“十大品牌”。为了加强高校关工委工作的宣传，树立典型、交流经验，进一步扩大品牌影响，教育部关工委于今年3月在全国范围内开展了高校关工委工作“十大品牌”优秀案例征集活动，得到了各地教育部门和广大高校关工委的积极响应。截至2014年6月30日，共收到25个省（直辖市、自治区）推荐报送的193个品牌案例。教育部关工委聘请了部分省市和高校关工委负责同志组成专家组进行了认真评选，并报教育部关工委常务主任办公会议讨论研究后，最终确定108篇优秀案例（名单详见附件）。

这次案例征集活动，既是对高校关工委工作的一次总结与升华，也是一次集中展示与宣传。案例内容涵盖面广，做法各具特色、可操作性强，都是各高校关工委在实际工作中总结出来的好经验、好做法，充分展现了高校关工委以及广大“五老”关爱后代、辛勤耕耘、无私奉献的崇高精神以及他们忠诚党的教育事业，热爱学校、热爱学生的真情实感。

希望各地各高校关工委继续围绕立德树人这一根本任务，深入贯彻落实教育部党组20号文件和2013年全国高校关工委工作经验交流会议的精神，锐意进取、创新发展，推动高校关工委工作再上新的台阶！

教育部关心下一代工作委员会

2014年12月26日

附件：

高校关工委工作“十大品牌”优秀案例名单

一、特邀党建组织员（15篇）

学　校	案例名称
清华大学	做学生入党积极分子的指导者和引路人
上海交通大学	建设特邀组织员队伍　打造学生党建工作新品牌
中国地质大学（武汉）	强化特邀组织员队伍建设　做好大学生党建工作
中南大学	发挥“五老”优势　打造特邀党建组织员工作品牌
宣化科技职业学院	充分发挥特邀党建组织员作用　主动配合党委抓好党建工作
哈尔滨工程大学	发挥兼职组织员作用　加强大学生党建工作
上海工程技术大学	探索组织员导师工作法　推进党建育人落到实处
安徽中医药大学	充分发挥特邀党建组织员在新形势下立德树人的重要作用
福建师范大学	春风化雨促党建　励志箴言育人才
许昌学院	坚持特聘组织员制度　切实做好学生党建工作
武汉轻工大学	坚持“三提高”　强化特邀党建督导（组织）员工作
广西大学	老少支部结对共建　构建学生党建平台
重庆医科大学	充分利用党建工作平台　对大学生进行核心价值观教育
西安理工大学	以党建工作引领大学生成长成才
新疆大学	特邀党建组织员　助力我校党建工作

二、五老报告团（15篇）

学　校	案例名称
东北师范大学	以强烈的责任意识为大学生健康成长服务的老教授报告团
合肥工业大学	提升“五力”育新人
天津师范大学	多科“五老”报告团　倾心教育青少年
河北农业大学	发挥高校“老教授报告团”优势　努力做好大学生思想教育工作
山西金融职业学院	护花应在含苞时
山西运城学院	“‘五老’报告团”实践活动案例
大连海洋大学	让“五老”之花在德育舞台上绽放
东华大学	心系学生成长成才　言传身教引路导航
南京航空航天大学	关爱讲堂创特色　助力育人增贡献
广东工业大学	老夫喜作黄昏颂　满目青山夕照明
海南外国语职业学院	紧密联系实际　作好系列报告
昆明学院	坚持科普宣讲十九年

兰州交通大学	老骥伏枥铿锵行　情满校园“中国梦”
西北民族大学	晚照如霞　造福桑梓
新疆昌吉职业技术学院	充分发挥学院“五老”报告团作用　加强当代中高职学生思想道德教育

三、主题教育活动（14篇）

学　校	案例名称
东北大学	开展对接共建　促进青年成才
西安交通大学	共话“中国梦”——“我的中国梦”主题教育活动纪实
河北经贸大学	突出特色　打造精品——“中华魂”主题教育活动案例分析
石家庄铁道大学	持续坚定地推进青年马克思主义者培养工程
辽宁大学	“学子心，中国梦”主题教育实践活动案例
延边大学	在民族团结教育中发挥关工委独特的优势和作用
哈尔滨商业大学	教书育人　立德树人
淮阴师范学院	周恩来精神宣传教育
安徽医科大学	巧设载体　人人演讲“中国梦”
福建师范大学	满园尽书香　满园尽书生
湖南第一师范学院	传承伟人人格魅力　放飞青年青春梦想
广东第二师范学院	开展具有师范院校“合力育人”特色的主题教育活动
贵州铜仁学院	铜仁学院学习奋进教育实践活动纪实
青海警官职业学院	随风潜入夜　润物细无声

四、青蓝工程（11篇）

学　校	案例名称
北京科技大学	视关爱青年教师的成长为己任
山西农业大学	薪火相传育后生　甘为人梯做春泥
沈阳工业大学	做好“青蓝工程”工作　促进青年教师成长
吉林体育学院	奉献余热　薪火相传　提升青年教师的教育教学水平
安徽黄山学院	岁月有痕　我心依旧
福建师范大学	与青年教师结对子　助青年教师成长成才
河南大学	践行“青蓝工程”的创新尝试
重庆电力高等专科学校	改革创新　督研结合
四川外国语大学	以提升教学质量为抓手　积极探索青年教师培养新途径
遵义医学院	创新教学督导　推进青蓝工程
云南中医学院	传道授业　带徒施教　打造云南中医学院青蓝工程品牌

五、校园文化传承（8篇）

学　校	案例名称
对外经济贸易大学	传承校园文化　弘扬贸大传统

南开大学	秉持“允公允能” 传承校园文化
上海交通大学	利用校史资源对大学生进行理想信念教育
湖南大学	弘扬责任传统　传承担当精神
华南师范大学	重述历史　薪火相传
重庆工商大学	开展延安精神、红岩精神“育人工程”建设　促进校园文化发展
云南师范大学	弘扬西南联大精神　加强大学生社会主义核心价值观教育
新疆石河子大学	风雨同舟诗词路　胡杨精神代代传

六、社团指导（共12篇）

学　校	案例名称
大连理工大学	助推“青马工程”建设的探索与实践
东北师范大学	大学生青年马克思主义者学习研究会导师团
华中科技大学	薪火相传京剧社
首都师范大学	信仰与实践大讲堂
河北医科大学	建立党员工作室　构建大学生党员自我教育工作新机制
吉林建筑大学	加强对大学生自学组织活动的指导　让思想政治教育切实融入人心
华东政法大学	春风化雨育新人　法律援助做贡献
扬州大学	社团顾问机制创新　老树春深实践育人
河南农大	办好科技点播台　朝阳夕阳共灿烂
武汉纺织大学	阳光同行“手牵手” 关爱相伴心连心
湘潭大学	老少牵手双阳同辉
云南大学	“唤青社”——全国十佳环保社团

七、大学生涯导航（8篇）

学　校	案例名称
中国农业大学	关爱帮扶大学生村官创业发展　让他们在广阔天地中成长成才
河北工程大学	学生“三个三”思想教育系统工程
吉林农业大学	坚持跟进教育　做生涯导航的引路人
江苏科技大学	校园里的心灵氧吧　新同学的家
南通大学	银发族谱写同心曲　夕阳红辉映育人路
河南科技大学	老当益壮献真爱　导航人生显真情
吉首大学	夕阳与朝霞同辉　树德与立人并进
新疆农业大学	“大学生成才谈心室”是高校关工委工作的创新

八、老少共话（10篇）

学　校	案例名称
北京大学	亲近大师　聆听教诲　大力探索“双关”工作模式

清华大学	行健新百年　共筑中国梦
同济大学	构筑面向青年和大学生的关心下一代网站
华东师范大学	思齐的启示　启示的思齐
中南大学	“老少共话”新平台——“焦点论坛”
大连医科大学	薪火相传传师生情　老少共话话成长经
桂林电子科技大学	老少共话“中国梦”
长江师范学院	举办“老少共话中国梦”系列活动
四川理工学院	“1+1+N”老少共话模式　坚定青年信仰
新疆石河子大学	青春牵手夕阳红　共谱互助关爱歌

九、帮困助学（10篇）

学　校	案例名称
华中农业大学	有爱者善终成　五年公益做慈善
重庆大学	为特困优秀学生设立奖学金
北京物资学院	“帮困助学”案例
江苏大学	孕育和传递爱心的奇葩
河南师范大学	大爱无言　润物无声
广州中医药大学	关心助学基金　从物质到精神扶贫帮困
广东海洋大学	大学生温暖之家
贵阳中医学院	爱心帮助成长
云南艺术学院	在献爱心主题教育活动中立德树人
青海畜牧兽医职业技术学院	救助白血病大学生　我们在行动

十、专题调研（5篇）

学　校	案例名称
北京交通大学	当代大学生核心价值观教育引导研究
复旦大学	我校本科生党员思想建设专题调查
西南财经大学	高校关工委老同志在学生基层党建工作中发挥作用研究
安徽师范大学	调查研究是关工委做好工作的基本功
广东韩山师范学院	大学生思想政治状况调查案例

第一辑　特邀党建组织员

做学生入党积极分子的指导者和引路人

清华大学关工委

组织员制度是我们党总结党的建设的历史经验，为加强党员队伍建设所确定的一项独具特色的工作制度。高校是培养高素质人才的主要阵地，在青年大学生中发展党员，是高校党建的一项基础性工作。面对高校党员发展的繁重任务，高校聘请离退休老同志担任特邀党建组织员，不仅是充实基层党建工作力量的客观需要和有力举措，而且是充分发挥老同志政治优势、经验优势，开展关心下一代工作的良好平台和有效途径。

从20世纪90年代初，清华大学就根据中组部、北京市委的有关文件精神开始设立组织员，学校关工委积极向学校党委组织部和各单位党委推荐、聘请熟悉党的建设理论和党的组织工作业务、具有一定的党务工作经历的老干部、老党员担任党建组织员，让他们利用自身优势和特长，参与学生党员队伍建设，保证党员发展质量。20多年来，全校有100余位老同志参加了组织员工作，现有26位老同志担任特邀党建组织员。有些院系长期以来形成了一种惯例传统，主要领导干部退休后都要求积极参加学生的党建工作，多年来，坚持一贯，前后接任，始终不断线。

清华大学关工委建立学生党建工作协调组，重点加强老同志担任特邀党建组织员的工作，根据《教育部办公厅关于在高等学校聘请离退休老同志担任特邀党建组织员的意见》的精神，协调并配合学校党委组织部门做好特邀党建组织员的推荐、培训和交流研讨工作，为加强组织员队伍建设发挥作用。

多年实践表明，我校老同志特邀党建组织员队伍特别有战斗力、特别能奉献，他们理想信念坚定，党性修养坚实，怀有强烈的责任感、使命感，着力发挥在思想入党教育方面的经验优势，突出把握发展党员的政治标准，扎实工作，精心努力，为我校学生党建工作的发展做出了重要贡献。

一、严格执行程序规范，把好发展党员的“入口关”

在对学生党员发展对象的考察培养过程中，老同志组织员具有普遍的工作特点。一是认真听取学生支部对发展对象思想状况和日常表现的详细汇报，预审党支部准备的有关培养考察材料，协助做好入党积极分子的考察工作，为党支部、党委提出能否发展的意见和建议；二是在召开发展会前后对发展对象有关材料进行规范性要求的审查。撰写自传的过程，是进一步学习和加深对党的认识的过程，是进一步端正入党动机思考的过程，组织员紧紧抓住撰写自传这个最后的考察环节，要求内容全面，认识有一定深度，实事求是，真实可信，未达到基本要求，注明问题所在，返回修改，直到达到基本要求。为了规范发展工作，学校组织部一直实行入党材料退改制度，并计算退改率。入党材料的退改率与组织员工作是否到位具有显著的相关性，从学校党委组织部门近年的统计数据来看，有老同志担任组织员的院系，学生入党材料的退改率明显降低，学生党员发展工作开展得富有成效。组织员普遍把考察培养工作前移延伸到对培养发展对象开展培训，有的院系组织员专门编写了关于加强对党的认识和加强入党动机的思考专题，引导和促进入党积极分子的学习思考、撰写自传。

二、精心做好与发展对象谈话环节，上好思想入党教育的重要一课

把与发展对象谈话环节的重点定位于有针对性地帮助发展对象进一步提高对党的认识，端正入党动机；针对青年学生在发展入党之际最容易接受党的教育这一特点，深入准备谈话内容，使发展对象上到了难以忘记的党内教育第一课。在谈话环节的准备工作中，一是反复研读发展对象的包括思想汇报在内的所有申请材料，全面了解发展对象的思想成长经历和综合素质表现，特别是深入把握发展对象入党动机的形成原因和过程；二是按照党员政治标准，发现他们在思想认识上存在着不足以及需要解决的问题。在此基础上，结合发展对象的思想实际，进行归纳和梳理，有针对性地准备谈话交流的具体话题。思想政治理论课老教授宋秦年同志，担任人文社科学院党委组织员 9 年，协助院党委发展了 290 名学生党员，最多的一年要与 52 名新党员进行谈话。他围绕如何从理论上认识共产主义理想的科学性、如何正确理解组织入党与思想入党的关系、如何在入党后发挥共产党员的政治作用这三个重要问题，系统准备谈话内容，对发展对象谆谆教导。每位跟宋老师谈过话的发展对象都感到收获极大，不少学生表示要追求思想入党的更高目标，努力成为合格的青年马克思主义者。

三、开展学生党建工作干部的培训工作，指导学生党支部加强组织建设

组织员经常参加学生党课小组的学习讨论，参加党支部的教育活动，深入了解入党积极分子的思想状况和党员发展工作的进展。根据学校制定的“发展党员工作手册”，许多院系结合本院的具体情况，编写学生党支部组织发展工作培训材料，并根据新的情况每年还进行案例修改；每年在学生干部换届后对新任党支部委员进行一次集中培训，介绍组织发展的工作规范和过程环节，指导党支部对入党积极分子进行政治思想考察。在培训内容中，一是强调对入党积极分子培养、考察、发展的全过程，突出地明确发展工作环节的各个时间节点及其相应的程序规范；二是强调党支部对入党积极分子进行政治思想考察的关键问题，突出地明确考察重点是入党积极分子的政治觉悟和入党动机，有的组织员专门制定了“联系人和入党积极分子谈话考察提纲”“群众调查提纲”等用以指导党支部的考察工作；而对于党支部审核入党积极分子自传的环节，培训也要提出明确的要求。这样的培训，具体地规范了组织发展工作的各个环节，形成了保证工作质量的制度，不仅提高了工作效率，而且提升了支部干部党建工作的水平。在开展学生的党建工作干部培训中，着重关注辅导员的党建工作能力的提高。离休干部凌瑞骥富有党建工作经验，他主动请缨，担任计算机系学生工作组的“义工”，他言传身教，帮助辅导员总结了一套推进学生党员队伍思想建设的思路和做法。6 年多来，为辅导员的培训提高工作发挥了突出的作用。

四、重视工作的总结研究，加强组织员队伍的自身建设

组织员不仅做好自己的本职工作，而且重视对组织员工作的思考，研究发现的问题，总结工作中的经验。材料系组织员马春来总结了坚持“落实环节、重视过程、着力培养提高质量”的工作原则，以及如何做到“真正触动学生的心灵”的谈话经验。生命科学学院组织员严鸢飞在总结个别谈话经验中提出，要充满对青年学生的关爱，怀着满腔热情和大学生发展对象进行真诚的思想交流；他根据谈话工作的总结，为其他的入党积极分子讲党课，选择带普遍性的问题作为剖析的实例，为提高入党材料的质量水平打下基础。汽车系组织员秦金华每年都对学生组织发展工作中的问题向系党委汇报，提出了加大积极分子的诚信教育力度，集中培训与经常性学习相结合、加强思想入党教育等建议，协助系党委进一步加强规范要求、提高党员发展工作的质量。

学校关工委与组织部、学生部、离退休工作部共同设立了关工委学生党建工作协调小组，配合学校《组织员工作管理办法》的实施，重点做好特邀党建组织员的推荐配备工作，开展组织发展工作的交流研讨。我校离退休老同志理论学习组坚持 10 多年活动，特邀党建组织员是积极参加活动的成员。学习组选择国内外形势发展中的热点问题、思想理论战线的前沿问题作为学习活动的主题，重点发言与讨论交流相结合，成为思想政治学习的重要方式。老同志理论学习组满足了老同志关注现实、政治上理论上学习提高的需求，同时也加强了组织员队伍的思想建设。

经过长期坚持和发展，我校老同志特邀党建组织员队伍已成为学校党建工作中不可替代的一支重要力量。他们辛勤工作，努力奉献，从补充工作力量与提高工作质量的结合上为学生党建工作的发展做出了贡献。截至 2013 年 12 月，全校本科生党员 2387 人，党员学生比例达 17.7%，毕业生党员比例近 40%；研究生党员数 9575 人，党员学生比例 54.2%。毕业生党员比例近 60%。学生党员在各方面发挥了先锋模范作用，老同志在其中做出了贡献。我校关工委老同志特邀党建组织员集体于 2011 年获“全国教育系统关心下一代工作先进集体”“北京教育系统关心下一代工作先进集体”，2012 年获北京高校“老有所为”先进集体称号。

建设特邀组织员队伍　打造学生党建工作新品牌

上海交通大学医学院关工委

1996 年 10 月，上海第二医科大学党委聘请了 6 位离休老干部担任“兼职组织员”（2006 年改称为“特邀党建组织员”），参加大学生入党积极分子的教育培养工作，帮助同学们启发政治觉悟、端正入党动机、加强党性教育。如今，虽然“特邀党建组织员”都已由退休老领导、老教师担任，但这一以离退休老同志参与大学生党建工作为主要内容的工作品牌被不断

推进坚持了18载。

18年来，上海交通大学医学院（原上海第二医科大学）在实践中积极探索老同志参与大学生党建工作的切入点和突破口，主动作为、扎实推进、注重调研、建章立制，把特邀党建组织员工作不断做实做深，逐渐形成一项基础扎实、特色鲜明、富有成效的关心下一代工作品牌。我们的体会和做法如下：

一、领导重视、各方给力，形成务实管用的管理体制

多年来，医学院党委历任领导高度重视特邀党建组织员工作。医学院党委把关工委工作纳入党委整体工作部署和推进。党委分管领导拟定每年度的工作主题，参加每季度的工作交流会，定期通报学院发展情况，主持专题党建研究课题等。医学院行政为特邀党建组织员提供专门办公场所，配备电脑等办公设备，给予相应的经费保障。

在医学院党委的统一领导下，各级党组织和相关职能部门坚持思想认识到位、组织保障到位、落实措施到位，把特邀党建组织员工作做实做深，形成良性互动、密切配合的工作新机制。党委组织部承担牵头抓总、全面协调的职责，负责相关文件、制度的起草和制订；退休党总支落实特邀党建组织员工作的人选推荐、活动安排、津贴发放等，为特邀党建组织员做好人员、物质等方面的保障；学生工作部门与相关院系党组织为特邀党建组织员搭建工作平台，安排他们参加大学生的党章学习活动、二级党校授课、审核入党材料、培训学生辅导员及党支部书记、协助党建研究等工作。

二、选优配强、关怀激励，注重特邀党建组织员队伍建设

医学院党委充分认识加强特邀党建组织员队伍建设的重要性，把握新老交替、不断更新的客观规律性，根据“低龄化、新退休、业务强”的原则，积极鼓励和吸引一批批信念坚定、责任感强、学识渊博、年纪较轻、有过相关工作经验的退休老同志来参与大学生党建工作。目前，这支队伍已由20世纪90年代以离休老干部为主的模式，逐渐调整为全部由退休老同志来接任工作，建立起一支结构合理、经验丰富、年富力强的特邀党建组织员工作队伍。

医学院党委还坚持以人为本，对特邀党建组织员给予真情关怀和周到服务。坚持“老有所为、量力而行，提高素质、强化能力，真情关怀、周到服务”的原则，开展为老同志订阅报刊、组织培训、上门慰问等工作，让特邀党建组织员切实感受到组织的关怀和温暖。

三、主题调研、成果转化，构建起一整套长效工作机制

医学院党委坚持“以调研推进关工委制度建设，以制度建设巩固关工委工作调研成果”。党委每年都要根据工作中遇到的问题或下一步需要重点推进的方面确定一个调研主题，并注重把调研的成果转化为工作制度，构建起一套长效工作机制。

2006年，学院党委制定了《上海交通大学医学院特邀党建组织员工作细则》（沪交医委组〔2007〕2号），从工作原则、主要职责、聘任条件、聘任管理、制度保障等方面对特邀党建组织员的工作作了系统规定。在此基础上，医学院还建立了特邀党建组织员每月工作学习会、季度工作交流会、年度工作总结会等定期例会制度。这些文件和制度对特邀党建组织

员的工作内容作了全面规范。

2007年，结合特邀党建组织员在审核大学生入党材料中碰到的问题和积累的经验，医学院组织部门专门创设了“大学生入党材料审核会签制度”，要求每位大学生入党积极分子的入党材料，在召开支部大会接收为预备党员之前，必须经过特邀党建组织员的审核把关。

2010年，医学院党委制订《中共上海交通大学医学院委员会关于加强关心下一代工作委员会建设的实施意见》（沪交医委〔2010〕12号），对医学院特邀党建组织员工作的开展进一步明确了重点和任务。

2012年，医学院党委作为主要承担单位参与上海市教卫党委系统老干部党建研究会重点课题“高校关工委老同志担任特邀组织员工作若干问题与政策完善研究”，课题成果已转化为《市教卫工作党委办公室关于印发〈关于加强上海高校特邀党建组织员工作的实施意见〉的通知》（沪教卫党办〔2014〕10号），有力地推进了上海高校特邀党建组织员工作更上一个新台阶。

随着特邀组织员工作的不断深化，工作的重心也根据新要求、新情况不断变化。从最初的协助本科生党支部开展发展大学生党员工作，逐步延伸到协助指导研究生党总支加强党建工作，并创新制定了“入党前答辩制”、规范“小三会”（党员座谈会、群众座谈会、党员审批大会）制度等。如今，工作重心又逐步扩展到青年教师党建和思想政治教育工作。

上海交大医学院的特邀党建组织员工作，经过多年的实践探索和扎实推进，取得了明显的成效。由于该品牌工作的成效显著，上海交通大学医学院关工委荣获“全国教育系统关心下一代先进集体”和“上海市关心下一代先进集体”，特邀党建组织员李国瑛老师荣获“全国教育系统关心下一代先进个人”，另有7人次获“上海市高校优秀特邀党建组织员”等荣誉称号。在2011年召开的全国教育系统关心下一代工作经验交流会上，关工委主任和关工委副秘书长分别代表院党委和特邀党建组织员作发言，汇报交流上海交大医学院在关心下一代工作中所形成的各种长效机制，以及老同志参与大学生党建工作的切身体会，得到与会者的肯定。会后，很多高校都主动来校交流学习。具体到促进大学生党建工作方面，体现出以下几方面的作用：

（一）协助做好大学生的党课教育，成为大学生思想进步的引路人

特邀党建组织员通过指导党章学习小组、为大学生上党课、同入党积极分子、发展对象谈心等工作，加深大学生对党的认识，提高他们的思想觉悟，激发他们的政治热情，由此成为大学生思想进步的引路人。

（二）大力做好入党前的材料审核，成为党组织发展党员的把关人

2004年以来，特邀党建组织员审阅学生入党申请书、本人自传、思想汇报、入党志愿书等书面材料，共达9000余份，填写“入党材料审核会签单”计400多份，参加学生新党员审批会350余人次。通过这些材料审核、谈话谈心、专题指导等活动，特邀党建组织员成为基层党组织发展党员的得力助手。

（三）积极发挥传帮带的作用，成为大学生思想政治工作经验的传授人

近年来，辅导员队伍正朝着年轻化、职业化方向发展。这固然取得了可喜的成绩，但年轻辅导员也存在这理论素养、人生阅历、工作方法等方面的不足。特邀党建组织员就是充分发挥自己在理论、阅历、方法等方面的优势，通过对大学生辅导员和党支部书记的悉心指导和系统培训，把自己在大学生思想政治工作中的经验和体会倾囊相授，成为大学生思想政治工作中继承优良传统、传授宝贵经验、不断开拓创新的接力人。

（四）尽心解决大学生的各种困难，成为大学生学习生活的贴心人

特邀党建组织员不仅在思想政治上帮助大学生端正入党动机、增强党性修养，启迪大学生积极进步，而且在学习生活上也给予亲情关怀、悉心指导和无私帮助，成为大学生的良师益友。

上海交通大学医学院“特邀党建组织员”品牌长年工作扎实、持续推进，注重调研、促成长效机制建立，特色鲜明、示范作用明显，为“特邀党建组织员”品牌做出了有益的实践探索，积累了宝贵的工作经验，为关工委品牌工作做出了积极贡献。

强化特邀组织员队伍建设　做好大学生党建工作

中国地质大学（武汉）关工委

为进一步做好在校大学生党员培养教育、党员发展、学生党支部建设等工作，我校党委高度重视离退休特邀组织员队伍建设，通过不断完善各项工作制度，搭建离退休特邀组织员工作平台，协助学校基层党组织做好大学生党建工作。

1997 年以来，我校先后有近 60 名离退休党员干部被学校党委聘为特邀组织员，他们中有入党 70 多年的老党员，有离退休校级领导和处级领导干部，有退休的马克思主义理论课教员和其他专家教授等，目前工作在一线的离退休特邀组织员有 15 名同志。多年来，他们在大学生党员发展工作中坚持标准、坚持原则，严格要求、严格把关，辛勤工作，无私奉献。

一、严格选聘制度

一是选聘特邀组织员过程中要明确组织员条件，坚持挑选党性强、理想信念坚定、作风正派、原则性强，熟悉党的基本理论，有较强的敬业精神和奉献精神，有较长党务工作经验和高等教育管理工作经验的处级党务干部或专家教授担任；二是建立关工委与离退休干部处联系机制。关工委提出组织员选拔条件和数量需求，离退休干部处提供推荐名单；三是建立组织部与关工委联系机制，双方共同与拟任特邀组织员的离退休同志进行谈话，了解他们个人意愿与想法，对有意从事组织员工作且身体健康、时间充裕的同志由组织部代表党委发文聘任。

二、明确工作职责

我校关工委将特邀组织员的工作职责凝练为“教育、把关、服务、配合、调研、提高”12 个字。

教育：在学校党委的统一领导和党委组织部门的具体指导下，协助基层党组织做好党员的教育工作；重视对入党积极分子和发展对象的思想教育，把思想教育作为特邀组织员的一项重要工作。

把关：坚持党员标准，严把发展质量关。协助学校党委和党委组织部门检查、指导、督促基层党组织做好发展党员工作；受党委指派，协助党委组织部门审查《入党志愿书》等入党材料，与入党积极分子和发展对象进行谈话。

服务：为党员服务，为入党积极分子和入党发展对象服务。热情接受他们的邀请，解答他们的咨询，帮助他们克服实际困难。协助做好党员和入党积极分子教育培训和思想政治工作，指导学生党支部做好组织建设、思想建设和作风建设等。

配合：积极配合组织部、学工部门的工作，积极配合各党支部新党员发展工作。

调研：注意研究党员教育和党员发展中出现的新情况，开展学生党员思想状况调查研究，及时了解反映学生党建工作中存在的问题，提出加强和改进工作的建议。

提高：不断组织特邀组织员学习，不断总结，提高业务水平。

三、加强管理和服务

（一）加强工作沟通与交流

学校党委对新上任的特邀组织员及时安排专人谈话，明确特邀组织员工作职责和要求等。及时为他们配备相关的学习资料，如党的十七和十八大相继召开后，组织部立即为组织员购买了有关党的十七、十八大报告和新党章。每年组织特邀组织员参观学习，近几年先后参观了毛主席旧居、省市博物馆、社会主义新农村典型等。学校党委注重加强与离退休特邀组织员的交流沟通，认真听取他们对党员发展工作的意见和建议，如每年都会召开组织员工作交流会，离退休特邀组织员对发展党员遇到的新问题进行研讨，并提出建议，如国防生发展党员工作应注重听取部队意见、党员人数多的支部应合理调整等。几年来，特邀组织员给学校先后提出数十条建议和意见，组织部都会对此进行整理归纳，及时向有关学院党组织反馈，并在相关会议上集中通报。

从1997年起，学校党委将党员发展工作会议与组织员工作会议两会合一，10多年来从未间断。会上既有学校党委主要负责人对党员发展工作提出的意见和要求，又有组织员对发展工作提出的建议和思路；既有组织部党员发展工作的年度总结和计划，又有组织员个人的经验介绍和交流。离退休特邀组织员李景云、印纯清、岳希全、钟克明、董静等10多名同志先后多次在发展党员以及组织员工作会议上发过言。各二级单位党组织书记、副书记和党委有关部门领导都要参加会议，认真听取和传达会议精神，高度重视和积极支持组织员开展工作。同时学校党委注重经常性地听取特邀组织员对党员发展工作的意见和建议，学校党委党员审批会议定期研究组织员提出的问题，对发展党员工作予以指导。

（二）改善和提高工作条件

几年来，离、退休特邀组织员为学校党员发展工作发挥了重要作用，承担了繁重的工作任务，投入大量的时间和精力，为保证发展党员质量尽职尽责，从不要求任何回报，体现了老党员崇高的理想信念和坚强的党性。为此，学校党委予以高度肯定，特邀组织员工作津贴逐年提升，各学院每年年底主动上门慰问离退休特邀组织员。2008 年学校党委将离退休特邀组织员工作津贴由每人每月 80 元津贴提升到每月 400 元。2011 年，学校党委再次提高离退休特邀组织员工作津贴，为每人 600 元 / 月。学校 2009 年专门设立两间组织员谈话间，为离退休特邀组织员提供一定的工作条件，同时建议各学院有条件的可设立组织员办公室或在学生工作办公室为离退休特邀组织员设立办公桌，配备一定的办公用品等，不断改善特邀组织员工作条件，努力为他们做好服务工作。

四、发挥好特邀组织员的作用

（一）做发展党员工作的忠诚卫士

做好入党积极分子的培养教育和党员发展工作是组织员的重要职责，离退休特邀组织员在这方面做出了表率，忠实地履行着保证党员发展质量工作的质检员和“卫士”的职责。长期以来，离退休特邀组织员坚持以高度的政治责任感和使命感投入工作，坚持标准，从严要求，认真预审，秉公办事，严格把关。他们不辞辛苦，任劳任怨，从不计较个人得失。特别是近年来发展党员数量逐年递增，如近 3 年，我校每年发展党员均在 2500 人以上，在工作量加大，组织员人数相对较少的情况下，离退休特邀组织员主动承担了大量繁重的工作任务，他们为保质、保量做好发展党员工作，投入了大量的精力，牺牲了许多个人休息时间。如退休老干部、老党员特邀组织员钟克明同志，多年来，他审查入党积极分子材料 1000 多份，与入党发展对象谈话 1000 多人。在工作态度上，他坚持了“教育、把关、服务、配合、调研、提高”12 字工作方针。他在做法上，一是对学院开展的学生党员教育活动积极参与。他深入学生各党支部，了解支部建设、党员思想状况、组织发展等情况，做到心中有数。在开展党的十七、十八大报告学习活动中，以“高举中国特色社会主义伟大旗帜”“学习十七大、十八大报告体会”为题目，多次到党员骨干培训班，入党积极分子培训班和支部组织的学习会上宣讲。二是在入党材料审查上“严”字当头，重在把关。几年来，他坚持做工作笔记从不间断，不漏掉一个人，1000 多位发展对象的基本情况在他的笔记本中一目了然，谈话具有针对性，有的放矢。三是密切与党支部联系，交流情况，加强指导，重在促进。每发展一批党员，当入党材料审查完毕，他与发展对象谈话以后，及时与党支部沟通，及时把存在的问题逐个指出，要求先纠正，再发展。他还对党支部的组织发展工作进行点评，提出指导性的意见。四是充分准备，谈话做到重在教育。他与入党发展对象谈话，不是提问考答，而是进一步考察入党动机，尤其将是否具有共产主义理想作为重点，把思想教育作为谈话的主要内容，启发人、激励人、帮助人、教育人。他经常深入到学生党支部中指导工作，参加学生支部吸收新党员大会，逐一找学生党支部书记谈话，有针对性地帮助他们熟悉工作、进入角色。在钟克明同志的辛勤工作和帮助指导下，其所负责的学院党员发展工作由相对薄弱转化为先进单位，学生党员数量和质量得到明显提高。钟克明同志做特邀组织员的经验材料还被组织部选中，进行全校经验交流，得到了校领导的表扬。又如退休特邀组织员邵锡昌老师在年近 70 的情况下，一个月内预审入党材料近百份，保证了该学院党员发展的进度和质量。

我校离退休特邀组织员以求真务实、一丝不苟的精神为党员队伍“守好了门”、把好了关。在离退休特邀组织员的辛勤工作和积极努力下，我校党员发展工作稳步推进，大学生和研究生党员比例逐年提高，截至现在，大学生党员比例为16.4%，研究生党员比例为55.7%。

（二）做入党积极分子的人生导师

1. 辛勤培育，言传身教，做好入党积极分子的培养教育工作

离退休特邀组织员基本上是入党多年的老党员，他们党性强、作风正派、理想信念坚定，其中多数同志曾担任过党内职务，有较高的政治理论水平和丰富的党内工作经验。他们担任组织员后，有效地推进了我校入党积极分子的培养教育。一是作为党校兼职教员，亲自为入党积极分子上党课。据统计，近3年来，离退休特邀组织员为学院分党校讲党课有30余人次，他们深厚的理论功底、精湛的讲课艺术和对党的事业高度负责的态度深深教育了入党积极分子。如退休特邀组织员、原机关工委书记董静老师在授课之前都要到相关部门查找学习资料，提前学习研究，不断丰富讲课内容，提高讲课效果，每次授课完毕都会迎来热烈的掌声。二是加强对入党培养联系人的教育和帮助。随着高校学生人数和申请入党人数不断增多，培养教育考察任务日趋繁重。如何做好他们的培养教育和考察工作，抓好党员发展工作的源头，是一项十分艰巨的任务。为此离退休特邀组织员主动深入学院和学生党员身边，了解他们对入党积极分子的培养考察的情况，掌握工作进展和动态，向学生党员认真讲解如何当好入党培养联系人，如何做好入党积极分子的培养教育工作，同时详细地介绍培养考察的方式方法，手把手地教学生党员做好培养考察记录，耐心地解答学生党员提出的问题和难点，为入党积极分子的培养教育尽心尽力。

2. 加强教育，检查督促，做好学生党支部书记的培训工作

随着高校大学生党员发展工作的推进，学生党支部数日渐增多，每年学生党支部都有260个左右，500余名学生党员担任了学生党支部书记和委员。学生党支部建在学生党员身边，对学生党员教育管理和党员发展起到了积极的推动作用。但同时也出现一些困难和问题，如学生支委理论水平有限、工作职责不熟、党内工作经验缺乏、工作方法简单等。为此，离退休特邀组织员主动承担起培训学生党支部书记和委员的工作，举办党支部书记培训班、召开党支部书记座谈会，通过各种不同形式对党支部书记、委员进行理论培训和业务指导，对如何制订发展党员计划、把握党员标准、履行发展党员程序、严守发展党员纪律等方面提出要求。同时经常检查和督促工作，指出存在的问题。

发挥“五老”优势　打造特邀党建组织员工作品牌

中南大学关工委

中南大学开展特邀党建组织员（过去称“兼职党建组织员”）工作起步早，历届党委对这一工作都十分重视，将兼职党建组织员队伍纳入学校党建工作的重要力量，这项工作成为关工委工作的重要抓手和发挥“五老”优势的重要平台，在职能部门和二级学院党组织的主导下，在关工委和老党员的积极参与、主动作为下，大学生党建和思想政治教育工作取得了突出成绩，形成了工作品牌，得到了学校各方面的广泛好评和各级领导的充分肯定。

一、兼职党建组织员的建立

中南大学有全日制在校大学生 5 万多人，研究生 1 万多人，要求入党的人数较多，每年有 8000 多人写入党申请书，6000 多人参加党校培训，且大约有 3000 人入党，但因学校专职党务工作人员有限，大学生党建任务十分繁重，自 2002 年开始，有的学院就以兼职党建组织员或党建顾问的名义，聘请了一批有党建工作经验的离退休老党员参与到学生党建工作中来，主要是协助审查入党材料与发展对象谈话，参加学生支部组织生活等。这一工作方式很快在全校推广，并取得显著效果。2004 年，《中共中央国务院关于进一步加强和改进大学生思想政治教育的意见》（16 号文件）下发后，校党委十分重视将兼职党建组织员队伍纳入学校党建工作的重要力量。为了加强大学生政治思想工作，做好校风、学风建设，关工委还配合有关职能部门聘请老同志担任马列辅导员和教学指导员，形成了“三员三导”（思想上引导、学习上督导、心理上疏导）工作模式。2004 年《教育部简报》第 72 期以“中南大学广泛动员离、退休老同志参与大学生思想教育工作”为题，介绍了我校“三员三导”的做法和经验。副省长许云昭做出批示：“值得在全省推广。概括起来的‘三员三导’既符合实际，又贴近大学生的生活和思想，应该继续深化。”领导的重视大大促进了中南大学兼职党建组织员工作的发展，大学生党建工作取得了明显效果。

二、兼职党建组织工作的发展和成效

中发〔2004〕16 号、中办发〔2005〕14 号等文件相继出台，关工委工作特别是兼职党建组织员工作迎来了大好的发展机遇。学校党委认真学习研究贯彻文件精神，结合实际出台了 7 个关于加强关工委工作的文件，正式提出要发挥兼职党建组织员的作用，把协助各二级党委做好学生党建工作作为关工委的重要任务。关工委积极向各二级学院党委推荐“五老”担任兼职党建组织员，由各二级学院组织颁发聘书，党委组织部也加强了对兼职党建组织员的指导，党建组织员工作逐步走向规范化。据初步统计，兼职党建组织员每年与入党积极分子 2000 多人谈话，与预备党员 1000 多人谈话，参加学生党支部组织生活 400 多次，给入党积极分子上党课 1000 多学时，出现了一批兼职党建组织员的先进典型。如：永葆战士情节的老八路杨和荣，每年给学生们进行革命传统教育；资源与生物加工学院的李松仁教授，现已 70 多岁，参加过抗美援朝战斗，担任兼职党建组织员后，每次和入党积极分子谈话，都要仔细阅读积极分子的档案材料，一边看一边记录，做好谈话预案，每学期要和 60 多名入党积极分子谈话，每次谈话效果都非常好；又如马列主义学院年过 90 的李传稌教授，尽管他早已不担任组织员，但他仍参与学生党建工作，以自己的亲身经历教育学生，引导学生。又如现校关工委常务副主任龚竹青，放弃高薪聘请，克服家庭困难，坚持为老同志发挥余热服好务，被誉为“非组织员的组织员”。在他的带头下，将中南大学特邀党建组织员队伍，打造成深受广大学生欢迎的良师益友。

2009 年，教育部《关心下一代工作简讯》第 4 期刊登了我校关工委的文章《充分发挥

老同志作用　做好大学生党建工作——中南大学召开兼职党建组织员工作经验交流会》。教育部关工委主任田淑兰同志做出批示："中南大学党委重视发挥老同志作用，做好大学生党建工作，并组织经验交流，他们的做法值得推广。请秘书处与中南大学关工委注意总结，扩大覆盖面，拓展教育效果。"

同年 12 月 18 日，党委书记高文兵在教育部关工委与思政司召开的"进一步发挥高校关工委作用，加强和改进大学生思想政治教育工作座谈会"上，做了题为《发挥兼职组织员优势　增强大学生党建工作实效》的经验介绍，并在 2010 年《关心下一代》杂志第 5 期刊登。

三、完善制度，创建品牌

教思政厅下发了《教育部办公厅关于在高等学校聘请离退休老同志担任特邀党建组织员的意见》(〔2010〕2 号)，迎来了这一工作深化、发展、完善、提高的新机遇。为了贯彻文件精神，校党委决定将兼职党建组织员更名为特邀党建组织员，并专门下发文件（中大党组字〔2010〕77 号），对特邀党建组织员的聘任方式、任期、管理、培训和职责，二级党组织应创造的工作条件等方面做了明确规定，要求从特邀党建组织员的选聘、培训和管理入手，加强特邀党建组织员队伍建设，更好、更充分发挥这支队伍在大学生党建工作中的重要作用。同时聘请了 61 位离退休老党员担任特邀党建组织员。关工委专门召开了表彰和聘任大会，对包括特邀党建组织员在内的"三员三导"优秀个人进行了表彰，并做了经验介绍。会上党委书记高文兵亲自为特邀党建组织员颁发了聘书。为了提高特邀党建组织员的素质，由党委组织部、关工委、离退休处党委和党校对其进行了 3 天培训，由此党建组织员工作更加规范，更有成效。

2011 年 6 月 16 日，高文兵书记在全国高校特邀党建组织员工作经验交流视频会上做了《抓好三个环节　加强特邀党建组织员队伍建设》的经验发言。

为了迎接党的十八大召开，进一步总结我校特邀党建组织员的工作经验，2012 年我校特邀党建组织员欧阳周教授在身患重病的情况下，不顾天气炎热，在关工委支持下，组织一些老同志一起主编和编写了《高校特邀党建组织员工作手记》一书。田淑兰主任看了此书后，2013 年 5 月致函我校关工委，"中南大学党委高度重视特邀党建组织员工作。书中记录了一位位满头银发却仍在学校党建工作中奋斗不息的老党员的事迹是活跃在校园里的一道亮丽的风景。特别是欧阳周教授用一名老党员对党的信仰与忠诚，为党的事业薪火相传，不顾高龄酷暑，为本书的编写付出艰辛与智慧，令我十分感动。请代我向欧阳老师问好，并祝早日康复。"领导的来信，既是对欧阳周老师个人的表扬，更是上级领导再一次肯定了我校党委高度重视特邀党建组织员工作，并高度赞扬特邀党建组织员在大学生党建工作中做出的特殊贡献。表明中南大学特邀党建组织员工作在上下的共同努力下，已迈进理论指导、规范运作、完善、提高的新阶段。为进一步规范特邀党建组织员工作，使特邀党建组织员工作制度化、长效化，中南大学党委今年又出台了中大党组字〔2014〕10 号文件，关于聘请《离退休老同志担任特邀党建组织员实施办法》的通知，对特邀党建组织员的工作职责、选聘工作、组织管理、工作补贴等进行了规范。

中南大学党委书记高文兵多次倡导："职业可退休，党员的职责使命没有退休。"鼓励离退休老同志积极参与党建工作。校关工委主任、校党委常务副书记徐建军，既热心支持，更高屋建瓴经常给予指导，因而极大地调动了离退休老同志的积极性。在聘的特邀党建组织员中，80% 以上是已退休教授、副教授、处级以上领导。他们离退休 20 年如一日，每年每人给数十名入党积极分子谈话、思想上引导；经常深入班级、宿舍，广泛深入地开展工作，深受学生们的欢迎和好评，为学校的党建工作奉献出自己的光和热，特邀党建组织员工作，成为了我校关工委工作的品牌。

充分发挥特邀党建组织员作用　主动配合党委抓好党建工作

河北宣化科技职业学院关工委

2011 年 6 月，教育部党组召开了全国高校特邀党建组织员工作经验交流视频会议，并下发《关于在高等学校聘请离退休老同志担任特邀党建组织员的意见》(教思政厅〔2010〕2 号)。根据这次会议精神，我院关工委充分认识到聘请离退休老同志担任特邀党建组织员工作的重要性和必要性，离退休老同志曾经是学院的领导干部和党务工作者，他们理想信念坚定、党性和政治责任感强，有较深厚的马克思主义理论功底和丰富的党建工作经验，熟悉学生工作，离退休后依然保持着为党的事业继续做贡献的热情和愿望。聘请老同志担任党建组织员，既充实了党建工作队伍、缓解了专职党务干部特别是组织员数量不足的矛盾，同时又为老同志老有所为、老有所学，在高校党建工作中发挥余热提供了广阔的平台，这是一举多得的好举措。

为此，我们在以往老少共建党支部工作的基础上，在张家口市教育局关工委的指导下，积极启动特邀党建组织员工作。通过近四年的探索实践，逐步形成了一套比较完备的工作机制，取得了较好的工作效果。我们的具体做法是：

一、认真总结老少共建党支部的工作经验，奠定良好基础

2008 年 7 月，我院党委在“忆传统、颂党恩、党在我心中”主题党日活动中，首次开展了离退休党支部与大专系部党支部的结对共建工作，到 2010 年底，离退休党支部已与 9 个大专系部党支部建立了结对关系，通过共整、共学、共建和共促 4 个环节，有效推动了大专系部党支部的党建工作，达到了“优势互补、资源共享、取长补短、共同提高”的工作目标，取得了初步成效，得到了张家口市教育局关工委的肯定，并在张家口市 5 所高校关工委协作区会议上做经验介绍。此次我院关工委认真学习全国高校特邀党建组织员工作会议精神，及时总结老少共建党支部的工作经验，在学院党委的大力支持下，先后召开了专题研讨会和工作推进会进行研究部署，为特邀党建组织员工作在我院的正式启动与推进工作，奠定了良好的基础。

二、认真做好特邀党建组织员的选聘工作，明确职责任务

特邀党建组织员是根据党建工作需要，由学院党委聘请担负发展党员工作和党员教育管理工作的离退休老干部。我院关工委按照上级特邀党建组织员选拔聘用条件，经过与离退休老领导、老党员宣讲沟通，在身体允许和家人同意的前提下，经过个人申请、学院关工委审核、院党委批准的组织程序，最终选聘了王万谦、陆志聪、赵金贵、郝进兵、闫有、胡志云、李彦培、张爱贵、王春、郝永祥 10 名老同志担任特邀党建组织员。2011 年 7 月 28 日，学院党委隆重召开了聘任大会，授予老同志特邀党建组织员聘书。会后根据每一名老同志的特点，分派到建筑工程、经济管理、信息技术、文化旅游、应用美术、学前教育、艺术表演、汽车工程、农林技术和附属中等学校 10 个系部党支部担任特邀党建组织员。

为进一步开展好此项工作，我院关工委经过到系部调查走访，进一步明确了特邀党建组织员的具体工作职责与内容，即：在学院党委的统一领导和党委组织部门的具体指导下，协助基层党组织定点联系大专系部党支部做好党员的培养、教育和考察工作；协助学院党委和党委组织部门检查、指导、督促基层党组织做好发展党员工作；协助党委组织部门审查《入党志愿书》等入党材料，与入党申请人（入党积极分子）和发展对象进行谈话；协助做好党员和入党积极分子教育培训和思想政治工作，指导学生党支部做好组织建设、思想建设和作风建设等；开展学生党员思想状况调查研究，及时了解反映学生党建工作中存在的问题，提出加强和改进工作的建议。

三、不断加强特邀党建组织员的学习培训，提升工作能力

学院关工委、党委组宣处经过协商、策划和安排，于 2010 年下半年集中安排了 4 次特邀党建组织员的学习培训活动。学习内容主要有：《中国共产党章程》《中国共产党普通高等学校基层组织工作条例》《高校学生党员组织发展规程》、相关法律、规章制度以及高校德育工作的目标任务等。通过学习培训，我院特邀党建组织员全面熟悉了解了高校党建工作的任务和要求、新时期大学生思想政治教育的内容和途径，特别是学生党员的培养、教育和考察工作流程，进一步增强了工作的责任感和使命感。通过熟悉了解工作对象的特点，基本掌握了党建组织员的工作原则，优选了工作方法，能够按照党在高校组织工作的基本要求和党委的总体安排，组织开展灵活多样、深入细致的工作，既能坚持政治性、原则性，又能讲究科学性、艺术性，并且不断增强工作的创新性、针对性，进一步提升高校学生党建工作的效果。

四、不断丰富特邀党建组织员的工作内容，发挥工作优势

学习借鉴兄弟院校的党建工作经验，充分发挥特邀党建组织员五个方面的优势和积极作用：

一是根据需要担任业余党校教员，联系实际宣讲党的基本知识和基本理论。

二是受党组织委托参与入党积极分子、发展对象谈话，引导帮助学生党员思想入党。

三是协助党支部审查发展对象的入党材料和发展程序，做好组织发展工作。

四是做好对青年党务工作者的“传”“帮”“带”工作。

五是针对学生党建工作中出现的新情况和新问题开展调研，为做好学生党建工作建言献策。

在此基础上努力做到特邀党建组织员工作“五位一体”，即五方面工作的联动合一：加强共产主义理想信念教育，不断提高学生党员整体素质；结合新的形势和大学生新的特点，构建分级的教育培养模式和体系；健全学生党员发展体系，确保学生党员质量；完善制度建设，充分发挥学生党支部的战斗堡垒作用；坚持理论与实践相结合的原则，采取灵活多样的教育形式。

五、积极搭建特邀党建组织员的工作平台，营造良好氛围

学院关工委、党委组宣处、学生处、团委以及各系（部、校）党支部积极为特邀党建组织员搭建必要的工作平台，提供必需的工作条件设施，并且在相互配合中做到充分尊敬、理解老同志，积极支持、调动老同志的工作积极性，帮助老同志解决工作、生活中遇到的困难和问题，使老同志们有所学、有所乐、有所为，围绕党建中心工作，主动作为，尽其所能地做好工作。

为保障特邀党建组织员能够顺利开展工作，学院党委和关工委为老同志专门配备了办公室，购置了办公电脑，征订了《河北日报》《张家口日报》《共产党员》《关心下一代》等报纸、杂志。学院党委还专门出台文件，进一步明确了特邀党建组织员的月津贴待遇标准。

六、及时总结特邀党建组织员的工作经验，树立先进典型

特邀党建组织员工作作为学校党建工作的重要组成部分，是一项政治性和政策性很强的工作。为此，学院关工委和党委组宣处认真总结兄弟院校这方面的经验，通过挖掘与二级系（部、校）基层党组织建设结合比较好的典型，加强分类指导，推动特邀党建组织员工作向稳妥、健康方面发展。通过加强交流宣传，不断探索研究工作规律，对行之有效、有普遍推广价值的做法、措施以制度的形式固定下来，不断提升特邀党建组织员工作的规范化、科学化、制度化、常态化水平。

在具体工作实践中，先后涌现出陆志聪“五位一体工作法”、赵金贵“审批前谈话法”等一些好的经验和做法，学院关工委、党委组宣处努力发现、培育特邀党建组织员工作的先进典型，并积极给予表彰奖励，及时总结特邀党建组织员工作经验在全院推广，以提升党建和学生党员培养教育工作的层次与水平。

4 年来，我院特邀党建组织员工作成绩喜人，2010 ～ 2013 年我院各级党组织共发展学生预备党员 310 名，师生普遍反映新党员质量高、表现好。在学院党委组宣处组织的学生预备党员跟踪反馈中，2010 年以后发展的 4 批学生党员，用人单位好评率达到 95% 以上。其中殷晓霞同学，为 2011 届毕业生，2011 年 3 月入党，参加工作后被评为“第一届全国优秀大学生村官”，受到中央领导接见，现任蔚县南留庄镇统战委员。刘彩霞同学，为 2011 届毕业生，2011 年 3 月入党，参加工作后考上张北电视台节目主持人，因工作成绩突出，现任职于张北县委办公室接待科。这些就凝结着我院特邀党建组织员精心培养的心血。

2013 年 10 月，我院党委对 10 位特邀党建组织员进行了续聘，同时新增补特邀党建组

织员 2 名。学院关工委、党委办公室、组宣处、学生处、院团委和各系部党支部将继续与老同志们一起共同努力，开拓进取，做好特邀党建组织员工作，进一步促进我院大学生党建和思想政治工作的健康持续发展。

发挥兼职组织员作用　加强大学生党建工作

哈尔滨工程大学关工委

组织员制度是加强党的建设的一项基本工作制度。在新形势下，加强高校组织员队伍建设，是进一步加强和改进在大学生中发展党员和大学生党员教育培训工作的迫切要求，是进一步加强和改进高校基层党组织建设、特别是学生党支部建设的迫切要求，是进一步加强和改进大学生思想政治教育的迫切要求，对于巩固党的执政基础，培养中国特色社会主义合格建设者和可靠接班人，具有重要意义。聘请政治素质高、敬业精神强、热爱党建工作、经验丰富、身体健康的离退休老同志担任兼职组织员，发挥他们在大学生思想政治教育和党员发展工作中的重要作用，是我校加强大学生党建工作强有力的举措。

一、聘请兼职组织员是党建工作新形势下的必然选择

近年来，随着大学生思想觉悟的提高和高校招生规模的不断扩大，高校大学生要求入党的人数不断增加，大学生党支部建设的任务十分繁重，但党务工作者特别是组织员数量不足、因工作变动许多新同志工作经验不足等问题，不同程度地影响着大学生党建工作的科学发展。学校许多离退休老同志曾经是各级领导干部和党务工作者，他们理想信念坚定、党性和政治责任感强，有较深厚的马克思主义理论功底和丰富的党建工作经验，热爱党建工作，熟悉学生工作，离退休后依然保持着为党的事业继续做贡献的热情和愿望。聘请老同志担任兼职组织员，既充实了党建工作队伍、缓解了专职党务干部特别是组织员数量不足的矛盾，同时又为老同志老有所为、老有所学，在高校党建工作中发挥余热提供了广阔的平台。

学校离退休老同志具有深厚的理论学识、丰富的人生阅历、生动的教育方法和崇高的师表风范，是加强大学生思想政治教育的宝贵资源，也是坚持标准、把好大学生入党质量关的重要保证。早在 2003 年，第十二次全国高校党建工作会议就提出“要积极探索聘请政治素质高、敬业精神强的离退休党员干部兼任组织员的工作机制”；2004 年 10 月，中共中央、国务院又颁发了《中共中央国务院关于进一步加强和改进大学生思想政治教育的意见》(即中央 16 号文件)，强调高校“所有教师都负有育人职责”，同时明确指出：“要建立和完善党委统一领导、党政齐抓共管、专兼职队伍相结合、全校紧密配合、学生自我教育的领导体制和工作机制。”2005 年 4 月，中共中央办公厅转发中共中央组织部、教育部党组、共青团中央颁发《关于加强和改进在大学生中发展党员工作和大学生党支部建设的意见》，要求加强组

织员队伍建设，配备数量充足的专兼职组织员，党委建制的院（系）党组织应至少配备一名专职组织员。2010年，教育部专门下发文件，对在高等学校聘请离退休老党员担任兼职组织员做出了进一步明确和规范。

充分发挥离退休老同志的优势和专长，让他们担任兼职组织员工作，建立健全科学有效的工作机制，使之在大学生党建工作中发挥重要作用，不仅对加强大学生思想政治教育，培养社会主义事业的合格建设者和可靠接班人，而且对提高大学生党员发展质量，全面推进高校党的建设，都具有重要的战略意义。

二、聘任兼职组织员制度逐渐完善，发挥作用日益明显

学校党委高度重视大学生的思想政治教育和党员发展工作，不断完善"全员育人、全方位育人、全过程育人"的科学育人机制。从2003年至今，学校党委共聘任22名离退休老同志担任兼职组织员，参加大学生入党积极分子的教育培养工作，帮助大学生提高政治觉悟、端正入党动机、加强党性教育等。这些老同志具有"政治、威望、经验、亲情、时空"五大优势，他们对党的坚定信念、为党工作几十年的光荣经历、对下一代犹如亲人般的真诚关怀，让大学生们倍受启发和鼓舞。他们被大学生们亲切地喻为"党旗下的烛光"。10余年来，这支兼职组织员队伍不断延续和发展，年龄结构日益更新，工作范围逐渐扩大，发挥的作用也越来越明显，共计培养积极分子116076名，发展党员17178名。

经过多年的实践探索和经验总结，学校党委聘任离退休老同志担任兼职组织员工作形成了比较全面、规范的工作程序和内容。

2007年，结合兼职组织员在审核大学生入党材料中存在的问题和积累的经验，学校党委组织部建立了大学生入党材料五级预审制度，要求每位大学生入党积极分子的入党材料，在召开支部大会接收为预备党员之前，必须经过兼职组织员的审核把关。兼职组织员在材料审核过程中，如果发现其中有问题，一方面要对该入党积极分子进行谈话教育，端正其思想动机；另一方面还要将不合格的材料退回给学生辅导员或党支部书记，请他们按照程序予以修正和补充。2008年，学校党委组织部又规范了兼职组织员列席党支部接受预备党员大会制度，由此进一步加强大学生入党材料内容和发展程序的把关。

2012年，学校颁发了《关于印发党委兼职组织员工作职责的通知》(校党组字〔2012〕3号)，重新规范并扩充了兼职组织员的工作内容，包括：

（1）积极向广大党员和入党积极分子宣传讲解马列主义、毛泽东思想、邓小平理论、"三个代表"重要思想、科学发展观及党的基本理论知识，做好教育培训工作。

（2）指导分党委（党总支）制订和实施发展党员工作计划，对发展计划进行审查，并对实施情况进行检查。

（3）对申请入党人员和入党积极分子进行培养教育，指导入党积极分子的培养考察人做好培养考察工作。

（4）认真指导发展对象填写入党相关材料，对发展党员材料进行预审，检查入党手续是否完备，材料是否齐全、规范。

（5）随机列席党支部发展党员和预备党员转正大会，监督会议程序是否规范，进行检查

和指导。

（6）与发展对象谈话，了解发展对象的入党动机、对党的认识、政治思想素质等，提出能否发展入党的意见。

（7）研究总结发展党员工作好的经验和做法，及时发现并纠正发展党员工作中存在的问题。

（8）加强对院系党建干事和学生党支部书记的培训，对他们的工作进行监督指导。

（9）指导和督促分党委（党总支）做好预备党员的培养、教育、考察和转正工作。

（10）监督指导院系党建干事和学生党支部书记做好正式党员档案材料的归档工作，做到材料齐全、规范。

在繁重的工作实践中，在不断地适应时代发展和党建工作需要的过程中，我校的兼职组织员制度不断地完善，兼职组织员正在充分地发挥不可替代的重要作用。

三、兼职组织员工作优势明显，特色鲜明

兼职组织员在大学生思想政治教育和党员发展工作中展示了独特的优势和鲜明的特色：

（一）深厚的理论功底和坚强的党性原则令大学生肃然起敬

这些兼职组织员，既有从事党务工作多年的领导干部，也有理论基础深厚的思想政治教师，还有学生工作经验丰富的退休辅导员，他们大多数“生在旧社会，长在红旗下”，经过历史的磨炼，受过党的长期教育。他们的理论功底和党性修养让大学生们肃然起敬、心悦诚服。

（二）精湛的业务知识和崇高的师表风范为大学生树立榜样

这些兼职组织员，许多是来自不同学科、不同专业的老专家、老教授，他们精湛的业务知识和广博的学科背景，给求知若渴的大学生们释疑解惑；他们严谨的治学态度与崇高的师表风范，更给积极上进的大学生们树立起人生的新航标。

（三）丰富的教学经验和生动的教育方法让大学生如沐春风

这些兼职组织员，有着丰富的教学经验、传奇的人生阅历和生动的教育方法。他们结合自身成长经历、切身生活体验，理论联系实际，既有感性认识，又有理性思考，内容生动、说理透彻，因而更具有说服力、感染力，让大学生们如沐春风，催人奋进。

四、兼职组织员工作取得显著成效

学校党委发展党员工作中坚持兼职组织员制度，经过多年的实践探索和扎实推进，取得了明显的成效：

（1）协助做好大学生的党课教育，成为大学生思想进步的引路人。兼职组织员通过为大学生上党课，同入党积极分子、发展对象谈心等工作，加深了大学生对党的认识，提高了他们的思想觉悟，激发了他们的政治热情，成为大学生思想进步的引路人。

（2）大力做好入党前的材料审核，成为党组织发展党员把关的重要一环。2003 年以来，兼职组织员审阅学生入党申请书、本人自传、思想汇报、入党志愿书等书面材料，共达 10 万多份，参与新党员教育谈话活动 17000 多人次，参加学生党支部专题组织活动 300 多次。

通过这些材料审核、谈话谈心、专题指导等活动，兼职组织员成为基层党组织发展党员的得力助手。

（3）严格发展党员程序，在实际工作中切实把握标准，坚持成熟一个发展一个，坚决坚持提高发展质量的要求。通过同积极分子或发展对象谈话、参加党员发展对象预答辩会、参加支部大会、审查材料等程序，确实发现一些入党动机不够端正、对宗教信仰问题认识不清、撰写自传或志愿书等材料不认真等现象，对于经教育仍然没有显著改进的同志，坚决向分党委或党总支提出不予发展的意见，有效地履行了组织员的责任。

（4）积极发挥传帮带作用，成为大学生思想政治工作的接力人。近年来，辅导员队伍正朝着年轻化、职业化方向发展。这固然取得了可喜的成绩，但也存在着年轻辅导员在理论素养、人生阅历、工作方法等方面的不足。兼职组织员充分发挥自己在理论、阅历、方法等方面的优势，通过对大学生辅导员和学生党支部书记的悉心指导和系统培训，把自己从事大学生思想政治工作的经验和体会倾囊相授，成为大学生思想政治工作一代又一代继承优良传统、传授宝贵经验、不断开拓创新的优秀传承者。

（5）尽心解决大学生的各种困难，成为大学生学习生活的贴心人。兼职组织员不仅在思想政治上帮助大学生端正入党动机、增强党性修养，启迪大学生积极进步，而且在学习生活上也给予亲切关怀、悉心指导和无私帮助，成为大学生的良师益友。

在离退休老同志担任兼职组织员过程中，老同志也收获了为学校发挥余热的成就感、为大学生成长助力的自豪感和老少交流其乐融融的幸福感。原机关二总支书记、退休干部赵玉顺同志担任兼职组织员近 7 年，认真负责、兢兢业业，2009 年被黑龙江省教育厅、黑龙江省高校工委联合授予“为大学生做一件好事”先进个人。原建筑学院辅导员窦志成同志退休后担任兼职组织员 10 年，认真履行兼职组织员的工作职责，严格把关，2012 年被高校关工委组织授予“五老”开展“为大学生做一件好事”活动先进个人。我校的大学生党建工作在兼职组织员的积极参与和热心支持下，正日益开创着规范、高效、创新、科学的新局面。

探索组织员导师工作法　推进党建育人落到实处

上海工程技术大学关工委

“党务工作中遇到什么问题就找关工委的组织员导师，都能得到及时解答、耐心指点，太给力了！”这是上海工程技术大学管理学院组织员丁红娟的肺腑之言，也是对全校 14 名组织员导师辛勤工作的真实写照。自 2010 年起，上海工程技术大学按照教育部关工委要求，将关工委参与党建育人工作作为关工委工作重要抓手，建立了一支组织员导师工作队伍，邀请一批身体健康、有丰富党务工作经验的老同志以导师身份参与高校党建工作，以“传”“帮”“带”的方式，帮助和指导年轻的党务工作者和党员提高政治素养、专业水平和实践能力，将党建育人落到实处。组织员导师工作法已引起社会广泛关注，教育部关工委专程来校就此工作法开展调研，并给予高度评价；学校涵盖“组织员导师项目”在内的“党员导师计划”，被人民网、中国共产党新闻网和党建文汇评为“全国创先争优优秀案例”。

一、案由

2010年教育部专门下发了《关于聘请离退休老党员担任特邀党建组织员的实施意见》，提出请关工委老党员参与党建工作，使关工委在加强和改进高校基层党的建设中发挥更大作用。老同志的政治优势、经验优势、智力优势、威望优势将对高校进一步研究党建工作规律，探索提升工作科学化水平发挥智库的作用，然而在现实工作中，高校也面临着老同志直接参与党建工作的诸多困难，例如随着学校新校区建成，远郊办学成为学校办学常态，老同志从市区赶来参加党员教育活动，路途遥远，颇为不便；再如关工委的老同志人数较少、年龄较高，“冲锋陷阵”在高校党员教育的一线顶岗工作、承担纷繁复杂的具体事务存在一定局限性；又如面对“微时代”教育媒介的冲击，老同志们和习惯于接受瞬时性、碎片化教育内容的“90后”学生在教育方式和理念上不可避免会有隔阂，这对老同志的教育和交流方式带来挑战。另一方面，学校各二级学院建立起了一支以年轻同志为主的专职组织员队伍，他们思想活跃，工作有创意、有干劲，肯吃苦，但由于缺乏阅历和工作年限较短，党务经验普遍较为缺乏，迫切需要有相当经验的党务工作者为他们指路领航，帮助他们茁壮成长。基于这两方面的考虑，既要扬长避短，充分发挥出关工委老同志的优势，保护他们工作的积极性，兼顾老同志自身特点，同时又对青年党务工作者起到“传”“帮”“带”作用，上海工程技术大学开始探索以“组织员导师”这一工作模式，努力提升高校党建工作的科学化水平。

二、内容

组织员导师的工作，着力点在于推进学生党建工作更加扎实、细致开展，通过坚持组织员导师教师的本位职责，在对组织员辅导育人、教学相长中探讨党建；通过坚持组织员导师的主体地位，加强组织员队伍能力建设；通过坚持组织员导师的垂范作用，引导青年师生健康成长。组织员导师通过引导，对组织员进行党性教育，提升组织员的责任心、使命感；通过辅导，对组织员进行工作培训，帮助组织员提高思辨能力和工作能力；通过疏导，对组织员进行心理疏导，增强组织员应对和解决疑难问题的信心。

（一）实施三项制度，整合力量开展组团式服务

学校党委注重关工委的制度建设，实行“聘任制、集体制、项目制”，确保组织员导师工作持续发展。聘任制，即一年一聘，根据老同志的身体情况和照顾第三代等不同情况及时调整补充；活动方式采用集体制，组织员导师组团开展活动，注重发挥老同志群体优势，做到集中活动和分散工作相结合；实际操作采用课题项目制，将“组织员导师项目”纳入学校“党员导师计划”，强化了监控管理。

为了规范组织员导师工作，关工委还制定了包括学习研究、培训提高、工作目标、信息交流、年检评审、激励表彰、聘任调整、文案归档、经费保障和校际交流在内的10项制度。学校关工委还形成了年会制度，总结分析年度工作得失，商议研讨次年工作要点。

（二）开展“三个一”活动，搭建平台找准工作切点

根据关工委老同志的身体状况和实际工作强度要求，我校对组织员导师参与的具体工作提出了“三个一”的要求，即“参加一次例会、开展一次谈心、指导一项工作”。

一是确立主题，参加一次例会，心连心研讨工作。每学期参加一次工作例会，由党委领导通报学校中心工作，明确党建工作重点，着力帮助组织员提高发现问题、分析问题、解决问题的能力，着力在党员发展质量上下功夫，着力破解党员发展工作中的难题。二是丰富形式，开展一次谈心，面对面指导工作。组织员导师每学期至少和组织员进行一次谈心，排解思想困惑、传授工作秘籍、分享经验教训。组织员导师还通过电话、E-mail 等方式和组织员保持热线联系，邀请组织员到导师家做客开展面对面谈话，真正成为组织员思想上的领路人、业务上的导航者。三是围绕中心，指导一项工作，手把手推进工作。关工委在调查研究的基础上，确定组织员导师每年手把手指导组织员的一项工作。一系列的专项工作中，组织员导师传授了丰富的工作经验和娴熟的党务工作技能。

（三）拓展工作层面，校、院统分结合联动运行

根据高校二级学院关工委组织全覆盖的要求，在学校关工委“组织员导师”工作的基础下，学校党委大力推进二级学院关工委建设，完成了二级学院关工委全覆盖的任务，并建立学院关工委工作制度。根据中央关于建立特邀党建组织员队伍的要求，校党委将校级关工委工作与各学院的学生党建工作有机结合，将学校 14 位组织员导师派至 14 个二级学院，担任学院的特聘党建组织员。校院统分结合，工作有机衔接，互为补充。

三、成效

组织员导师针对高校党建工作特点，以党建育人为核心开展了多形式、宽领域的教育活动，不断创新工作机制，拓宽工作内容，加强联系交流，积极构建党建育人工作的新格局，充分发挥“五老”优势传帮带青年教师和青年学生，做好思想政治工作，形成关工委工作品牌，实现关工委工作的长效机制，取得了较好成效。

（一）与关工委品牌项目相结合，放大了老同志的优势

学校党委以学院为目标对象，借鉴上海社区党建组团式服务“划块明责、组团聚力”的理念，由老干部、老教授若干人构成组织员导师团，既有利于老同志掌握不同学院的经验做法，开拓工作思路，又有利于现职学院班子大胆工作。关工委不仅实现了成员配置网格化，工作布局也尝试网格化管理，校院二级各司其职、工作到位、责任到人。组织员导师不仅教育学生，还指导青年教师，发挥了两代师表的作用，实现了关工委指导效率最大化，推进党建育人落到实处，彰显了关工委的影响力。

（二）与全面育人目标相结合，促进了组织员增长才干

我校关工委工作以党建育人为目标，始终把立德树人作为工作的全部核心，组织员导师充分发挥政治智慧和经验优势，开展“传”“帮”“带”“教”，指引组织员队伍工作方向。通过对组织员开展面对面、手把手、心贴心的指导，帮助了青年组织员快速成长。组织员导师鼓励并引导组织员“钻进去”学习党的组织工作业务，“沉下去”开展基层党务工作，“跳出来”思考总结凝练特色，有效激发了组织员队伍的内生动力。组织员导师还结合指导组织员开展党建育人工作的实际，在上海市教委党委关工委的指导下，搜集整理了组织员工作问答，并汇编成包含171个问题、5万多字的《上海高校特邀党建组织员工作指南》，成为组织员开展工作的实用工具书。

（三）与抓关键环节相结合，提升了党建工作科学化水平

组织员导师在工作中立足抓重点、抓环节、抓关键点、找突破口，环环相扣、紧抓要害，切实帮助基层党组织解决了党建工作难题。2011年，组织员导师牵头，对全校14个二级学院开展以“重基础、重程序、重质量”为专题的党员发展巡视检查工作。2012年初，关工委组织员导师总结巡视工作成果，将学院分组，分批召开学生党员质量分析会。2012年底，在前两项工作“巡诊”“问诊”的基础上，组织员导师主动“出诊”，开出了“落实联系人工作”的“药方”，重点推进联系人制度建设、完善积极分子培养环节。2013年组织员导师开展发展学生党员“三投票、三公示、两访谈、两答辩”工作检查，在党员发展的全过程中加强检查指导，有力提升了我校党建工作的科学化水平。

充分发挥特邀党建组织员在新形势下立德树人的重要作用

安徽中医药大学关工委

关心培养教育下一代是全社会的共同责任，高校也不例外。高校离退休老党员是党的宝贵财富和重要政治资源，聘请离退休老党员担任特邀党建组织员，是进一步加强学生党支部建设、加强在大学生中发展党员工作，培养中国特色社会主义合格建设者和可靠接班人的重要举措。我校关工委坚持“围绕中心、配合补充、因地制宜、量力而为、立足基层、注重实践”的工作方针，按照教育部下发的《关于在高等学校聘请离退休老同志担任特邀党建组织员的意见》（教思政厅〔2010〕2号）文件精神，我校关工委充分发挥离退休老党员培养教育下一代作用，聘请8位党务工作经验丰富的离退休老同志担任特邀党建组织员，增强了学校在发展党员和党员教育管理工作方面的力量，在工作实践中积极探索，创建品牌，发挥了品牌的独特效应。

党建组织员制度是加强党的建设的一项基本工作制度。在新形势下，加强高校党建组织员队伍建设，是进一步加强和改进在大学生中发展党员和大学生党员教育培训的迫切要求，是进一步加强和改进高校基层党组织建设、特别是学生党支部建设的迫切要求，是进一步加强和改进大学生思想政治教育的迫切要求，对于巩固党的执政基础，培养中国特色社会主义合格建设者和可靠接班人，具有重要意义。近年来，随着大学生思想觉悟的提高和高校招生规模的不断扩大，高校大学生要求入党的人数不断增加，大学生党支部建设的任务十分繁重，但党务工作者特别是党建组织员数量不足、工作还不适应的问题，不同程度地影响着大学生党建工作的科学发展。

高校离退休老党员是党的宝贵财富和重要的政治资源，许多老同志曾经是党的各级领导干部，或老教授、老专家，或党务工作者。他们理想信念坚定，党性和政治责任感强，有较深厚的马克思主义理论功底和丰富的党建工作经验，熟悉学生工作，离退休后依然保持着为党的事业继续做贡献的热情和愿望。聘请老同志担任特邀组织员，既充实了党建工作队伍，缓解了专职党务干部特别是组织员数量不足的矛盾，同时又为老同志老有所为、老有所学，在高校党建工作中继续发挥作用提供了广阔的平台。实践证明，高校离退休老党员是学校党建工作队伍中的一支重要力量，聘请离退休老党员担任特邀组织员，是加强和改进大学生党建工作的有效途径和有效举措。不少高校，就聘请老党员担任特邀组织员的工作进行了积极的探索和实践。本文以安徽中医药大学为例，就高校发挥特邀组织员在新形势下立德树人作用的方法途径进行探讨。

安徽中医药大学自 2010 年 9 月起，学校党委从退休老领导、老同志中聘任了 8 名特邀党建组织员，其中原校级领导 2 人、原党总支书记 3 人、原从事机关党务工作处级干部 2 人、机关处室负责人 1 人。8 位特邀党建组织员大多为学校关工委委员。8 位同志共负责 9 个院部，其中 1 人兼任两个院部工作。为了抓好特邀党建组织员运行和管理工作，学校最终形成了校党委领导下由党委组织部、离退休工作处和各教学院部党总支三重管理的领导机制。各教学院部对特邀党建组织员的工作提供方便，积极支持，配合默契，有力地调动了特邀党建组织员的工作积极性。在实际工作中，主要有以下 6 个特色做法：

一、领导高度重视

学校特邀党建组织员工作得到了学校党委的高度重视，早在 2010 年便开始启动该项工作。学校党委王大鹏书记、王键校长亲自过问，纪委书记（关工委主任）亲自抓，学校党委组织部会同离退休工作处等部门起草制定实施方案，并报请学校党委集体研究审定。在特邀党建组织员的聘任仪式上，王大鹏书记、王键校长出席并代表学校党委讲话，颁发聘书。学校纪委书记（关工委主任）主持会议，特邀党建组织员代表发言。组织部、离退休工作处、学生处（学工部）、团委负责人以及院部党总支书记、总支秘书参加了聘任仪式。聘任仪式庄重、简约，最大限度地激发了老同志的工作热情和积极性。

二、建立选聘机制

学校规定了选聘条件、配备办法和选聘程序。具体选聘程序是：在尊重个人意愿的基础上，由学校关工委、离退休工作处党总支推荐，进一步征求教学院部党总支意见，学校党委组织部初步审核，沟通协调，并形成分配方案，报学校党委批准后行文。聘期一般为 1 年，期满后，经考核符合条件的可以续聘。

三、注重业务培训

为了使特邀党建组织员更好地适应工作，学校编印了《特邀党建组织员工作资料汇编》，内容涵盖了发展党员工作政策文件、程序方法以及组织员工作应该注意的事项，为规范组织员工作提供了参考和依据。在聘用伊始，组织了专题培训，进一步提高工作的规范性。学校党委组织部还专门订购了《党建》《求是》《江淮》等杂志，供党建组织员阅读。学校党委组织部定期举办特邀党建组织员工作交流会，回顾总结工作，交流工作经验，畅谈心得体会，进一步推进特邀党建组织员工作规范、有序地开展。

四、注重工作结合

在实践中，各位党建组织员注重转变工作方法，创新工作方式。通过实践探索，注重以学生党建工作为龙头，以“立德树人”为出发点，抓好6个结合。

（一）对入党积极分子的培养教育与面向全体学生的思想政治教育相结合

党建组织员们不惧严寒、不畏酷暑、风雨无阻坚持给入党积极分子上党课，与党员和入党积极分子谈“为什么入党”“怎么做一名合格的共产党员”等，以亲身经历和感悟讲对党的认识，启发和感染学生。学校特邀党建组织员们还结合自己专业、经验，主动请缨，为各学生院部新生开展入学教育讲座，面向全校大学新生，作了“我的中国梦”“走进大学，如何学习和生活”等多场社会主义价值观报告，同时还参加学校各种学生社团的讲授工作，受教育人数达上万人次。有助于大学生及大学生党员，树立和坚定正确的崇高的理想信念，受到广大师生的普遍欢迎，成为大家颇为赞赏的品牌讲座。

（二）发展学生党员与指导学生党支部建设相结合

特邀组织员不仅深入学生党务活动，指导学生党员的培养和发展以及材料的准备，同时积极指导学生党支部建设。在协助做好学生党员发展、党员教育工作的基础上，在共建活动中要发挥骨干作用，共指导学校9个学生院部30个学生支部活动的开展。特邀组织员与党支部共商并指导制订加强党支部建设计划及实施方案，包括组织建设、思想建设、作风建设及制度建设各个方面，使支部活动的开展既遵循党的原则，又切合学生党建实际；既内容丰富，又富于操作性，还将开展“创先争优”活动的内容贯穿在支部建设的计划和实施方案之中。

（三）调查研究与提出改进工作的建议相结合

党建组织员们在校党委的支持下，紧紧围绕育人这个根本任务，经常性开展调研研究，如以青年学生的健康成长、成才方面，思想道德方面开展问卷调查，在调查中考虑学生的分布，男女生比例，采用随机抽样方法获得有效样本217份（男生135份、女生82份，分别占62%、38%）。调查表明，广大学生拥护“三个代表”重要思想和努力实践科学发展观的学习活动，对全面建设小康社会、和谐社会的奋斗目标感到欢欣鼓舞，对中央领导集体充分信任；关注国际国内经济政治形势，对党和政府领导人民进行改革和建设取得的成就高度肯定，对我国保持政治稳定和经济持续健康发展充满信心；关心支持高等教育改革和发展，对推动教育创新、提高教学质量、改善办学条件等寄予较高的期望；人生观、价值观主流积极向上、务实进取，竞争意识和学习自觉性明显增强，成才愿望非常强烈，整体心态比较平和，能比较客观、理智地观察分析问题。

（四）传授理论与开展活动相结合

特邀党建组织员们不仅通过上党课、讲座等形式开展大学生思想政治教育工作，更加注重理论结合实际。通过活动的开展，使大学生们得到了教益，提高了政治素质和专业知识。特邀组织员支持和帮助大学生深入社会和社区开展各种有益的活动，对学生组织活动的开展进行指导和建议，使活动开展得有意义、有特色、有效果。如每年暑期，特邀党建组织员们带领学生不畏酷暑，深入农村、社区开展“三下乡”实践活动，为百姓义诊、教授养生保健知识、传播中医药文化，以身作则，以“先成人，再成才”为理念，教育学生以德为先，努力提高道德水平，自信自立自强。

（五）集中讲座与个别谈话相结合

特邀组织员注意面与点相结合，及时开展集中讲座，加强了大学生们的思想政治教育，也注重入党积极分子、学生党员零距离谈心、交流，使他们得到深入滋养，从而提高了思想政治素质。特邀党建组织员与入党积极分子谈话中既抓考察又抓教育。从入党申请人对党的认识、入党动机和觉悟程度方面了解他们的思想动态，抓住谈话中教育的重点问题。如入党动机，主要谈如何从思想上入党，对党的理解等。特邀党建组织员同时注意对一些“后进生”的思想教育和引导，通过课后的个别的谈话，从思想认识和专业学习角度引导大学生们端正学习态度，提高思想政治素养，讲究谈话效果，营造宽松、和谐的谈话氛围。在谈话中，特邀组织员态度和蔼，满腔热情，不摆架子，不搞教条式训话，通过自己的经验教训，以其丰富经历感悟打动人，使学生真正感受到组织的关心。经过不断交流，谈话对象有所触动、印象深刻。一位同学说，通过几次交流，聆听特邀党建组织员们的亲身经历，拨开了我思想上的的迷雾，使我豁然开朗，认识到树立崇高理想的意义，使我有一种抓紧现在的每一分、每一秒认真学习、不断提高的紧迫感，使我从班级的“后进生”成为其他同学学习的榜样，并加入中国共产党。

（六）关心学生健康成长与对年轻辅导员传帮带相结合

学校党建组织员们利用课余时间深入教室、宿舍、食堂，和学生进行了亲切交谈，在学校新校区投入使用，新生顺利入驻后，特邀党建组织员们不畏高温，驱车前往新校区，关心慰问学生，深入细致地了解困难学生的学习、生活状况，听取他们对学校的需求。由于辅导员们的年轻化，各方面的锻炼还不够，开展工作的经验还不足，对于思想政治教育工作和党务工作能力方面有待于进一步提高，特邀组织员关心年轻辅导员的成长，以自己的理论造诣、学识专长、社会阅历、人生感悟以及教学经验等，发挥好“传”“帮”“带”作用，给他们以思想和方法的启迪，从而提高他们的思想水平和工作能力。

五、严格要求管理

为进一步贯彻落实特邀党建组织员的工作职责，党委组织部根据学校大学生党建工作的实际，向各二级学院部党总支及特邀党建组织员提出了明确具体的工作要求，即：每学期为党校入党积极分子培训班上一次党课；指导、协助入党材料的初审工作，每份入党、转正材料都需要经过特邀党建组织员的审查；列席党总支讨论发展党员工作会议，并在报送的发展对象简明登记表上签字；指导、参与新发展党员的谈话工作等。这些基本要求，细化了工作任务，明确具体，便于操作，切实可行，较好地推进了特邀党建组织员工作的扎实有效地开展。

六、开展量化考核

学校党委组织部加强了对特邀党建组织员考核力度，制定特邀党建组织员学年考核表，从参加学生党支部活动次数、上党课次数、审查入党材料份数等 7 个方面，全面考核他们的工作业绩，并由所在院部党总支给出评价意见及评价结果。学校党委组织部依据考核结果，开展续聘工作，给每位特邀党建组织员发放聘书，强调责任意识。由于工作成效显著，近3年来，在特邀党建组织员工作考核中，8位老同志中有7位连续3年优秀等次，1位同志获得两次优秀、一次良好等次。

我们学校为9个教学院部配备的特邀党建组织员，工作积极认真，在审核党员发展材料、指导支部工作、参与新生入学教育和党校授课等方面发挥了重要作用，并取得了显著成绩。

三年来，学校共发展学生党员2603人，转正1703人，每位学生党员材料都经过了特邀党建组织员的审核。特邀党建组织员们3年来参加学生党支部活动93次，列席学生党支部大会86次；给学生上党课59次；审查入党材料2195份；广泛开展谈心活动，总共与441位入党申请人、423位入党积极分子、375位学生党员、92位党支部书记谈心；向院党总支提出针对性建议96条。

特邀党建组织员们以"春雨润物细无声"的方式，孜孜不倦地辛勤努力下，爱心帮扶在学习上、生活上有困难的学生，用爱教育，以德树人，处处给学生做出表率，引导学生树立积极健康的价值观和人生观。大学生党员在特邀党建组织员的积极引导下，励志成才，回馈社会。2013年学校共有5名学生考上选调生，奔赴各基层单位，服务社会，更有4名学生志愿服务西部，远赴新疆，为中西部地区的繁荣发展做出了积极的贡献。

学校特邀党建组织员通过辛勤劳动和工作实效赢得了所在单位的好评，也赢得了基层党组织和学生的拥护和爱戴。在特邀党建组织员的帮助和指导下，各教学院部学生党员发展、教育及档案管理等方面逐步实现规范化、常态化，大大推进了学生党建工作水平的整体提升。

春风化雨促党建　励志箴言育人才

福建师范大学文学院关工委

一、背景介绍

福建师范大学文学院在1987年就开始邀请退休老党员协助党组织发展党员工作，1998年正式聘请兼职党建组织员参与大学生党建和思想政治教育工作，建立了特邀党建组织员制度，这项工作成为在全校推广的关工委工作的特色品牌，得到了福建省教育厅主管部门领导和校党委的充分肯定。教育部办公厅《关于在高等学校聘请离退休老同志担任特邀党建组织员的意见》（教思政厅〔2010〕2号）下发后，院党委高度重视，从特邀党建组织员的选聘、培训和管理入手，充分发挥老同志政治和经验的优势，积极参与学生党建工作，大大增强了基层党建工作力量，提高了大学生党建思想政治教育实效，取得了明显成绩。

二、具体内容

（一）底蕴深厚，经验丰富，敢为人先有制度

福建师范大学文学院自 1987 年就开始邀请傅雪英等两位退休老党员协助做组织发展工作，1998 年开始正式聘请邱占初、黄广恩、傅雪英、戴永寿（召集人）、徐金凤、游友基、陈节等 7 位退休老党员担任特邀党建组织员，建立了特邀党建组织员制度。

这项制度在全校首创，起步至今 27 年，正式建制 16 年，从未间断，组织员先后共与发展对象谈话近 1800 人次。除代表组织与发展对象专门谈话外，还负责审查每一位对象的材料，在院党委的发展会上详细汇报并提出发展与否的建议意见，主持入党宣誓仪式，给学生上党课并培训学生党务工作者。以上任务坚持不懈，制度十分健全。

（二）教学相长，亦师亦友，潜移默化助成长

福建师范大学文学院特邀组织员有的曾是学院党政领导，有的是党务工作或教学科研的专家，他们言传身教，在做人、做事、做学问及端正学生入党动机方面，给予学生无私的帮助和指导，成为学生思想成长的引路人。每次谈话都是大半天，大到道德修养、专业知识，小到材料中的错别字都严格把关，高标准、严要求，学生称他们是“严导师”。他们的党性修养、理论功底、师德风范、人生阅历和教育方法等让大学生们肃然起敬、心悦诚服。

为学生办实事、办好事，提供就业、勤工俭学信息，帮助解决思想问题和生活困难，与学生建立起了深厚感情，成为学生人生道路上的好朋友。

（三）积极探索，创新形式，立德树人显特色

在长期的实践过程中，福建师范大学文学院形成了特邀党建组织员参与学院党建的长效机制，并且不断创新方式方法，为推进学院党建工作更上一层楼开辟道路。例如，开展了老少同专业支部共建活动，通过专业教师、学生共同的专业、学科背景，搭建起“专业党支部群”的活动和实践平台。这一模式在组织结构上形成了绳索构造，进一步强化纵向的径向力；在组织活动内容改变了党员生活单一、枯燥、缺少专业背景支撑的尴尬局面，其中党员教师的加入，使得学生党组织生活向多样性方向发展。这种党员组织生活形式和活动平台加强了同专业方向内导师与党员、党员与党员间的思想和学术交流，营造浓厚的学术氛围，充分发挥新老党员间的“传”“帮”“带”作用。

三、初步成效

（一）推动学院党员发展工作的规范化、制度化、科学化

多年来，组织员审查每一份发展对象的材料，都一丝不苟，要求手续齐备、材料齐全、内容准确、格式规范。他们经常以 20 世纪五六十年代入党老同志的优良传统，下学生支部手把手指导学生，培训学生党务工作者，还经常为此给院党委提建议。文学院的发展工作比较规范，他们功不可没。前几年，福建省委对高校发展工作的不规范问题进行了大检查，在组织员的积极推动下文学院新建立了量化测评的严格把关制度，受到了上级党委的充分肯定。

（二）提升学院人才培养质量

组织员言传身教、潜移默化的影响，培养了如“全国大学生年度人物”叶超群、“全国优秀学生干部”徐君、“全国大学生自强之星”提名人物方冬梅等，仅 2009 年以来，获得省以上先进的学生 240 多位。这些都凝注了他们的心血。去年，在全校关工委工作会上，文学院学生代表上台发言，盛赞组织员老师的优秀风范，引起了强烈的反响。

（三）促进学院党建工作创先争优

近 10 年，文学院三次获省先进基层党组织称号（2000 年、2008 年为院党委获得，2006 年一学生党支部获得），2012 年院党委又获“省高校创先争优先进基层党组织”称号，并历次获“全校退休工作先进单位称号”，且均代表先进单位上台发言。其中，“党建组织员”这一特色品牌是上述先进称号必讲的重要成绩。

福建师范大学文学院在 27 年的工作实践中，对特邀组织员的工作机制、队伍建设、制度保障等方面作了一些探索和创新，我们将继续认真贯彻党的十八大和党的十八届三中全会精神，全面贯彻落实教思政厅〔2010〕2 号文件的要求，学习其他院校的宝贵经验，把特邀组织员工作做得更好，在大学生党建工作上取得新的更大成绩。

坚持特聘组织员制度　切实做好学生党建工作

河南许昌学院关工委

高校离退休老干部、老党员是党和国家的宝贵财富，他们阅历丰富、政治立场坚定，有较高的政治理论水平、丰富的党务工作和教育工作经验，有较高的职业道德水准和人格魅力。为充分发挥他们特有的政治资源优势，加强和创新学校学生党建工作，引导广大青年大学生健康成长，许昌学院关工委在校党委的领导下，积极开展学生党建特聘组织员工作，已成为学校学生党建工作的一大亮点。

一、党委高度重视，为特聘组织员工作提供了组织保障

根据我校学生党建工作实际，2006 年 5 月，经校党委同意、研究制定并下发了《许昌学院关于实行特聘学生党建组织员制度的通知》（院党字〔2006〕49 号文件），对特聘组织员的设置、职责、条件和管理等做出了明确的规定，并将特聘组织员工作纳入学校党建工作同部署、同检查、同考核。同时结合聘期及老同志实际情况的变化，适时调整充实特聘学生党建组织员队伍。目前，我校共有特聘学生党建组织员 17 人，分布在全校 17 个院（部），他们是在学校不同岗位上长期工作、对学校做出积极贡献的老领导、老党务工作者、老党员，他们为我校的学生党建工作做出了积极贡献。

二、工作职责明确，为特聘组织员工作提供了任务保障

（一）任职条件明确

特聘组织员由思想好、作风正、熟悉党的组织工作业务，具有一定党务工作经验，身

体健康，年龄在70岁以下的离退休的党员同志担任。特聘组织员实行聘任制，每个聘期为4年。

（二）工作关系明确

特聘组织员的聘任和管理由党委组织部负责，在所在院（部）党总支（直属党支部）领导下，协助开展学生党建工作。

（三）工作职责明确

一是上党课，对学生进行党史和党的基本知识教育；二是参与学生党员发展工作；三是对学生党员进行党性、党风、党纪教育，充分发挥学生党员的先锋模范作用；四是参与学生党支部书记和支委培训工作，指导学生党支部建设。

三、认真落实待遇，为特聘组织员工作提供了激励保障

学校党委为充分调动特聘组织员工作的积极性，对其政治待遇、生活补贴特做出具体规定：

（1）参加学校党建工作会议。参加学校及所在院（部）党总支（直属党支部）学生党建工作会议。在每年学校党建评先表优活动中，特聘组织员占有一定的比例。

（2）每年党委组织部从党费中拿出一定比例的经费用于特聘组织员的生活补贴。

（3）为使特聘组织员更好地了解党的方针、路线、政策和党的基本知识，学习先进经验，组织部为每位特聘组织员专门编发了《党的组织工作文件选编（上、下册）》《党的基层组织问答》(500问)，订阅了《党的生活》《入党培训教材》；宣传部为每位特聘组织员订阅了《许昌晨报》。

四、工作机制健全，为特聘组织员工作提供了制度保障

（一）工作例会制度

党委组织部每学期召开两次特聘组织员工作会议。对每学期的工作目标和工作任务，做到期初有布置，期末有总结。每年各党总支（直属党支部）对特聘组织员工作进行评价。每个聘期结束，学校党委召开专门会议，认真总结工作，表彰在学生党建工作中做出突出成绩的特聘组织员。

（二）经验交流制度

特聘组织员在工作中发现的问题及时向基层党组织和组织部汇报。每学期期末特聘组织员对本学期工作进行总结，有针对性地做好工作经验交流和专题讨论。

（三）学习培训制度

每年培训两次。采取举办理论研讨会、以会代训或学习考察等形式，加强对特聘组织员的学习培训，使其不断更新知识，以创新精神做好工作。

这些制度、规定和措施，有力地促进了特聘组织员工作的扎实有效开展。

五、务真求实工作，彰显了特聘组织员工作的活力

8年来，我校特聘组织员在学校党委的正确领导下，配合各党总支（直属党支部）认真

开展学生党建工作。

（一）组织各类活动

组织大学生认真开展各类主题教育实践活动和多读书读好书活动，深入开展“学党史、颂党恩、跟党走”的革命传统教育和爱国主义教育、集体主义和民族精神的教育，使他们了解中国共产党的历史，弘扬党的优良传统，感谢党的关怀，牢固树立跟党走的坚定信念，奋发向上，振兴中华。

（二）对大学生进行党的知识教育和革命传统教育

通过举办座谈会、专题讲座，参观革命纪念馆、博物馆、革命烈士纪念馆、图片展览，开展唱“红色歌曲”，举办歌颂中国共产党歌咏比赛、文艺演出、“红色故事会”、党的基本知识竞赛等，激发他们爱党爱国的热情，取得了良好效果。

（三）认真上好党课

坚持深入调研，有针对性地对大学生开展党课教育。黄桂贞、李顺春、王志远、刘玉虎、王中方、郭湘明等同志结合自己的入党亲身经历为大学生上党课，取得了良好效果。不少同学说，从小学到大学，在书本上了解了许多党的历史和基本知识，但只有像这样和革命前辈的面对面的交流，才能体会到当时的那种真切感受，心灵受到极大震撼。同时，他们注重言传身教，认真做好大学生基础文明监督员工作，尽其所能，及时为大学生排忧解难等。

（四）认真做好大学生组织发展工作

开展积极分子的教育培训及培养考察、发展对象的材料审查与填写、入党前的谈心谈话等工作，对学生有爱心、有耐心，把好学生入党思想关，协助基层党组织培养了一批又一批优秀青年学生加入党组织，为壮大党的队伍做出了积极贡献。李顺春、赵西尧、王中方、王爱琴、苗景勋等老党员坚持数年，呕心沥血做好组织员工作的先进事迹感人至深。

（五）对学生党员开展党史、党性、党风、党纪教育

依托党校、党章学习小组等平台，把教育与加强基础文明建设、班级建设、学生社团建设、社会实践、心理健康教育、生活园区建设等工作紧密结合起来，在教室、宿舍设立学生党员岗，使学生党员在学习、工作、生活中做到“树一面旗帜、办一些实事、献一片爱心、带一批同学”，起到了共产党员的先锋模范作用，为加强校风、学风建设做出了积极贡献。

（六）加强学生党支部建设指导工作

积极配合党总支（直属党支部）认真开展学生党支部书记、支部委员培训工作，使其明确学生党支部任务和职责，丰富活动形式、创新活动内容。截至目前，全校学生党支部 64 个、党小组 320 个，在校风、学风建设和各项活动中，成为带动学生班级团结进步和开展思想政治教育的坚强堡垒。

六、工作成效显著，赢得了党组织的充分肯定和大学生的高度赞扬

（一）爱党爱国信念更加坚定

我校向党组织递交入党申请书的大学生人数占全校当年学生总数的 90%，被确定的入党积极分子人数占全校学生总数的 50%。近 3 年来，学校共发展学生党员 2800 多人，现有学生党员 2048 人，占在校学生总数的 10.3%。2012 年 5 月，省委高校工委在对全省高校发展

学生党员工作专题调研中，对我校发挥特聘党建组织员作用，严把党员发展“入口关”，高质量、高标准地做好学生党员发展工作，予以了高度评价。

（二）各项主题教育活动扎实有效

我校特聘组织员结合学生党建工作，连续10年坚持组织学生开展各类主题教育读书实践征文活动，使学生达到了“受教育、长才干、做贡献”的目的，我校连续6年分别荣获教育部关工委主题教育活动“集体一等奖”“集体特等奖”和“先进集体”等荣誉称号，多次被评为全省、全国大学生社会实践活动先进单位。

（三）学生党员先锋模范作用、学生党支部坚强堡垒作用得到充分发挥

近年来，全校有25个学生党支部被评为“先进基层党组织”，有130名学生党员被评为“优秀共产党员”，9名学生党员被评为“学雷锋标兵”，有1200多名学生分别被省教育厅和学校授予“优秀毕业生”“文明标兵”称号。

（四）特聘组织员工作稳中有进，成效显著

目前，我校特聘组织员队伍在学生党建工作中已成为创新发展、富有特色的有生力量。8年来，我校特聘组织员有1人被评为“全国教育系统关心下一代工作先进个人”，1人被评为全省教育系统“十佳关心下一代工作先进个人”，有6人被评为“全省关心下一代工作先进个人”，28人次被学校党委授予“优秀共产党员”称号，13人荣获学校“关心下一代工作突出贡献奖”，校关工委评为全省“五好基层关工委”。

实践证明，做好特聘组织员工作是创新学生党建工作的有力举措，也是做好关心下一代工作的重要载体，我们将一如既往地坚持完善特聘组织员工作制度，并不断取得工作新成效。

坚持“三提高”　强化特邀党建督导（组织）员工作

武汉轻工大学关工委

自2006年开始，学校聘请退休老同志作为特邀党建督导（组织）员，深入到学院，指导、配合党总支做好大学生党建工作。

一、坚持学习，不断提高特邀党建督导（组织）员工作重要性的认识

聘请离退休老同志担任特邀党建督导（组织）员是进一步加强和改进在大学生中发展党员和大学生党员教育培训工作的迫切要求，是进一步加强和改进高校基层党组织建设、特别是学生党支部建设的迫切要求，是进一步加强和改进大学生思想政治教育的迫切要求，对于保证新发展的党员质量，保持党的先进性和纯洁性，巩固党的执政基础，培养中国特色社会主义合格建设者和可靠接班人，具有重要意义。

（1）高度重视并指导特邀党建督导（组织）员工作，切实把该项工作纳入党政工作的议

事日程。校、院两级党政把特邀党建督导（组织）员工作纳入校、院工作日程，作为校、院工作的组成部分，形成合力，使其更好地发挥作用。校院两级领导认真履行职责，及时向特邀党建督导（组织）员传达上级有关指示，定期听取特邀党建督导（组织）员工作汇报。校关工委1名副主任和2名委员（均为退休老同志）直接参与党建督导（组织）员工作。各学院党总支1名负责人兼任关工委主任并对特邀党建督导（组织）员工作给予大力支持和协助。

（2）加强特邀党建督导（组织）员队伍建设，充分发挥退休老同志在学生党员发展工作中的作用。特邀党建督导（组织）员大多有30年以上党龄和10多年党务工作经验的退休老同志，他们阅历深、经验多、知识广，尤其是懂教育、会教育，在学生培养方面具有不可替代的显著作用。学校党委及组织部重视对党建督导（组织）员的选拔、配备和培训，校关工委积极配合，并加大宣传力度，引导更多的老同志，特别是新退休的老同志参与党建督导（组织）员和教学督导员（另一支由退休老同志组成的队伍），充分发挥老同志的智慧和热情，对大学生进行思想政治教育，着力提高大学生的思想道德素质、科学文化素质和职业道德素质。

（3）切实为特邀党建督导（组织）员开展工作提供有利条件。校党委、学院党总支积极为特邀党建督导（组织）员开展工作营造良好的舆论氛围，优化工作环境，改善办公条件；邀请他们参加有关会议，阅读有关文件，听取他们的意见和建议；从政治上、感情上、生活上关心尊重特邀党建督导（组织）员，保护他们的工作积极性。

（4）学校保障特邀党建督导（组织）员活动所需的必要经费，并将其纳入年初学校财务预算。各学院积极为特邀党建督导（组织）员开展活动提供必要的经费保证和物质条件。

二、坚持原则，不断提高特邀党建督导（组织）员工作的规范性

多年的工作实践，逐步形成了特邀党建督导（组织）员工作的原则：“指导不领导”“参谋不决策”“到位不越位”“督办不包办”。特邀党建督导（组织）员在实际工作中，依据这一基本工作原则，正确处理好三个方面的关系。

（一）搞好指导、参谋、帮忙而不“越位”

特邀党建督导（组织）员全都是处级以上干部，他们有资历、有经验，很受学院领导和师生的尊重。为防止和杜绝越俎代庖，特邀党建督导（组织）员认真学习有关文件和工作制度，明确组织员工作是在所在党总支的领导下和党委组织部的具体指导下进行的，主要工作职责是搞好指导、参谋、咨询。他们参与所在党组织的会议没有决定权，参与学生党支部发展党员的大会，也不具有表决权。他们自觉做到三点：摆正位置，正确履行指导、参谋、咨询职责，不越权越位；尊重学院领导，多交流沟通，不“倚老卖老”；维护集体领导，重大问题由党总支和学生党支部讨论决定，不搞个人说了算。这些要求，较好地规范了特邀党建督导（组织）员的职责与工作方法，受到了学院党组织和学校领导的好评。

（二）积极协助而不影响正常秩序

各学院党总支已配有专门负责学生党建的工作机构和运转机制，工作计划、制度也比较健全，工作较为规范。作为特邀党建督导（组织）员，如果不注意工作方法和活动形式，就有可能影响所在党总支的正常秩序。为此，特邀党建督导（组织）员在开展工作中特别注意以下三个方面：首先，将特邀党建督导（组织）员工作纳入党总支工作的整体安排，根据

学生党建工作的实际需要和自身的优势特长，有选择地参与一些关键性环节的活动，不另搞一套；其次，指导、参谋要注意方法，防止不顾时间和条件参谋建议，避免党总支和学生党支部被动应付，无所适从；再次，工作中既要积极热情，又要尽量少找领导“汇报”“研究”工作，更不要在正常学习时间找学生干部谈话和组织开展活动。这些措施，对于维护正常的教学、工作和生活秩序起了较好的作用。

（三）开展工作与提高自身素质两不误

特邀党建督导（组织）员虽然具有一定优势，但时代在变化和发展，学生党建工作方面有不少新情况、新问题。因此，组织、引导特邀党建督导（组织）员加强学习修养，提高自身素质，这是搞好督导（组织）员工作的关键环节和重要保证。如利用工作例会和经验交流等时机，组织特邀党建督导（组织）员认真学习党的基本理论、有关政策规定；引导特邀党建督导（组织）员调查研究，总结经验；及时组织工作情况及经验交流，不断提高特邀党建督导（组织）员的工作水平和活动能力。

三、突出工作重点，不断提高特邀党建督导（组织）员工作的针对性

近几年来，学校办学规模不断扩大，学生人数日益增多，目前全日制在校大学生已近2万人，其中有近90%的大学生向党组织递交了申请书。因此，发展大学生党员是学校一项面广量大、十分艰巨的工作，光靠组织部和各学院党组织的力量是远远不够的，特别是许多学院的政治辅导员缺少工作经验，往往显得心有余而力不足。面对这一新情况，按照学校党委的意见，特邀党建督导（组织）员的工作重点确定为：协助基层党组织定点联系二级学院，做好党员的培养、教育和考察工作，以及协助学校党委和党委组织部门检查、指导、督促基层党组织做好发展党员工作。

（一）加强对入党积极分子的教育引导，端正入党动机

要把青年大学生培养成为新时期合格的中国共产党党员，加强马克思主义信仰、共产主义觉悟和中国特色社会主义信念教育，自觉践行社会主义核心价值观，端正入党动机是第一位的。为此，特邀党建督导（组织）员通过个别谈话、召开座谈会、上党课等形式，反复讲“组织上入党一生一次，思想上入党一生一世”的重要性，引导入党积极分子用马克思主义中国化的最新成果武装自己，用中国特色社会主义的共同理想引领自己，用以爱国主义为核心的民族精神和以改革创新为核心的时代精神激励自己，用社会主义荣辱观规范自己，牢固树立正确的理想信念和价值取向，不断端正入党动机。

（二）协助基层党组织规范大学生党员发展工作

党委组织部按照特邀党建督导（组织）员在实际工作中的意见，多次修改发展党员工作手册，做到全校党支部书记人手一册；不断完善发展党员工作有关制度，规范大学生党员发展工作，如共青团推优制度、校院两级党校培训制度、政治审查制度、群众公示制度、支部大会讨论制度、学生党支部书记培训制度、预备党员跟踪考察制度等。通过征求意见和完善制度，我校大学生党员发展工作逐步实现了规范化、制度化、科学化。

（三）认真审查发展对象有关材料，严把入党质量关

质量是发展党员的生命线。加强和改进在学生中发展党员工作，把优秀学生凝聚到党的

队伍和事业中来，对提高党员质量、培养一代又一代社会主义事业可靠接班人、永葆党的蓬勃生机和活力，具有极为重要的战略意义。这是所有党务工作者义不容辞的责任和使命，特邀党建督导（组织）员更是切实履行工作职责，发挥发展学生党员工作的参谋、督导、检查作用，特别是把好发展预备党员的审核关。他们认真核查发展对象的各种材料是否齐全，核审党总支、党支部发展党员的步骤和程序是否规范。7 年来，特邀党建督导（组织）员每年对 1000 名左右发展对象的《入党志愿书》及相关材料逐项逐页审核，在专用的审核表上签名后才报送学校组织部。

多年来，在校党委的统一领导、关工委的全力支持、各学院的大力配合下，特邀党建督导（组织）员退而不休，老而弥坚，怀关爱之心，动长辈之情，他们牢记宗旨的服务精神、无怨无悔的奉献精神、善于学习的开拓精神，给全校师生留下了深刻的印象。经过不断的摸索和不懈的努力，特邀党建督导（组织）员工作已基本成为我校党建工作的特色之一。

老少支部结对共建　构建学生党建平台

广西大学关工委

老少结对共建是我校关工委通过几年的探索和实践，所创新的参与学生党建工作的形式之一，是充分利用老党员的政治优势、威望优势、经验优势、亲情优势，关爱帮助大学生健康成长成才的重要途径。以老少支部结对共建为平台，更好地发挥了退休支部及老党员在学生党建中的作用，共建的形式和内容丰富多彩，取得了很好的效果。东校园退休七党支部与动科院学生第二党支部已经结对 3 年，荣获学校“2010 ～ 2012 年结对共建工作先进党支部”称号，支部书记李德富荣获“先进个人”称号，离退休工作处党委也获得结对共建工作先进组织。

我校关工委从 2009 年开始尝试着发挥退休党支部组织的作用，让农学院、动科院两个学院的退休支部与他们原所在的学院的学生支部对接起来开展支部活动，架起了退休党支部和党员与学生党支部和党员的桥梁，密切了他们之间的联系，推动了退休党支部和广大老党员参与关心下一代工作热情。2013 年校关工委又到离退休工作处党委进行共建专题调研，把共建工作铺开，扩大了共建范围，让更多退休支部和学生支部开展结对共建，使共建形式更加多样，共建内容更加丰富，效果更突出。我们的主要做法是：

一、配合学生支部抓好党员教育和发展工作

学生党支部邀请共建离退休支部理论水平高、党务经验丰富的老党员走进课堂给大学生上党课、做学生入党联系人、与入党对象谈话、帮助审阅入党积极分子材料等，帮助大学生党员提高理论知识水平，提高对党的认识，端正入党动机，树立正确的世界观、人生观、价

值观，既保证了学生党员的发展质量，同时也推动了学生党支部的建设。如吴洁、黄兆升、梁冠平等老党员给商学院、法学院、文学院、生科院、数信学院、动科院、公管学院等学院学生上党课，李德富、蒲丽远、罗汉军、佟向民等老党员跟入党积极分子谈话，参加他们的学习讨论，林学院退休支部书记李廉扉老师长期担任学院入党积极分子培训班、预备党员教学任务等。

二、参与学生支部组织生活

结对退休党支部党员不定期参与学生支部的组织生活，和学生党员们面对面交流，当面点评学生党员的一些思想认识问题，紧密了师生党员的关系，不仅提高了组织生活的质量，而且取得了更有针对性、更直接的效果。如东校园退休七支部与动科院学生第二党支部、化学化工学院 14 个学生党支部和退休支部 28 个老党员结对共建活动，老党员参加学生支部组织生活，数信学院老党员参加学生党支部民主生活会。

三、参加学生党员活动

支部老党员参加学生党员的主题会、座谈会，与学生党员进行互动，增进彼此间的了解与关爱，用老党员的自身政治优势，坚定大学生党员的理想信念。如在建党 90 周年之际，动科院退休支部和学生支部全体党员以《党在我心中为》为主题召开座谈会，老党员讲述了时刻记住自己是党员，处处起模范带头作用，事事严格要求自己的事迹，深深教育了学生党员；公管学院以“关心青年促成长　投身西大共奋进”为主题的纪念建团 90 周年座谈会，老党员与学生党员畅谈历史使命和时代重任。

四、带领学生党员开展社会实践活动

老党员带领大学生党员参观革命传统教育基地、共同参与社会实践、学术活动等，通过听讲解、观实物、看资料、亲身实践，亲切随和、谦虚严谨的老党员风采，让学生党员在这些氛围中受到感染和熏陶，使他们坚定爱国主义思想，努力提高自身素质。如校关工委老党员与数信学院学生党支部在东校园学生爱国民主运动纪念碑下举行的我校“纪念建党 90 周年——永远跟您走”主题实践活动，老党员给青年党员讲广西大学校史，蒲丽远等老党员带领的行健学院新党员到邓颖超纪念馆参观并举行入党仪式宣誓，使新党员受到深刻的党性教育；退休党员利用自身资源带领学生支部党员开展社会实践活动和科技服务、调研活动，如动科院、农学院老党员利用暑假带学生党员到合浦、天等参加社会实践活动，生命学院老党员蔡世英、柏学军、周河治等指导学生党员开展生物驿站学术活动；动科院李德富带领动物医学一支部、二支部的党员到区动物疫病预防控制中心参观学习。

五、对学生党员进行专业思想教育和就业教育

为帮助学生党员树立正确的专业思想，引导学生确立正确的就业观，正确地认识和评价自我，并作好在基层和艰苦地区成就事业的心理准备，结对共建支部老党员利用自己的专业优势、丰富的工作经验和资源，对大学生开展专业思想教育和就业教育。如老党员开展新

生入学咨询活动，帮助新生解答一些专业和生活上的问题；商学院老党员做新生学习生涯辅导，与新生座谈，解答新生在学习、生活、人生规划上的问题，激励学生们在学术的道路上去攀登；动科院老党员覃树华是《广西畜牧杂志》的编辑，在论文的写作方面有着丰富的经验，临近毕业季，他为了给广大毕业生在论文写作上提供更多的帮助和指导，给学生举办论文写做讲座；动科院李德富老支部书记给新生做了“创新学习方法　迎接新挑战”报告；老党员吴洁教授给生命学院、文学院的毕业生做了以“奔赴基层为国分忧，迎难而上建功立业”为主题的讲座，以自身在基层工作的经历，鼓励大学生奔赴基层，迎接挑战，锻炼成长。老党员指导和帮助大学生就业，为毕业生就业牵线搭桥。如动科院、林学院、生科院等学院老教授给学生做就业讲座，介绍学生就业；物理学院老党员陆柳荣教授先后联系南宁、柳州、北海校友企业回母校招聘师弟、师妹，还组织毕业生到南宁多家公司实习，为就业找门路。

六、互助帮扶，共建共赢

在共建活动中，坚持互惠互利、双向受益。在共建活动，老党员的无私奉献使学生党员感受到亲情的温暖和长辈的关怀，同学们力所能及的回馈让老党员充分感受到青年党员的关心、爱心和尊重。如各学院的学生支部与退休支部结对帮扶共建过程中，学生党员常常利用节假日、双休日上门为老同志做清洁卫生、修家电、聊天等一些力所能及的服务工作；国防学院、数信学院、商学院等利用九九重阳节之际，发扬敬老爱老的优良传统，学生党员代表等上门看望慰问老党员，在新春到来之际，给老党员送上自己书写的春联；商学院的学生党员开展广西大学“永远跟党走”走访老党员的暑期社会实践活动，在与老党员的交流过程中受到教育，整理出了《历尽沧桑后的沉淀》——老党员的风采依旧，记录了阎革、黄兆升、吴弘 3 位老党员坚持与奉献的精髓。

离退休党支部与学生党支部共建后，为发挥老同志自身优势搭建了平台，老同志也深深感受到共建使他们活得更充实，老同志的思想观点、人格魅力、精神品质等深深影响着大学生党员，坚定了大学生思想信念，留下了大学生涯中与众不同的难忘记忆。共建的学生党支部党员发展数量明显增多，党员质量得到提高，班风学风全面提升，就业比例得到提高，现在老少共建工作越来越被大家认可，产生的作用和效果越来越明显，也成为学校关工委工作的一个品牌。

充分利用党建工作平台　对大学生进行核心价值观教育

重庆医科大学关工委

进入新世纪以来，重庆医科大学关工委积极参与大学生党建工作，其经历了一个从自发到自觉、探索到规范的过程。2002 年，党的十六大通过的《党章》增加了“在青年中发展党员”的内容，校党委重视在大学生中发展党员，聘请了18位老同志为党建组织员，协助各级党组织做学生党员发展工作。2004年，党中央、国务院的〔2004〕16号文件，明确指出：“高等学校党组织要高度重视学生党员发展工作，把优秀大学生吸纳到党的队伍中来。”学校党委更加重视学生党员的发展和培养教育管理工作，加大了党建工作力度。2010年，教育部思政司下发〔2010〕2号文件后，按照市委教育工委和关工委的要求，学校党委制定了贯彻落实2号文件的“实施意见”，同时制定了特邀党建组织的“工作细则”，并按文件要求，再次审聘了18位老同志为特邀党建组织员。在党委领导和组织部指导下，他们主动积极协助各级党组织，做好学生党员发展和教育工作。目前我校关工委参与大学生党建工作已经走上规范化、常态化、制度化。

特邀党建组织员在参与大学生党建工作中，充分利用党建工作平台，对入党积极分子和学生党员进行社会主义核心价值观的教育。社会主义核心价值观，通过国家、社会、公民3个层面得以体现。培育和践行核心价值观，既要注重国家层面价值目标的确立和社会层面价值取向的定位，又要注重公民个人层面价值准则的养成，我们在核心价值观的培育和践行中，重点放在个人层面价值准则的养成，使“爱国、诚信、敬业、友善”成为学生的道德约束和行为规范，成为内化于心的精神追求，外化于行的自觉行动，使核心价值观成为学生日常学习、工作、生活的基本遵循。

我们的工作采取“155”模式，即“1个平台、5种形式、5个内容”，收到了实效。利用大学生党建工作平台融入核心价值观的教育，我们主要采取5种形式：①举办讲座，在宣讲党的基本知识中，阐释和灌输核心价值观；②审阅材料，在审查“入党申请书”和“入党志愿书”时，关注是否体现核心价值观；③个别谈话，在与发展对象“一对一”的谈话中，贯穿核心价值观；④参加活动，在参加学生党支部开展的有关主题活动中，宣传核心价值观；⑤老少共话，在学生党员采访并与关工委老同志共话中，融入核心价值观。通过这5种形式对大学生进行社会主义核心价值观的践行和教育。

主要内容有5个方面：一是讲理想信念，进行“三个自信”的教育。习近平总书记指出：“马克思主义、共产主义信仰是共产党人的命脉和灵魂，坚持理想信念，始终是共产党人安身立命的根本。”还指出：“‘中国梦’是全国各族人民的共同理想，也是青年一代应该树立的远大理想”。我们举办讲座，先后用的标题就是《学习党的知识，树立崇高理想》《学习党的章程，坚定理想信念》，要求入党的学生要树立崇高的理想信念，把实现共产主义作为自己的最高理想。作为一种远大的共产主义理想，要具体化为阶段性目标。当前的目标就是“两个一百年”的奋斗目标，即到2020年全面建成小康社会；到2050年把我国建设成富强、民主、文明、和谐的社会主义国家。这是核心价值观教育的重中之重。入党的学生和学生党员一定要坚持中国特色社会主义道路自信、理论自信、制度自信，始终在政治上、思想上、行动上与党中央保持高度一致。

二是讲党的光辉历程，进行知党、爱党的教育。我们一方面讲党把马克思主义与中国实际相结合，探索救国图强真理，经过艰苦卓绝的武装斗争，建立了社会主义新中国；带领全国人民自力更生、艰苦奋斗，改变了一穷二白的落后面貌；通过开辟中国特色社会主义道路，走上了民族复兴的康庄大道，赢得了全国人民的拥护，赢得了世界人民的称赞。另一方面，讲全球视野中的中国共产党，介绍世界各国资深的政治家对中国共产党的高度评价，使广大学生更加热爱党，永远听党话、跟党走。

三是讲祖国的繁荣富强，进行热爱祖国、振兴中华的教育。爱国是核心价值观的根本内核，是每个人起码的价值遵循。我们一方面从大事大处着眼，讲新中国成立后60多年来所取得的巨大成就，特别是改革开放30多年来的翻天覆地的变化，使大家感到祖国可亲可爱，富强来之不易，要珍惜它，爱护它。另一方面，从实际感悟着力，按照党委书记的要求，老同志结合亲身经历和感受进行宣讲。党的十一届三中全会前，山区农村是“通讯靠吼、交通靠走、治安靠狗、下雨路不好走、砖瓦房几乎没有”。现在的农村，尤其是新农村“下雨走路不湿鞋、家里煮饭不用柴，吃水用水不用挑、晚上电灯亮起来、村村社社通公路，座机手机用起来”。从生活方面讲变化非常大，十一届三中全会前，吃是瓜、菜代，城里人每人每月一斤肉，四两油，广大农民还没有。现在“吃讲营养，穿讲时尚，玩选地方”。我们老同志那个年代要朋友、谈恋爱，讲究“三转一响”，手表、缝纫机、自行车，“一响”——收音机。现在不同了，讲究“三子一动”，票子、车子、房子，“一动”——还要心动。今昔对比，亲身感悟，使同学们的认知认同不仅体现在理性认识上，也反映在情感认同上，真理的力量加上道义的力量，必能行之久远，真正从内心深处热爱祖国、热爱党。

四是讲做人准则，进行诚信、友善的教育。诚信、友善不仅是社会主义核心价值观的核心要求和核心价值观构件的道德基础，也是评价公民道德行为的基本准则。我们要求入党的学生对党忠诚，永不叛党，对同学忠厚，诚恳待人，与人为善，善待亲友，互相尊重，彼此包容。一个人只有具备了这种道德品性，才能达到较高的道德境界，才能得到他人和社会的信任和爱戴，进而成就事业，成就梦想，实现自我的社会价值。

五是讲爱岗敬业，进行全心全意为人民服务的教育。一种价值观要真正发挥作用，必须融入社会生活，让人们在实践中感知它和领悟它，在实践中培育它和完善它。我们要求入党的同学要把爱国之情转化为报国之行，体现在一言一行上，落实在学习工作中。作为要求入党的同学，必须坚持全心全意为人民服务的宗旨，立足岗位、尽职尽责，端正学习态度，刻苦学习专业知识，全面提高综合素质，掌握为人民服务的过硬本领，为今后走向社会报效祖国和人民打下坚实基础。

从2002年开始至今，我校关工委老同志在参与大学生党建工作中，先后聘请了34人为特邀党建组织员，每年为新生举办讲座，宣讲党的基础知识共计98场，听众达25000多人；审阅“入党申请书”和“入党志愿书”4500多份；与入党积极分子和发展对象谈话1400多人，填写谈话人意见1100多份；学生党员访问老党员、老少共话100余人次。

最近3年，由于我们面对的都是政治上要求进步、积极争取入党的同学或党员同学，所以，同学们不管是参加哪种活动都非常认真，非常用心。在课堂听讲，洗耳恭听，秩序井然，效果很好。在“一对一”谈话和老少共话中，彼此沟通，互相交流，效果也很好。学生辅导员普遍反映利用党建工作平台，给学生灌输社会主义核心价值观，其收效比上政治课还好。参加党建活动的同学普遍反应学到了知识，提高了觉悟，决心按照党章严格要求自己，把握正确方向，强化责任担当，为实现中华民族伟大复兴梦想做出自己应有贡献！

以党建工作引领大学生成长成才

西安理工大关工委

为了进一步加强和改进大学生党建工作，充分发挥离退休老同志在学生党建工作中的优势和作用。几年来，我校关工委按照上级关工委和校党委的要求，在校内 6 个学院聘任了 20 名特邀党建组织员。校关工委与各学院党委密切配合，积极探索学生党建工作的新模式、新思路，以党建工作引领大学生成长成才，使我校学生党建工作有了显著变化和提高。

一、认真履行特邀党建组织员职责，配合各学院党委加强学生党支部建设

关工委老同志积极参与学生党建工作，孙龙韬、张斌华两位老同志在参加学生党支部活动过程中，发现学生党支部的同学对如何发挥党支部战斗堡垒作用，怎样培养入党积极分子，如何组织好支部组织活动等方面存在一些薄弱环节。老同志们在艺术与设计学院学生调研中，发现多数学生有入党要求，但相当一部分同学对为什么要入党却有一定的盲目性与功利性，如：入党比不入党毕业后好找工作；父母亲都是党员我也要入党；一同入学的老乡入党了，自己不入党没面子等。这些问题不解决好，就是入了党，对党的先进性、纯洁性和战斗力将会受到影响。因此提出建议，以他们所在的离退休党支部和艺术学院学生党支部对接，携手创先争优，旨在发挥老同志多年在党务工作和政治思想工作方面的优势，帮助学生党支部加强和改进党建工作。建议得到艺术学院支持，2010 年 10 月退休第十四党支部与艺术学院环艺与雕塑学生党支部签订书面协议开展共建活动。与此同时，按照教育部关工委部署，在校党委的关怀和支持下，艺术学院党委又率先在退休十四党支部聘任了 5 位退休老党员担任特邀党建组织员。在聘任大会上，校党委副书记杨萍同志代表校党委对受聘老党员表示祝贺和感谢，要求其他学院也要开展这项工作。老同志们在参与学生党建工作中把解决思想入党摆在重要位置，注重抓党章的学习与践行、党的基本理论的研讨、入党前的谈话和党员的教育工作。老同志们既讲理论，更注重用大量翔实的数据资料、用优秀共产党员的先进事迹、用自己的亲身经历和发生在大家身边的具体事例以及我们党走过的 90 多年的光辉历程来引领，使大学生认识到：是中国共产党领导全国各族人民推翻了三座大山建立了新中国，完成了社会主义革命，进行了改革开放新的伟大革命，开创、坚持、发展了中国特色社会主义；使我们国家今天已经成为初步繁荣昌盛的社会主义国家，并且跃升为世界第二大经济强国。我们取得的一切成就，是一代又一代中国共产党人同人民一道顽强拼搏，艰苦奋斗的结果。通过这些教育，使同学们更加热爱党，坚定跟着共产党走中国特色社会主义道路的信念。在日常生活中自觉加强党性修养，重视思想道德修炼，做好接受各种考验的思想准备，从我做起，从现在做起，真正做到从思想上入党。紧接着，管理学院、水利水电学院、

计算机学院、自动化学院、理学院也陆续聘任了15名特邀党建组织员，为学生党建工作注入了正能量。老同志几年来为大学生党员和入党积极分子举办了“党的十七大、十八大精神学习辅导报告”“胸怀爱国心，永远跟党走”“学习雷锋精神，争当先进表率”“时代赋予大学生的历史使命”“学习实践科学发展观，实现中华伟大复兴的中国梦”“与信仰对话，为梦想导航”“践行社会主义核心价值观”“学习习近平同志五四讲话”等报告会、座谈会上百场次。老同志们用大量翔实的数据，讲述中国特色社会主义经济建设、政治建设、文化建设、社会建设、生态文明建设取得的成就，同时指出存在的困难和问题，通过具体案例的剖析，老同志把自己摆进去，旗帜鲜明地阐明全心全意为人民服务是我们党的宗旨，使大学生们更加爱党爱国，更加坚定了理想信念。特邀党建组织员们，积极参与学生党建具体工作，认真参与对入党积极分子的党课教育培训，指导并审核学生入党申请书、思想汇报、党支部的考察报告，参加发展新党员党支部大会，代表院党委与发展对象谈话，全面考察他们的思想觉悟、入党动机、群众基础和综合素质，鼓励他们永远保持共产党人的先进性，负责任地在入党志愿书上签署意见。几年来与老同志谈话的发展对象达700多人。

管理学院党委与特邀党建组织员刘铁柱等3位老同志一起，举办了加强学生党建工作培训班，对全院辅导员和学生党支部支委进行学习培训。认真学习贯彻党章和相关文件，老同志做了“加强学生党建工作的必要性”“打铁必须自身硬”“对加强学生党支部建设的几点建议”3场讲座，很好地发挥了参谋和助手作用。

二、以学生党建工作为龙头，引领大学生成长成才

担任“特邀党建组织员”的老同志们，在配合基层党委加强学生党支部建设的同时，注重通过各种途径、多种形式对青年学生们进行社会主义核心价值观教育。针对不同年级学生的特点及他们所关心的热点问题，配合学生工作部门对大学生进行养成教育和就业观教育，通过座谈讨论、参观学习等形式，引领大学生成长成才。

每年9月，对于刚刚踏入大学校门的新生来说，犹如进入了一个全新的世界，新同学、新环境、新课程、学分制、选修课……一切都很陌生。如何迈好进入大学的第一步，至关重要。各院在介绍学校基本情况及学校规章制度、各专业的基本情况及毕业生去向的同时，院级党校则把参观校史展作为重要的一课，由关工委老同志亲自讲解，引领，向大一新生介绍我校60多年的发展史，历届毕业生校友在祖国的机械、电子、水利、管理诸多领域做出的卓越贡献，介绍我校优秀科研成果，告诉他们社会上对我校毕业生的评价是“适应能力强，朴实好学，动手能力强”。以及我校良好的实验设施与实践基地，使新生一入学就知道应当继承和发扬什么，努力的方向目标是什么，热爱自己的学校和专业，迈好大学生活第一步，珍惜大好时光，努力学好科学文化知识，掌握一技之长，只有这样才能更好地奉献国家，实现自己的人生价值。

充分利用西安的地域优势，对学生进行“红色教育”，做革命传统教育的宣传员。老同志与学生入党积极分子、党员一起参观八路军西安办事处，对他们进行“缅怀革命先烈，继承优良传统”教育；举行学生党员“重温入党誓词，坚定信念”宣誓仪式；举办“纪念西安事变，弘扬民族精神”座谈会；请87岁高龄抗战时期参加革命的我校离休干部余则彬老先生与学生党员及入党积极分子座谈，余老先生讲他在战争年代跟着共产党干革命的感人经

历。生动活泼的座谈讨论，增强了青年学生爱我中华的民族精神，树立了热爱中国共产党和我们伟大祖国的坚定信念。

为纪念共青团建团90周年，水电学院50余名团员代表（入党积极分子）和关工委高锦延等3位老同志面对庄严的团旗，举起右拳重温入团誓词。还进行了座谈讨论，老同志们殷切地希望青年学子们要努力学好本领，增长才干，锻炼强健的体魄，毕业后到基层去，在艰苦的工作环境中去磨炼意志，要接触群众，要深入实际，要吃得起苦，这样才有可能成为党和国家的栋梁之材。还开展了以理想信念教育为核心，以大学生成长成才为主线的“追寻、珍惜、远望——喜迎‘十八大’，红旗飘扬跟党走”系列活动。有300多名同学参加了“党史、党情”手抄报竞赛活动。

开展“优秀学长领航计划”。就是从高年级中选择若干名品学兼优的学生党员，到低年级的学生班级，用他们的切身体会和模范言行引领学弟、学妹，由于他们之间同龄、同学院，会有更多的共同语言，共同感受，更容易收到成效。通过专业学习、科技创新、校园文化、学生骨干、社会实践5个方面进行引领帮助，改变了以往学习经验交流会存在的笼统、宽泛、不够深入细致的问题，取得了很好的效果。

在学生就业方面，艺术与设计学院、水电学院、管理学院的特邀党建员分别与毕业生座谈，帮助毕业生树立正确的就业观，鼓励他们到艰苦的工作岗位上去磨炼，到基层去，鼓励他们在振兴中华的伟大征途上充分发挥自己的聪明才智，尽情展现人生价值，让青春在为党和人民建功中焕发出绚丽光彩。2012年4月艺术学院环艺与雕塑学生党支部和西安市新城区新园社区党支部建立了协作关系，双方共建新园社区大学生社会实践基地，为学生提供了一个深入社区，了解社会，服务社会的平台，学生们义务为社区老人画像，为社区小学生举办书法、绘画讲座（每周一次）。这项活动深受社区老人和小学生家长的欢迎与好评，同时也培养了大学生为民服务的精神，提高了他们适应社会的能力。

在学校团委开展的“我的中国梦”系列教育活动中，由艺术学院和管理学院联合邀请西安市政协常委、劳动模范、西安市新城区新园社区党支部书记王晓蓓来校作“我在平凡岗位上是怎么工作的”报告，激发了青年学生的爱国热情，加深了他们对社会赋予大学生的时代责任感，为实现“中国梦”增加了正能量。

仅以艺术与设计学院2011～2012年党建工作业绩为例（见表1）。

表1　艺术与设计学院2011～2013年党建工作业绩

序　号	评价项目	数　　据	
1	获奖学金人数	223人（84.77%）	占学生党员总数
2	党员上研人数	17人（51%）	占报研总数
3	党员学习优良率	100%	占学生党员总数
4	党员违纪率	0	占学生党员总数
5	党员就业率	100%	占学生党员总数
6	党员获校内外竞赛奖励	210人次（75%）	占学生党员总数
7	党员帮扶结对，帮扶效果	200对	95%帮扶对象取得进步
8	理论研讨论文数	2篇	

总之，我校特邀党建组织员老同志们把学生党建工作摆在首位，以此引领大学生成长成才，这项工作开展三年多来，取得了一定成效，得到各学院的赞许，也受到学校党委的重视，要求把这项工作深入持久地开展下去。当然，我们的工作中仍有不少缺欠，需要不断地完善和提高。今后，我们将更加努力，认真学习贯彻十八大提出的“把立德树人作为教育的根本任务”、中央领导有关讲话精神及教育部“高校关工委工作会议精神”，在上级关工委和学校党委的领导下，做好做实关心下一代工作，做好学生党建工作，为培养中国特色社会主义事业的建设者和接班人，做出新的贡献。

特邀党建组织员　助力我校党建工作

新疆大学关工委

党的“十八大”报告中明确提出“把立德树人作为教育的根本任务”。各级关工委自当将“立德树人”作为工作的出发点和落脚点，配合学校担当起这些任务，做到工作有思路、有创新、有生气、有成效。根据《教育部办公厅关于在高等学校聘请离退休老同志担任特邀党建组织员的意见》的精神，新疆大学相继聘请了一批离退休老同志担任特邀党建组织员，发挥离退休老同志在学生党建工作中的作用。

一、党委重视，大力推进特邀党建组织员选聘工作

新时期的特邀党建组织员制度是我们党为加强党员队伍建设所确定的一项独具特色的基本工作制度。学校党委召开基层党委书记会议，专题研究聘请特邀党建组织员的工作，推进特邀党建组织员选聘工作，现已聘特邀党建组织员 11 人。

（一）明确聘任条件

要求聘请的特邀党建组织员首先要政治素质高、敬业精神强；其次要热爱党建工作，有较丰富的工作经验，能把握学生党建工作规律；再次要作风正派、身体健康。

（二）明确工作任务

要求聘请的特邀党建组织员能够在党委组织部和各教学单位党委的指导下，胜任大学生党员的培养、教育、考察及支部指导等工作。

（三）明确选聘机制

在已有“专职组织员”的基础上，结合学院多、学生多、校区多等实际情况，制定了《新疆大学“特邀党建组织员”管理办法》，规定了特邀党建组织员的选聘程序。

（四）明确管理机制

校院两级党委重视特邀党建组织员工作，形成了由校党委领导，党委组织部进行业务指导，校关工委协助配合，学院基层党委聘任和管理的机制。

二、创造条件，为特邀党建组织员开展工作提供保障

在学校党委的统一领导下，各学院党委对特邀组织员工作给予大力支持，为特邀党建组织员开展工作提供各种保障。

（一）提供便利条件

学校和学院党委积极为特邀组织员提供办公场所和相关设备，安排各种学习报告，订阅相关党建报刊，参与相关课题研究等，使其思想理论与时俱进、工作水平日益提高。

（二）加强学习交流

学校和学院党委通过定期举办培训班，召开学习例会、专题工作座谈会等多种途径，为特邀党建组织员提供学习条件，搭建学习、交流和研讨的平台。

（三）落实工作待遇

各学院党委根据学院学生规模，组织员的工作任务量和岗位职责等实际情况，有的按月发放岗位津贴，有的按作讲座、报告和参加活动的次数支付报酬，积极落实特邀党建组织员的待遇。

三、拓宽渠道，积极探索发挥特邀党建组织员作用的有效途径

（一）发挥教育作用，当好学生思想进步的“指导员”

大学生人生经历浅，价值观、人生观和世界观尚处于形成阶段，因此，加强对他们的思想教育和引导尤为重要。原中文系党总支书记段文耀副教授退休后依然关心爱护学院学生。2011 年 3 月，段文耀副教授代表老干处第二党支部退休干部，将获得的 1000 元奖励全部用于资助两名人文学院困难学生。为了提高学院新生的爱国意识，引导广大新生树立正确的理想、信念、人生观、价值观，加快新生对大学生活的适应，近几年每年为人文学院新生举办讲座。在实践中特邀党建组织员形成了 4 个方面的教育形式：一是启蒙教育。在每年新生入学教育中，各学院党委都会请特邀党建组织员为新生举办党的基本知识专题讲座，引导新生树立正确的政治追求。二是谈心教育。通过审查入党积极分子的思想汇报，掌握入党积极分子的思想情况，对思想认识有偏差的学生，开展谈心，积极引导学生端正思想认识。三是党课教育。依托校院两级党校阵地，对大学生进行理想信念和党的基本知识教育。四是专题教育。在学校开展的各项集中学习教育和专题教育活动中，特邀党建组织员都发挥着重要作用。

（二）发挥把关作用，当好党员发展工作的“监督员”

各学院特邀党建组织员对发展党员和预备党员转正全过程进行跟踪，注重在“六个关口”进行检查督导：一是发展计划关；二是入党动机关；三是入党预审关；四是入党政审关；五是支部大会关；六是后续培养关。为加强学生的党建工作，退休党员赵良全同志 2011 年 4 月起担任信息学院特邀党建组织员，他与积极分子、重点发展对象、预备党员和正式党员谈话 1020 人次，记录了 3 本谈心笔记，保留学生的心得体会多达 650 份，给学院各支部上党课 20 次。

（三）定点联系学生党支部，当好支部活动的“引导员”

学院党委在将特邀党建组织员引入到学院党员发展、教育、管理等日常工作中的基础

上，开拓创新，着力发挥其在党建进社区、进网络、进社团中的作用，采取特邀党建组织员定点联系学院学生社区党支部的方式，开展党团共建活动。科学技术学院积极探索学生党建工作新途径，以学生党支部为基础，以学生公寓为思想政治教育新阵地，以基层党组织进社区为切入点，开展基层党组织进社区活动。2011 年，学院党委在学生社区成立了 4 个学生党小组，建立了 5 个学生党员活动中心、12 个学生党员服务站，实现了“三位一体”的学生社区党组织机构。

（四）协助培训学生党支部委员，当好支部建设的“辅导员”

学院特邀党建组织员积极协助学院党委，指导各年级学生党支部做好支部工作，让他们明确支部委员的职责，掌握培养积极分子、开展支部工作的方法，帮助他们提高工作能力。曾任中语系党支部书记的庄淑萍老师于 2010 年年底光荣退休。鉴于她党建工作经验丰富，人文学院于 2011 年正式聘请她为学院特邀党建组织员，负责学院中文系、中语系、历史系 3 个研究生支部的党建工作。每逢双周三下午，庄老师都坚持到研究生支部督促党员学习，与他们亲切交流，解答就业、生活和学习中的一些思想难题。同时，她还协助培训学生党支部委员，帮助他们熟悉工作方法，提高工作能力。

自聘任“特邀党建组织员”工作开展以来，我校大学生党建和思想政治工作不断取得新进展、新成效。我们将进一步贯彻落实自治区高校党建工作会议精神，继续完善特邀党建组织员工作机制，进一步发挥离退休老同志在党建工作中的优势和作用，为不断开创学校党建工作新局面、培养中国特色社会主义事业合格建设者和可靠接班人做出新的更大的贡献。

第二辑　五老报告团

以强烈的责任意识为大学生健康成长服务的老教授报告团

东北师范大学关工委

20 世纪 80 年代中后期，我校的许多老教授们敏锐地觉察到西方敌对势力对我进行“分化”“西化”宣传的危险性。特别是这股势力与国内一些所谓“学者”结合，歪曲马克思主义基本原则，攻击我国的社会主义制度，更使他们感到愤怒和焦虑。他们自觉地利用课堂、集会和学生的文化活动机会，批判诋毁马克思主义、否定社会主义优越性的错误言论。20 世纪 80 年代末那场政治风波之后，江泽民同志批评了党内一段时间以来忽视思想政治工作，忽视对资产阶级自由化思潮的批判的错误，要求加强对青年的思想教育工作，这给老教授们以很大鼓舞。于是，我校老教授报告团诞生了，从此，他们活跃在学校思想政治教育的舞台上，成为学校党团组织开展宣传教育工作的得力助手。

一、宣传中华民族优秀文化传统，抵制民族虚无主义，保护大学生不受精神污染

20 世纪 80 年代，随着改革开放的不断深入，社会上出现了一股否定我国文化传统，鼓吹“全盘西化”的民族文化虚无主义思潮，主张照搬西方资产阶级的价值观和政治主张，叫嚣“中国不是要解放，而是要解散，要解体”，要“剪断传统脐带”。他们鼓吹“信仰危机”，使一些人觉得中国什么都不是，言必称西洋，张口骂祖宗，崇洋媚外，丧失国格。这种错误思潮的泛滥后果，必然会使青年们丧失民族自尊心和自强心。割断历史，否定传统，就会导致民族主义精神的灭亡，动摇现在，失去未来。

面临这样严峻的形势，老教授们在党委领导下组织起来，经过精心策划和深入研讨，决定以“传统与时代”为主题，组织系列讲座，在大学生中宣传中华民族优秀文化传统，以中华民族灿烂辉煌的文化，激发大学生的民族自尊心、自豪感；把宣传中华民族的民族精神、民族气节和宣传中国共产党领导人民进行革命斗争体现的革命传统结合起来，激发大学生的爱国热情，鼓励大学生树立正确的人生追求。老教授的讲演体现了鲜明的马克思主义立场，融合了丰富的文化知识，密切联系社会生活和社会思潮的实际，科学地回答问题，受到大学生的热烈欢迎。这些专题，如：“中国优秀文化传统与现代化”“中国传统文化与西方文化”“中国传统文化与市场经济建设”“中国优秀文化传统与社会主义精神文明建设”“中国优秀文化传统与邓小平建设有中国特色社会主义理论”“中国优秀文化传统与当代大学生道德修养”等，告诉大学生中国式的社会主义现代化必然是有着中国民族文化特征的现代化。中国的现代化必然要植根于中国深厚的历史土壤之中。民族历史、民族文化是我们的立足点。老教授们以马克思主义观点对历史虚无主义的言论进行深入地解剖分析后告诉大学生，别有

用心的人否定中国的过去，是为了拒绝中国的未来，企图诱使我们离开正确的道路。同时也申明，在改革开放过程中，我们也要积极学习、吸收外国的一切优秀文化以丰富自己，为中国特色社会主义事业服务。

这个专题演讲受到吉林省委高教工委的重视和表扬，并推荐给省内其他高校。

二、创新历史教育，批判资产阶级自由化，帮助大学生坚定社会主义理想信念

1990 年江泽民同志在首都青年纪念五四集会的讲话中号召："全国人民特别是广大青年，都要认真学习和了解祖国的历史尤其是近代以来的历史。"他同时严肃指出，由于我们抵制和斗争不力，资产阶级自由化曾在意识形态领域泛滥。资产阶级自由化是否定社会主义，是要把中国引向黑暗和倒退。老教授们学习江泽民同志的讲话精神，联系学校实际敏锐地认识到，组织大学生学习中国近现代史意义重大。一些大学生由于受资产阶级自由化宣传的毒害，认为搞西方的"民主""自由"才是爱国，不明白爱国与坚持社会主义必须统一。坚持中国特色社会主义是爱国主义的必然要求和思想升华。老教授们在党委领导下，对如何在新时期开展历史教育进行了深入讨论，认为必须努力创新，做到正确的历史观、科学的史实和生动活泼的形式的统一。他们设计了以几个历史人物为中心的讲演专题。这些专题，如"那拉氏与半殖民地半封建中国""孙中山与资产阶级民主革命""毛泽东与新中国""邓小平与建设有中国特色的社会主义"等。这些讲演讲清了中国近现代社会发展的脉络，使学生通过人物了解历史，通过了解历史，得出中国走社会主义道路是历史的必然选择；只有社会主义才能救中国，只有建设有中国特色社会主义才能发展中国的历史结论。历史教育还结合组织学生参观日本帝国主义侵略中国东北的遗迹——伪满洲国皇宫和勿忘"九·一八"大型展览，同时请参加过土地革命、抗日战争和解放战争的老同志做报告、座谈，开展革命传统教育，帮助大学生坚定在中国共产党领导下做社会主义事业的建设者和接班人的理想信念。

三、发挥优势，广泛参与，努力为大学文化建设服务

我校的人文社会科学专业具有相对优势，有一批政治优秀、学有专攻的老知识分子。理科专业也有为数不少的人文知识丰富的老教授。他们都爱学生，有愿为学生的全面成长做贡献的强烈责任意识。他们的理想追求，他们的奉献精神与他们的才华相结合，使他们能够随时提供内容深刻、具有强烈的时代性的报告。有些老教授受聘担任学生马列协会和其他社团如志愿者组织的指导教师，这使他们能够随时以灵活多样的形式帮助学生学习马克思主义中国化最新成果和先进的文化思想。

根据我们已有经验，在接受围绕某一中心进行宣传教育的任务时，能够推出成系列的讲演报告题目往往会收到较好的效果。为此，老教授们在这方面做出很多努力。如在纪念中国共产党成立 90 周年时，一组报告是"历史的选择，历史的结论——纪念中国共产党成立 90 周年""辉煌的起步，艰难的探索——学习党史二卷""牢记两个务必，发扬党的优良传统——中共七届二中全会精神及深远影响""做终身坚守誓言的共产党员"等，以及关于党对新中国教育改革的探索和教育方针的形成的系列论述等。有位老教授负责指导学生社团

"三农学社"的理论学习、社会调研和专题研究。她呕心沥血，坚持为学生设计讲座，甚至克服体弱多病的困难陪学生下乡搞调查研究。她组织学生围绕学习党史和中央历年的1号文件做报告，如"中国共产党在两次历史性飞跃中的农民问题""建国60年农民利益获得机制的调整和创新""关于免征农业税和粮食直补后的农村相关问题""强化新农村建设中的农民主体地位""关于农民的思想文化建设问题"等。

围绕节庆和纪念日，老教授力争讲演报告内容丰富、生动活泼。如，纪念长征胜利的报告"长征——人类文明史的光辉奇迹"，纪念抗日战争胜利60周年的报告"弘扬抗战爱国精神"，纪念改革开放30年的报告"成就与道路"，纪念香港回归10周年的报告"香港的割让与回归"等。近几年，我们认为清明节期间是对大学生进行感恩教育，学习先烈继承革命传统的好时机。老教授的报告内容是"先烈牺牲图什么，我们向先烈学什么，继承先列的遗志做什么"；今年又与时俱进，讲"先烈的中国梦是什么，我们圆先烈的中国梦应当做什么"。报告使大学生深受感动。

在组织学习马克思主义经典著作时，老教授们都力争与学习马克思主义中国化最新成果相结合与社会实际相结合。学生马列协会常邀老教授指导学习马列主义经典著作，如《共产党宣言》《关于民族问题的批判意见》《青年团的任务》以及毛泽东和邓小平同志的文章。报告团中有位老教授年已近90，他是研究《共产党宣言》的专家。他每年都应邀为学生做报告，他近几年联系党的十七大和十八大党纲的思想讲解《共产党宣言》，教育大学生坚定共产主义理想信念，坚定对中国特色社会主义道路的理论自信和道路自信。一些马列主义协会的学生反映说，这样学经典使自己的追求和信念生了根。东北师大近几年招收的新疆学生和西藏学生较多。根据党委的部署，要求对这些学生进行党的民族政策教育，宣传民族大团结，中华民族共繁荣。老教授在组织少数民族学生学习列宁关于民族问题的论述时，重点讲述无产阶级政党的民族平等政策，说明民族包容和融合是社会的进步现象；批判狭隘的民族主义，讲明要用阶级斗争观点分析批判民族分裂主义。

围绕大学文化建设和学生道德修养讲演报告，力争知识丰富，感染力强。老教授是大学文化建设的一支重要力量，发挥他们的作用对提高大学生的文化素养、道德修养以建设优良学风有重要意义。前几年，校园里兴起一股学习宣传儒家思想的热潮，我们请研究中国哲学史的老教授给学生作讲座，如"论儒家仁的思想""论儒家和而不同的思想"等。在对大学生进行人生观教育活动中，学校古籍整理研究所的一位老所长给学生讲了"谈古论今话人生"，报告热烈褒扬、辛辣抨击、妙趣横生。听过报告的一些大学生说，至今想起来，报告内容还回味无穷。为了丰富学生的文化生活，提高学生的文化素养，老教授报告团推出"菜单式"报告题目供学生选择，如"青年文化修养""诗歌欣赏""张艺谋的电影创作""歌唱与健康"等几十个报告题目。

2014年在学习十八大精神和广谈"我的中国梦"的活动中，我们采取大型报告与小型座谈相结合以小型座谈为主的形式，邀请刻苦奋斗、事业有成的老同志以"铭记理想，追求梦想"为主题做报告，同时分散参加各院系学生党支部或班级组织的学习会、生活会。老教授们对教育事业，对学生有着强烈的情感。老教授报告团做的是充满情感的事业。他们以满腔热情为国家教育事业的成功发展做贡献，以此圆自己的梦想。

提升“五力”育新人

合肥工业大学关工委

一次、二次……八次，整整八次掌声在合肥工业大学报告厅响起，这是合肥工业大学“五老”报告团正在给大学生做报告。2009 年 3 月，在教育部直属高校关工委工作会议的东风下，合肥工业大学关工委成立了“五老”报告团。5 年多时间，“五老”报告团做报告 200 多场，听报告的青年学生和教师达 4 万余人，报告场面热烈，出现过一场报告 8 次鼓掌的情况，收到听报告感言 2000 多份，报告团深受青年人和基层学生干部的欢迎。合肥工业大学关工委“五老”报告团以社会主义核心价值体系教育为主线，花大气力在人员组成、报告选题、报告备课、报告形式、纵深拓展上狠下功夫，提升报告的感召力、吸引力、渗透力、生命力和报告团的拓展力，使得报告团工作更加贴近时代、贴近青年、贴近基层，为培育四有新人发挥了重要的补充作用。

一、高起点组建报告团，提升报告的感召力

当代青年人是比较务实的一代人，他们崇敬具有真知灼见、闪光历程的老一代人。报告人的身份、经历往往是一种无形的力量，其本身就是一本活的教材，一个追求真理、努力奋斗、取得成功的典范，定能放大效应，增强报告的感召力。报告团在组建时，就把人员队伍的高起点作为基本目标，按照坚持条件、追踪发展、实行任期的方式，保证高起点的目标实现。

坚持条件，即报告团成员必须是原校级干部和正教授，或者是表现突出的正处级干部和副教授，同时应政治可靠、身体健康，具有丰富的思想政治、教学科研工作经验和人生阅历，有着深厚的教育情结和做报告、讲大课的能力，人不在多，而在精，宁缺毋滥。

追踪发展，即在已经退休和即将退休的校级干部和教授中寻找对象，发现目标，积极追踪，做好发展工作，特别是对即将退休人员要先行介入，早做工作，让他们在余任期间就接受邀请或有思想准备，一离开现职岗位就投入关工委报告团工作。

实行任期，即报告团成员实行任期制，每次任期两年，双向选择，可以续任。报告团人员队伍不断调整、充实、提高，使其整体保持在一个较高的水平。

经过 5 年多的发展，合肥工业大学“五老”报告团持有 12 位成员，他们涉足于理、工、文、管等多个学科领域，大多是党员和国务院特殊津贴获得者，还有的是国家级、省部级科技进步奖获得者、国家规划教材的主编、学科专业带头人、省部级名师、劳动模范，“三八”红旗手或先进工作者。这样一批人站在讲台上，往往还没有做报告就已赢得热烈的掌声，当他们旁征博引地做社会主义核心价值体系教育的报告时，当他们深入浅出地讲科学成长成才

的道路时，许许多多的青年人受感染、被打动。

二、在调研基础上选题，提升报告的吸引力

浇花要浇根，育人要育心。青年人缺什么，需要什么，报告团就讲什么。合肥工业大学“五老”报告团在报告选题时都要经过深入调研。一是通过学工部、团委调查了解全校大学生思想状况，进行认真分析，形成了大学生思想状况调查报告；二是坚持在教室、宿舍、户外与大学生和青年教师单独交流，及时了解他们的思想、学习与生活状况，分析存在的问题；三是到企事业单位了解他们对当代大学生的评价，期望和对大学生培养过程的建议；四是深入院系了解他们对青年教师培养过程的设想，对关工委报告团工作的期望。在综合各方面情况后，理清青年人的活思想、真需求，结合党的中心工作总体要求，确定报告的主题和题目菜单，供基层选择，增强报告的针对性和吸引力。5 年来，报告团所做的报告都是经基层学院事前选定且事后反响较好的，主要有：“牢牢把握十八大精神、自强不息振兴中华”“中国梦与当代青年”“品红色经典，融时代精神”“新中国与社会主义”“不能忘记‘圆明园’被焚劫的历史”“放眼未来、规划人生”“成功源于责任、精神在于坚持”“弘扬大学精神，培养创新能力”“跑好人生第二棒”“读书与人生”“科学发展与成人成才”“爱情与友谊”等数十个专题。

三、精益求精备课，提升报告的渗透力

有备而行，精彩无限。报告团成员虽然都有较深的做报告功底、较厚的知识积淀、较丰富的生活阅历，但是他们对待每一次报告都要精心准备，抓好顶层设计、框架搭建、素材收集和集体评议 4 个环节。顶层设计报告的总体目标和预期效果，确保社会主义核心价值体系教育和科学成长成才的基本要求不能丢，确定循序渐进、分段设值、逐步实现预期效果的工作步骤不能乱。明确报告框架，哪些地方是以“情”动人，哪些地方是以“理”服人，哪些地方可以互动，哪些地方可以采用多媒体方式，甚至节奏的快慢、语言的高低都一一作了安排。围绕报告的主题，广泛收集素材，通过网络、书刊、报纸、电影、电视采集大量的相关信息，充实报告的内容。报告团成员集体评议，多角度审视文稿，反复易稿，不断完善。精心的备课，为提升报告的渗透力奠定了坚实的基础。在“学党史颂党恩跟党走”主题教育活动中，针对有学生在座谈会上道出的“我爱国但不爱党”的言论，报告团以高度的政治责任感和坚定的理论自信组织了集体备课，确定“中国共产党 90 年光辉历程”专题。报告人有针对性的从历史与现实、理论与实践的结合上讲清了党内的腐败与反腐败斗争，党曾犯过错误与纠正错误并以更新的理论成果和自信带领人民夺取革命和建设取得伟大胜利的史实。通篇洋溢着唯物史观，有理、有据、有情的报告令大学生们折服。那一份份充满真情实感的心得体会也让报告团成员备感欣慰。

四、讲究实效、不拘形式，提升报告的生命力

“五老”报告团的工作形式比较灵活，有单纯的报告，也有与相关活动相结合的报告；有一个人讲，也有主讲与辅讲相结合的报告；有只听讲的报告会，也有听讲和问答相结

合的报告会；有近千人的大报告，也有几十人的小报告；有在一个学院、一个年级做的报告，也有多个学院合起来举办的报告会，还有深入到班级的座谈会、对话会等。深入基层开展座谈对话活动，也是报告团工作的有效延续和补充。通过面对面、近距离、小规模、有理论、有实际的对话交流，使得问题谈得更透彻、更具体，工作做得更细致、更到位，信息掌握得更广泛、更全面。同时，也为大报告积累了素材，提供了改进方向。有不少遇到挫折的学生在与报告团成员深层次交流后，逆转困境，取得成功。实践证明，深入基层不拘形式的报告会，大报告与深入基层座谈交流相结合，极大地提升了报告的生命力和实效性。

五、开办青年马克思主义研修班，提升报告团的拓展力

为了将工作向纵深推进，合肥工业大学“五老”报告团于2013年3月开办了青年马克思主义者研修班，办班模式是小而精，学习形式是自学原著与专家导读、学术讨论与社会实践相结合，学期1年，通过自愿报名，学院限额推荐的方式在全校19个学院招收学员。经过学习实践，学员的理论兴趣和探求真理的志向明显提升，研究讨论问题的深度明显提高，运用马克思主义立场、观点、方法观察分析实际问题的愿望尤为强烈，马克思主义的烙印在学员心中越来越深。目前，第一期学员已结业，第二期71名学员已到位学习。可喜的是，仍然有第一期已结业学员自动参加第二期学习。开办青年马克思主义研修班，促进关心下一代工作向更深层次发展，同时也提升了报告团自身的拓展能力。

功夫不负有心人，合肥工业大学“五老”报告团通过提升“五力”，加强关心下一代工作，取得明显成效，得到大家肯定。在合肥工业大学大学生党建工作检查中，基层学院主动把请“五老”报告团做报告作为一个工作亮点；学生们感言：“这是一次心灵的震撼，终生受益”“老师您从我们的掌声中看到了希望，我从您身上增强了信心”……教育部《关心下一代》杂志2011年第二期发表了安徽省关工委常务副主任张晓兰、宋陵生深入合肥工业大学听取报告团汇报的图片和文字新闻，同年第四期刊登了《充分发挥报告团作用，为关心下一代做贡献》记合肥工业大学关工委报告团的文章；安徽教育厅《关工简讯》2011年第六期登载了《合肥工业大学关工委报告团靠实力叫响讲坛》的文章；2013年10月合肥工业大学党委书记李廉批示“特别是‘五老’报告团等工作取得突出进展，感谢大家对学校中心工作起到的积极作用，为主渠道提供了重要的补充力量”；2014年4月15日安徽教育网发表教育厅关工委常务副主任郝运福《构建工作品牌，用好工作舞台》的讲话中阐明“合肥工业大学关工委在成功运用‘五老’报告团工作品牌中自觉地向纵深发展，办起了学制为一年的青年马克思主义者研修班”；2014年4月25日合肥工大校园网发布教育部关工委主任田淑兰深入学校听取报告团和青马班工作汇报的消息。自2010至2013年报告团连续4年被评为“合肥工业大学关工委先进集体”，报告团成员汪应峰、陈圣章荣获“安徽省关心下一代先进个人”称号，朱功勤、鲍良弼荣获“安徽省老龄委先进个人”称号。报告团的成绩也为合肥工业大学关工委荣获“全国五好基层关工委”称号提供了有力支撑。

多科“五老”报告团　倾心教育青少年

天津师范大学关工委

一

天津师范大学关工委成立于1992年，在各级领导关怀指导下，逐步健全机构、壮大队伍、完善机制，现有委员22人；关工委设有党建组、调研组、报告团，成员46人；20个二级学院建有分会。其总计拥有近百人的工作队伍。“五老”报告团是我校关工委的重要工作品牌。报告团成员均为离退休老干部、老战士、老专家、老教师、老模范，专业涵盖经济、政治、哲学、历史、党史、文学艺术、地理、城环、教育、党建等多学科。他们政治立场坚定、理想信念高尚、理论功底深厚、专业基础扎实。他们注重发挥自身独特的优势和作用，紧密围绕立德树人根本任务，以社会主义核心价值体系教育为重点，积极配合学校中心工作，在青年学生、青年党员、青年教师和干部中弘扬主旋律，引导他们树立正确的世界观、人生观和价值观，已形成较为完善的工作机制。21年来报告团成员在校内外开展宣讲、座谈、讲座约1800场，受众约30万人。

报告团具有健全的工作制度和完备的工作机制。报告团坚持集体备课制度，定期开展学习交流。他们依托读书会每月学习一次，几年来开展集中学习讨论40余次（近年开展读书学习交流活动情况附后）。他们每年均根据形势需要，结合重大节日、纪念日，推出新的主题。如近年推出“改革开放三十年的回忆与思考”“2008年与关注民生”“中外改革对比”“以史为鉴，百年树人”“让红歌永远伴随我成长，让党旗永远在心中飘扬”“信仰——人之为人的支柱”“中西文化比较”“弘扬真善美、抵制低俗化”“传统文化的继承和扬弃”“文化大发展大繁荣”“建党90周年的回忆与思考”等。

报告团坚持调研制度。他们为了摸清大学生思想脉搏，使工作有的放矢、宣讲达到预期效果，与调研组合作，每年确定一个主题，开展深入细致的调研工作。他们在学工部、团委帮助下，通过问卷、座谈等方式，深入了解学生思想动向。近年完成的调研报告有《关于大学生对中华民族优良传统和中国革命传统认知情况的问卷调查总结报告》《关于大学生社会主义荣辱观认知情况的调查报告》《关于创建和谐校园问卷调查的总结报告》《关于社会主义核心价值体系的调研报告》《关于大学生信仰的调查报告》。报告团将一些调查报告和关心下一代工作的研讨文章结集出版，2007年出版《情注夕阳》一书；2011年出版《絮语》（取此书名不仅反映了老同志的语态特点，更重要的是反映了老同志对年轻一代无比真挚的情怀）一书；2012年为纪念校关工委成立20周年，出版《关爱是责任更是使命》一书，共收录关工委老同志和现岗同志撰写的论文、报告41篇。

二

报告团的宣讲宗旨是求真务实、入心入脑，解决学生感到困惑的问题。他们紧紧围绕我国重大战略部署、重大理论创新和热点、重点、难点问题，进行宣讲、辅导，并经常与学生共同研讨。他们既结合自己从事的专业宣讲、辅导，也经常发挥跨学科优势，集中力量共同宣讲、辅导某些重要课题。树立马克思主义世界观、人生观、价值观，则是他们长期以来宣讲的一个重要课题。

王辅成老师是“五老”报告团中重点宣讲“三观”的先进典型和杰出代表，积累了许多宝贵的宣讲经验。他从 1994 年起，即以强烈的政治责任心和历史使命感，开始在广大青少年中开展“三观”宣讲。他面向机关、学校、社区，至今宣讲逾 1000 场，听众达 20 多万人次。他对自己的要求是宣讲要有“高度、广度、深度”，要有“科学性、知识性、艺术性”，做到史论结合、情理兼备、声情并茂。他的宣讲被誉为帮助青年成长成才的“心灵鸡汤”。19 年来，他将推辞不掉的报酬 20 多万元全部用于扶贫济困、助弱帮残、希望工程，做到真理魅力与人格魅力的有机统一。《人民日报》《光明日报》《天津日报》等在显著位置刊登《社会主义核心价值体系的忠诚传播者》《擎起人生的烛光》等文章，广泛宣传他的成功经验和典型事迹。他在 2007 年被评为“全国教育系统关心下一代工作先进个人”；2009 年获得“感动天津人物——海河骄子”提名奖，被评为“天津市关工委先进个人”；2010 年被评为“天津市未成年人思想道德建设先进工作者”“全国关心下一代工作先进工作者”“天津市教育系统优秀共产党员”；2011 年被评为“天津市优秀宣讲员”；2012 年被评为“全国未成年人思想道德建设先进工作者”；2013 年被评为“天津市第三届道德模范”，被推荐为“第四届全国道德模范”候选人。

三

报告团坚持与时俱进、工作创新。党的十八大召开后，他们及时制订总体学习计划；习近平总书记提出实现中华民族伟大复兴的“中国梦”后，他们第一时间即确定了 12 个主题教育活动专题，走在全市前列。关工委顾问扬弃教授面向全校两级关工委成员作了“中国梦”系列专题导读，从“‘中国梦’的实现是新的领导班子带有标志性的要求，是起引领作用的新思路”“‘中国梦’的关键是实现中华民族伟大复兴”“共同梦想与个人梦想的关系”“实现‘中国梦’的途径”等方面，进行了详细解读。中国梦主题教育活动正式启动后，9 位教授承担的 12 个专题全线推出。报告团在宣讲过程中，突出实干兴邦精神，强调在增强认知认同上下功夫，在推动实际工作上下功夫。专题讲授涉及面广泛，做到了深入浅出，融知识性、趣味性和时效性于一体。老同志将“‘中国梦’与实现道路”“美丽的‘中国梦’”“思考在远航的帆影下——关于‘中国梦’与‘三观’”“‘中国梦’与‘西方梦’的区别”“理想与梦想”“中国人的文学梦”“历史上的‘中国梦’”“历史兴亡的历史启示”“做好‘中国梦’必须实干，切忌空谈”“梦想与梦幻”“弘扬中国精神”“凝聚力量攻坚克难”等一个个鲜活的专题，通过各种方式与学生交流，使广大学生增强了对“中国梦”的认同，十几个学院受教育学生达 3000 多人。到年底将开展中国梦讲座 40 多讲，受众 5000 多人。“中国梦”主题教育系列专题研究成果 12 篇将结集出版。最近发放了“大学生对‘中国梦’认知情况调查问卷”，在对问卷调查情况进行统计和分析后，将完成“大学生对‘中国梦’认知情况调查报告”。报告团在逐梦、圆梦中已迈出重要步伐。

我校关工委工作成绩得到上级关工委的肯定和表彰。近年来，荣获全国教育系统和“天津市关心下一代工作先进集体”称号，多次荣获“天津市教育系统关心下一代工作先进集体”称号；我校“五老”宣讲团荣获“天津市关心下一代宣讲工作先进集体”称号。

发挥高校“老教授报告团”优势　努力做好大学生思想教育工作

河北农业大学关工委

在当前的新形势下，高校大学生的思想非常活跃，思想政治教育工作面临严峻挑战。我校关工委在多年工作实践中不断总结经验，积极探索做好关心下一代工作的有效途径、方法和模式。组织“老教授报告团”发挥老教授对大学生进行思想教育的优势，是我校关工委十多年来一条行之有效的实践经验。

一、我校“老教授报告团”的任务与作用

2002 年我校关工委正式成立“老教授报告团”，选拔了 12 名德高望重、学识渊博、经验丰富的退休老教授、老书记作为“老教授报告团”成员，从校关工委专项经费中拨出部分款项作为老同志的报告酬金。十几年来，“老教授报告团”成员以饱满的工作热情服务在关心下一代工作第一线，受到广大同学的欢迎和赞誉，成为我校关工委队伍的中坚力量。

“老教授报告团”的主要任务是对大学生进行思想教育，以立德树人为根本宗旨。主要内容有：社会主义核心价值观教育，形势政策教育，基本国情教育，党课教育，社会主义荣辱观教育，新生入学教育，太行山道路太行山精神教育，建设社会主义新农村教育，“中国梦”“中华魂”主题教育，校史校训、大学生守则教育，青年教师师德教育等。每年做专题报告 80 余场。

“老教授报告团”紧跟时代步伐，与时俱进，在对大学生思想教育中发挥了不可替代的作用。例如：党的十六大、十七大、十八大召开以后，“老教授报告团”及时给同学作党的“十六大、十七大、十八大”精神的宣讲报告；“八荣八耻”发表以后，给同学们作社会主义荣辱观的报告；习近平总书记关于“中国梦”的重要论述发表以后，我校老教授报告团给同学们作解读“中国梦”的报告。这些报告在同学中引起强烈反响。例如，农学院韩立朴同学在听了党的十六大精神的报告后，向学院党组织袒露了他埋藏已久的心迹，诉说他对党由怀疑到坚信的心情，他在心得体会中写道：“学习十六大精神，让我看准方向，明辨是非，坚定信念，在今后的生活中做出无愧于自己、无愧于父母、无愧于中华民族的事业。”在进行社会主义荣辱观教育中，同学们说：“‘八荣八耻’是一面镜子，可以对照自己；是一把尺

子，可以衡量自己；是一座灯塔，使我们有了做人的目标和方向。”石书琰副教授退休后在关工委工作了18个年头，作为我校老教授报告团成员，一次她给同学们做报告时，黑板上写着两行语重心长的话语：“她年已七旬有余，伴随农大走过半个世纪，但仍有一颗年轻的心。她，慈祥和蔼、亲切、活泼，犹如母亲又像朋友。”我校“老教授报告团”已植根于广大同学心中，各学院爱请，老师爱讲，学生爱听，效果好，作用大。

二、发挥“老教授报告团”优势，做好大学生思想教育工作

“老教授报告团”具有政治优势，知识优势、经验优势，时空优势、亲情优势和团队优势，为做好大学生思想教育工作积累了丰富经验，从十几年的工作实践看，老教授报告团做了如下工作：

（一）开展社会主义核心价值观教育，立德树人，坚定大学生理想信念

我校老教授报告团，紧密围绕立德树人，坚定理想信念，开展大学生思想教育活动。把宣传贯彻党的十六大、十七大、十八大精神，把党的基本理论、基本路线、基本纲领和基本经验教育，把中国革命、建设和改革开放的历史教育；把基本国情和形势政策教育，把科学发展观和构建和谐社会教育，把中国特色社会主义道路和“中国梦”教育作为思想教育的主要内容，从而使广大同学正确认识社会发展规律，认识国家前途命运，认识自己的社会责任，确立在中国共产党领导下走中国特色社会主义道路，实现中华民族伟大复兴的共同理想和信念，坚定理论自信、道路自信和制度自信。老教授报告团利用给学生上党课、做报告、专题讲座、师生座谈会等渠道，广泛开展理想信念教育，先后作了“理想、信念、幸福、前途”“理想与学习”“成才之路”“走太行山之路、扬太行山之魂”“学习党的十六大、十七大、十八大精神，做新时期合格共产党员”“坚定社会主义理想信念立志成才”等20多个专题报告。结合长征胜利70周年、抗战胜利60周年、改革开放30周年、新中国成立60周年、建党90周年等重大历史事件，向广大同学讲述中国共产党人为实现中华民族伟大复兴而奋斗的光辉历程、引导教育广大同学知党史、感党恩、跟党走。原副校长离休老干部关工委副主任车文秀同志结合他在延安工作、战斗的亲身经历，多次到各学院为学生作“只有社会主义才能救中国”“发扬延安精神、继承革命传统”“艰苦奋斗、立志报国”等报告，他还买来《延安岁月》录像带为学生播放。原校党委副书记、现校关工委常务副主任、“老教授报告团”领班人郭正清同志以学习贯彻党的“十六大、十七大、十八大”精神为主题，利用寒暑假，收集了大量资料，每次整理出1万多字的讲稿。老书记、老教授们的报告，语言生动、内容丰富、感人肺腑，收到很好效果。机电工程学院于树燕同学在心得体会中写道：“以前我抱怨命运的不公，抱怨拥有的太少，但从今天起我不会再抱怨了，我们应该怀着一颗感恩的心认真地生活，振奋精神，坚定信念，刻苦学习，做合格接班人和建设者。”城建学院李海强同学在听党课后写道：“我们要提高对党和国家的认识，要把爱国主义作为始终高扬的光辉旗帜，把勤奋学习作为人生进步的重要阶梯，把深入实践作为成长成才的必由之路，把奉献社会作为无限追求的优良品德。”

（二）配合主渠道，做好新生入学教育

每年新生入学教育是我校关工委“老教授报告团”最忙的日子，各学院争相邀请老教

授为新同学做入学报告，每年做报告30余场，受教育新同学8千余人。报告的题目有"怎样渡过大学生活""读书与成长成才""规划大学生活，憧憬未来""立志成才，做合格接班人""尽快适应大学生活，出色完成学业""新起点、新步伐""怎样做人、做事、做学问""与研究生谈研究生"等。原全国政协委员、保定市政协副主席、林学院教授于宗周，"太行山道路"开拓者周吉柱教授，给新同学做"坚持太行山道路，弘扬太行山精神"的报告。老教授们以自己的亲身经历，为新同学讲述河北农大百年老校的发展史；讲述"崇德、务实、求是"的校风校训；讲述"艰苦奋斗、甘于奉献、求真务实、爱国为民"的太行山精神；讲述立志成才报效祖国的远大志向。使广大新同学深受教育，许多同学说："老教授平易近人的态度，广阔渊博的学识、语重心长的话语，为我们刚入学的新同学在个人奋斗与立志成才方面指明了方向。"农学院刘璐同学在听了报告后深有感触地说："老教授的报告让我从梦境回到了现实，我深深体会到要把远大理想变为现实，就要通过自己的奋斗去获得成功。"我校研究生学院每年都请校关工委老教授报告团成员朱之堉教授给新入学的研究生做"与研究生谈研究生"的报告，朱之堉是20世纪50年代的研究生，曾在美国堪萨斯州立大学做访问学者，对研究生的学习、工作与生活有切身感受，每次报告都深受研究生欢迎。同学纷纷要求与朱教授建立联系，师生亲情互动有了良好的开端。

（三）配合学院党组织，做好党课教育

配合各学院党校上党课，成为我校关工委老教授报告团的日常工作。每年上党课40余场，其中讲授党的基本知识，主要内容有：党的性质、纲领、宗旨和任务；党的纪律、廉政建设；党员条件、权利和义务等。讲授党的基本理论，主要内容有：学习贯彻党的十六大、十七大、十八大精神讲座；邓小平理论、"三个代表"重要思想、科学发展观讲座等。校关工委要求老教授报告团成员要精心整理备课资料，做到概念完整、观点准确，努力把理论性、实践性、时代性结合起来，增强感召力和凝聚力。从反馈的信息看，收到明显效果。现代科技学院张宁同学听党课后写道："科学发展观反映了我们党对发展问题的新认识，反映了当今世界经济发展的新情况，反映了我国经济社会发展进入关键时期的新要求，是我们党推进经济社会发展，加强推进社会主义现代化建设必须长期坚持的重要指导思想。改革开放30年，我们党从左的思想束缚中解脱出来，确立了邓小平理论、'三个代表'重要思想和科学发展观，形成了中国特色社会主义理论体系。我们作为青年大学生要用这一理论体系武装头脑，做新时期合格共产党员。""老教授报告团"配合学院党组织给学生党员和入党积极分子上党课，赢得各学院同学的好评，对于提高学生党员和入党积极分子的思想素质，起到了一定作用。

（四）广泛开展"中华魂""中国梦"主题教育活动

我校关工委与学工部校团委联合启动，在大学生中广泛开展"中华魂""中国梦"主题教育活动，每年参加这项活动的在校生约2万人。写征文8000多篇。老教授报告团成员，经常应邀给大学生做"中华魂"主题教育的辅导报告；参加大学生组织的演讲比赛，当评委、作点评；对大学生撰写的征文进行评审等。2013年在"我的中国梦"主题教育活动中，我校老教授报告团，围绕深入学习贯彻党的十八大精神，向大学生解读"中国梦"的历史底蕴和时代内涵，宣传我国革命、建设和改革的历史进程、辉煌成就、宝贵经验和前进方向，把学习贯彻党的十八大精神和畅想"中国梦"结合起来，教育引导大学生深刻领会实现中华民族伟大复兴是中华民族最伟大的梦想；深刻领会每个人的前途命运都与国家和民族的前途命运紧密相连；深刻领会“中国梦”的实现需要广大学生坚定理想，励志刻苦学习，积极投身实践，为把我们国家建设好、发展好而努力奋斗。老教授报告团成员，积极参加大学生“我的中国梦”座谈会，师生共话实现“中国梦”的重大意义，畅谈中国共产党人为实现中华民族伟大复兴的坎坷经历与战斗历程。讲述个人“成才梦”与国家民族的“中国梦”的内在关系，引导大学生如果寻梦、筑梦、追梦、圆梦。

通过开展形式多样的“中华魂”和“我的中国梦”主题教育活动，报告团老同志与青年学生都受到教育，在理论上得到升华，精神上受到鼓舞，感受到党带领人民实现“中国梦”的决心和信念。广大同学表示在今后的学习和生活中，开拓进取、刻苦学习、顽强拼搏，用当代在青年应有的活力和激情实践我们共同的“中国梦”。

三、加强学习，不断提高自身素质

当今世界已进入信息时代，科学技术进入高科技领域，知识日新月异。政治多元化、经济一体化成为新时期的重要标志。因此，加强学习是时代对老同志提出的新要求，为落实把关工委建设成为“学习型关工委”的指示精神，我校关工委建立了学习制度。定期组织关工委成员及老教授报告团成员学习时事政治，学习研讨“党的十六大、十七大、十八大、十八届三中全会重要文献”，学习习近平总书记的重要讲话精神。学习校党委下发的有关文件，不断用马克思主义中国化的最新理论武装头脑，提高自身政治素质。校关工委及时为老同志、老教授报告团成员购买政治书籍，供老同志研读。每个学院、每位校关工委委员、每位老教授报告团成员订一份《关心下一代工作》刊物，使老同志及时了解全国关心下一代工作动态，学习外单位的先进经验，学习中央领导和教育部领导对关心下一代工作的批示。老同志们说：“做好关心下一代工作，首先要加强学习，跟上时代步伐，先学一步，提高自己，服务学生。”

我校“老教授报告团”成员热爱党的教育事业，关心大学生的成长，是活跃在我校关心下一代工作第一线的中坚力量和工作团队。

护花应在含苞时

——记李继生老师对青年学生意识形态的引领

山西金融职业学院关工委

李继生老师是山西金融职业学院一位德高望重的老教师，现今已 86 岁高龄，一生从教 60 余年。自 1989 年 12 月退休后，李老师仍坚守在自己岗位上，以退而不休、退而思进的积极态度，投身到学校的各项教育活动中，全身心地为培养教育下一代，贡献出自己的全部余热。退休后，李老师曾兼任学校校史总编纂、学院院报院刊终审，担任学院教学指导委员会和教学督导委员会委员，编写了大量有关教育教学的参考资料，在师生中享有较高的威望。更值得赞誉和敬佩的是李老师在1998年71岁高龄时，挑起班主任重担，经过李老师4年的大胆改革和开拓创新，取得了可喜的成绩。在2000年教师节前夕，李老师接受山西电视台记者采访，并编制成专题电视片，在山西电视台“灿烂季节”栏目中播出。李老师以对下一代的深深关爱，谱写出了一份老教师退休以后仍为教育事业做贡献的光辉篇章。

今天，高等院校的青年学生，从其年龄层次、生活阅历、知识容量等方面来看，其适应性好、自信心强、爆发力大，大学阶段正是他们的人生观、世界观、价值观逐步形成的黄金时期，这一时期所接受的教育，将为他们一生的生活态度、为人处世、事业成败，打下良好的基础。李老师坚信施教者应根据学生们的生理、心理发展变化的特点，予以正确的指导与帮助，使学生们健康成长，成为建设中国特色社会主义、实现中华民族伟大复兴的“中国梦”的有用人才。

一、传承民族文化，提升意识形态

翻阅我国几千年的文明史，可以发现，历代的古圣先贤、仁人志士和当代精英，他们的熠熠事迹都激励着后人的精神世界，成为传承中华文明的杰出典范。李老师一生在中华民族文化的传承方面做出了很大贡献，不仅在日常生活中传播中华民族的优良文化，而且多次在学校组织的“校园论坛系列讲座”上为全校师生做专题讲座。他选取民族文化中间极具典型性的著名人物，加以必要的阐释，从而以提升学生的意识形态和培养学生的品格。其中较具代表性的有儒学师祖孔子、文学巨匠鲁迅、刚烈女杰刘胡兰、英勇少年雷锋四人，李老师以他们的事迹为依托，以学术讲座为传递方式，以培养优良品格为终身目标。

李老师最为推崇的即为儒学师祖孔子，他在专题讲座“孔子伦理思想与基本道德规范”中，通过讲述孔子伦理思想和基本道德规范，使当代青年一代明确孔子伦理思想的基本范畴，认识到继承中华民族优秀文化传统的重要性以及当代实施公民道德建设所具有的重要意义。在此基础上，使青年一代在生活、学习和将来的工作中努力做到志存高远、爱国敬业、遵纪守法、明礼诚信。

在“纪念雷锋活动四十周年”专题讲座中，李老师提倡学习雷锋精神更要注重与时俱进，在当今国家综合国力提高到一个新的水平，人民生活得到显著改善这一背景下，提倡青年一代仍要学习雷锋坚定正确的政治方向、无私奉献的崇高思想、爱岗敬业的工作态度、艰苦奋斗的优良作风、刻苦学习的“钉子”精神。

在“鲁迅读书生活解析”的专题讲座中，李老师结合当代大学生阅读不容乐观的现实状况，引以鲁迅对读书的高度热爱的件件事例，让青年一代认识到读书的重要社会功能，并要引起社会、学校对读书的重视。并根据鲁迅读书的特点结合实际，给广大学生讲解“广泛读书”“拿来主义”“精研深思”以及读书中应注意的禁忌。

二、坚持立德育人，注重品格教育

李老师特别注重对学生品格的教育工作，他在学生品格教育方面的基本工作思路是：从长远走策划，从目前举措；从大处着眼，从小处着手；从全盘设计，从具体践行。他把培养教育下一代的根本出发点和落脚点放在培养青年人成为一个具有独立人格、能够清醒思考、敢于革故鼎新的人。为了实现这一目标，根据高职院校的特点，他始终坚持三项夯实基础的工作：

（一）坚持立德育人

在日常教学活动中，李老师特别关注每个学生的个人特质，教导学生要注重人与人之间的沟通，懂得应对进退，认知人生真谛。平时注重结合重大节日或重大事件，开展形式多样、内容丰富、生动活泼的各种学习和教育活动，比如在每年五四青年节都开展爱国主义教育活动。组织全校学生参加体力劳动和公益活动，培养既能坐而论道、又能起而行道，既能动脑、又能动手的全面发展的新人；李老师认为身教胜于言教，身教言教并重，自己一贯以身作则，为学生做出良好的榜样；李老师对学生的关怀更是无微不至，在学生生活的方方面面都顾虑周全，尤其在学生生病时，为学生煎药、陪伴左右，直到病愈；同时注重学生与家长的沟通与融洽，教给学生写家书、报平安等。

（二）注重素养教育

李老师深刻认识到高等职业院校是培养学生成为优秀的具有高技能水平的应用型人才这一培养目标，注重培养学生成为具有优良教育和综合素养的人才。他主张培养学生要实施“五个一”工程，提高学生的思想文化综合素养，以适应知识经济时代的要求。“五个一”具体指的是：每日一（则）语；每周一（首）诗；每月一（篇）文；每（学）期一歌；每（学）年一舞。比如经常向学生们介绍和推荐一些优秀的有生命力的古典诗词、名篇佳作以及内涵深邃、富有教育意义的中外名言警句，这对学生的思想修养和品格的形成产生积极影响，收效颇为显著。他举办学生学习经验交流会，进行自我教育；又多次组织“青春·学习·进步”为主题的活动，邀请学校领导和校优秀教师参加，与学生共同讨论并传授相关学习的方法和经验，给同学极大的启发和鼓舞；还举办专题讲座，开展“手携手、共进步”活动，先进帮后进，后进帮先进，注重对每个孩子的培养教育。

（三）注重习惯教育

李老师从自己多年的教学实践中深深体悟到，培养学生良好的学习、生活、工作习惯异常重要，他尽自己一切力量启发学生，引导学生，调动学生的积极主动性，使学生在学习的过程中练好自学的本领，养成自学的习惯，从三方面培养：①读书。提倡读书活动，营造读书风气，培养读书习惯。始终把鼓励学生大力开展课外读书活动作为培养学生良好习惯的一个支撑点和落脚点。②写字，结合书法课的学习，开展人人、天天练习钢笔字的活动，大大提高了学生的书写水平。③写作。工作开展前，坚持制订切实可行的计划；工作结束后，进行认真总结，培养学生的计划观念和民主意识，养成良好的工作作风和工作习惯。

由于李继生老师非常热爱关心下一代工作，积极开展关心下一代教育，做到了勤勤恳恳、踏踏实实，因而在李老师悉心的关怀和教育下，学校的教育工作走出了一条开拓创新的路子，学生的思想品德、精神面貌、专业知识和技能水平都发生了可喜的变化，取得了显著成效。李老师不仅在退休前，而且在退休后，多次被学院和山西省教育厅评为优秀教师和先进班主任，并得到高度的赞誉。虽然李老师现今因为年岁已高离开了学校，但李老师学为人师、行为示范的高尚品德，对学生品格教育的形成起到巨大影响，在民族文化的传承、师德师风的引领等诸多方面起到很好的示范作用，是当代青年教师和学生学习的榜样。

运城学院关工委“五老报告团”实践活动案例

山西运城学院关工委

运城学院关工委成立于1992年，是山西省高校较早的基层关工委组织之一，至今已20多年。我院党委十分重视关工委工作，坚持把关工委工作纳入学院总体工作的重要组成部分，做到思想认识到位、组织措施到位、经费保障到位、协调支持到位，为我院关工委工作的顺利开展创造了有利条件。结合干部调整，院党委及时调整充实关工委组成人员，保证关工委工作持续不断档。本届关工委在院党委的领导和支持下，围绕中心、立足实际、创新工作，取得了一些成绩。尤其是“思想政治教育和人文素质教育宣讲团”的几年活动实践，深受大学生的喜爱，得到了各级领导的好评。

2009年是全面贯彻落实中共教育部党组《关于加强全国教育系统关心下一代工作委员会建设的意见》“精神年”。我院关工委对全院一年级大学生的思想状况进行了抽样调查，发现不少问题，如：政治信仰迷茫、理想信念模糊；就业难引发了“学习无用”的苗头；养成教育滞后；艰苦奋斗精神丧失；个人主义及以我为中心思想蔓延；是非判断能力缺失等。据此，关工委认为，加强大学生思想政治教育和人文素质教育，迫在眉睫。2009年12月，经院领导同意，院关心下一代工作委员会与学生工作部共同商定，成立了“思想政治教育和人文素质教育宣讲团”。我们的具体做法是：

一、主讲人的确定

主讲人主要是从教多年的退休老教授，也约请了部分在职中青年骨干教师和研究人员参加。他们都学有专长，有较强的研究能力，在各自的研究领域有较高的学术造诣和研究成果问世。

二、讲座内容的选定

讲座内容主要以传统节日、重要纪念日、重大历史事件为主题，选取涉及人文素质、政治素质和科学素质等课题，着力引导和培育青年大学生树立社会主义核心价值观，紧紧围绕全面素质提高，提升青年大学生人文素养和科学精神。

首先，以中国古代思想文化精髓为起点，着重对青年大学生进行中华民族优秀思想文化的宣传教育，以提高青年学生思想政治素质。例如：“中国古代思想的特点”“孟子思想评价”“创新·超越——谈隋唐科举制度”等讲座，增强了青年大学生传统文化和国学文化底蕴。“孝祖虞舜”“河东望族——裴氏”“司马光人才思想研究”等讲座以古河东思想、文化名人为素材，向青年学生宣扬德孝文化，增强了青年大学生对河东文化的认同和热爱，使青年大学生进一步认识到河东文化在华夏文明中的重要历史地位。

其次，结合政治形势和重要节庆日，为青年大学生讲解中国近现代的一些政治事件及重要人物，以提高青年大学生为振兴中华而奋斗的自觉性。在新中国成立60周年之际所选的“新中国60年历史的特点”“中苏论战情况”讲座，在回顾历史的同时，教育青年大学生要奋发向上，有所作为；中国共产党成立90周年之际，讲座“中国近代屈辱史和中国共产党的成立”，告诫青年大学生一定要铭记先辈们的遗志，勿忘国耻，坚持中国共产党的正确领导，激发了青年大学生的爱国热情；辛亥革命100周年之际，“河东辛亥革命先驱者——王用宾的爱国诗词欣赏”和“河东辛亥革命风云的爱国者先进事迹”讲座，生动地描述了一个个令人敬仰的革命英雄事迹，使青年大学生更加钦佩英雄们的爱国精神，在思想上得到了升华，对爱国主义有了新的认识。

再次，围绕运城地区的历史文化渊源，利用各种文献史料，开展系列人文素质教育。例如：“河东文化研究的学术报告”，引用虞舜为中华文明进程做出的重大贡献，激发了青年大学生对虞舜的钦佩与敬仰之情；“司马光的夏县‘情结’”，将各种历史典故以通俗幽默的语言，深入浅出地讲述给大家，从而加深了青年大学生对司马光的认识；“关公文化解读”，从正史、文学、宗教、民俗、封号5个方面将一个真实而富有神话色彩的关公形象展现给大家；“河东《金藏》的历史传奇——‘追寻盐池之美’”，增强了大学生对河东盐文化的深刻认识；“一代文宗柳宗元”“唐时进士后世神仙——话说吕洞宾”等讲座都使青年大学生对河东文化有了全面、深刻的了解。

第四，引导广大青年学生树立、培育社会主义核心价值观。培育和践行社会主义核心价值观，是推进中国特色社会主义伟大事业、实现中华民族伟大复兴中国梦的战略任务，关系到民族的命运和国家的前途，关系到每个公民的价值取向。为此，我们选了“也谈做人”“将学习进行到底”，使青年大学生认识到，大学生不仅要养成终身学习的好习惯，更要学会做人、处事。“以人为本是中华民族文化的亮点”“艰苦奋斗是永恒的主题”“做学问从‘字’开始”“在学习中华传统文明道德中丰富自己”等讲座，增强了青年大学生以人为本的民族认同感，教育学生要传承中华民族的优秀文化，继承中华民族勤俭节约、艰苦奋斗的优良传统。“模范就在身边”讲座，列举了经济管理系牛婉君同学既能处理好特殊家庭关系，被评为“十佳敬老孝亲好儿女”，又能坚持学习，获得“院级三好学生”和国家奖学金的感人事迹；列举了体育系吕端同学见义勇为、敢于担当，用于同犯罪分子做斗争，诠释和传递社会正能量，被授予“运城市见义勇为先进分子”荣誉称号的英雄事迹，以我院大学生中的典型事例为抓手进行实例教育。“中国梦，青春梦”讲座，采用座谈互动方式，教育引导学生担当社会责任，把个人的人生价值追求与国家发展、民族命运和时代要求结合起来，投身实现“中国梦”的伟大实践中来。

最后，帮助青年大学生分析社会问题，解除科学疑惑。“学习理解‘六个为什么’”“七个怎么看”“关于科学的精神与科学家的精神”“关于科学成功的原因”等讲座，从不同的角度，以生动的事例帮助青年大学生理性分析社会问题，解除科学疑惑。

三、举办讲座的操作程序和要求

（1）关工委秘书处在“运城学院关工委网站”的“通知公告栏”中发布宣讲团讲座题目和主讲人，供各系选择。

（2）各系领导和关心下一代工作领导小组根据本系学生的思想状况和素质教育的需要，选择讲座题目和主讲人，确定具体时间和地点，组织学生听讲并主持讲座。题目和主讲人确定后，要提前 3 ～ 5 天与主讲人联系商定。

（3）每场讲座结束后，各系都要注意收集听讲人的意见和建议，并认真填写“各系举办讲座登记及意见反馈表”，加盖公章后交给院关工委秘书处，以便改进工作。

（4）主讲人的讲座费由院关工委和学工部共同承担。秘书处根据加盖公章的“各系举办讲座登记及意见反馈表”，对讲座情况进行统计，每学期末由关工委秘书处造表发放。

我院宣讲团的讲座内容日见丰富，越来越受到青年大学生的普遍欢迎。青年大学生在听取讲座的同时，也被老教师们谦虚谨慎的治学态度、勤奋好学的优良品质、乐观淡然的良好修养深深打动。宣讲团 2009 年 12 月成立后，各系学生工作者普遍认为“关工委的这项举措真是及时雨，起到了拾遗补缺的作用”。至今，宣讲团共为学生举办专题讲座 50 余场，每场讲座听众都在一两百人，深受广大青年学生的欢迎。

2012 年 5 月，我院关工委“抓二级建设，建七个平台（五老报告团为平台之一）”的工作模式受到来山西调研的教育部关工委主任田淑兰的表扬。

2012 年，山西省教育厅关工委第 54 期简报以《运城学院宣讲活动成效显著》为题，对我院关工委宣讲活动进行了报道。

今后，我们将继续秉承“进一步加强对青年大学生思想政治教育和人文素质教育”的教育理念，深入进行调查研究，及时调整授课方案，不断壮大宣讲团队伍，提高讲座的整体水平，更好地服务于青年大学生。

让“五老”之花在德育舞台上绽放

大连海洋大学关工委

“五老报告团”是高校关工委工作品牌之一。多年来，校关工委不断加强“五老报告团”建设，充分发挥其育人作用。“五老报告团”的工作深受广大师生欢迎，得到学校充分地肯定。

一、“五老报告团”成立的背景

1992 年，学校党委为了贯彻落实国家教委《关于成立国家教委关心下一代工作委员会的通知》精神，成立了学校关工委，把一批刚刚离休的老同志吸收到关工委队伍中来。根据离休老同志个人的经历和阅历，关工委请他们为学生侧重做革命传统教育报告，反响良好。在此基础上，校关工委不断扩大报告团队伍，人数由最初5人增加到15人。个人优势方面他们中有曾参加革命战争的老战士，有曾从事科学技术研究有突出贡献的老专家，有曾在政治理论教学中深受学生欢迎的老教授，有曾任职校级领导的老干部，有曾获全国、省、市劳动模范的老同志。目前，“五老报告团”有3名成员已去世，其余十几人中最大年龄88岁，最小年龄64岁。多年来，他们一直活跃在校园德育舞台上，他们的报告普遍受到师生欢迎。据不完全统计，他们共做报告160多场次，听众超过3万人次。

二、“五老报告团”的工作内容

（一）请“老战士”讲革命战争经历

关工委利用重要节日和纪念日，邀请“老战士”为学生做革命传统教育报告。先后请中共地下党员郭维治讲述日伪铁蹄下的中国青年命运，谈他如何在伪满建国大学读书时发展抗日力量，组织进步学生张贴革命标语、搞演讲，遭到反动派警察追捕等经历；请八路军老战士赵锡运讲述部队如何从山东转战东北、打四平、打锦州等各大战役，自己和战友们顽强战斗的动人故事；请新四军老战士陆骏讲述他当区长时如何发动群众、依靠群众，和群众一起打鬼子的故事等。每场报告结束时，学生的掌声极其热烈，很多学生不愿意散场。

（二）请“老专家”“老模范”做“事业、治学、人生”系列报告

关工委根据海洋水产院校办学特色，邀请“老专家”为学生做科技创新报告。请全国劳动模范、省特等劳动模范、著名航海专家文干教授讲述他如何追求真理、忍受迫害、创造渔船“简易天文定位法”，荣获全国科学大会奖的坎坷历程；请曾获“辽宁省有突出贡献中青年专家”称号、水生生物学专家李永函教授讲述他如何在酷暑严寒艰苦环境中培养轮虫（是养殖鱼、虾、蟹、参幼苗的一种开口饵料）的科技创新过程；请原国务院学位委员会委员、著名水生生物学专家何志辉教授为研究生和青年教师讲述如何搞科研、如何撰写学术论文的切身体会等。“老专家”的报告贴近时代、贴近学生，引起学生心灵共鸣。

（三）请政治理论工作者讲毛泽东思想和中国特色社会主义理论

关工委结合每一次党的代表大会和全国人大、全国政协大表代会的召开以及学生关心的热点问题，邀请政治理论造诣较深的老教授为学生做理论辅导报告和专题讲座。请袁国青教授做“社会主义本质论”“社会主义市场经济”“三个代表”重要思想、“科学发展观”“全面深化改革”等报告；请宋承荣教授讲“中国魂”；请张方高教授讲“大视角中国观”等。这些报告从大学生讲到青年教师，从在职职工讲到离退休老同志，从校内讲到校外，起到了正面宣传教育的重要作用。

（四）请校级老领导做学风调研报告

关工委针对学校扩招后学风暴露出来的突出问题，组织了以原教学副校长雷衍之教授为组长的学风调研小组，全方位地对学风状况进行系统调研，撰写出调研报告，在学校教学工作大会上进行宣讲，在师生中产生重要影响。

三、“五老报告团”的工作效果

（一）浓厚了大学生对党和祖国无限热爱之情

请“老战士”讲战斗经历，他们的报告具体、生动，感人之处使同学们无不为之动容。八路军老战士赵锡运为了做好报告，因他文化底子薄，只好请别人代写讲话稿，稿子改了一遍又一遍。报告前，他把儿女召集到跟前进行试讲。在报告中，当他讲到战友们与敌人血战过程中有的不幸阵亡、与他阴阳两隔的场面时，哽咽着讲不出话来，使在场的同学感动得热泪盈眶。报告后很多同学表示：“新中国是无数先烈用生命与鲜血浇灌而成的”“没有共产党就没有新中国”“我们要继承先烈遗志，必须把胜利红旗一代一代扛下去”。

（二）增强了大学生科技报国的责任感

请“老专家”讲“事业、治学、人生”，他们的报告总结了自己的成功与失败，敞开心扉，心对心地与学生交流，让学生感受到榜样的力量。全国劳动模范、辽宁省特等劳动模范文干教授向学生们讲述了他 36 岁从海军转业到学校任教，目睹了我国渔船因找不到方位而发生各种灾难事故，由此立志研究“中国海区简易天文定位法”，历经 10 年探索，虽然“文革”中身陷“牛棚”，但从未放弃研究，终于获得成功，获得全国科学大会奖。谈他 65 岁离开校长岗位后潜心研究渔船航海工作电脑系统，取得成功，使我国航海技术走上世界。报告后，学生们反响强烈，特别是一些专业情绪不稳定的学生震动更大，他们表示说，以前觉得自己选择海上专业是错误的，没有前途，因此放松学习、无所事事，听了老师的奋斗事迹，感到很惭愧。许多同学认识到，我们现在从事的是远洋渔业，国际市场竞争激烈，只有努力掌握现代科学技术，才能为祖国的昌盛做出自己的贡献。“事业、治学、人生”系列报告受到党委副书记付玉萍的充分肯定：“这是一个永恒的主题。”

（三）解决了大学生在政治信仰方面的困惑

请政治理论工作者宣讲毛泽东思想和中国特色社会主义理论，不同程度地解决了学生在现实生活中产生的一些思想困惑。袁国青教授做“五老报告团”工作 20 多年，作报告 60 多场。他所作“关于科学发展观”的讲稿刊登在大连市关工委《活动情况交流》上，他撰写的《让中国特色社会主义理想之花在校园绽放》论文获辽宁省教育厅关工委优秀论文奖。他作的报告理论联系实际，学生听后感到“解渴”。2011 年，他针对学生中“爱国不爱党”的思想困惑，在学生“红星社团”发表演讲，他从苏共的成功与失败、中国革命的成功与“三中全会”以来的巨大成就、美国民主党与共和党的本质、台湾国民党与民进党的闹剧，既讲群众、阶级、政党的基本理论，更突出全世界各国主要政党的纵横对比，说明中国共产党是一个没有自己的私利、全心全意为人民服务、敢于而且能够改正自身错误的可爱的政党，说明爱国与爱党的统一性。他的演讲让学生们频频点头称赞，并爆发阵阵热烈的掌声。会后，有些同学专门与袁老师交流：“长时间以来，我们在这个问题上思想一直很纠结，您讲的这些道理让我们心服口服。”

（四）促进了校风和学风建设

2002 年，在学校召开教学工作会议之前，关工委常务副主任雷衍之教授（原分管教学副校长）按照党委指示，组织了 10 名老同志搞学风状况调研。他们以 100 名被作留级处理的大一学生作为调研对象，采取问卷调查和个别谈话等方式，听取他们对院系党政领导、任课教师、学生辅导员、行政部门、后勤服务人员以及学生个人和家庭等各方面给予他们的影响。经过一个多月的调查、整理与分析，写出6000多字的调研报告。在学校教学工作会议上，雷衍之教授亲自做报告，反响很好。学校主要领导在大会总结讲话中高度评价："这个报告将对学校今后的校风和学风建设产生积极而深远的影响。"

（五）维护了校园政治稳定

2010年下半年，面对全国高校校园政治稳定工作的需要，关工委邀请张方高教授为渤海校区2500名学生连续做3场报告。张老师曾在1989年春夏之交政治风波时就给学生作"大视角中国观"报告，受到学生欢迎；而后举办系列专题讲座，场场学生爆满；在此基础上开设选修课，受到学生好评。经过多年研究与实践，2004年，他撰写了48万字的学术专著《大视角中国观》，由高等教育出版社出版，并获得"辽宁省政府社会科学二等奖"。张老师在这次报告中紧密结合学生关心的热点问题，深刻阐述"大视角中国观"，他所表现出的那种对中华民族伟大复兴的自信心和自豪感深深感染了每一位学生，每场报告都受到学生热烈欢迎。报告解决了学生的模糊认识，起到了维护校园政治稳定的重要作用，得到学校主管部门的好评。

东华大学银发讲师团
心系学生成长成才　言传身教引路导航

东华大学关工委

东华大学银发讲师团是在东华大学"老同志马列主义读书会"基础上组建起来的一支大学生思政教育补充力量，重点配合学校主渠道，开展大学生思想政治教育方面发挥作用。10年来，银发讲师团的老同志们用自己无私的付出和对教育事业的强烈责任感谱写出一曲不求索取、甘于奉献的壮歌。

东华大学关工委于2004年组建了一支由20位德高望重、学识渊博、师德高尚的老教授、老干部组成的讲师团。他们活跃在大学生思想政治教育阵地上，以上党课、专题讲座、参与学生主题班会、与支部结对子等多种形式协助进行学生思想教育和引导。平均年龄超过70岁的老同志们课堂上为年轻的青年学生传道授业，课堂下与青年学子深入互动交流，老同志们满头银发却精神矍铄的状态与青年学生稚嫩、渴求知识的模样交相辉映，成为学校的一道亮丽风景线。在东华校园里，银发讲师团无人不知、无人不晓，已成为东华大学关心下一代工作的一个重要品牌。我们的具体做法是：

一、坚持高标准、严要求招贤纳士，保证队伍的战斗力

我校讲师团在成立之初，便立足于配合主渠道，共同开展大学生思想政治教育这一重要任务，因此在成员的吸收上注重高标准、严要求，无论对其理论素养、思想觉悟、身体健康

状况等各方面都有较高的要求。要求他们不仅要有丰富的人生阅历、深厚的理论功底，更要对党、对祖国充满深厚的感情，愿意为宣传党的理论知识、宣传社会主义路线、方针、政策做贡献。经过考察发现，我校马列主义读书会积聚了一批对研究和宣传马列主义有着较高热情，具有较高马列主义理论功底与涵养的老同志，经过挑选和动员，从中吸纳了20位老同志组建了关工委讲师团，其中有博士生导师4位，全国和上海市劳模2名，原校级干部2名，处级干部4名，教授17名，形成了一支具有较高理论素养和较强的宣讲实力的思政补充力量。当然，随着老同志身体状况和年龄结构的不断变化，校关工委积极物色新人选，及时根据需要先后吸纳了数位新成员加入，进一步补充、充实队伍的力量。

二、坚持围绕中心配合补充，以“菜单式”服务求教育实效

我校讲师团始终坚持以社会主义核心价值体系为引领，以立德树人为根本任务，以重大节日、重要会议、重大事件为切入点，紧跟形势发展需要和学生成长需求实际，教育内容注重思想性、针对性、生动性，并采用多媒体等现代教学手段，“春风化雨、润物无声”，以坚持正能量、传递正能量，传播理念、培养素质、励志青春，报效祖国为成才目标。讲师团在大量调研基础上，在集体备课、集中学习研讨的基础上，精心准备了党建、理想信念、爱国教育、人文素质、科技创新、爱校荣校、时事政策、中国特色社会主义与“中国梦”8个方面内容，共41个专题。这些专题被编制成“东华大学关工委讲师团菜单”，提供给学校组织部、学生处、学院，供他们根据自身需要自由选题，从追求教育实效的角度提高教育资源的利用效率。自2004至2014年6月，讲师团共开设讲座619场，听讲师生达74709人次。校关工委还实时调研了解各方需求，进一步整合讲师团队伍资源，根据形势发展需要不断开出新的专题。如在我校开展党的群众路线教育实践活动中，讲师团老同志们以饱满的热情，围绕“党的群众路线”主题，新开设了4个专题，他们深入党校、党章学习小组和班级讲党课，以深入浅出、生动精彩的讲解，在师生中引起强烈的共鸣，得到了广泛好评。

三、坚持定期学习调研，在把握师生成长规律中助推成才

随着高校师生群体的变化，尤其是“90后”大学生逐渐成为高校学生群体的主体组成部分，高校的思想政治教育工作也面临着新的挑战和要求，这也要求作为思政工作参与者的讲师团老同志们始终保持较高的学习劲头和热情。除了为老同志们订阅报纸、杂志等相关学习材料外，我校关工委办公室积极输送老同志参加校内各种专题报告，邀请相关学校领导、职能部处负责人为老同志解读时事、介绍学校发展形势、学生思想动态等，每个月定期组织老同志召开学习交流会，聚焦时事热点，研讨学习体会和心得，以统一认识、提高理论水平。此外，还组织了面向辅导员和大学生群体的关工委讲师团骨干专题调研会，研讨形成“东华大学关工委讲师团大学生思想状况调研报告”，以准确掌握大学生思想动态，了解现阶段大学生所关注的焦点问题，在学习、生活、就业、心理健康、思想价值观等方面存在的主要问题以及对思想政治教育工作的期待和需求，为更好地开展工作提供了极具价值的参考和依据。正是在牢牢把握师生成长规律的基础上，我校讲师团在思想政治教育工作中发挥着越来越重要的作用，为推动学校人才培养质量的提高做出了积极的贡献。

经过10多年的努力，我校的银发讲师团按照“围绕中心、配合补充、因地制宜、量力而行、注重实效、自觉奉献”的原则，紧紧把握时代前进的脉搏和思想教育的主旋律，担负起了协助开展关心、帮助下一代的新的责任和使命，在促进在校师生和社区青少年的健康成长方面做出了突出贡献。

四、被纳入学校思政教育工作队伍体系，成为一种重要教育资源

正是在讲师团全体老同志们心系教育、心系下一代的无私奉献和共同辛勤努力下，关工委讲师团这块品牌越打越响。在校党委有关部门的关心支持和指导下，关工委讲师团被纳入全校大学生形势任务教育和入党积极分子培训教育工作队伍体系，成为学校大学生思想政治工作和党建工作的重要教育资源。讲师团已被正式纳入学校党校培训“师资库”，每学期承担一定量的入党积极党校和预备党员党校培训课程。关工委讲师团老同志们丰富的人生阅历、深厚的理论功底和对党、对祖国的深厚感情，起到了其他教师不可替代的活教材作用。同时，讲师团为老干部、老教授提供了发挥余热的舞台，他们以更加饱满的热情关心学校发展，关心青年师生的成长成才。

五、讲师团工作硕果累累，成为校关工委不可或缺的重要品牌

经过多年的不断实践和探索，在全体老同志的共同努力下，我校讲师团工作得到了校内外各方面的高度认可。我校讲师团曾获得“2007年全国教育系统关心下一代工作先进集体”，讲师团成员汪绍兰、苏慧娥分别获得2007、2010年“全国教育系统关心下一代工作先进个人”，先后有16人次获得“上海市教育系统关心下一代工作先进个人”和“市教育系统关心下一代工作荣誉奖”，先后有逾5人次被评为“东华大学关心下一代工作先进个人”。可以说，我校讲师团是学校关心下一代工作中的一块响亮的牌子，在某种程度上起着重要的引领和示范作用。

关爱讲堂创特色　助力育人增贡献

南京航空航天大学关工委

“南航关爱讲堂”是南京航空航天大学关工委在学校各方支持下，组织离、退休老教授报告团，配合主渠道，对南京航空航天大学学子和青年教师及有关社会青少年，以举办专题讲座为主要形式的辅助课堂，是发挥“五老”独特优势助力育人的重要平台，也是南京航空航天大学关工委工作创新的显著特色。2013年“南航关爱讲堂”荣获江苏省教育系统关工委首次“工作创新奖”，成为全省推广学习的工作品牌之一。

“南航关爱讲堂”的特色与创新在关工委“围绕中心、助力育人”中发挥了重要作用，有力地推动了学校关心下一代工作水平的全面提升。南京航空航天大学是江苏省教育厅

2009年和2013年评选表彰的关心下一代工作先进集体，也是全省教育系统首批通过关工委常态化建设考评的高校。

一、“南航关爱讲堂”自创办以来，成果丰硕

10年来，“南航关爱讲堂”举办各类相关讲座600多场，听取专题讲座的校内师生员工10多万人次，在校务工青年和社会青少年2万多人次，受到广泛欢迎和赞誉。

学校关工委编印了几辑“关爱讲堂”的《听讲感言》。听课师生普遍反映，专题讲座“主题突出、见解独到、解析深刻、资料翔实、生动形象，颇具专业水准”“深有感悟、受益良多、给人斗志、为之叹服”。

学校党委书记崔锐捷多次做出批示，赞扬“关工委工作卓有成效，尤其在学生主题教育方面，能够结合党和国家大政方针以及学校中心工作，有针对性地开展教育活动，既是对学生思政教育主渠道的补充，又是对学科专业的拓展”，并热情鼓励关工委“再接再厉，共同承担起培养好南航学子的光荣任务和使命”。

江苏省教育系统关工委对南航关工委工作尤其是“南航关爱讲堂”给予高度评价：“南航党委高度重视关工委工作，内容丰富，形式多样”“关爱讲堂特色鲜明，成效显著”。并于2013年4月，将“南航关爱讲堂”列为江苏高校关工委工作特色品牌之一上报教育部关工委。

“南航关爱讲堂”具有较大的社会影响，校内外工作信息和媒体报道200多次，曾在江苏省关工委工作经验交流会和全国思想政治工作科学专业委员会年会上交流发言，其文稿刊载于中央党校出版社出版的《中国政工年鉴（2008年）》，兄弟院校经常来校访问。南京市关工委领导对“南京关爱讲堂”及其关工委老教授报告团十分欣赏，并约请报告团成员到校参观考察，座谈交流。

“南航关爱讲堂”同时关心社会青少年成长。开展校际协作，与相关高校共享南航关爱讲堂优质资源；关心在校务工青年，帮助校卫队举办专题讲座，同时支持务工青年利用业余时间学习提升；发挥教育基地作用，以学校航空航天馆为依托，以航空航天利普讲座为支撑，每年接待来自全省、全国各地青少年千人以上。

二、南航关爱讲堂形成了一套成熟有效的工作机制，呈现出4个基本特点

（一）建立了德高望重的宣讲队伍

在多年实践中，关工委给力支持、凝聚和培植了一支德高望重的宣讲队伍，有学校老校长朱剑英、党群工作老书记丁荣茂和资深老教授丁秋林、樊蔚勋、张文煜、吴信健等20多人，他们经常走进关爱讲堂，发挥专业优势，热心助力育人，用自身的学术成就、人格魅力和最新研究成果感染青年师生。朱剑英、丁荣茂等4名南航关爱讲堂报告团成员，经省教育关工委等机关推荐，受聘于南京市关工委、市教育局和省科协科普报告团。

（二）拓展了丰富多样的内容体系

关爱讲堂分列4个讲坛“大学文化讲坛”“形势政策讲坛”“科技创新讲坛”和“党建思政讲坛”，内容涵盖爱党、爱国、爱军、爱民、爱校、爱学、爱岗、爱廉8个方面，充分体现培育和践行社会主义核心价值观“三个层次”的要求。关工委将报告团成员的160多个

主讲题目编印成《南航部分老同志专题讲座目录简介》在网上发布，根据需要组织宣讲，或提供选邀点讲。例如，党内科学发展观教育时，关工委的主讲人员应邀为许多学院的师生主讲了“坚持科学发展观，推进南航创建高水平研究型大学新跨越”和“深入贯彻落实科学发展观，努力培育高素质创新人才”等主题报告 15 场；庆祝建党 90 周年时，为师生主讲“民族复兴大业与党的九秩辉煌”“弘扬民族精神坚定复兴之路”等 17 场；党的十八大以来主讲“强国梦的不懈追求与南航人的责任担当”等 20 多场，党的十八届三中全会精神专题讲座“开拓全面深化改革新局面同心共筑‘中国梦’”10 多场。

（三）提升了专业化的品牌水准

多年来，“南航关爱讲堂”的各种专题讲座，已被学校党政各部门和各学院、学生的各层次普遍视为重要的优质资源，自觉纳入与融入学生主题教育和人员培训的计划安排之中，成为不可或缺的辅助力量，有的成为“必修课”“第一讲”。其中南航文化讲座，作过 70 多场，听课几万人次，关工委汇编的《南航办学传承与大学文化专题讲座学生感言》，汇集了数十位历届学子的学习感悟，非常深刻而感人。朱剑英老校长近前应南京市关工委领导约请，为全市各级关工委报告团 250 多人作了“实现中国梦需要高科技支撑”示范讲座，受到高度评价。关爱讲堂主讲人员为提高讲座质量，倾注了极大热情，既体现专业背景优势，又注入与时俱进的学习研究成果与人生感悟。主讲课件每次都针对不同对象反复修改，版本多样，常讲常新。许多专题被誉为“品牌讲座”，常常作客学校“名家讲坛”，座无虚席，掌声频起。有些讲座结束时，全场听众一齐起立鼓掌，向主讲人深表敬意。许多同学把主讲老师尊称为“极具亲和力的教授”“可信的良师益友”“最可爱的人”。

（四）建立了常态化的工作模式

关爱讲堂讲座的举办，有关工委直接组织和各学院、机关各部门主动选题点讲以及外校、社会单位邀请 3 种方式，按不同要求，付诸实施，形成规范。

南京航空航天大学学子在校期间，校关工委配合主渠道，通过教授报告团和“南航关爱讲堂”进行“全程跟踪，重点配合，深度融入，持之以恒”，形成了一个成熟而且行之有效的工作格局，保证了关爱讲堂实施的常态化。

本科生、研究生教育，结合新生入学教育讲好第一课“南航办学传统与大学文化”讲座，基本达到新生全覆盖，并辅以参观“南航校史展”以及“中国优秀传统文化传承与信息社会”等专题讲座。

学生创新素质培育，主讲“世界科技前沿与创新人才培养”“实现中国梦需要高科技支撑”“做人·做事·做学问”等科技创新和科技素养专题讲座。

形势政策类学习，根据党和国家政治、经济、军事、民生大事及热门话题，及时推出相关讲座，配合宣传教育。

学生毕业教育，作离校前临别赠言的专题励志讲座，上好用忠诚和奉献为党旗增辉等在校的最后一次党课。

三、积极营造良好的工作氛围，为“南航关爱讲堂”提供坚强有力的条件保证

（一）党委将关工委工作和关爱讲堂纳入党政工作计划，融入日常工作

校党委书记崔锐捷亲自担任校关工委主任，挂帅主导，统筹推进。校党委副书记、副校

长陈夏初，分管尽职到位，领导卓有成效，获得了“江苏省教育系统关心下一代工作荣誉奖”。校关工委常务副主任丁荣茂，把精力和智慧倾注在关心下一代工作上，全力推进“南航关爱讲堂”组织实施和水平提升，荣获了全国、全省教育系统关工委“关心下一代先进工作者”称号和“突出贡献奖”。

（二）关工委成员单位和相关部门重视关爱讲堂平台搭建

党委学工部、研工部和团委以及各学院布置相关专项教育时，都把运用报告团的优质资源，配合主题教育，发挥“南航关爱讲堂”作用，写入工作计划，共同抓好相关教育讲座的组织落实。党委宣传部热情支持“南航关爱讲堂”主题教育的宣传报道。

（三）关工委报告团加强学习研究

关工委报告团自觉保持思想与时俱进，置身理论与实践学习研究前列。同时他们还加强骨干培训，取得丰硕成果。近几年，他们先后获得江苏省、省教育系统调研成果奖一等奖 4 次，二等奖、三等奖 3 次，有力地推动了关工委工作和“南航关爱讲堂”不断向更高的层次攀升。

老夫喜作黄昏颂　满目青山夕照明

广东工业大学关工委

筑巢集凤，牵手成长

他今年 80 岁，有着传奇而坎坷的人生经历，在被冤枉的困挫中隐忍奋发，在病痛中依然勤学苦干。他始终心怀对党的赤诚，在 70 岁时终于实现了入党夙愿。他 76 岁那年，应邀参加时任总理温家宝主持召开的全国教育管理体制改革座谈会。他就是原北京市、湖南省、广东省政协常委，我国著名的经济控制论和系统工程专家张启人教授。

他今年 91 岁，学生时代积极参加抗日救亡运动，有着坚定的爱党爱国爱社会主义信念。他一生热爱教育，培养了中国工程院院士邱冠周等优秀人才。他平时省吃俭用，却用自己的退休金设立了助学基金，资助了近百名贫困生。他将珍藏了大半生的图书资料捐赠给学校。他就是把爱无私地献给了教育、献给了下一代的黎鑫教授。

她今年 81 岁，17 岁那年隶属中国人民解放军第三野战军第九兵团，是第一批赶赴抗美援朝战场、多次立功的志愿军。60 多年前的往事从她口中娓娓道来，重现了他们那一代人用生命书写的坚持与精神，深深感染了工大师生。她就是抗美援朝战争的亲历者关卫。

还有，陈年强、王积俭、杨宜民、余永权、秦兴洪、李丽娟等，他们在科学研究、学科建设、教书育人、著书立说、专利申请等方面成绩斐然，殊荣无数。他们曾担任省政协常委、省政府参事、重点学科带头人、国家级实验中心负责人等要职，为教育事业做出了卓越贡献，完成了多项重大科研项目，培养了一大批博士生和硕士生。

为进一步发挥“五老”的优势，配合主渠道做好青年师生思想政治教育工作，近年来，广东工业大学关工委积极打造“老教授报告团”教育平台，围绕理想信念教育、“中国梦”教育、社会主义核心价值观教育、雷锋精神传承、创新创业精神培养等主题，跟青年师生摆事实讲道理，积极传递正能量。

报告团成员具有新中国成立前后和改革开放前后的经历，具有独特的政治优势、丰富的人生阅历、高尚的人格魅力、渊博的学识优势、深刻的人生感悟。事实证明，让这些有着坚定理想的人去讲理想，为党和人民事业奉献了一辈子的人去讲奉献，对学生的教育“最生动、最鲜活、最感人、最有说服力”。

用他山之石攻玉

“李丽娟教授娓娓道来的党史把我带回那个风雨飘摇、激情卫国的年代：同盟会成员激情的商讨、辛亥革命的打响、帝制的崩落、孙中山无奈让位的叹息、民主党派的建立、新中国成立的多党合作……90 多分钟的报告，没有激情的口号，没有华丽的语言，有的只是一位学者在娓娓道来，告诉我们一个追求进步的故事。”在聆听完广东省政协常委、明盟广工大总支主委李丽娟教授的报告后，学生蔡继静这样写道。

针对有人鼓吹我国应搞多党轮流执政和“三权鼎立”，关工委组织与共产党合作、政治协商、参政议政的亲历者和我国政党制度的实践者，以其切身体会和对共产党的认知，引导学生拥护我国的领导体制和政治制度。李丽娟教授多次结合自身参政议政的经历，讲述了民主党派如何发挥民主监督和参政议政作用。张启人教授多次以其人生故事深刻地回答了“为何矢志不移追随党”，深深震撼了学子们的心灵。黎鑫教授多次结合其丰富的人生经历和深刻的人生感悟，生动阐述了“为什么要跟党走”“只有社会主义才能发展中国”等理论问题。

“风起云涌的峥嵘岁月，就在一个个生动真实的场景中缓缓展开、得以还原；生涩高深的理论问题，就在一句句娓娓朴实的语言中滴滴入心、得以鲜活。老教授丰富的学识、阅历以及对党和国家的忠诚之心、奉献之心，使我深受感染和教育。”学生这样评价老教授的报告。2011 年，广东省委统战部对我校这一品牌活动进行专题报道。

少女的保家卫国情怀

“一个 17 岁就参加了抗美援朝的女战士怎样看待死亡？‘感到害怕，但始终抱着一颗敢于牺牲的心，连遗书都写好了，还有什么好怕的呢？’‘我们这么多的姐妹，总有活着回去的，总有能带着我们的遗书回去的。’多么动人心弦的话语，多么执着的信念！我们的老一辈，用他们的生命书写着他们那一代人的坚持与精神。”学生王媛在听完关卫老教授的报告后这样写道。

关卫老教授以参战者的身份告诉同学们，什么是战场上的“冻、饿、轰炸”：零下 20℃的冰天雪地里，脚冻得发肿穿不上鞋；不敢睡熟，寒天冻地中一睡可能再也醒不来；为了隐蔽行踪不煮饭，靠干粮和雪维持生命；战机贴在头顶掠过……听完关卫教授的讲座，很多同学深有感触：“即使不是处于战争的恶劣环境，我们仍然背负着保卫祖国、发展祖国的重任，并一代又一代地传承下去。”

在国防生专题报告会上，关卫老教授追述了志愿军战士在长津湖战役等重大战役中，克服严寒冻骨、极端饥饿、敌机轰炸、装备落后等恶劣条件，顽强杀敌作战的鲜活故事。她激励国防生牢记习近平总书记提出的强军目标，为建设强大国防和现代化军队而奋斗。“极端困难的条件，创造鼓舞人心的胜利；八旬女兵对于生命和生活的执着，感人至深！”国防生曹雨航说。

让青春充满朝气与活力

“年轻教师，未来还有很长一段路要走，还将面临不少困惑与迷茫。与秦教授交流，我获益良多，真正体会到教师不仅是一种职业，更应该是一种值得一生奋斗的志业，真正感受到应该教有所为、教有所得、教有所乐。”年轻教师张中鹏与秦兴洪教授交流后说。

报告团成员秦兴洪教授每学期听课、参加教研活动35～40课时，为年轻教师讲好课、站稳站好讲台给予及时的指导帮助。他还根据听课中发现的课堂教学问题，专门撰写“关于本科课堂教学的一些思考”，印发给学院每位教师，并做了“牢记社会责任，重视‘两个投入’（情感投入、身心投入），强化‘三种精神’（敬业、实干、钻研精神）”的专题报告，让青年教师获益匪浅。

为了让青年师生更好地领会党的十八大精神和十八届三中全会精神，将“中国梦”教育和社会主义核心价值观教育结合起来，报告团通过报告会、交流会、座谈会等形式，分层次、分校区、分学院，围绕“为圆梦做好准备”等主题，以严谨的理论、翔实的数据、生动的事迹、亲身的经历，深入浅出地阐述了国家发展、民族复兴与个人成长息息相关，勉励学生正确处理“个人梦”与“中国梦”“民族梦”的关系，在圆“中国梦”和实现“两个百年”目标的历史进程中成为一个有所作为的人。

“螺丝钉”精神的传承

“我和雷锋同志是同年同月出生的，我们都是同一辈人”，在“传承雷锋精神，践行社会主义核心价值观”报告会上，王积俭老教授亲切的开场语让同学们感觉“如同听爷爷讲述身边人的故事，雷锋的故事一下子真实起来”。

校关工委非常重视学生学雷锋活动，通过志愿者座谈、专题报告、国防生学雷锋座谈等形式，鼓励报告团成员结合个人成长经历、所见所闻、所感所悟，与学生交流雷锋精神的传承与发扬。

“雷锋精神可以说是深深地扎根在我们的心中了，当代大学生也应该学习和践行雷锋精神。”王积俭教授生动阐述了雷锋精神、新时期广东精神、社会主义核心价值观这三者一脉相承的关系。“报告使我更深刻地体会到，要从身边小事做起，要乐于做一颗永不生锈的‘螺丝钉’。”学生这样说道。

在国防生座谈会上，王积俭教授说：“雷锋精神是社会主义核心价值观的生动体现，同学们要把这种爱党爱国爱人民的精神运用到生活中去。”“老教授的讲解让我们更深地领会了雷锋精神的真谛，作为国防生，我们要继承和发扬雷锋精神，要坚守‘爱党爱国爱人民、忠诚卫国、无私奉献’的军人精神。”国防生动情地说。

精彩的“儒渔”人生

“会场掌声连连，杨教授风趣幽默、学识渊博、阅历丰富，其精彩的‘儒渔’人生深深感染了我。”学生这样评价杨宜民教授的报告。

在“知源大讲堂”等场合，杨宜民教授讲述其60余年的人生感悟，告诫学生刻苦学习、宽以待人、严于律己、坦荡处事、清白做人，建议学生多走出去、多看外界、拓宽眼界、提升思想，教导学生运用好学习方法，掌握好一门技术，做到一专多能。

在杨教授看来，其人生就是“儒渔”人生。儒，指读书人，也是自己对儒学核心——忠、孝、仁、义的信仰。渔，是授人以渔，自己有渔夫的辛苦，也有作为劳动人民的幸福。他期望下一代了解父辈的人生。

“同学们要博览群书，涉猎知识；要尊重科学，善于发现；要有批判精神，不迷信权威。”近年来，余永权教授结合多年指导“挑战杯”的丰富经验为学生做辅导报告，阐述创新发明的灵感来自好奇、学习、坚持和重复，强调创新项目要结合社会需要、考虑经济效益、突出项目关键。

“余永权教授激情澎湃、学识渊博、经历丰富，完全征服了在场的学子。报告会使我醍醐灌顶，对创新创业之路有了更加清晰的认识。”学生杨泽彬如是说。

闪耀的光辉和价值

“不因渔父引，怎得识波涛。”报告团成员以多种形式，将人生道理和学术知识讲到学生的心坎上，引导下一代健康成长，不失为思想政治教育主渠道工作重要而又宝贵的配合补充。

近3年来，报告团举办了60多场报告会和交流活动，直接参与的学生达15000余人次，并通过校园网、工作专刊等载体加强宣传，深受师生欢迎。校关工委先后被授予“全国教育系统关心下一代工作先进集体”“省关心下一代工作先进集体”“省五好基层关工委先进集体”“省教育系统关心下一代工作先进集体”等称号。陈年强、张启人、黎鑫、秦兴洪、杨宜民等老教授，先后被授予“全国教育系统关心下一代工作先进工作者”“省关心下一代工作先进工作者”“省教育系统关心下一代工作先进工作者”“感动广工大十大人物”等称号。

青年强，则国家强；中国梦，在青年。“老夫喜作黄昏颂，满目青山夕照明”，当沧桑与阅历遇到了热忱与梦想，老教授报告团工作更加焕发出独有的光辉和价值。

紧密联系实际　作好系列报告

海南外国语职业学院关工委

韩祝畴从事教育工作已41个春秋，凭着一颗忠于教育事业的赤诚之心，在自己的岗位上竭尽所能，尽职尽责，做出了显著的贡献，受到领导和师生的赞誉。41年来，他由一名普通党员教师一步一步走上学院党委书记的领导岗位。2011年8月韩祝畴退休；2012年8月，学院党委书记陈礼民找他，希望他担任学院关工委主任，继续为学院的学生健康成长做出新的贡献。他二话不说，欣然接受。

担任学院关工委主任近两年来，韩祝畴紧紧依靠和配合学院职能部门和系部党团组织，充分调动老同志的积极性，积极主动地开展关心下一代工作。特别是他根据学院思想政治工作的需求，注意发挥长期从事党务工作、学生思想政治教育工作，具有丰富的实践经验和较高的理论水平的独特优势，利用党和国家的重要会议、党和国家领导人的重要讲话，以重点重大事件为切入点，结合青年学生的成长实际，围绕社会普遍关注的热点和难点问题，给学生做系列报告。他创建的以“报告会”为载体的学生思想教育工作形式，形成了学院关工委工作的品牌特色，受到了省教育厅关工委的充分肯定和表扬。

一、开展学习十八大报告宣讲系列教育活动

2012年11月28日，韩祝畴按照学院党委的安排，为学生会干部、团委干部、学生党员、入党积极分子共500多人做首场学习十八大报告内容宣讲，重点介绍十八大重大理论创新和突出亮点，中国特色社会主义“三个自信”：道路自信、理论自信、制度自信。韩祝畴以一位老党员切身的经历和体会，用生动活泼、深入浅出的语言，详细解读十八大的精神实质和十大亮点，用中国特色社会主义建设所取得的辉煌成就，自己同祖国共成长的历史见证，阐述了“三个自信”。这场报告在学生中引起强烈的反响，报告会结束后，院关工委的老同志采访了学生代表，他们都兴奋地说：“听了韩主任的报告，对‘三个自信’更为明确，增强了我们跟党走的信念，是一次理论上的重要收获。”

宣讲党的十八大制定的外交策略，为新生做国防教育专题报告。2013年3月14日，韩祝畴受学院之邀为2012级军训新生做题为“中国周边安全形势与中国外交政策分析”的国防教育专题报告，他从我国现阶段周边形势概况、中日钓鱼岛争端和我国的对策、通过黄岩岛对峙看南海问题的本质、中国富国强军和对外交往策略、大学生理智爱国五个方面进行生动地讲述，他旁征博引、有理有据的讲演，使学生受益匪浅，进一步激发了大学生“爱我中华、强我国防”的热情。有600多名新生聆听了这场报告会。

二、开展“中国梦”主题系列报告教育活动

2013 年 5 月 13 日，学院关工委紧密配合学生处、团委开展“我的中国梦”主题教育活动。韩祝畴负责做题为“中国梦，人民的梦；中国梦，我们的梦”的报告。在报告中，韩祝畴解读了习近平总书记两次“中国梦”的重要讲话，阐释了“中国梦”的丰富内涵、“中国梦”的“两个一百年”的远大目标、“三个自信”是实现“中国梦”的根本途径和“实干兴邦、空谈误国”的圆梦精神，最后用习近平总书记在五四青年节和大学生代表座谈会上的讲话，勉励大学生珍惜青春的大好年华，勤奋学习、立志成才，汇聚你我梦，铸就“中国梦”。报告赢得了阵阵掌声。

2013 年 9 月 12 日，韩祝畴为 2013 级 1140 名新生做了一场题为“实现大学梦，青春勇担当”的新生入学教育专题报告。报告从“困惑与迷惘”“青春与自信”“责任与担当”三个方面对新生做了引导教育，报告针对新生入学伊始面对新的同学、新的生活环境和学习方式的转变、未来的就业挑战以及理想与现实的落差等困惑与迷惘，解惑释疑，帮助大学生尽快调整好心态，进入大学生活角色。报告还针对有些学生存在高职生是高校的最低层次、低人一大截、没有出息、缺少自信等思想实际，列举了本校历届学生“从丑小鸭变成小天鹅”的成长成才典型案例，教育引导学生珍惜美好的青春年华，树立自信，敢于拼搏。报告针对有些学生缺少责任和担当的思想，从个人未来的前途、父母家庭的期待、国家和人民的希望等方面，阐明青年学生所肩负的责任和担当，让大学生进一步明确“青年兴则国家兴，青年强则国家强”和“青年兴则家庭兴，青年强则家庭强”的道理，韩祝畴希望所有的新生用“辛苦三五年，幸福一辈子”的信念，实现大学梦，走好人生路。

三、开展弘扬和践行社会主义核心价值观系列宣讲教育活动

2014 年 3 月，为配合学院开展学雷锋活动，韩祝畴应旅游系、应用英语系、东语系、西语系党团组织的邀请，于 3 月 10 日、17 日、24 日、27 日，在图书馆多功能报告厅分别为以上 4 个系部的全体师生连续做了 4 场题为“弘扬雷锋精神，培育和践行社会主义核心价值观”专题报告。报告会在一首激荡学子心扉的《雷锋之歌》诗朗诵中拉开序幕，报告从“重温雷锋同志短暂的生命、光辉的思想”“社会主义核心价值观的基本内容、内涵和意义”“雷锋精神与社会主义核心价值观的关系”“向雷锋同志学习、自觉践行社会主义核心价值观”四个方面展开阐述。在重温雷锋同志光辉精神中，他选用一曲《接过雷锋的枪》歌曲的视频，生动展示了雷锋同志的光辉形象和感人事迹。在讲解雷锋精神与社会主义核心价值观的关系时，他指出，雷锋精神是社会主义核心价值观直接体现，雷锋精神是社会主义核心价值观的生动诠释。播放了中央电视台春晚节目小品《扶不扶》录像，引用了最近发生在海口《马牙古拜拉面馆老板拾金不昧》的真人真事，启发大家思考：人人为培育和践行社会主义核心价值观增加正能量，减少负能量。正能量每增加一分，负能量就会减少一分。在讲述“向雷锋同志学习、自觉践行社会主义核心价值观”时，要求做到学雷锋、践行社会主义核心价值观，要内化于心、外化于行，化为自觉行动，从身边的小事做起。最后，号召青年学生认真学习贯彻习近平总书记重要讲话精神，“做雷锋精神的种子，把雷锋精神广播在祖国

大地上”。韩祝畴的讲座，感人至深，催人奋进，赢得了阵阵掌声。

2014 年 5 月，结合学院开展纪念五四运动 95 周年的“红五月”教育活动，应学院团委的邀请，韩祝畴为学院团委、学生会干部做题为“弘扬五四精神，践行社会主义核心价值观，用青春和热血书写人生梦想——学习习近平总书记在北大师生座谈会上的讲话专题”讲座，再次为青年学生宣讲“中国梦”和“社会主义核心价值观”两大主题。讲座共分为 3 个部分：一是纪念五四运动，重温五四精神。讲座播放观看五四运动视频，讲述五四运动所倡导的“爱国、进步、民主、科学”精神的历史内涵和现实意义，并且列举了五四运动以来，在中国共产党领导下，一代又一代有志青年“以青春之我，创建青春之家庭，青春之国家，青春之民族，青春之人类，青春之地球，青春之宇宙，在救亡图存、振兴中华的历史洪流中谱写了一曲曲感天动地的青春乐章。”从理论的高度，阐明了五四精神是中国青年运动的一面旗帜，五四精神生生不息，历久弥新，是一切有志青年取之不尽、受用终生的精神财富和力量源泉。二是弘扬五四精神，担当历史重任，用青春和热血书写人生梦想。学习解读了《习近平给河北保定学院西部支教毕业生群体代表回信》，勉励青年人到基层和人民中去建功立业，在实现中国梦的伟大实践中书写别样精彩的人生。三是弘扬五四精神，自觉培育和践行社会主义核心价值观。韩祝畴通过学习解读了习近平总书记《在北京大学师生座谈会上的讲话》，让同学们进一步明确了“五四精神体现了中国人民和中华民族近代以来追求的先进价值观。爱国、进步、民主、科学，都是我们今天依然应该坚守和践行的核心价值，不仅广大青年要坚守和践行，全社会都要坚守和践行。”勉励青年学生要深入学习理解习近平总书记关于践行社会主义核心价值观的讲话内容，牢记习近平总书记的谆谆教诲，在树立和培育社会主义核心价值观下工夫。讲座最后在播放聆听李大钊《青春》诗朗诵录音，在全体起立合唱《光荣啊，中国共青团》的团歌中完满结束。场面激奋，令人鼓舞，博得了热烈的掌声。

韩祝畴对教育对学生具有割舍不断的情怀，离而不开的情结。在聘任为学院关工委主任近两年的时间里，他以积极乐观的心态、无私奉献的精神、高度负责的态度、勤奋学习的倔劲、不断钻研的毅力，为学生做了 10 多场专题系列报告和讲座，专题系列报告的文稿 15 万字。尤其在 2014 年 3 月学习雷锋活动中，一个月里连做 4 场报告会，令人敬佩不已。

韩祝畴用心备好每一课。为了备好每一课，他总是不辞辛苦，花大量的时间，反复学习，吃透领导讲话和文件精神，翻阅大量书籍，在网络中查找收集相关的资料，走访系部书记和辅导员，深入学生，力求掌握学生的思想的最新动态和存在的实际问题，收集身边的案例，撰写讲稿，不断修改，常常总是几易讲稿，直到自己满意为止。因此，他的报告具有很多亮点。

一是具有时效性和思想性。韩祝畴的报告和讲座，都是利用党和国家的重要会议，以及党和国家领导人的重要讲话，以重点重大事件为切入点，以纪念重大节日为主题，如党的十八大、“中国梦”、社会主义核心价值观、学雷锋月、纪念五四运动 95 周年等，及时地传递了党中央的声音，既是思想教育课，又是形势宣讲课。

二是具有针对性和教育性。围绕社会普遍关注的热点和难点问题，结合青年学生的成长实际，因生选材，贴近实际，贴近生活，贴近地气，材料翔实，案例生动。如在“弘扬雷锋精神，培育和践行社会主义核心价值观”报告中，针对“雷锋精神已经过时”论，小品《扶与不扶》和《马牙古拜面馆老板拾金不昧》的真人真事等案例，启发学生反思；在“实现大学梦、青春勇担当”专题中，针对新生的迷惘和困惑，列举了历届毕业生由“丑小鸭变成小天鹅”的典型案例，鼓励学生成长成才，具有很强的针对性。

三是具有理论性和实践性。韩祝畴的每一个主题报告和讲座，既具有较高的理论阐释，又具有较强的可操作实践性，理论和实践紧密结合，理性感性合一，既可听又可行。

四是语言形象生动，内容丰富翔实。韩祝畴从事中文教学，语言文学基础好，报告会上思发泉涌，旁征博引，内容丰富，视野开阔，成语佳句信手拈来，既有古语名句，又有民间俗语口语，动听感人。

五是计算机技能熟练，运用多媒体助力，增加内容的容量和提高报告讲座的效果。像韩祝畴这样年龄的人，还能熟练使用计算机制作课件，查找资料的人为数不多，每一场报告会他都认真准备，反复推敲，并制作课件，尽量做到最好效果，这一点令人钦佩。

坚持科普宣讲十九年

昆明学院关工委

昆明学院退休教师、关工委成员曾汝弟自1995年退休后，依托学校及省、市老科协、老教授协、关工委，积极进行家庭教育、青少年心理健康与思想道德方面的宣讲。退休19年来，已做各种宣讲近千场，直接听众30余万人次。其宣讲主要内容是两类。

一、向家长宣传家庭教育科学知识

早在20世纪70年代，曾汝弟就意识到家庭教育是学校教育和社会教育的先导和基础；学校教育是在家庭教育的基础上、并始终在家庭教育的影响下实施的。要提高学校办学质量，必须有家长的积极、正确配合与支持。帮助家长树立科学教子理念、掌握科学教子方法、用正确思想和正确态度教育孩子，既是提高学校教育质量的需要，也是对家庭、对下一代极重要的关心。为此，曾汝弟从1979年开始研究家庭教育、开始在工作的中学举办家庭教育讲座，并义务接待家长的咨询。调到昆明市教师进修学校后，曾汝弟利用自己的讲台，向前来培训的中小学领导和教师，系统宣讲家庭教育理论，促使更多的学校领导和教师关心、重视家庭教育工作。曾汝弟也经常被邀请到各地做家庭教育专题报告，为省、地、县培训家庭教育骨干。

曾汝弟在研究和实践的基础上，1983年出版了云南最早的家庭教育图书——《愿你的孩子成才》。1984年，曾汝弟同几位同仁发起成立了全国较早的家庭教育学术团体——昆明市家庭教育研究会。1987年，曾汝弟作为三位云南代表之一，出席了全国第一次家庭教育研讨会，后被聘为全国家庭教育讲师团首批成员。可以说，曾汝弟是改革开放后最早研究家庭教育、最早举办“家长学校”的学者。

1995 年退休后，曾汝弟依托学校的老科协、老教协，举办家庭教育大课堂，每周在学校报告厅面向公众举办一次公益家庭教育讲座。2008 年，曾汝弟向昆明市青少年发展研究会、昆明市关工委、昆明市教育局、昆明市妇联、昆明市老科协发出倡议，联合成立昆明市公益家长学校。在这些单位的支持下，昆明市成立起了全国最早的公益家长学校，曾汝弟被推举为校长。

多家单位联合成立公益家长学校，这在全国都是个创举。《中国妇女报》、中央电视台新闻联播、《云南日报》等多家主流媒体，都做过报道。

为了使公益家长学校的工作规范化、制度化、常态化，曾汝弟积极联系联办单位，每年都由联办单位发文，对公益家长学校送家庭教育讲座到基层、到农村、到山区，做出了明文规定，提出了具体要求。公益家长学校还与云南人民广播电台合作举办了 50 期“空中家长学校”(每周直播一次，重播一次)。

据不完全统计，昆明市公益家长学校成立 7 年来，已举办讲座 200 余场，直接听众 10 多万人。在这 200 余场讲座中，80% 以上是由曾汝弟主讲。如果从 1979 年曾汝弟在工作的中学做第一场家庭教育讲座算起，30 多年来，曾汝弟已做家庭教育讲座 1000 多场，直接听众三四十万人。云南大多数地、州、市，乃至许多极其偏僻的山村，都有过曾汝弟的足迹。曾汝弟的家庭教育讲座有 5 个特点：

（一）把抽象的家庭教育理论通俗化、大众化

听讲座的家长，文化程度和职业都千差万别，为了使各种情况的家长都能接受并有比较大的收获，曾汝弟努力把抽象的家庭教育理论通俗化、大众化。比如：

把家庭教育的重要性“通俗化”“大众化”为：孩子教育的好不好，关系着家庭的悲欢苦乐；教育孩子像栽种果树，收获的无论是酸果、甜果、苦果都是家长“自食其果”；事业上再大的成功、挣的钱再多，都弥补不了教育孩子的失败。

把科学教子的重要性“通俗化”“大众化”为：正确的教育培养孩子、成就孩子、造福孩子，错误的教育折磨孩子、贻误孩子、摧残孩子；没有天生不好的孩子，只有教育不好的方法，问题孩子的后面是有问题的家庭教育；孩子有“病”，家长先“吃药”。

把家长的基本素质“通俗化”“大众化”为“四种人”，即：教育孩子的有心人、教育孩子的有行人（即能够把教育孩子的心转化为教育孩子的实际行动）、教育孩子的明白人、教育孩子的有方人。进而，逐层深入讲析怎样成为教育孩子的有心人、有行人、明白人、有方人：

教育孩子的有心人 能够做到“四个经常”：经常反思自己教育孩子的成败得失；经常在家长中商讨教育孩子的成败得失；经常观察别人教育孩子的成败得失；经常倾听孩子评价家长的成败得失。

教育孩子的有行人 能够保障教育孩子的“四种投入”：财力投入、时间投入、情感投入、科学投入（家长能努力学习家庭教育科学知识）。

教育孩子的明白人 能够明白家庭教育的任务是教子成人、助子成才。

教育孩子的有方人 我把家庭教育的基本原则和基本方法“浓缩”为 6 个字，即爱、严、理、熏、励、范。

爱 给孩子深厚的爱，让孩子感到家庭温暖、家长可亲；给孩子理智的爱，不对孩子娇惯溺爱；教育孩子懂得爱、学会爱。

严 对孩子要严而有格、严而有度、严而有情、严而有方。

理 以理服人，要讲新道理，要用孩子乐于接受的方式讲道理。

熏 用正派的家风、温馨的家庭气氛熏陶感染孩子。

励 用正确的表扬奖励、正确的批评惩罚激励孩子。

范 家长要用自己的模范言行教育孩子。

家长们说 6 个字好懂好记。有的家长还把它说成是家庭教育的“六字宝典”。

（二）努力把党中央的精神融合在讲座中

曾汝弟在家庭教育讲座中，努力贯彻中央的精神。比如：

2004 年，在学习贯彻中央《关于进一步加强和改进未成年人思想道德建设的若干意见》后，曾汝弟重点讲述家长怎样加强和改进对孩子的思想道德教育。

2007 年，胡锦涛同志在党的十七大报告中提出要坚持科学发展观，要坚持以人为本；加强和改进思想政治工作，要注重人文关怀、心理疏导。曾汝弟紧密联系实际，引导家长认识在家庭教育中落实科学发展观，就是要科学教子；坚持以人为本，就是要树立孩子是人、是成长中的人的观念，要通过人文关怀、心理疏导加强对孩子的思想道德教育。

党的十八大后，曾汝弟努力引导家长用中国梦和社会主义核心价值观教育孩子、激励孩子。

（三）联系实际，穿插恰当的生动例子

曾汝弟做过比较多的调查，平时也注意收集家庭教育正反两方面的案例，因此，在讲座中能恰当穿插一些生动案例。

（四）精心设计课件

投影仪是形象直观的现代教学仪器，凡是有条件的地方，曾汝弟都要使用课件，而且每次课件曾汝弟都要认真设计、反复修改。

（五）把讲座与接待咨询相结合

为了帮助家长解答教育孩子中的具体问题，曾汝弟坚持通过面对面、电话、QQ、书信等方式接待家长的咨询。退休以来，曾汝弟已接待了 500 多位家长的个别咨询。加上退休前的，已超过 1000 多人。

家长们普遍反映，曾汝弟的讲座听得懂、记得住、带得回、用得上，容易取得良好效果。

二、向青少年宣传心理健康知识和进行思想品德教育

改革开放后，曾汝弟就关注青少年心理健康问题，1987 年出版了云南第一本青少年心理健康读本《给中学生的悄悄话》，并开始对中小学生做心理健康知识讲座。退休后，为了搭建宣讲平台，曾汝弟依托学校老科协、老教协，并在昆明市青少年发展研究会、昆明市关工委、昆明市教育局等单位的支持下，联合成立起了全国唯一面向青少年的“讲坛”——昆明市青少年发展讲坛。

昆明市青少年发展讲坛成立 7 年来，已为中小学举办青少年心理健康和思想道德讲座

100 多场，听众达七八万人。100 多场讲座，80% 以上是由曾汝弟主讲。曾汝弟的讲座有以下几个特点：

（一）把抽象的心理健康知识“通俗化”“学生化”

从理论上看，心理健康问题各类人群都大同小异。为了使讲座能吸引学生、符合学生特点，曾汝弟努力能把心理学理论通俗化和“学生化”。比如：

理论上对心理健康的解释是能够正确对待客观事物。青少年经常面对的客观事物主要是国家、社会、学习；主要面对的人物是家长、教师、同学。据此，曾汝弟把青少年心理健康的标准“通俗化”“学生化”为“7 种好心情”，即对国家有好心情，对社会主义社会有好心情，对学习有好心情，对困难挫折有好心情，对家长、老师、同学有好心情，与异性同学交往有好心情，对自己有好心情。

（二）针对不同的学生选定不同的讲题

中小学需要特别关注的群体主要是新入初中或高中的学生、面临中考或高考的学生。

对新入初中或高中的学生，曾汝弟重点讲怎样尽快适应新校园特点、新管理特点、新教学特点、新课程特点、新教师特点、新同学特点等。

对面临中考或高考的学生，曾汝弟重点讲怎样调适心理，考出最高水平。

（三）努力把心理学原理运用与德育工作

培养良好思想道德的过程，也是提高心理素质的过程，因此，在对青少年讲思想道德教育的时候，曾汝弟努力把知、情、意等心理学原理运用与思想道德教育之中。比如，青少年良好思想品德的主要表现是热爱祖国、热爱中国共产党、热爱学习、遵纪守法、尊敬老师、孝敬父母、乐于助人等。要具有这些良好的思想品德，首先是引导他们对中国共产党，对社会主义祖国，对学习，对法纪，对老师、同学、父母等有正确的认知。有了正确的认知，才能产生热爱等积极情感，才能形成按社会主义道德准则行事的坚定意志和良好的言行表现。

（四）努力贯彻党中央精神

十八大以来，为了贯彻落实中央用“中国梦”和社会主义核心价值观教育青少年、激励青少年的要求，曾汝弟把“中国梦”和社会主义核心价值观列入讲座的主要内容，努力用学生容易接受方式给他们讲什么是“中国梦”、什么是社会主义价值核心观、“中国梦”和“个人梦”的关系、“中国梦”与社会主义价值核心观的关系等基本问题。

我是昆明刚解放、上初中一年级时就参军，并在部队上入团入党的。在讲座中，我联系自己亲身经历的昆明和云南新中国成立前后的故事，给同学们讲述自己少年时代的从军梦，青年时代的入团、入党“梦”，中年时代的当优秀教师、教育专家“梦”，老年时代的发挥“余热梦”，一步步启发同学们认识青少年怎样用“中国梦”引领“个人梦”，怎样为实现“中国梦”“个人梦”而奋斗。鼓励他们让自己的青春成为追梦的青春、奋斗的青春，在实现“中国梦”的奋斗中，让青春多出彩、出亮彩，让自青春的花蕾绽放出灿烂的花朵！

同学们纷纷反映，听了曾汝弟的讲座，既提高了思想认识，也鼓舞了为中国梦奋斗的决心和勇气。

（五）精心设计课件

青少年都喜欢形象直观的东西，设计好课件，能有效提高讲座效果。凡是有条件的地方，曾汝弟都使用投影仪，并精心设计每一次课件。

（六）把讲座与接待咨询相结合

为了解答学生的具体困惑，我讲座之后都要接待学生的个别咨询，现场接待不完的，就通过电话、QQ、书信接待。退休以来，我已接待500多位学生的咨询。加上退休前的，接待的学生已达1000多人。

曾汝弟除带头搞好上面两种讲座外，还通过“昆明市公益家长学校”“昆明市青少年发展讲坛”，团结着一批“五老”和专家，他们的讲座都各有特色。

三、其他讲座

曾汝弟除了主要宣讲家庭教育知识和青少年心理健康知识外，还常应邀给教师、关工委成员、团委干部以及老年人做专题讲座100余场。1995年退休至今，曾汝弟担任昆明学院关工委委员、老科协和老教授协会常务理事，昆明市老科协青少年教育专业委员会主任委员，昆明市青少年发展研究会常务副会长兼秘书长，昆明市心理学会会长，昆明市家庭教育研究会顾问，昆明市公益家长学校校长，昆明市青少年发展讲坛总指导；获得过“全国家庭教育园丁奖”“全国教育系统关心下一代先进工作者”“云南省少年儿童先进工作者”“云南省未成年人思想道德建设先进工作者”“昆明市有突出贡献的社科专家”“昆明市有突出贡献优秀专业技术人员”等荣誉；出版过20多种著作，多种学术成果在全国和省市获奖。

老骥伏枥铿锵行　情满校园“中国梦”

兰州交通大学关工委

兰州交通大学关心下一代工作委员会成立于1991年。23年来，在甘肃省关工委、原铁道部的关怀指导下，在学校党委的领导下，校内有关部门大力支持下，始终坚持以科学发展观为指导，认真贯彻执行中共中央、甘肃省关工委的指示精神，充分发挥学校党政工团和“五老”的资源优势，大力弘扬“老有所为、无私奉献”，立足学校实际，认真贯彻实施科教兴国战略，在建言献策、科普宣传、科技咨询和学术交流中，取得了一定的成绩。同时紧紧围绕学校建设发展和教书育人的中心工作，密切联系当代大学生肩负的新时期“中国梦”的历史使命，以思想品德教育为重点，开展各种行之有效的主题教育和帮教活动，为促进青少年健康成长，加强社会主义精神文明建设，构建和谐校园，服务社会，做了大量具体、生动、卓有成效的工作。

一、领导重视，组织健全，齐抓共管

关心下一代工作是关系党和国家前途命运的战略工程，是具有中国特色的社会主义兴旺发达、后继有人的希望工程，关系到亿万家庭切身利益的民心工程，也是立德树人、引导青少年价值观教育、实现民族伟大复兴的千秋不朽工程。

兰州交通大学关工委成立以来，一是做到了领导重视、机构健全。其工作的基本思路是：立足实际、围绕中心、抓住重点、拾遗补缺、开展活动，引领青少年健康成长。校关工委领导机构至今已换过五届，自 1991 年以来，关工委主任均由党委书记、副书记、副校长担任，由校党办、人组部、统战部、宣传部、工会、财务处、学生处、校团委、保卫处、离退休工作处等机关部门和基层学院、附中、附小和社区组成的委员会，形成了齐抓共管的良好局面。二是做到了运行规范。校关工委领导组织各项活动，每年确定一个主题或两三项重点工作，认真组织，力求抓好落实，抓出成效。各成员单位在校关工委指导下，主动开展活动。校关工委每年年初有工作计划，年中有检查，年末有总结、表彰。其中，离退休老同志参与关工委工作的，每年一般都在 80 人左右，占现有退休教工的 8% 左右；经常参与关工委活动者在 30 人左右，占退休总人数 3% 左右。

二、紧紧把握大方向，结合党和国家的形势，适时进行思想政治教育

学校关工委按照中央、国务院关于《进一步加强和改进大学生思想政治教育的意见》和《关于进一步加强和改进未成年人思想道德建设的若干意见》精神以及《关心下一代工作委员会条例》要求，充分发挥老同志的优势，对大学生进行革命传统教育、爱国主义教育、社会主义核心价值观教育和法制教育。近 5 年，开展各类主题教育活动 120 多场，参加活动学生达 37000 多人。如党的十六大、十七大、十八大辅导报告，胡锦涛同志的“八荣八耻”、七一讲话精神的宣传，和谐校园及校园文化建设倡议等。2005 年 4 月 30 日，学校召开了加强和改进大学生思想政治教育工作会议，会议的主题是贯彻落实《中共中央国务院关于加强和改进大学生思想政治教育的意见》。会后，学校关工委和老教授协会隆重举行了“离退休老同志与当代大学生忘年交恳谈活动启动仪式”，标志着我校离退休老同志有组织、有计划地参与到了大学生思想政治教育的工作中，此后恳谈活动在全校轰轰烈烈地开展起来，每年有 10 余名老教授深入班级与大学生面对面交谈，当场解答学生的提问，气氛活跃，学生欢迎，特别对生活困难生、学习困难生、心理困难生、就业困难生起到了极大的鼓舞作用。2006 年以后，校领导带头，每年有 170 余名处以上领导干部深入学生班级与大学生进行恳谈活动，解决大学生的思想问题，促进了和谐校园建设，收效明显。2007 年 6 月 15 日，《光明日报》以“恳谈会能否谈出校园和谐”为题，报道了恳谈活动实况。

三、根据学校实际，以关工委成员单位为主体，以活动促发展，有针对性地开展各种行之有效的主题教育活动

兰州交通大学建校 56 年，现在校学生规模已达 3 万多人。近年来，甘肃籍学生年招生量占 70% 以上，学校处地经济欠发达，生活困难生比重大；国家对高等教育改革中的创新教育、全面素质教育、价值观、人生观、世界观教育及能力培养十分重视；学校发展快，青年教师多；省地对高校的支援和辐射期望要求迫切。由此，我们确立了关心下一代的工作对象是青年教师、青年学生及校内外的中小学生、社会青少年，形成了共建共育抓活动的局面，并逐步走上经常化，制度化。

“五老”（老干部、老战士、老专家、老教师、老模范）人员具有丰富的人生阅历和深刻的人生感悟，是党和国家的宝贵财富。“五老”与青少年有着天然紧密的情感联系，在深入细致地对青少年进行思想道德教育方面有起不可替代的作用，在老少共建中发挥着独特优势，他们以高度的责任感和满腔热情教育和引导青少年学生健康、快乐地成长。

20多年来，学校关工委认真组织相关部门和“五老”人员，充分调动各方面的积极性，发挥综合优势和专业特长，在未成年人思想道德建设和大学生思想政治教育、教学督导、科普宣传、网络监督、心理疏导等方面做了大量的工作，取得了显著的成绩。例如，老红军、老党员康渡同志，多年来以自己参加长征的事迹教育青年学生，并口述由他人代写了长篇回忆录。现任甘肃省关工委“关爱团”团长、原兰州铁道学院院长陈宜吉教授，早在1991年就亲自担任学校关心下一代工作委员会第一届主任，退休后又继续担任副主任兼秘书长，为关心下一代工作做出了突出贡献，受到全国教育系统的表彰，并三次获得“甘肃省关心下一代工作先进个人”称号。张光辉研究员在关心下一代工作的20年中，无私奉献，辛勤耕耘，在大学生思想素质教育方面发表论文11篇，做各类专题报告30多场，是“五老”队伍中的杰出代表。老教师王增甲退休后受聘担任中国青少年科技辅导员，继续发挥自己的特长，坚持进行科普宣传和地震预防知识普及工作，并提出了在大中小学开设思维训练课的设想和建议，并多次应邀做有关抗击自然灾害的科普报告。离休干部韩常泰同志，在“5.12地震”后，积极捐款1万元，得到了广泛赞誉。

目前，我校关工委工作已经形成了组织健全、活动经常，老同志积极参与的局面。“五老”核心队伍已有18人。他们常年活跃在校内外教学、科研、大中小学青少年政治思想工作中。多年来，我校关工委先后五次被省（部）关工委授予“关心下一代工作先进单位”，18位老同志受到省、部级奖励，《光明日报》《中国青年报》《中国火炬》杂志、《兰州晚报》等均适时报道了师生共建和谐校园的动态。

2011年4月26日，教育部关心下一代工作委员会在京举行全国教育系统关工委成立20周年纪念大会暨第四次工作会议。会议深入贯彻全国教育工作会议精神和教育规划纲要，总结了关工委成立20年来的工作经验，表彰了教育系统关心下一代工作先进集体和个人。我校关工委获“全国教育系统关心下一代工作先进集体”荣誉称号，校关工委副主任陈宜吉教授获“全国教育系统关心下一代工作先进个人”荣誉称号。

我校关工委逐步探索，树立了关心下一代工作的品牌形象，积累了“三四六一”的工作经验：

“三”是关工委工作要实行“三级管理”——学校、职能部处、二级学院齐抓共管。这是完善领导机制和运行机制的重要组织措施，是各项活动开展的根本保证。

“四”是关工委工作要坚持“四个结合”——与党和国家的形势发展需要和学校的发展实际相结合，与大学生的思想实际相结合，与校内外相结合，与老教授协会、老科技工作者协会、离退休工作相结合。只有与实际更好地结合起来，工作计划才能落到实处。

“六”是通过“六种形式”积极开展关爱活动，以活动促关爱——近年来开展了师生恳谈活动、重点帮扶、青年教师岗前培训、参加大学生社团文化建设活动、科普报告、著书立传。以上工作方式极大地丰富了关心下一代工作的内容，取得了显著成效。

“一”是建立了一支以“五老”为核心的关工委工作骨干队伍——这是实现关心下一代

工作长期性、实效性的关键。“打铁要靠自身硬”，为了不断提高这支队伍的工作水平，在适时增补“五老”力量的同时，必须加强组织，努力学习，与时俱进。

晚照如霞 造福桑梓

——记西北民族大学离休干部王德明

西北民族大学关工委

在五月阳光明媚的一个下午，我们来到了我校离休干部王德明老先生的家里，在他简朴但古色古香的住所，与他倾心交谈，为他乐于奉献的人生之旅所折服，为他在晚年仍然坚持读书看报、关心国家大事，锐意进取、与时俱进，倾洒一腔热血筹资办学，造福桑梓而感动。“我要在有生之年，继续发扬党的优良传统，力所能及地做一些有益于社会，有益于人民的事情，生命不息，战斗不止。”这就是王德明老先生的心声。

王德明于1927年出生于陕西乾县一个革命家庭。祖父王宝珊是同盟会成员，辛亥革命的先驱，后来成为杨虎城的高级参议和挚友；父亲王照南也是一位早期的革命者；叔父王炳南从少年时代开始，一生致力于中国革命事业，后来担任新中国外交部副部长和中国人民对外友好协会会长。从小就生长在这样的家庭里的王德明，使他形成了刚正不阿、仗义耿直的秉性。1942年，正值王德明上初中时，因为战争的原因，家人四散，他也被迫中止了学业，生活也没有了着落，只好一路乞讨到重庆找到叔父王炳南并随他迁居外地。受叔父王炳南的影响，1947年回到陕西从事地下党工作，开始了他的革命生涯。

王炳南一生是革命的一生，战斗的一生，他把自己的全部都奉献给了新中国的建立和我国的外交事业。但他个人生活极其简朴，去世后，衣橱里仅有三套比较像样的衣服，其他都是缝了又缝、补了又补的。他一生的言行深刻影响了王德明的工作态度和生活作风，也造就了王德明无私奉献、不图回报的高尚情操和淡泊名利、甘于寂寞的处事原则。

加入革命队伍的王德明以一个共产党人的崇高境界为党和人民交了一份又一份满意答卷。他历任侦察参谋、武工队长、土改工作队长、秘书等职，两次荣立三等功，并获得过当时军人的最高荣誉——军旗前留影。他于1958年从平凉陆军医院转业到武威地区工作。在武威工作20多年间，他多次荣获“先进个人”“五好干部”等荣誉称号。

1981年，王德明调入西北民族学院工作，担任劳动服务公司经理，他依然默默无闻、孜孜不倦地工作着，为教学工作的顺利开展做着有力的后勤保障，为党的民族教育事业奉献着自己微薄的力量。该服务公司也多次被省、市级学校评为“先进集体”等称号，吸引了许多同行前来学习和借鉴经验。在服务公司工作期间，由于工作的原因，时常要同生意人打交道，有时会收到对方的各种好处，性格耿直的王德明会坚决拒绝，不为世俗所腐蚀，不为诱惑所动摇，这就是一个共产党员的光辉写照。

1986年，王德明同志离职休养。离休后的他又谱写出了一曲夕阳壮歌。

王德明同志的故乡陕西乾县好畤新村长期处于贫困状态，解放40多年没有一所小学，孩子们要步行几公里以外的地方上学，条件艰苦生活贫困，许多孩子被迫辍学。得知这些情况，王德明内心受到了极大的震撼，他深知读书的重要性，他觉得好畤村需要一所学校。于是他萌发在家乡办一所学校的愿望。

王德明根据叔父王炳南生前将自己仅有两万元积蓄捐给原籍办学校的遗嘱，与家乡有关部门商议在好畤村办一所学校。经过多方努力，办学的方案终于有了眉目。办学的愿望有了着落，王德明非常高兴，他不顾自己体弱多病在乾县注册了“王炳南教育基金会”，并任常务理事。但是，办一所学校需要雄厚的资金才能使其在硬件、软件上到位，两万元只能是杯水车薪，困难是可想而知的。

面对起步的重重困难，王德明深知自己身上的担子很重，他不畏艰辛，为好畤村办学的事多方奔走，通过各种渠道及叔父的影响筹集资金。期间，他受到过人们的不解和质疑，更受到了世俗的阻挡，但他依然坚定执着，功夫不负有心人，他终于筹集到了近20万的资金。这就是他对家乡教育事业的满腔热血，也是一个共产党员对自己无悔追求的最高境界。

1990年，经过近3年的精心筹备，在各方的努力和协助下，一所能容纳400多名学生的完全小学建立了。并由时任全国人大副委员长的习仲勋同志亲自为“炳公学校”题写校名。在落成典礼上，身为“王炳南基金会”常务理事的王德明出席了剪彩仪式，看着隆重的剪彩仪式，王德明感慨万分，热泪盈眶，认为自己的付出是值得的。

20多年来，炳公学校在当地教育部门的领导下，学校占地10470平方米，总建筑面积2081平方米，服务5个行政村，在校生280多名，住校生100人。教学质量、管理水平、升学率均居全县前茅，师资力量也非常强，教师的本科学历达70%以上。许多地方的学生纷纷慕名前来，使得学校生源逐年扩大。

王德明仍然记挂着学校，一年中的大部分时间都住在乾县好畤村。学校里的许多事情他都会亲力亲为，为了让学校里的孩子学习电脑，他和堂弟王东明、王波明（王炳南的两个儿子）四处筹集，最后在北京、西安等地筹集到了40多台电脑，使炳公学校的硬件又上了一个层次。学校每每遇到资金紧张，王德明会慷慨解囊拿出自己的离休费，支出一些费用。2013年，王德明又筹款10万元，建立了炳公幼儿园，现有孩子40多名。

遵照王炳南生前遗言，王德明又和堂弟们通过中央有关部门将其骨灰从八宝山迁入原籍乾县，安放于炳公学校。为了更好地加强青少年的爱国主义教育和精神文明建设，也为了纪念和缅怀王炳南等老一辈的革命精神，炳公学校2007年4月被乾县关工委命名为“青少年爱国主义教育基地”。校内建有“王炳南骨灰安放处”“铜像广场”“王炳南同志生平展览室”等标志性实体。生平展览室展出了经过王德明长期搜集和整理的王炳南及老一辈无产阶级革命家们的各种资料、图片，用他们的丰功伟绩和人生历程来教育和激发后人的爱国热情，前来参观的人络绎不绝。

由于王老在家乡办学关心下一代工作中成绩斐然，王德明被国家民委评为“国家民委系统老干部先进个人”“甘肃省关心下一代先进个人”，还被学校评为优秀党员。

王德明同志把20多年本该颐养天年的夕阳岁月无怨无悔地奉献给了自己钟爱的事业，可谓老骥伏枥，壮心不已，表现出一个老革命、老共产党员的胸怀。如今，已是87岁高龄的王老，依旧精神矍铄，容光焕发，继续在为家乡办学的道路上奔波、操劳，依然心系着下一代。

充分发挥学院“五老”报告团作用
加强当代中高职学生思想道德教育

新疆昌吉职业技术学院关工委

2001年6月，昌吉职业技术学院由7所学校合并而成，成为昌吉州属唯一一所公办全日制普通高等职业院校。之后，学院又陆续合并了6所学校和培训机构。2013年7月，昌吉卫校和昌吉中等职业技术学校并入学院，现在已是新疆首批示范性高等职业院校、国家20所高技能人才培训基地建设单位。目前，年在校生人数达到了16000人，其中少数民族学生占学生总数的38.4%，学生普遍存在学习自觉性、行为习惯、自控能力差、学习兴趣及学习自信心不足的现象。随着经济的发展，社会呈现多元化。社会在变，学生也在变，学生思想政治工作面临许多新情况、新问题。学院党委一直高度重视关心下一代工作，早在建校之初就成立了学院关心下一代工作委员会。学院在加强“五老”队伍建设的同时，为进一步加强学生思想道德教育工作，2013年10月又充实了“五老”报告团。报告团现有成员22名，都是热心关爱青少年成长、富有奉献精神的离退休老同志。其中，有为国家建设做出贡献的老劳模，有为教育事业奋斗终生的老校长、老教师。报告团主要任务是积极配合学院党委和有关部门，以立德树人为根本任务，以社会主义核心价值体系教育为重点，结合个人的阅历和体会，在中高职学生中进行宣讲，弘扬主旋律，引导广大学生树立正确的世界观、人生观和价值观。

一、建立一支高素质的报告团队伍

“五老”报告团是学院开展学生思想政治教育的很好平台和载体，是对学生进行思想道德和法制教育的有效方法，是组织“五老”发挥作用的重要组织形式。“五老”报告团所开展的工作确实是深受学校老师、学生家长欢迎的行之有效的事情。学院“五老”报告团的成员中，有永葆革命青春的老干部张德才、李有勋；有为民务实清廉的老党员刘文运、钱心红；有老有所为的老专家马俊杰、张淑萍；有为教育事业奋斗终生的老教师王以孔、张玉兰；有为昌吉建设做出突出贡献的老模范董晓红等。报告团成员学识渊博、经验丰富、理论功底深厚，他们层次高、身体好、社会影响较大，而且都热心于“关工委”事业、热心于青少年的教育工作，他们都亲身经历了社会主义改造和建设，有着坚定的政治信念，有着高尚的道德品质，有着丰富而深刻的政治、社会和人生阅历，对学生有着特殊的号召力、说服力和感染力，是学院开展关心下一代工作的宝贵财富和可靠力量。

二、运用各种生动有效的教育方式，帮助中高职学生健康成长

“五老”报告团的成员，努力贴近学生身心。同他们充分沟通、交流，以对他们“润物细无声”的各种生动有效的教育方式，滴水穿石，动之以情，晓之以理，引领和指导他们成才。

（一）以身垂范

学院“五老”报告团的同志们坚持以自己的榜样作用教育和影响学生，他们无私奉献，言传身教，以极高的热情投入到关心下一代健康茁壮成长的工作中。在“五老”报告团开展工作以来，报告团成员在举办讲座、报告会、座谈会时，不要派车接送，不让安排就餐，清茶一杯，讲完报告，自行回家。他们的风范赢得了学院中高职学生的高度敬仰，成为学院中高职学生自觉学习的榜样。

（二）形式多样

报告团通过专题报告、辅导讲座、参观交流、谈心谈话等形式，开展了丰富多样的活动，大力弘扬以爱国主义为核心的民族精神和以改革创新为核心的时代精神，加强了集体主义、社会主义思想教育，促进了中高职学生的健康成长。例如老教师刘延清，经常在课余时间与学前教育专业的学生谈心、沟通，了解他们的思想动态，还在生活上给予适当的帮助，让学生感到温暖，使他们自觉的关心集体、热爱同学，学会感恩，弘扬正气，激励先进，促后进。

（三）开展老少结对活动

老党员坚定的政治信念、丰富的政治智慧、崇高的精神风范、优良的传统作风，对中高职学生成长具有很大的影响力和感染力。学院充分发挥报告团中老党员政治素质好、党性原则强、历史经验丰富的优势和作用，与高职生入党积极分子结对子、手拉手，通过开展谈心、谈话，交流思想，使他们政治思想能够尽快成熟，坚定共产主义的理想信念，早日加入党组织。2014 年 5 月学院关工委组织开展了“老手拉新手、培育合格人”的结对子活动。大家一起乘车，先后参观了昌吉市清代粮仓、昌吉市科技馆。学生通过新旧对比，与老党员进行思想交流，亲身感受了昌吉市经济社会发展的巨大变化，增强了建设中国特色社会主义的理想信念和信心。老党员联系自身经历，向学生讲理想信念，讲革命传统，讲树立正确的世界观、人生观、价值观，讲工作经验与体会，对入党积极分子提出殷切希望与指导意见，提出“读万卷书，走万里路，增加才干，服务社会”的理念；学生入党积极分子也积极询问，探讨学生党员如何争先创优，带动积极班风与优良学风，还纷纷表示要向老党员学习，不断充实自己，提高政治素养，希望通过自身努力争取早日加入党组织。结对子的老党员与学生入党积极分子互留联系方式，并约定好谈话时间，将进行长期、全面的交流与互动。

三、贴近中高职学生思想实际的报告课题

“五老”报告团发挥作用的直接途径是专题报告，而报告的内容则是重中之重。学院“五老”报告团的报告选题有很强的针对性和实效性。选题结合国家的重大节日、重要纪念活动和重大事件，精选汇集成针对性强的报告，展开理想信念教育、社会主义核心价值观教

育、民族团结教育、宗教政策教育和法制教育等主题教育活动，对学生健康成长具有积极向上的促进作用，因此深受学生欢迎。

例如，老专家张淑萍的“人生导航　精神洗礼”专题报告，对社会主义核心价值观进行了深刻的解读，从认知、认同和践行三个方面阐述了什么是社会主义核心价值观，为什么要树立社会主义核心价值观，怎样树立和践行社会主义核心价值观等内容，重在启迪广大学生树立正确的人生目标，培养学生高尚的道德情操，使学生养成良好的阅读习惯，积累丰厚的知识，练就精良的技能，更好地实现青春梦想。老专家马俊杰的“辽阔美丽的新疆是各族人民共同开发建设的”专题报告，从新疆“地方史”“民族史”及“宗教史”三大方面切入，紧紧围绕“新疆自古以来就是伟大祖国不可分割的一部分”“新疆的历史篇章是各民族共同谱写的”“新中国成立以来新疆发生了天翻地覆的变化”及“要做民族团结的模范”4个模块，通过张骞两次出使西域等多个历史故事，讲述了新疆历史变革，介绍了新疆丰富多彩的民族文化、雄浑秀丽的自然风光、得天独厚的发展优势、新疆与内地一脉相承、新疆与内地的联系源远流长等内容，并且随机与学生展开互动，激起了各族学生对新疆这块宝地热烈的热爱之情和对新疆历史学习的浓厚兴趣与欲望，可谓受益匪浅。

一年来，学院“五老”报告团共做报告累计近10场，参与教育活动的学生，覆盖学院10个分院、近3000人次。“五老”报告团的报告，旗帜鲜明、主题突出，既有继往开来的历史传承，又有与时俱进和个人发展的密切联系，在拓宽学生知识面、陶冶学生情操、提升学生综合素质等方面发挥了积极作用，赢得了广大师生的高度认可。

学院“五老”报告团的工作开展活跃，富有特色，围绕社会主义核心价值体系进行思想道德教育，宣传优良传统，讲解“八荣八耻”，弘扬法纪，传授新科技，收到了较好效果。他们不论寒暑，不计报酬，联系各自的经历和所见所闻，向广大学生宣传马克思主义中国化的最新成果、共同理想、民族精神、时代精神和社会主义荣辱观，对学院中高职学生树立正确的世界观、人生观、价值观，继承和发扬光荣革命传统，养成高尚的思想品德和良好的道德情操，帮助学生的成长、成人、成才、成功，起到了积极的促进作用。

第三辑　主题教育活动

开展对接共建　促进青年成才

东北大学关工委

当前，我校青年学生党支部在组织生活中无论是形式上还是内容上，都存在着一些薄弱环节，如学习机制不健全、内容形式单一、理论水平有待提高等不足。尽管我校离退休党员人数多、规模大，政治责任感强也关心着青年学生的成长和进步，但党员们所在的离退休党支部同样也存在组织生活弱化、活动方式单一、管理难度大等问题。这对于以离退休党支部为平台的关心下一代工作带来了较大的难度，使得我校关心下一代工作在进一步推进和深化中出现了瓶颈。而实施对接共建，则改变了党支部单向建设模式，加强了党组织及党员之间的横向交流和互动，焕发了基层党支部建设的升级和活力，增强了党支部的创造力、凝聚力和战斗力，为开创我校关心下一代工作的新局面奠定基础。

东北大学离退休党支部与学生党支部对接共建活动已经开展了5年。5年来，对接活动立足实际、深入基层，以理想信念教育为核心，以爱国主义教育为重点，以道德规范为基础，以全面发展为目标，采取宣讲报告、主题活动等多种对接共建活动形式，在青年大学生中广泛开展科学发展观和社会主义核心价值体系的宣传教育，引导他们逐步树立科学发展观和社会主义核心价值观，实现了“老少共建、老少互动、老少互学、老少共进”，取得了良好效果。

一、统一思想、提高认识，充分肯定对接共建的重要意义

我校关工委充分认识到离退休党支部与青年学生党支部的对接共建有利于形成合力，深化全员育人。通过开展离退休党支部与青年学生党支部对接共建活动，汇集了广大老党员的力量与群体优势，架起了他们与学生党员沟通交流的桥梁。在加强自身支部建设的同时，使支部建设与大学生党建紧密结合，党员教育与大学生思想政治教育紧密结合，形成教育合力，促进高校学生党建与思想政治工作的进一步开展，不断提高育人的针对性和实效性。

二、携手夕阳，共托朝阳，发挥对接共建的重要作用

在充分考虑离退休党支部党员们的专业背景及优势特长基础上，结合青年党支部学生们所学专业及自身需求，我校关工委和相关学院党委（团委）合理安排一个离退休党支部与一个或多个党支部进行对接共建。如总务处党支部与材冶学院04级材料成型本科党支部进行对接共建，而自控党支部则把全体党员分成5个工作小组，支部的5名支委分别任小组负责人，与信息学院09级13个班级团支部进行对接共建等。

离退休党支部与学生党支部的对接共建活动以年度为单位开展。以离退休党支部与我校

信息学院团委于2013年开展的对接共建活动为例，当年对接共建的主题活动主要包括“中国梦”系列教育活动、“夕阳无限美，生活正青春”系列共建活动、科普讲座、元旦联欢会以及出版2013年对接共建专刊五项，活动内容丰富，形式多样，主要有讲座、座谈、实践调查、志愿服务等。如12级自动化本科生党支部邀请老领导顾树生做“为实现中华民族伟大复兴的‘中国梦’而奋斗”的主题讲座，讲座中顾老师解读了“中国梦”的深刻内涵，用老一辈奋斗的经历引导学生们做人做事做学问，这不仅坚定了青年学生们为实现“中国梦”而努力奋斗的新年，更激励了他们努力学习科技文化、替身自身综合素质的积极性；离退休自控党支部徐心和教授则为对接共建的10级计算机本科生党支部作了“关于计算机博弈研究”的报告，不仅丰富了学生们的专业知识，还通过报告培养了学生们树立献身求实、团结创新的理想和自强不息、知行合一的精神；离退休总务处党支部则与对接共建的学生党支部开展共度党日活动，活动中92岁高龄的鲁风同志向同学们讲述了他一生风雨坎坷的工作经历及对党的坚定信仰，以其亲身经历给同学们上了生动的一课。

支部对接共建活动不仅让青年学生们分享了老党员们的经验与智慧，也让老党员们从活动中了解了新鲜事物、保持思想常新。如开办“夕阳红”电脑班，由青年学生们志愿教授老党员们学习电脑知识，实现“教”与“学”的互换与互动，既锻炼了学生们演讲表达、组织协调的能力，也丰富、愉悦了老同志们的生活。

三、完善制度，强化规范，建立对接共建的长效机制

1. 成立对接共建工作领导小组

为确保离退休党支部与学生党支部对接共建活动的顺利开展，形成良好的共建指导方略，校关工委依托离退休党委，与学生所在的学院党委成立了共建支部活动领导小组，双方党委书记、副书记亲自挂帅领导小组正、副组长，领导小组提出了党支部共建的指导意见，阐明支部共建的指导思想、工作思路、内容形式、方法和流程等，并制定了开展支部对接共建活动的保障措施等。

2. 加强共建管理

建立健全一整套规范有效的激励监督机制、学习机制等长效机制，是规范支部共建工作的重要保障，也是衡量支部共建成熟程度的重要标志。因此，在对接共建活动领导小组指导下，离退休党支部与大学生党支部开展了“两项工作”、建立健全“四项共建活动”制度。“两项工作”是指，通过向校党委申报党建立项课题、挂牌等形式将共建机制公示，使共建活动进入程序化轨道；通过双方签订共建协议，落实共建双方的责任和义务。“四项制度”是指：联席会议制度，即双方党支部每学期要召开一次支部联席会议，相互促进，在增进了解的基础上，开展支部间和党员间的评议；计划报告制度，即每项工作的责任人要定期向双方党支部报告工作的进展情况；走访联系制度，即共建领导小组的双方负责人保持联席，并根据工作需要，每季度至少召开一次会议进行工作总结和工作部署；结对学习制度，即在共建的基础上，支部党员之间“一对一”结对子，形成学习小组，学习党的方针政策，加强党性修养和锻炼。

几年来，离退休党支部与学生党支部的对接共建取得了可喜的成绩。我校关工委及与之

对接的学院领导，一直致力于深化共建内涵、丰富共建内容、创新活动形式、巩固教育阵地，使对接共建的范围逐渐扩大，并增强其在学生思想政治教育工作及关心下一代工作的影响力。通过支部的对接共建，可以将长着的智慧共享于全体学生、将老者的经验普及全体学生，使学生们从老党员们的言传身教中汲取正能量，以老党员们为榜样树立正确的世界观、人生观及价值观。支部的对接共建也使老党员的集体优势得以充分发挥，构建了关心下一代工作的新平台。

共话“中国梦”

——“我的中国梦”主题教育活动纪实

西安交通大学关工委

一、“我的中国梦”主题教育活动概况

自2002年始，在西安交通大学关工委组织、支持下，许多老教授长期在学生中开展了以人生励志为专题的义务教育活动，他们当中以管理学院经济学教授、作家蒋季成尤为突出。蒋教授从教以来始终坚持教书育人的理念，以自己的人生奋斗经历，在学生中开展热爱祖国，志存高远，学好本领，奉献社会的教育活动，进行了“丝路探秘励志人生”“生命的意义在路上”“学校是生命途中的重要驿站”“读书、生活是智慧、力量的源泉”“中国当代大学生思想品德状况探析”等主题讲座。举办了几十场“丝路探秘与反思”图片展览。特别是近年来，根据习主席提出“实现中华民族伟大复兴，是中华民族近代以来最伟大的梦想”和“构建新丝绸之路经济带的战略设想”的讲话精神，蒋教授在校内外、省内外（包括美国林肯大学孔子学院访华成员）的青少年中开展了“牵手共话中国梦”“八十春秋追梦路”“万里丝绸七彩路”等近50个专题、累计139场专题讲座，使成千上万的青年学子受到深刻的启示和教育。

二、“我的中国梦”主题教育活动纪实

（一）培养拔尖人才的主题教育活动

学校关工委以拔尖人才钱学森班、少年班等为主要教育培养基地，为蒋教授的“我的中国梦”主题教育活动搭建平台。蒋教授虽已过古稀之年，但他深入学习领会习主席关于“中国梦”的重要讲话精神，结合他几十年丝路追梦的经历，为学生举办了“八十春秋追梦路”“牵手共话中国梦”系列讲座。

蒋教授向同学们讲述了：“少年幻梦海阔天空，青年筑梦博学多闻，壮年追梦风雨坎坷，中年逐梦时不我待，老年圆梦夕阳正红”的人生追梦经历。以他为了传承中华民族奋进不息和勇于开拓的精神，在半个多世纪中丝路寻梦，18年走遍天山南北遍访丝路，及其后五访

敦煌，七探西域故地，三度穿越“死亡之海”，两次考察“梦幻之都”楼兰，了解丝路沧桑的生命历程，讲述他寻梦、筑梦、追梦、逐梦、圆梦的坎坷经历与心得体会。与朝气蓬勃、志存高远的同学们交流，他告诉青年学子们：梦想是激发理想之路、开创之路、奉献之路、成功之路的动力源泉；告诉他们西安是历史辉煌的中华文化沃土，西安交通大学是人杰地灵的精英人才园地，是阳光雨露下学子们筑梦之乡！他们生逢其时，理当谱写壮丽的篇章。希望他们积蓄好能量，把握好人生方向，珍爱青春，放飞梦想！

如今蒋教授的专题讲座已成为我校“少年班”“钱学森班”入学教育的必修课，蒋教授也成为学生们喜爱的生涯辅导教师。

（二）与大学生牵手共话中国梦

“中国梦”是中华民族伟大复兴之梦，也是每个人的“中国梦”的凝聚。蒋教授遵循习主席提出的“新丝绸之路经济带构想”，结合自己几十年丝路追梦的历程，给大学生们做了“丝绸古道探秘与反思”“丝路沧桑中华情”“万里丝绸七彩路”“生命的意义在路上”等讲座，在大学生中引起强烈的反响，青年学子们吸取了学有成功的力量，每一次的演讲都受到学生们的欢迎与好评。蒋教授始终坚持着“身可退，心不可休，培养下一代的责任不能丢”的信心与决心，退休后的20年里除植根陕西外还走四川、去江西，为一些高校学生奉献了一场又一场中国梦的讲座。现辑录如下：

2012年4月，蒋教授为西安交大学生讲“万顷黄沙挡丝路”。他讲了“玉门关名字的来源，穿越的恐怖与惊险，古建筑的精美构造，敦煌的宏大雄伟，无不令我们神往。听教授的讲解，如同身临其境。而其间夹杂着一些风趣幽默的小趣闻，又不时调解一下浓重的古代气息，不至于太过压抑。在一片热烈的掌声中讲座结束了，很多同学都感叹，时间真是过得太快，还想听更多关于丝绸之路的历险故事”。

2012年11月10日，蒋季成教授在华东交通大学“孔目湖讲坛”为同学们带来一场精彩的讲座。学校世纪英才二期学员前往这所“精神殿堂”汲取养料，共享了他多彩传奇的人生经历。

“精神矍铄的蒋教授仍血气方刚、幽默风趣，将其一生的传奇经历侃侃道来。他少年立志攻学业，志在千里，仰慕汉唐雄风；青年奋发闯事业，青春似火，汗洒天山南北；中年图强创大业，无私奉献，为国培育英才；老年寄情修德业，上下求索，寻访丝路遗踪。他才华横溢，德武兼修。作为一名知识青年，最困难的时候差点被打成‘右派’，但他仍坚持为工人讲解《矛盾论》《实践论》；在新疆雪域高原经历过常人难以承受的苦难，意志愈发坚定；情节难解，又三探‘死亡之海’。讲座始终在愉悦的气氛中进行着。蒋教授还传授了他的健康之道‘动以强体，静以养生，保健益寿，笔耕延年’，并告诫当代大学生应培养自我的认识能力、心理承受能力、与人交际能力和生活适应能力。他说：‘工作是登堂入室的旅程，这个旅程的尽头就有个成功在等待着，来庆祝你的努力结果。我们要时刻保持着这样一种状态——在路上。’”

2012年11月11日，西安交通大学蒋季成教授应邀做客赣南师范学院“明湖讲坛”，为师生做了题为“生命的意义在路上”的励志讲座。讲座中，蒋教授围绕主题，结合自己的成长奋斗历程，讲述了自己的人生体会，为青年学生们上了一堂生动的人生哲学课。蒋教授以

“生是路的起点，死是路的终点，奋进不息是生死的连线”诠释出“生命的意义在路上”。

蒋教授旁征博引，诙谐幽默的语言，积极乐观的态度，闪烁着智慧，赢得了阵阵掌声。讲座结束后，蒋教授还和同学们进行了现场互动，对同学们提出的问题一一解答。妙趣横生的回答，再一次将现场气氛推向高潮。

2013年5月22日，2014年4月18、23日，5月25日，蒋季成教授分别在西安交通大学“学而讲坛”、西安建筑科技大学“名师讲坛”、陕西省图书馆“公益讲坛”做了题为“万里丝绸七彩路”的专题讲座。

讲座内容包括：张骞凿空，开拓之路；公主远嫁，亲眷之路；班超父子，协和之路；经贸交往，繁荣之路；文明发展，交流之路；和平共进，友谊之路；历尽沧桑，振兴之路。在讲座中，他以丰富的史料、大量的图片、生动的语言和真挚自然的感情流露，讲述了被誉为“欧亚大陆的桥梁”“繁荣人类文化的运河”“情系中西的彩虹”的丝绸之路的开创、兴衰，以及在历经沧桑之后，中华民族正奋力振兴，新丝绸之路必将再现辉煌。蒋教授还引用了习主席的话：“希望同学们珍惜宝贵的青春年华，坚持理想，脚踏实地，既勤于学习、善于学习，打牢知识功底、积蓄前进能量，又勇于探索、勇于突破，不断认识科技世界新领地，立志报效祖国、服务人民”，并祝愿同学们“趁着建设新丝绸之路经济带的大好时机，学好本领、选好方向、奋进不息、放飞梦想”“拥有梦想才可能拥有精彩的人生，追逐梦想才可能有前进的动力”。

三、中国梦主题教育的成果

蒋季成教授退休后确定的给青少年作100场讲座的目标超额完成后，他又将目标改定为200场。作为我校关工委委员，20年来，他迈着坚实的“牛步”，在实现这一目标的道路上奋进不息。近年来，“我的中国梦”不仅成为我校关工委的主题教育品牌活动之一，蒋教授也获得累累硕果：

（1）《西安交大广电中心》录制的二十七讲《丝路沧桑》，逐日在交大有线电视台播出。其后，《超星学术视频——名师讲堂》又录制了二十六讲《丝路沧桑中华情》，在全国传播。

（2）2012年10月19日《西安交大报》报道：“我校蒋季成教授的人文地理著作《丝路沧桑》近日由西安地图出版社出版发行。”

《丝路沧桑》以丝绸之路西域段沙漠路线为主轴，上下几千年，纵横上万里，据实陈述丝绸之路的开拓、变迁、现状，侧重于历史、地理方面的辨析，其内容主要有：历史长河中的风云人物；岁月变迁中的沧海桑田；改朝换代中的史实、史料；古今传扬的逸闻、传奇；中西交流中的文化积淀；破秘解谜中的科学纷争；断墙残垣中的历史信息；古城废墟中的文物珍奇；丝路劫难中的明抢暗盗；大漠风沙中的芸芸众生；丝路精神的传承与发扬；沧桑巨变的反思与创新等等。这是作者情系丝路，循先辈足迹，追踪历史，考察地理，记录、摄影、搜集史料后的综述之作。

（3）自2002年起，蒋教授就将自己的著作先后赠送有关部门和个人。随着“中国梦”主题教育品牌活动的确立，蒋教授更将自己的著作分送给西安交通大学各书院、部分学院、中学、小学，陕西、四川、江西一些大学、中学及灾区学校，陕西省图书馆、峨眉山市文化馆、城固张骞纪念馆、个别农村文化站，美国林肯孔子学院等，共约1600余本。

（4）蒋季成教授的一生充满了传奇色彩，现年 81 岁的他曾三次横穿“死亡之海”——罗布泊荒漠，获得过“全国金融系统劳动模范”“全国关心下一代先进工作者”、CCTV《夕阳红》“全国明星健康老人”“陕西省高校优秀共产党员”等称号，还被媒体誉为 2004 年度中国“最牛的十二位老人”之一。他除有百余万字的经济学论文、著作外，其主要文学著作有：痛陈丝路百年劫难的长篇小说《莫高劫》、描述西北边境地下宝藏争斗的长篇小说《红药芍》，电视连续剧本《丝路明珠劫难记》《药王孙思邈》，电影《永恒的友谊》，“三探死亡之海”的报告文学《罗布荒漠探秘》，人文地理著作《丝路沧桑》、诗集《丝路寻梦》等。

近两年，作为我校“我的中国梦”主题教育专家，蒋季成教授曾写下了“百岁尚有万余日，不达终点誓不休”的铭言。他给自己确定了再写 100 万字文学著作，再给青少年作 100 场讲座的目标。校关工委以此专题教育活动，立足在各书院搭起平台，使这一教育活动能够长期坚持，成为大学生新生入学教育的必修之课。

突出特色　打造精品

——“中华魂”主题教育活动案例分析

河北经贸大学关工委

河北经贸大学关工委自 2001 年独立建制以来，在学校党委领导下，按照上级关工委的部署，紧密结合学校实际，秉持“突出特色、打造精品”的理念，创新活动方式，丰富活动内容，形式多样，积极开展“中华魂”主题教育活动，把主题教育作为关心下一代工作重要载体，收到了良好效果。几年来，全校每年都有 23000 多名学生参加“中华魂”读书活动，约占全校学生总数的 75%；有 14000 多人参加主题征文活动，约占全校学生总数的 46%。

其主要做法为：

一、切实加强教育活动的领导

学校党委十分重视“中华魂”主题教育活动，多年来始终把这项教育活动纳入大学生思想政治教育的大格局之中，写入学校每年的工作要点和“双代会”校长工做报告，每年划拨一定的专项经费支持教育活动的开展。校关工委经过多年的努力，形成了符合学校实际、适应学生特点的“中华魂”主题教育工作机制。每年召开一次全校性大会，表彰先进，交流经验，总结工作，布置任务。各学院按照校党委的总体要求和校关工委的工作安排，积极组织大学生参加主题读书、主题实践和主题征文活动，保证了一年一度“中华魂”主题教育活动的顺利开展。为加强对关工委工作的领导，各学院按照校关工委的要求，结合学院实际定期调整充实本院关工组织，针对近两年各学院主管关工委工作的领导和具体负责人调整较多。2014 年 4 月全校各学院调整充实了学院关工委组织。

二、认真解决教育用书问题

“中华魂”主题教育活动的基础是读书，搞好读书首先要解决教育用书问题。2005 年以前，我校教育用书问题一直是影响教育活动效果的重要因素。2005 年开始，在主管校领导协调下，由校关工委、校团委和校学工部三家共同出资每年购买“中华魂”主题教育用书 1000 册，分发给各学院学生班，每年约有 4800 多人阅读。为提高教育用书的利用效率，近两年来每年送学校图书馆阅览室 50 本图书，供学生阅读。为解决教育用书不足的问题，2010 年在校学工部的支持下，将教育用书电子版上传到校园网“仰望星空”栏目，组织学生开展网上读书。为解决微机不足，给网上阅读带来的不便，各学院组织学生用手机将教育用书下载成电子书。教育读本上网后，有效地促进了读书活动的开展。据统计，2010 年以来，全校每年上网点击人数达 3 万多人（次）。

三、组织学生开展多种形式的读书活动

2010 年以来，针对读书阶段组织工作比较薄弱、学生参与程度不高的问题，采取了一系列促进读书活动的措施：

1. 组织开展读书答卷活动

配合新生入学教育，组织新生开展“中华魂”读书答卷活动，由关工委统一印制试卷。各学院根据读书活动开展情况和答题情况，进行读书活动优秀组织奖和优秀读书奖推选工作。优秀组织奖按学生班级数的 20% 评出，优秀读书奖按班级人数的 5% 评出。评选结果报校关工委，以学工部、校团委、关工委名誉颁发优秀读书奖和优秀组织奖荣誉证书。

2. 组织开展主题演讲比赛

这项活动主要由各学院和学生社团组织开展。

3. 组织开展主题团日活动

2010 年以来校团委组织全校团员青年每年分别开展以“中国精神颂”“颂歌献给党”“理想点亮人生”“中华美德颂”和“实现中国梦”等为主题的团日活动，对广大团员青年进行了爱国教育和爱党教育。

4. 将“中华魂”教育用书列为学生入党培训材料

全校每年有 2500 多名入党积极分子参加培训，每次党课考试 20% 的内容出自教育用书。以上措施的实施，较好地营造了读书氛围，促进了读书教育活动的广泛深入开展。

四、认真搞好主题征文工作

主题征文是大学生通过征文写作总结收获、深化认识、升华思想、进行自我教育的重要环节。为搞好征文写作，我们主要做了 6 个方面的工作。

（1）专门发文，对征文活动进行具体安排，对征文写作提出明确要求，强调紧扣主题，联系实际，写自己的收获和感悟。

（2）搞好主题解读，帮助同学们深刻理解、准确把握主题。

（3）开展征文写作培训，帮助同学们了解“中华魂”征文写作的基本特点和基本要求，

解答征文写作中遇到的困难和问题。我们应邀先后在部分学院每年搞 3 ～ 5 次讲座。

（4）搞好征文指导修改。对各学院推荐上来的征文，由负责评审的专家逐篇写出评语，对基础较好的征文，由专家指导学生进行反复修改，使之从思想内容和写作技巧两方面得到提高。

（5）扩大优秀征文教育效果。每年将获得一等奖的征文推荐给校报选登，2006 年以来校报先后选登 90 篇。

（6）每年将获得一等奖的征文和作者获奖感言辑印成册，每年 300 册，下发各学院，供师生阅读。这些措施的实施，有效地增强了征文活动的吸引力，提高了学生们参与的积极性。

多年来，我校的“中华魂”主题教育活动与时俱进，扎实开展，收到了较好成效，受到上级的肯定和表彰。2002 年以来先后 6 次被河北省委省政府及有关部门评为“关心下一代工作先进集体”；先后 7 次获河北省关工委教育厅关工委“中华魂”主题教育活动优秀组织奖；2011 年教育部关工委授予我校关工委“全国教育系统关心下一代工作先进集体”称号。2011 年 2 月在河北省高校思想政治工作案例申报中，我校关工委申报的“推进大学生‘中华魂’读书活动的方法探索”获省教育工委、省教育厅二等奖。2012 年在“中华魂”（理想点亮人生）主题征文活动中，我校财税学院 12 级经济类 2 班刘梦然书写的征文《三辈人的理想》获中国关工委和教育部关工委三等奖。2013 年校关工委撰写的论文《关工委要有自己相对独立的可控性工作》在河北省高校关心下一代工作第二次优秀论文评选中获教育厅关工委三等奖。

持续坚定地推进青年马克思主义者培养工程

石家庄铁道大学关工委

高等学校青年马克思主义者培养工程是为我国社会经济政治的建设与发展培养更多优秀人才、巩固党的执政基础的重大战略工程。石家庄铁道大学关工委按照团中央《关于印发“青年马克思主义者培养工程”实施纲要的通知》和《大学生骨干培养工作实施细则》的有关要求，持续坚定地推进这项工程，并取得了一定实效。

坚持统筹协调，建立长效机制

团中央要求：高等学校的青年马克思主义者培养对象，是各级各类学生干部、学生社团干部、学生党员和入党积极分子、理论学习骨干及在学术科技、文化体育等方面成绩突出的优秀学生。上述对象必须经院、系级团委（总支）推荐和一定形式考察公示。每年培养学生骨干不少于学生总数的 2%，或对校级主要骨干每年不少于 200 人次轮训。院、系团学组织对班级学生骨干进行轮训。培养期原则上不少于半年，集中学习时间保证在一周以上。

该校青年马克思主义者培养工程，以校团委等为主渠道、关工委协助配合方式组织实施。对于团中央确定的大学生骨干培养对象，他们以一、二年级新履职的骨干为主，由各级团组织推荐选拔。这样做主要是基于这些骨干对通过培训提高能力素质的要求迫切，此间学业安排便于集中精力参加培训、不受考研或选择就业等因素影响，发挥骨干带动示范作用时间长且很快能形成有序衔接、良性循环的态势。关于培训周期，以校级为例，每期半年时间，正好相当一个教学学期，一年之内可以举办两期。这时也是新老学生骨干交替时期，可保证让新履职骨干及时参训。按照分工负责、分级实施要求，各二级学院、系团学组织也要在年内择期举办至少一期的班级骨干培训。这样校级和院系两级培训骨干数量完全可以达标或超额完成。集中培训时间，一般安排在每学期初教学活动趋于正常稳定之后。总的时间 7 ～ 10 天，可分散于一个月左右的周末时间或若干晚上时间，这样可以减少、避免与主修课或选修课时间冲突，容易保证培训到课率。并注意做好集中培训、业余自学、社会实践、论文撰写等环节的有序衔接，明确时限要求，使之环环相扣。这项工程于 2007 年按团中央要求同时启动，除早前两年每年一期外，之后坚持每学期举办一期。校团委和关工委每年都将此列入年度工作计划。根据分工负责、分层实施要求，多数二级学院、系也先后启动这项工程。关工委主要在计划研究制订、开班动员、讲课辅导、编写教材资料等节点配合参与。在培养对象选拔、培养格局、培训周期、关工委与主渠道配合上已形成制度并长期坚持。至今，校级已举办培训班 13 期，培训骨干 2305 人；各二级学院、系举办 56 期，培训骨干 5200 人。

突出理论武装，提高理论综合素养

抓好集中理论培训是青年马克思主义者培养工程的中心环节。在培训中，他们坚持重点、系统地向大学生骨干灌输先进科学理论。先后开设有关科学社会主义原理、中国特色社会主义理论体系、社会主义核心价值体系、“中国梦”、时事政治、党团基本知识、国内外主要社会思潮介绍、当前理论热点以及大学生干部能力培养等课程辅导讲座，并列出适当参考阅读书目，把集中学习与分散自学相结合。坚持发挥思想政治理论课的主渠道作用，把教学环节与培训内容互相结合、渗透、深入。还通过各类影视、文字资料介绍革命导师和老一辈无产阶级革命家生平事迹，加深对科学理论理解。从而使他们夯实理论基础，逐步掌握运用比较研究方法，培养和提高独立思考、思辨甄别的意识和能力，澄清思想上的困惑或模糊认识，增强政治敏锐性和政治鉴别力，做到真学、真信、真懂、真用，并带动影响更多的人。同时进行大学生骨干能力素质培养，着重在表达、沟通、组织、协调、审美 5 个层级帮助他们掌握比较全面的素质。为保证理论武装工作有效实施，建立了青年马克思主义者培养工程导师库，包括校级党政领导、“两课”教师专家、学生工作干部、关工委老同志等，现有导师 20 名。其中校党委书记王岳森、副校长赵月霞、校党委常委张建民、关工委领导李庚全、王文忠、张宝池、秘书长袁贵清等，曾为校及二级院系培训班做动员和授课，张宝池除经常授课外，还自行编写《马克思主义经典论述选编》和优秀学员学习心得体会资料。

加强实践锻炼，做到知行统一

社会实践对促进人的全面发展起着关键性重要作用，必须把提高受训骨干学以致用的能力放在突出地位。为提高受训骨干学以致用能力、促进全面发展，他们非常注重加强实践锻炼环节。其形式主要包括撰写学习收获总结或选题论文报告、主题团日或团支部风采设计、参加社会公益活动、社会调查与社会实践活动等。例如，该校已连续3个学期约480人参加石家庄市“文明交通我先行”，协助维持交通秩序；利用寒暑假参加“体验省情、服务社会”系列实践，有贫困农村小学支教、环京津贫困带扶贫帮困社会调查等。建筑与艺术学院学生骨干编制的《张家口赤城地区建设规划导则》，成为赤城县建设发展主要依据，河北省委副书记赵勇还为该导则作序。该校经济管理学院2010级金融学专业学生许法东、高东，在大二时萌生要在本校建立“社会诚信高地”的想法，他们自筹资金1000余元，在教学楼建立“诚信驿站”，购进文具、纸巾和瓶装矿泉水等，供同学们自觉投币选用，既方便大家课间急需和平时需求，又能培养同学们的诚信能力。他们每天进货、盘货、登记诚信指数，认真打理，赢得了广大师生赞誉。他们的事迹被央视、长城网、河北电视台等20多家媒体报道。2013年5月10日，许法东被团中央授予“全国大学生自强之星”称号。2014年，他们即将毕业，又把诚信驿站的接力棒传给了本学院2012级国际贸易专业学生杨天润等人，把构筑诚信高地、践行社会主义核心价值观的活动一茬接一茬地传下去，发扬光大。该校还利用在西柏坡纪念馆建立的政治课实践教学基地，开展“红色教育”，弘扬革命精神、锤炼大学生骨干艰苦奋斗革命意志和品格。通过参加各种社会实践锻炼，提高他们对国情、社情、民情的了解，主动适应社会需要，增强社会责任感，提高分析研究问题和解决实际问题的能力，站稳马克思主义基本立场，坚定在中国共产党领导下走中国特色社会主义道路、实现“中国梦”的理想信念。

“学子心，中国梦”主题教育实践活动案例

辽宁大学关工委

一、案例背景介绍

为深入学习贯彻落实党的十八大、十八届三中全会精神，我校按照上级关工委的有关要求，围绕学校的中心工作，立足青年发展和工作实际，积极探索高校关工委的新思路、新方法、新模式，在全校青年学生中广泛开展“学子心，中国梦”主题教育实践系列活动，引导和帮助全校青年学生拥有“中国梦”、宣传“中国梦”、传递“中国梦”、践行“中国梦”，为实现中华民族伟大复兴的“中国梦”贡献青春力量。

二、案例内容详析

（一）组织宣传

1. 融入学校总体工作

在校关工委老同志们积极参与和配合下，由校团委提出了“学子心，中国梦”主题教育

实践系列活动的实施方案。在方案的实施和活动开展中，得到学校党委的高度重视和支持，学校有关领导多次对活动的开展情况给予指导，并亲自参与其中。

2. 覆盖全校各级学生组织

“学子心，中国梦”主题教育实践系列活动的受众对象是全校的青年学生，活动的组织模式是以校本级为牵引，以基层学院为重点，以年级学生组织为依托，在开展主体活动的同时，各学院又结合本单位实践设计活动方案，将主题活动通过多种形式深入到不同的组织层面，实现了教育实践活动开展的多层面、多渠道、广覆盖。

（二）活动内容

1. 以“学子心，中国梦”为主题校园文化活动

为了使广大同学深刻领会中国梦的内涵，本次主题活动充分融入日常校园文化建设当中。学校分别于2014年4月和10月成功举办了“学子心，中国梦”辽宁大学大学生素质拓展节和辽宁大学社团文化节。大学生素质拓展节以“学子心，中国梦”校园文艺展演，“爱国心，强国梦”党团知识竞赛，“奋斗心，腾飞梦”演讲比赛与辩论赛，“志愿心，公益梦”书法、绘画、摄影创作展，“V爱心，全运梦”微视频大赛，“青春心，艺术梦”主题校园短片原创剧本创作大赛，“探索心，科技梦”大学生课外学术科技作品大赛，“健康心，冠军梦”趣味运动会等为主要内容，涉及文化艺术、理论学习、学术科技、体育竞技。所有活动在学校统一组织下，均由学生自编自演、自我设计，充分在活动内涵上融合了国家富强、人民幸福、民族复兴为实质的“中国梦”元素。大学生素质拓展节整体推进中以文化艺术的手法宣传了“中国梦”，同时也以竞赛学习的方式让同学亲身践行了“中国梦”，使同学们加深了对“中国梦”的认识和理解，增强了实现“中国梦”的动力。社团文化节主要面对刚入学的新同学，以“筑梦辽大 · 传梦未来 · 圆梦中国”主题，通过高雅艺术展、社团展演、公益活动等形式，向新同学全面展现了辽宁大学的精神风貌，同时也鼓励和引导同学要树立和培养敢于“做梦”、勇于“追梦”、勤于“圆梦”的精神和动力，努力利用大学时光积累为实现中国梦贡献力量的本领。直接参与活动的学生数超万人，取得了良好的效果。

2. 以“志愿心，公益梦”为内容的志愿服务活动

2013年是全运会召开之年，也是毛泽东同志“向雷锋同志学习”题词50周年。作为全运会东道主，雷锋精神的发源地，我们将“学子心、中国梦”主题活动与志愿服务相结合，以“志愿心，公益梦”为主要内容开展志愿服务活动，依托各院系和学生组织，面向全体在校学生积极宣传、广泛动员，共为全运会组委会招募志愿者8905人。其中，服务大赛新闻中心、广电中心、组委会宣传部、武术套路单项竞委会选拔赛会志愿者385人，服务城市V站志愿者2000余人，累计服务时间超过10万小时。同时，为拓展志愿服务的广度，还专门成立了志愿者工作部门，组建了青年志愿者服务核心团队，为全校的志愿服务工作提供培训、保障、管理等。此外，学校的志愿者们还积极开展包括为“振兴杯”全国青年技能大赛志愿服务在内的专项志愿服务活动20余项。通过“志愿心，公益梦”展现了沈阳青年，辽宁学子的风采，获得了广泛赞扬。

3. 以“实践心，发展梦”为主题的社会调研活动

为了让广大同学将在学校学习到的理论知识同实践相结合，引导同学们了解社会，把握国情、民情，增强同人民群众的联系，我们以“实践心，发展梦”为主题，利用双休日和暑假，组织同学开展社会调研活动，全校累计成立调研团队200余支，面向全国开展课题调研，撰写的研究报告中质量较高、具有一定社会价值和应用价值的就达到100余篇。其中“天翼与你同行，信息点燃梦想”调研团队，将沈阳、丹东作为重点活动地区，并同时在省内各城市发放调查问卷。深入县城、乡镇，集中开展了网络建设和使用状况调查，宣传普及网络信息化建设的新技术、新成果两项活动，在完成一篇高质量的“辽宁省城镇信息化建设调研报告”的同时，还在每个实践地举办一场信息化讲堂活动，为城镇基层单位提供信息化建设的咨询服务。此外，学校还组织了3支团队参加了团中央开展的“圆梦中国”公益活动，包括爱地球、爱儿童、爱社会，积极倡导低碳环保、捐资助学和社会实践。

4. 以“励志心，成才梦”为主题的励志成长活动

在青年学生中我们开展了“人生成长论坛”系列讲座和报告会。校长黄泰岩教授首先为学生们做了一场“我的中国梦”的专题报告，拉开了这一活动的大幕。同时，邀请了沈阳新东方校长庄重、辽宁电视台“超级面试”栏目人力资源顾问董仲蠡以及著名的专家和校友，为青年学生们讲述梦想的价值、奋斗的意义，鼓励同学们要在大学阶段就树立坚定的人生理想，相信自己、相信梦想、相信未来；此外，开展了“与信仰对话　飞Young中国梦”名家报告进校园活动，深入剖析当前“中国梦”的重要意义和丰富内涵，解读“中国梦”的历史底蕴和时代内涵，为青年学生搭建了理想信念教育的有效载体。

三、案例效果评价

（一）大学生成为中国梦的坚定拥护者

活动的大力开展，切实加强和改进了大学生思想政治教育工作，对于引导大学生热爱祖国、热爱人民、热爱社会主义，高度认同“中国梦”社会主义核心价值观，做忠诚的青年马克思主义者，坚持走中国特色社会主义道路、实现全面建设小康社会的宏伟目标具有极其重要的意义。

（二）大学生成为中国梦的坚定传播者

通过活动的开展，青年大学生们在领会“中国梦”内涵的同时，也在通过自己的方式，向全社会，向更多青年诠释着“中国梦”的真谛，不断地宣传着“中国梦”，传递正能量，为共同的梦想实现做出努力。

（三）大学生成为中国梦的坚定践行者

活动的有效开展，赋予了大学生正确的奋斗方向、前进力量以及新的责任与使命。似一位引导者与指路人，引导着青年学生积聚思想、开拓视野，成为博学多识的智者；得青春智慧、人生启迪，成为明德笃行的强者；得青春武器、行动指南，成为建设中国特色社会主义的能者。为培养新一代大学生向着“中国梦”进军，活动发挥着积极的载体作用，也进一步彰显了这一途径的有效性。

在民族团结教育中发挥关工委独特的优势和作用

延边大学关工委

延边大学是坐落在祖国东北边陲的一所具有鲜明民族特色的综合性大学。自建校以来，延边大学始终坚持贯彻党的教育方针和民族政策，形成了“艰苦创业，开拓进取，传承文化，突出特色，民族团结，共教共学，多边合作，广泛交流”的优良传统。在多元文化交融的环境中各族学生和睦相处，团结奋进，成长为国家栋梁之材。学校先后3次被国务院评为“全国民族团结进步先进单位”。在这荣誉里蕴含着关工委老同志们对党的教育事业的一片忠诚和对民族团结工作的无私奉献。多年来，校关工委始终把民族团结教育作为一项重要工作来抓，在工作中，逐步形成了“三个不忘”的观念。

一、不忘党的民族政策，增强做好民族团结工作的责任感

我国的民族政策概括地讲，就是坚持民族平等，民族团结和促进各民族共同繁荣。民族平等和民族团结是马克思主义民族理论的核心，也是我国民族政策的支柱。为了更好地开展民族团结教育工作，校关工委十分重视民族理论和民族政策法规的学习，加强理论修养。一些老同志密切配合教学主渠道，发挥自己在民族地区和民族理论研究方面的专长，进行课题研究，先后撰写了《中国朝鲜族足迹》《树立马克思主义民族观》《中国朝鲜族迁入史》《朝鲜族融入中华文化的过程研究》等论著，并将研究成果直接应用于民族团结教育中。老同志们担任校、院大学生自学组织顾问、指导教师，给学生讲党的民族理论和民族政策，让学生树立马克思主义祖国观、民族观、历史观。在全省大学生自学组织经验交流会和大学生自学组织学习马克思主义理论成果汇报暨表彰会上，我校朝鲜族学生崔燕和锡伯族学生柏巍分别以“在学习中进步，在实践中成长”“学好理论当好民族团结进步的践行者”为题目做了大会发言，得到了省委和省关工委领导的高度赞扬。老同志们的精心培育和指导下，我校学生自学组织蓬勃发展，不断壮大，不仅在学生中成为精品社团，而且成为用马克思主义中国化最新理论成果武装大学生的头脑，培养更多的青年马克思主义者的重要平台和阵地，也获得了“吉林省大学生自学组织学习马克思主义理论先进社团”称号。学校把每年的9月份作为“民族团结活动月”集中开展民族团结教育工作。每逢国庆前夕，校关工委与宣传部、统战部、团委一同召开“迎佳节·议和谐”座谈会。在座谈会上，在延边大学学习工作了50多年的老同志给学生宣讲，在党的民族政策的光辉照耀下，我校各民族师生60年来同呼吸、共命运、心连心，团结奋进的创业发展史和民族团结进步史。全校20多个民族的学生代表与老师、关工委老同志围坐在一起，畅谈各民族的民俗文化、风土人情，其乐融融。有一位

重庆来的少数民族学生说："从俊山秀水的重庆到长白山脚下的延边大学，我对每一件事充满了新鲜感。今年国庆我们不仅领悟到了一个民族特有的风情，更让我体会到了伟大的祖国真是和睦的大家庭，我也深深地爱上了这块热土。"

二、不忘我校所处的特殊环境，增强培养接班人的使命感

延边地区是老解放区，在革命战争年代里，延边各族人民都曾在这里并肩战斗。据有关资料，延边地区有革命烈士 14740 人，其中朝鲜族占 92% 以上，延边的朝鲜族为了中国的解放事业，付出了巨大的牺牲。因此延边地区素有"山山金达莱，村村烈士碑"的说法，讲的就是延边是一块富有牺牲精神的热土。校关工委充分利用这一光荣传统的教育资源，对青年师生进行民族团结教育和爱国主义教育。新生入学后，在军训期间关工委老同志以"在中国革命中的朝鲜族爱国主义精神"为题目给学生进行专题讲座。还组织学生多次参观考察延边地区的抗日根据地，进行革命传统教育，使学生一入学就受到爱国、爱校和民族团结教育。农学院关工委每年清明节，与团委一起组织新生和学生党员，胸戴白花去革命烈士碑前献花、扫墓。老同志们在现场给同学们讲当地的抗日斗争史，讲各民族人民团结战斗的感人故事。这项活动已成为坚持十几年的让学生缅怀革命先烈，燃起爱国热情的生动而形象的好课堂。近年来，随着改革开放的不断深入，学校的对外文化交流、合作办学等活动日益频繁，这给民族团结教育工作带来新的挑战。面对这一形势，校关工委不是简单地进行理论宣传，而是根据各个学院的实际情况，采取相应的对策。我校科技学院是中外合作办学机构，教师中外方人员占 90% 以上，他们大多数都信教，这给学生的意识形态带来负面影响和不利因素。在这种特殊的环境中关工委掌握主动权，立足点始终放在学生的思想政治教育上，以人为本，注重特殊性，加强针对性，把握科学性，发挥能动性，把工作更加做细、做深、做好、做实。国贸专业的一位同学，在"入党"和"信教"这两种选择中遇到迷茫和困惑时，关工委老同志及时找她多次谈话，在期末考试时叫她来关工委办公室，一边做学业辅导，一边讲唯物主义和唯心主义的区别，这样以父辈的爱心、关心、热心，沟通了一个学生的真心。在老同志的帮助下，她终于从思想上醒悟过来，向组织递交入党申请书，经过努力，毕业时加入了党组织。

三、不忘党和国家的期望，增强做好民族团结教育工作的自觉性

胡锦涛总书记明确指出，各民族共同团结奋斗、共同繁荣发展，是新世纪新阶段民族工作的主题。我们牢牢把握这"两个共同"主题在工作中大胆创新，积极搭出新的教育平台，注重实践、务求实效。

（一）把民族团结教育与教学活动结合起来

如艺术学院关工委通过教学督导的各个环节，使师生认识到，少数民族文化艺术是中华民族文化艺术的重要组成部分，艺术之根一定要扎在中华民族文化的沃土上才能开出美丽的花朵。我校具有"双语教学"的特点和优势，我们激励内地来的其他民族学生，在延边大学期间学习朝鲜语，多掌握一门外国语。医学院一个学生宿舍里，8 个人达成协议，由 1 名朝鲜族同学当教师教朝鲜语，他们规定每周六由"学生老师"任意命题考试，7 个人认真地

学，认真地背，每天早晨起来第一件事就是捧着朝鲜语书学习，晚上熄灯前必不可少一项任务也是复习学过的句子。这样营造了各族学生互帮互学的良好氛围，毕业时他们的朝鲜语水平达到可以对话的程度。现在校园里，各族师生用朝鲜语谈笑风生的情景已成为校园的一个美丽风景线。

（二）把民族团结教育与校园文化建设结合起来

我们始终坚持多元文化并存的校园文化建设，营造具有鲜明民族特色的校园文化氛围。关工委积极配合职能部门结合传统节庆日、重要纪念日，组织开展各类形式多样、内容丰富的校园文化活动。如：非朝鲜族学生的韩国语演讲比赛、独具特色的各民族学生美食节、服饰节、文艺会演、书画展等。此外，我们重视开展校园学术文化活动。围绕东北亚研究与图们江流域开发、朝鲜族历史与文化、长白山生物资源保护与开发等主题，组织开展了周末学术论坛、知名专家学者讲座等学术活动，努力培养跨文化素质的民族人才，促进经济社会和谐发展。这些活动很好地体现出了我校多元文化的风采，各种不同民族的声音交织在一起形成了一首美妙的交响曲。

（三）把民族团结教育与党建工作结合起来

校关工委在发展大学生党员工作中始终贯穿着民族团结进步教育。在工作中，坚持“形成合力、明确分工、集中力量、重点投入”的工作思路，加强基层党组织建设。几年来担任兼职组织员、第二介绍人，直接负责培养教育，共发展了200多名学生党员，其中有不少少数民族学生。如今，校园内民族团结的故事可谓屡见不鲜。2003年9月，延边电视台“伸出友爱之手”栏目播出了艺术学院关工委组织离退休党员以特殊党费资助吴英兰和黄善子两名贫困大学生的感人故事。他们得知这两位朝鲜族大学生品学兼优，但家境贫困，面临辍学的境遇时，纷纷伸出援助之手。他们组织60多名离退休党员每人每月多交10元特殊党费，每年资助两人各3000元，直到她们完成大学学业，总计24000元。中央人民广播电台也报道了他们的事迹。老同志们对党的事业的无限忠诚、高尚的人格魅力、坚定的信念和无私奉献的精神如春风化雨般滋润着各族学生的心田，深深地感染了他们。

我校关工委成立20多年来，在学校党委的领导和上级关工委的指导下，经过广大老同志的辛勤耕耘和各职能部门的鼎力支持，在民族团结教育中，已形成了较为明晰的工作思路，营造出全校齐抓共管的良好局面，取得了成效，积累了经验，受到了上级的肯定和表扬。我们已第四次荣获“全国教育系统关心下一代工作先进集体”称号。

在新的历史时期，不断推进民族团结教育，是建设中国特色社会主义伟大事业的重要组成部分，也是社会主义核心价值体系教育的重要内容。现在我校生源来自全国29个省、市、自治区，有27个民族。在民族团结教育实践中，我们深深体会到民族团结不仅是延边各族人民的生命线，也是我校各项事业科学发展的根本前提和条件。多年来，校关工委牢记使命、形成优势、突出特色，积极做好民族团结教育中的宣传员、辅导员、引领员。通过教育使“汉族离不开朝鲜族，朝鲜族离不开汉族，各民族之间谁也离不开谁”的这“三个离不开”的思想逐步成为全校各族学生的共识，使学生树立共产党好、社会主义好、伟大祖国好、改革开放好、各族人民好的坚定信念，为学校的稳定与发展，为边疆民族地区安全稳定，为建设边疆、稳定边疆、繁荣边疆发挥了应有的作用。

教书育人　立德树人

哈尔滨商业大学关工委

哈尔滨商业大学思政理论工作存在许多团队，罗宪祯教授（讲授政治经济学、中国特色社会主义理论和形势与任务）、庄雅文教授（讲授马克思主义哲学）、张晋科副教授（讲授近现代史纲）和武振田高级政工师（校督导、院书记）四人组成的团队是其中之一。他们打造的是思想政治理论课的主阵地、主课堂和形势与任务等第二课堂。近年来随着网络时代的到来，思想政治理论工作又开启网络这个新课堂，并给予了极大的关注。这个团队始终坚持以社会主义核心价值体系为引领，教书育人以德树人，教育大学生自觉践行社会主义核心价值观，努力在实现中国梦的伟大实践中创造精彩人生。

一、思想政治理论课主阵地：坚持晓之以理，以理服人；动之以情，以情感人

思想政治理论课的主要任务是塑造人的灵魂，提高人的品质。思想政治理论课教师就是要通过课堂教学完成这一任务。然而理论本身有时显得抽象和难懂，难以掌握，教师必须把它和其他科学知识联系起来，让学生掌握。例如实事求是是马克思主义哲学的精髓，一切从实际出发是坚持实事求是的前提，一切从实际出发就包含着一切以时间、地点和条件为转移。马克思主义时空观，包括坚持时空的无条件性、绝对性，批判唯心主义的时空观；坚持时空的有条件性，相对性，批判形而上学的时空观。特别是讲欧氏几何学中三角形三内角之和等于 180°，非欧几何中可以大于或小于 180°。这三种观点各自反映了不同的空间特性（地面空间、宏观空间、微观空间），因而都是正确的。在时空问题上既要坚持唯物论，与唯心主义划清界限，又要坚持辩证法与形而上学划清界限。为了使学生更形象逼真地理解这一问题，教师又举了《西游记》中孙悟空离开花果山和古诗上讲的“山中方七日，世上已千年”的例子，说明人类很早的时候就感到时空具体特性的可变性，但那时只是一种幻想缺乏科学根据。爱因斯坦的狭义相对论和广义相对论的提出，进一步揭示时间、空间与物质运动密切联系不可分割的，从而使学生进一步理解辩证唯物主义时空观正确性。对于马克思主义和马克思主义中国化，作为思想政治工作者首先要信仰，然后以极大的热情去宣传，才能动之以情，以情感人。

在《近现代史纲》讲到“西安事变”时，教师详尽地分析了事变发生时的各种矛盾。1936 年 12 月 11 日张学良赴华清池继续哭谏，让蒋介石停止剿共，一致抗日，可是毫无结果，蒋介石还决定把东北军调往福建。这日晚，张学良、杨虎城决定实行“兵谏”。12 月 12 日“西安事变”爆发，蒋介石被捉，张、杨两人发表通电。事变之初，有的人主张杀蒋，但是我党很多人详细分析了当时我国的矛盾，认为中日之间的民族矛盾上升为主要矛盾，不主

张杀蒋，而是主张推动蒋介石答应停止内战，一致抗日，主张和平解决“西安事变”。因此矛盾的焦点是“杀蒋”还是“放蒋”上。经过各方面协商谈判，蒋介石答应停止内战，一致抗日，在我党的努力下，促成抗日民族统一战线的形成，国共形成第二次合作。但在这种形势下，我党内也出现以王明为代表的“右”倾机会主义，他们主张放弃党的独立自主，一切服从统一战线，甚至高喊服从一个领袖的错误主张；在党内也出现“左”倾机会主义，他们反对民族统一战线，甚至不穿国民革命军军服，不戴有青天白日的帽徽的帽子。总之，在我党的历史上，曾经历了这场尖锐的路线斗争，才统一了思想认识。在提出无产阶级领导的统一战线时，要争取民族资产阶级参加，并且在面对外敌侵略的特殊条件下可以把一部分大资产阶级也包括在内，以求最大限度地孤立最主要的敌人。在同资产阶级结成统一战线时，要保持无产阶级的独立性，实行又团结又斗争、以斗争求团结的政策。以毛泽东为代表的中国共产党人，从中国的历史状况和现实状况出发，深刻研究中国革命特点和规律，发展了马克思主义。

在坚持思想政治课主阵地的时候，他们还在第一时间将党中央的声音，以最快的速度带进课堂。过去讲社会主义市场经济时，历来是讲市场在资源配置中起基础性作用。十八届三中全会通过的“决定”中，提出市场在资源配置中起决定作用，是这次全会“决定”中的一大亮点，一次理论上的重大突破，他们及时将这个观点带进了课堂。由“基础性”改为“决定性”反映了对市场作用认识上的一个巨大进步。在市场经济中，通过市场规则保障公平竞争，通过市场价格提供资源配置的正确信号和激励机制，通过市场竞争促进优胜劣汰、转型升级。市场在资源配置的这种决定作用，是其他机制无法替代的。尽管这些年市场力量有了很大发展，但政府仍然直接掌控大量资源，在经济活动中到处都能感受到政府力量。这样就经常会遇到避不开的问题，政府和市场，究竟谁决定谁，谁服从谁？这次“决定”给予的答案是明确的，即市场起决定作用。另一方面，通过这次市场作用的“升级”释放了一个非常重要的信号，那就是新一届中央，在推进市场化改革，发展社会主义市场经济体制上，是坚定不移的，不动摇的，不后退、不停步，而且要有新突破，要上新台阶。当然在强调市场起决定作用的同时，也不应该忽视政府的重要作用，两者是辩证统一的，要坚持两点论与重点论统一，这是同学们在学哲学时已经把握了的。

二、将当今世界的热点问题以最快速度以“世界风云”报告会的形式向学生报告，开启第二课堂

2008 年 8 月 7 日，格鲁吉亚军队首先在南奥塞梯茨欣瓦利向南奥塞梯武装和俄罗斯维和部队发动进攻，俄罗斯当即抽调精锐部队增援。正在北京参加奥运会开幕式的普京总统，开幕式一结束就直飞高加索，亲自指挥战斗，很快打到哥里。当时任欧盟轮值主席国的法国总统萨科齐，亲自出面调停。他乘坐的飞机在到达莫斯科的前几分钟，俄罗斯宣布停止攻击。西方一直想插手格鲁吉亚事务，现在又把自己打扮成“和事佬”跑来调停。俄罗斯看透了他们这一套，俄罗斯掌握了主动权而不给西方这个权利。为什么会爆发这场冲突？格鲁吉亚为什么会有俄罗斯的维和部队？等这些问题一提出来，一下子就把学生敏感的思维抓住。这场冲突爆发概括起来有四方面的原因：一是苏联解体的后遗症；二是南斯拉夫解体的后遗

症；三是北约东扩，格鲁吉亚、乌克兰积极要求加入；四是美国在东欧布置反导系统，俄罗斯早就憋足了劲，这次找到机会反击……“形势与任务”课，没有专职教师，而是由团队老师无报酬兼任，大家说得好，只要学生愿意听，学生受益，我们再辛苦也甘心。给学生开设第二课堂，还包括深入学生宿舍，做学生思想工作，用正确的舆论主动占领学生的思想阵地。学生入学之初，组织学生参观东北烈士纪念馆，每年清明节组织学生到烈士陵园，扫墓以纪念先烈，时时想到先烈的功绩，不忘记他们。通过第二课堂的活动，使学生不至于死读书，而是时时处处不离开时事，关心时事，才能使学生健康成长。

三、思想政治工作进入网络时代，要求开辟“第三课堂”

世界进入网络时代，对接受新事物特别敏锐的大学生来说是件好事，他们可以获得更多新事物，更快地认识这个世界。然而，事物都有一分为二的属性，它可能带给大学生一些负效应，如网络上会流传一些不真实的信息，甚至对社会产生负面影响的谣言的传播，这给我们思想政治工作提出了新的要求或新的课题。例如前一段时期，网上就有虚假消息在散布，要教导学生学会识别这些谎言，不信谣、不传谣，还要学会揭露它。这要求我们思想政治工作者要深入到学生之中，及时发现一些不良的信息要给予揭露。例如前一段时期“全能神”的邪教在网上流传，学生不清楚，作为思想政治队伍的老师就要帮助他们认识邪教的本质，揭开邪教组织“全能神”的画皮。为此，时代给他们增加了一个任务，天天上网，注意收集信息，以便帮助学生认识网上的信息。

总之，我们教师团队面对三个课堂，要教育和引导广大青年学生树立正确的世界观、人生观、价值观，真正自觉践行社会主义核心价值观，使他们在社会主义阳光照耀下健康成长。

周恩来精神宣传教育

淮阴师范学院关工委

周恩来同志是中国共产党人的优秀代表，在他身上集中体现了中华民族的传统美德和中国共产党人的优秀品格。周恩来同志的精神风范，是培养教育大学生和广大青少年的极好教材。淮阴师范学院坐落在周恩来的故乡淮安，长期以来，一直重视周恩来思想、生平和精神及其育人功能研究，坚持用周恩来精神办学育人，形成了周恩来精神与青少年教育研究基地、周恩来研究基地等，构建了“党政团学齐抓共管”比较完善的育人机制，形成了比较鲜明的办学特色，取得了丰硕的成果。该校关工委积极贯彻落实围绕中心、配合补充的工作方针，充分发挥老专家、老教师的优势，在用周恩来精神宣传教育大学生和广大青少年健康成长方面发挥了极其重要的作用，做出了突出贡献。

一、活动内容

1. 开展周恩来精神研究

老教师、老专家积极倡导、组织并开展周恩来精神研究，发表学术著作 10 多部，学术论文 100 多篇。该校教师获得周恩来研究方面的国家级和省级协会课题 10 多项，并积极转化研究成果，热情宣讲周恩来精神。

该校于 1999 年 3 月 5 日成立周恩来研究会，2002 年 1 月 12 日成立周恩来研究所，2009 年 11 月成立周恩来精神与青少年教育研究中心，2013 年 3 月 1 日成立周恩来研究基地。周恩来研究基地是学校省级哲学社会科学重点研究基地培育点、江苏省马克思主义大众化学习实践基地周恩来精神与青少年教育研究中心，面向全校学生、面向全社会弘扬周恩来精神，推进马克思主义大众化学习实践活动的核心平台和主要载体。

2. 开展周恩来精神宣传教育

该校将周恩来精神宣传教育制度化、正常化。①每期业余党校培训班均开设周恩来精神教育必修课。②新生入学，开设周恩来精神讲座。③通过举办读书节等，教育广大学生“为中华之崛起而读书”。④学生党员教育，把周恩来精神作为重要内容。⑤毕业生教育，勉励学生自觉实践周恩来精神。⑥学校教学视导组在帮助青年教师做好教育教学工作的同时，注意用周恩来精神加强青年教师的师德建设。

3. 指导“周恩来班”创建活动

10 多年来，校关工委老同志坚持指导“周恩来班”创建活动。为每一个创建班级开设周恩来精神讲座；对具体活动给予指导；应邀到学生班级去宣讲周恩来精神。

4. 指导二级学院关工委活动

重视基层关工委建设，指导二级学院组织开展“大手拉小手、共创恩来班”等关爱活动。

5. 指导青年教师和大学生研究活动

对参加周恩来研究的青年教师和大学生，主动关心，热情指导。2011 年，一学生学年论文入选中共文献研究会周恩来思想生平研究分会组织的“周恩来与马克思主义中国化学术研讨会”。

6. 发挥对社区、地方和相关部门、机构等辐射作用，扩大教育范围

二、组织形式

（1）校关工委下设“周恩来精神宣传教育组”，组织实施相关活动。该校具有一批从领导、教学等岗位退下来，但又十分热心周恩来精神研究、成果突出、层次较高的周恩来研究专家队伍。他们积极从事周恩来研究、周恩来精神宣传教育、实践指导以及相关管理工作，为大学生和青年教师健康成长奉献余晖。

（2）18 个二级学院关工委根据党政工作部署和各自年度计划组织周恩来精神宣传教育活动。二级学院关工委将校内外宣传教育资源结合、周恩来精神宣传教育与专业实际结合，工作开展得有声有色、生动活泼。

（3）关工委委员单位党委宣传部、教务处、团委、离退休工作处等，积极搭建工作平台，如组织班级骨干培训、开展读周恩来书活动、举办“阅读先生阅历导航大学生涯”座谈、开展志愿服务活动等；以周恩来的字命名的思想政治教育大型综合网站开辟了“学习恩来”“创建工作简报”等专题、专栏。通过这些为周恩来精神教育创造良好条件，营造适宜环境。

（4）各班级对照创建目标、评选条件，组织开展创建周恩来班活动。翔宇戏剧社、周恩来文学社、大鸾书画社等一批结合专业特点的有关周恩来精神宣传教育社团成立起来，开展演讲比赛、读书报告会、知识竞赛等活动。所有创建班级都按要求在“新华网”“中国大学生在线网”开设博客，开展广泛交流。

（5）该校周恩来精神宣传教育向社区延伸、向地方辐射。校关工委、相关部门、二级学院、学生班级自觉传播周恩来精神，创造了“大手拉小手　共建恩来班”“文化之光与成长之路”“践行周恩来精神”社会实践基地等宣传教育好形式。

三、取得成效

周恩来精神宣传教育已成为该校加强大学生德育工作的一大特色，成为开展社会主义核心价值体系教育的有效途径。该校自 1998 年起开始“周恩来班”创建活动。10 多年来，共有 1700 多个班级 9 万余名学生参加了创建活动，先后有 11 个班级获得校级“周恩来班”称号，132 个班级分别获得“周恩来班”提名奖、入围奖、创建奖等称号，10 个班级被命名为淮安市“周恩来班”。该校“周恩来班”创建活动赢得了全校师生的普遍欢迎和社会的广泛关注。在周恩来精神的感召下，该校大学生思想道德素质、科学文化素质以及健康素质显著提高。该校毕业的学生立志扎根基层、服务人民、奉献社会，深受好评。

2007 年 11 月，教育部在《关于对淮阴师范学院“用周恩来精神育人”的评估意见》中指出：淮阴师范学院坚持用“周恩来精神”育人，办学特色鲜明；培养了大批“下得去、留得住、用得上、干得好”的优秀人才。2011 年 11 月 14 日，中共江苏省委宣传部、江苏省教育厅、共青团江苏省委员会印发通知（苏教学〔2011〕16 号），号召全省高校学习借鉴淮阴师范学院做法和经验。2013 年 4 月 24 日，江苏省高校“周恩来班”创建工作座谈会在淮阴师范学院召开。

“人人学恩来，个个作表率——淮阴师院以创建周恩来班为抓手，用周恩来精神育人”……《中国教育报》《中国高等教育》《高校领导参考》《学校党建与思想教育》《光明日报》《新华日报》等媒体多次报道该校周恩来精神教育活动。

由老专家、老教师在其中发挥重要作用的淮阴师范学院周恩来精神宣传教育不只是停留在校内，还积极辐射校外，服务社会。汪浩、王家云、赵千里、李守学等老同志经常深入学校、企业、机关、街道等开展宣讲活动。

通过周恩来精神宣传教育，全校大学生、青年教师综合素质得到全面提升，相关中小学生和其他社会教育对象也受益匪浅。学校和有关老专家、老教师的工作受到广泛好评，淮阴师范学院周恩来精神宣传教育在全省乃至全国产生了很大影响。

该校关工委周恩来精神宣传教育工作，荣获江苏省教育系统关工委 2013 年度“工作创新奖”二等奖。在省委教育工委、省教育厅对全省教育系统在关心下一代工作中涌现的先进集体和个人进行的表彰中，该校周恩来精神宣传教育工作核心成员王家云同志获“关心下一代工作突出贡献奖”，汪浩获“关心下一代工作先进个人”称号，党委书记、关工委主任郑勇获“关心下一代工作荣誉奖”，学校获“关心下一代工作先进集体”称号。该校连续多次被江苏省委、省政府授予“江苏省文明单位标兵”称号，荣获江苏省教育厅授予的“文明校园”“和谐校园”称号，荣获江苏省委教育工委授予的“江苏省高校思想政治工作先进集体”称号，多次荣获中宣部、中央文明办、教育部、团中央等授予的“全国大学生青年志愿者‘三下乡’社会实践先进单位”称号。

2013年两会期间，习总书记亲切嘱咐：“淮安人杰地灵，是周总理的家乡。把周总理的家乡建设好有象征意义。”淮阴师范学院关工委及老专家、老教师们决心再接再厉，进一步做好周恩来精神宣传教育工作，为把周总理的家乡建设好做出新的更大贡献！

巧设载体　人人演讲“中国梦”

安徽医科大学关工委

安徽医科大学关工委深入学习领会习近平总书记关于实现中华民族伟大复兴“中国梦”的重要讲话精神，积极培育和践行社会主义核心价值体系，在全校广泛开展了“老少共话中国梦”主题教育活动，其中的“中国梦”人人演讲活动让每一位学生掌握了“中国梦”的深刻内涵和伟大意义，让“中国梦”入脑进心，活动亮点突出，成效显著，受到全校师生的好评。

“中国梦”站在历史和时代的高度，把马克思主义的基本原理与现阶段基本国情的新特征、人民群众的新期待和现代化建设的新实践紧密结合，与时俱进，科学地回答了新形势下如何坚持和发展中国特色社会主义的一系列重大问题，是马克思主义中国化的最新理论成果，让大学生掌握党的先进理论和最新成果是高校思想政治教育的重要任务。

2013年5月，习近平总书记在视察天津市招聘会后与天津的高校毕业生、失业人员代表座谈时指出，做实际工作情商很重要，更多需要的是做群众工作和解决问题能力，也就是适应社会能力。情商是人的综合素质的重要组成部分，在大学生综合素质的培养过程中具有重要意义。习近平总书记提出青年人要提升自己的情商的要求，寄托了党和国家对青年一代的殷切期望，为广大青年在实现“中国梦”进程中成长发展、建功立业进一步指明了方向，也对我们高校全面实施素质教育提出了更高要求。如何提升大学生的情商是摆在高校综合素质教育面前的一道难题。因此，为大学生积极搭建适合和有效提升情商和综合素质的平台尤为关键。

“中国梦”对大学生来讲就是“奋斗之梦”“成才梦”，大学生就是要在“中国梦”引领下努力成为对国家、对社会、对人民有用的人才。安徽医科大学关工委在积极谋划开展“老少共话中国梦”主题教育活动中，充分意识到活动的目的在于将“中国梦”转化为每一个大学生的“人生梦”“成才梦”，寻找一个合理而又有效的载体，将“中国梦”与大学生的人生规划、职业规划有机结合起来。根据多年来与用人单位沟通交流，发现用人单位更青睐于表达能力强，综合素质高的毕业生。在针对毕业生综合素质的掌握中，又发现多次参与演讲活动同学在表达方面和综合素质方面，明显强于未参加演讲活动的同学，在就业过程中也较顺利，易被用人单位选中。多年来，在高考指挥棒下，我们的中学生并没有受到较好的综合素质教育，在进入大学后这一点暴露得更为明显，很多同学不敢在众人面前讲话，更谈不上走上讲台演讲了，尤其是来自农村的同学这一情况更为严重。

通过以上考虑，安徽医科大学关工委决定针对 2013 级 3000 余名新生开展“人人演讲中国梦”的活动，将大学生的情商提升、综合素质培养与人生规划、职业规划结合起来，为他们今后实现“人生梦”，助力“中国梦”打下坚实的基础。

安徽医科大学关工委高度重视“中国梦”主题教育活动的开展列入重点年度工作，圆满完成了活动各阶段工作，收到预期效果。

一、积极谋划，完善方案

2013 年 10 月，安徽医科大学关工委通过认真讨论，在向校党委汇报后，决定与校团委联合举办“我的中国梦”主题教育人人演讲系列活动，随后出台活动方案。召开活动协调暨动员会，成立组委会，校党委副书记、关工委主任刘群英担任组委会主任，校宣传部、学工部、财务处、老干处和校团委的负责人担任副主任、各学院分管新生工作的书记或副书记任成员，关工委老同志组成督导组，老同志可以直接参与到各个班级的具体活动去，采取各种形式的督导，保证活动的实效。方案明确要求全校 2013 级 3000 余名新生都要走上讲台进行“我的中国梦”为主题的演讲，各个班级要提交活动的书面报告，作为评选优秀组织奖的重要组织依据，各学院要借势成立大学生演讲团，选拔 30 名优秀的选手参加“老少共话中国梦”的主题座谈会和校级复赛与决赛。

二、分段推进，有条不紊

活动分为 3 个阶段进行：活动的第一阶段是“人人演讲”。首先由老同志为广大新生做“中国梦”主题报告。关工委副主任、原安医大党委副书记张裕全，为广大学生作“中国梦”的宣讲报告，帮助青年学生坚定实现“中国梦”的信念。关工委副主任、原第一附属医院副院长杨明功教授，为同学作“医学发展与人民健康需要良医——做人民满意的医务工作者”主题讲座，勉励同学们实现“良医梦”。全校 2013 级 3000 余名新生，100 多个团支部在一个月内同时开展人人演讲活动，形成了校园内人人畅谈“中国梦”亮丽风景。随后，全校各学院按照学生人数比例选出 30 名同学进入复赛，真可谓是“百里挑一”。活动的第二阶段是“老少共话中国梦”。12 名老同志与即将参加复赛的 30 位同学齐聚一堂开展了“老少共话中国梦”座谈会。会上，退休老干部们心潮澎湃地追忆自己的峥嵘岁月，回忆学生时代艰苦的学习条件，感慨毕业留校后的工作经历，说“我们教给学生的不能光是医术，更重要的是医德”，他们共同表达的对“中国梦”的阐释就是“服从党的需要就是我们的中国梦”。老干部们的话语情真意切，流露出浓厚的爱国爱党情，鼓励同学们好好把握青春年少的大好时光，不要辜负党和国家的精心培养，要做对国家医疗卫生事业有用的栋梁之材。6 位 2013 级新生分享了进入大学之后的感受和进步，表达对“中国梦”的理解与憧憬。有同学说，“中国梦”是什么？“中国梦”就是千千万万中国人民梦想的汇总，与“梦”联系在一起的“国”不再空洞，和一个个“我”联系在一起的“梦”不再抽象。大学是知识的殿堂，正等待着我们去探索，我们要坚定信念，努力学习，为实现中国梦添砖加瓦。活动的第三阶段是“决赛”，由关工委委员组成决赛评委团进行评判。将各位决赛选手的优秀演讲稿选登在校报和团刊上发表。各学院按照活动要求成立大学生演讲团。

我们学校关工委组织开展的“我的中国梦”人人演讲系列活动顺利开展，取得了显著成效，受到广大师生的欢迎。这些活动都做到了：

（一）活动有亮点

一是覆盖面大，活动覆盖全体2013级新生，在活动开展期间，全校2013级3000余名新生，做到了“人人都要有出彩的机会”。二是“人人演讲”，就是要鼓励那些不敢表达自己，不敢上台演讲的同学克服胆怯的心理障碍，勇敢地走上台，克服心理障碍，不断提高情商与综合素质。三是教育工作向常态化转变，“各学院借势成立大学生演讲团”，避免了“中国梦”主题教育活动一阵风，成立演讲团为今后大学生不断提升综合素质和开展相关工作打造了一个优良的平台。

（二）活动有创新

关工委联合校团委，优势互补，创新活动载体，与素质拓展接轨，巧妙地以广大学生喜闻乐见的“演讲”为载体，举办“我的中国梦”为主题的人人演讲系列活动，成功地用“中国梦”引领青年大学生成长成才，进一步提升了大学生的综合素质和人文素养，增强了青年学生的爱国情、爱党情。

（三）活动有成效

通过此次活动，广大青年学生加深对“中国梦”的领悟与认同，“中国梦”入脑进心，坚定了信念，与此同时也提升了自身综合素质，增长了实实在在的本领与才干，使他们在成才路上更进一步，活动也大大提升了关工委在青年学生中的影响力。

今后我们将把人人演讲“中国梦”活动持之以恒地开展下去，做到常态化，引导青年大学生志存高远，增长知识，锤炼意志，让青春时代梦想焕发绚丽光彩，为实现中华民族的伟大复兴，共圆国家、民族和个人的“中国梦”而不懈努力奋斗。

满园尽书香　满园尽书生

——读书主题教育活动纪实

福建师范大学附属中学关工委

福建师大附中关工委在福建省教育厅关工委、福建师大关工委和学校党政领导下，深入贯彻党的十八大精神和习近平总书记实现中华民族伟大复兴的“中国梦”等一系列重要讲话精神，紧密围绕立德树人根本任务，根据青年的思想和成长特点，准确把握他们的思想动态和文化需求，开拓创新，主动作为，配合主渠道，精心设计并组织开展了内容丰富、形式多样、吸引力强的“读书主题教育活动”。坚持把培育和践行社会主义核心价值观融入活动的全过程。坚持把读书主题教育活动与学习先进人物、与形势教育、与革命传统教育结合起来，用中国特色社会主义共同理想激励青年，用伟大的民族精神和时代精神鼓舞青年，引领青年成长成才。

一、主要活动

从2006年至今，学校开展了6次读书主题教育活动，而且一次一个主题：2006～2007年，以“我最喜爱的一本书”为主题；2008～2009年，以“一本好书，一生财富”为主题；2009～2010年，以“我是‘90后’”为主题；2010～2012年，以“走进爱的世界”为主题；2012～2013年，以“复兴中华　从我做起”为主题；2013～2014年，以“美丽中国　我的中国梦”为主题。其主要内容有：

组织师生参加中宣部、国家文明办、出版总署等主办的“读一本好书”全国有奖征文比赛；中华学生联合会、中国作协、中国关心下一代工作委员会等主办的“用爱点亮人生”“美丽中国　青春梦想”等为主题的六届中国中学生作文大赛；教育部关工委主办的“我是‘90后’”“美丽中国　我的中国梦”等五届读书征文实践主题教育活动；教育部办公厅、新华社办公厅联合主办的“我爱我的祖国”征文比赛和以“建设幸福中国”为主题的第十九届全国青少年爱国主义读书教育活动；中共福建省委宣传部、省文明办、省教育工委、省教育厅、团省委等主办的“点亮中国梦”为主题的读书征文演讲比赛；省教育厅关工委主办的“学雷锋　心向党　见行动”“美丽福建　我的梦”等五届读书征文演讲比赛；省、市文明办主办的“书香八闽”“书香飘榕城”等六届全民读书月活动。累计开展读书、征文、演讲比赛70余次，征文3700余篇。

二、主要做法

（一）依靠党政领导　配合补充主动作为

读书主题教育活动是学校贯彻党的教育方针，开展青年思想道德教育的重要平台。我们坚持围绕中心，服务大局，主动作为。主动汇报工作，争取党政领导重视与支持，主动与各职能部门沟通情况，出谋献策，多做配合补充工作。

学校领导重视校园文化建设，把开展读书主题教育活动列入学校工作计划和议事日程，在人力、物力、时间等方面予以保证。要求妥善处理读书主题教育活动与日常工作关系，注重课内外结合，合理安排时间，要求各职能部门密切配合，形成合力，共同努力。

（二）应用多种形式　激发师生读书热情

编印《书友》周刊，宣传读书主题教育活动。推荐新书、好书，交流读书心得，帮助青年掌握读书方法，养成终身阅读习惯。

配合学校办好图书馆，搭建读书平台，建立导读网站，开展咨询服务，开辟“读者园地”，营造良好的借阅环境。

邀请老教师、老教授、老作家、老校友、老模范和著名企业家开办“走进鲁迅”“阅读决定命运”等十几次读书专题讲座。宣传“读书好、好读书、读好书”，激发青年读书热情。

（三）成立读书社团 推动主题教育活动

全校有3个读书社团，在读书主题教育活动中起骨干带头作用。

“书友读书会”开展读书、征文、演讲比赛，举办新书展览，开设读者论坛等活动。书友通过阅读、思考、交流、体验，感受共同成长。

“麦园文社”除办好自己的核心社刊——“麦笛”外，还组织许多特色活动。2013年，他们创作并演出的情景诗朗诵《陈景润和他的老师》，在全国中小学艺术展演中获得一等奖，受到省教育工委通令嘉奖。

“光荣与梦想1+1教工读书俱乐部”的宗旨是青年教师成长从读书开始，教师为自己的成长“买单”。他们通过定期阅读教育名著，在阅读中反思自己的教育实践，不断提升个人素质与教学水平，积极促进教师专业化成长。

（四）组织爱心捐赠 城乡携手共同成长

2008年以来，关工委配合德育处、团委会、图书馆，坚持开展城乡“共读一本书”等赠书献爱心活动，先后向老少边贫困地区的中小学捐赠图书两万多册，书架、书立、书柜、电脑等价值30多万元。2013年又为永泰岭路小学建立一个“爱心图书室”。

关工委配合校友会、图书馆做好老校友、老干部、老红军、老科学家向母校捐赠的工作。累计收到著作、图书和书画摄影作品两万多册（件），价值近百万元。书友也捐赠图书，开展“好书共赏”活动。校党委还赠送每位党员一本《苦难辉煌》和《做最好的党员》，要求共产党员带头读书学习。关工委也将师大颁发的“读书立项活动”奖金5000元，购买图书赠给师生。捐书、赠书已成为附中人新的风气。

三、主要收获

（一）读书主题教育活动引导青年进一步坚定理想信念

这个活动增强了青年们热爱祖国、热爱人民、热爱民族的情感，从而使其树立远大理想，主动做社会主义核心价值体系的弘扬者和实践者，为实现国家富强、民族复兴、人民幸福的“中国梦”而刻苦学习，勤奋工作，报效祖国。近年来，有几十位青年教师和学生光荣加入了中国共产党。

（二）读书主题教育活动为青年展示才华，搭建了平台

9年来，有1700多位师生获得校“阅读之星”“优秀书友”荣誉称号，有1300人次在校各项征文、演讲比较中获奖，有700多人在全国、省市比赛中获奖。其中：2007年，全国“读一本好书”有奖征文比赛，各行各业共100人获奖，我校林梦妍等3名学生榜上有名；2009年，我校两位青年教师被评为“福州市十大读书明星”；2013年4月，青年教师李华被《中国教育报》评为“全国推动读书十大人物”；2014年，在中国中学生作文大赛中，我校有两位学生从3000万参赛者中脱颖而出，进入了全国总决赛，并双双荣获十大“恒源祥文学之星”。

（三）读书主题教育活动，受到上级和有关部门的充分肯定

《中国教育报》《福建日报》《关心下一代》等10多家报刊媒体，先后对我校的读书主题教育活动做过报道。2010 年，校关工委在“福建省第二届中小学读书经验交流会”上，作了主题发言。2012 年，省教育厅关工委在我校举办福建省“书香校园”现场观摩交流会。2013 年，校关工委撰写的《用书香浸润校园》，被省第五届中小学读书经验交流会收入《阅读点亮中国梦》文集。2014 年，在“点亮中国梦”主题读书征文比赛中，我校被省委宣传部、省教育工委等主办单位授予优秀组织奖。在中国中学生作文大赛中，连续六届获得优秀组织奖。

（四）读书主题教育活动，为青年提供丰富的文化产品和精神食粮

读书为生命打好底色，让他们与同龄人相比，站在更高的平台上。2013 年有 13 位青年教师获得省、市各项先进称号，有 14 位青年教师在全国、省、市学科竞赛中获奖，有 49 名学生在全国和省的学科竞赛中获奖。2014 年有 7 名学生被评为“福建省优秀学生”“优秀学生干部”和“三好学生”，有 39 名学生被评为“福州市优秀学生干部”和“三好学生”，有 25 名学生被评为“福建师大优秀团干部”和“优秀团员”。

（五）读书主题教育活动，促进了学校素质教育的开展，教学质量逐年提升

学校被授予“全国第四届和谐校园先进学校”“福建省文明学校”等荣誉称号。2012 年校关工委被中共福建师范大学委员会评为“福建师大关心下一代工作先进集体”。

读书已成为附中师生的生活方式，读书主题教育活动已成为“主题教育活动”的工作品牌。今日的校园，处处洋溢着浓郁的书香。今天的桃花山，随处可见孜孜求学俯读仰思的附中人，可谓“满园尽书香　满园尽书生”。

传承伟人人格魅力　放飞青年青春梦想

——深入开展学习青年毛泽东主题教育实践活动

湖南第一师范学院关工委

湖南第一师范学院享有“千年学府，百年师范”的美誉，历史悠久，文化底蕴深厚。现作为全国重点文物保护单位、全国爱国主义教育示范基地、全国红色旅游经典景区、国家级小学骨干教师培训基地、国家级教育体制改革试点单位、全国学校艺术教育先进单位，其培育了一代又一代名人先辈，为中国人民的教育事业和解放事业以及社会主义建设事业做出了巨大贡献。

为进一步学习宣传贯彻党的十八大和习近平总书记系列重要讲话精神，根据省委教育工委和省教育厅关工委《关于在大学生中开展以社会主义核心价值体系为主要内容的系列主题教育活动的通知》精神，我校广泛征求意见，深入开展调查研究，充分挖掘本校优秀历史文化，开展了以学习青年毛泽东为主线的主题教育实践活动。引导我校广大青年学生学习伟人精神，同时把个人梦想和民族梦想紧密融合在一起，把个人价值与社会价值紧密结合在一起，把个人命运与国家命运紧密联系在一起，深刻领会“中国梦”历史底蕴和时代内涵。我们的具体做法是：

一、精心部署，多方宣传

一是组建活动领导小组。按照省教育厅关工委相关文件的总体要求，我校领导高度重视，召开了专题会议，成立了由党委书记为顾问，副校长为组长，关工委、团委、党委宣传部、学工部负责人为成员的活动领导小组，并明确由关工委和校团委牵头、各系部积极配合，在全校范围内广泛宣传，积极发动我校大学生全情参与学习青年毛泽东主题教育实践活动，以确保此系列活动取得实效。二是多方舆论广泛宣传。为引导广大青年学生牢固树立建设有中国特色社会主义的共同理想和正确的世界观、人生观、价值观，广泛参与到主题活动中，我校不仅通过横幅、海报、宣传栏、校园广播等传统媒体，而且还利用飞信、QQ 群、微信、微博、网站等网络媒体在全校范围内进行了广泛宣传。校、系两级学生会、学生社团组织等结合学校主题，积极参与到学习青年毛泽东主题教育活动中，在全校上下营造了浓郁的学习氛围，校园文化建设得到了进一步加强。

二、有序开展，影响广泛

（一）理想信念教育

青年毛泽东牢固树立的“追求真理一心为民的牺牲精神，排除万难勇往直前的奋斗精神，依靠群众团结互助的团队精神，解放思想注重实际的务实精神，开拓进取敢为人先的创新精神”，是我校乃至当代大学生的学习榜样。为此，我校以理想信念为核心，广泛深入地开展主题教育活动。一是举行了专题讲座。2013 年 11 月 16 日，我校邀请了原总参宣传部部长王立华研究员来校讲座，做了题为“领袖成长——青年毛泽东修学储能”专题讲座，他从“寻梦、逐梦、筑梦、圆梦”4 个方面详细宣讲了中华民族不断追求梦想的历史过程，以及毛泽东主席成长历程等，要求广大青年学子把自己的职业生涯规划与脚踏实地的奋斗紧密相连，为实现伟大的“中国梦”努力学习。二是组织了读书征文。关工委和团委组织了广大青年学生开展了以“学习青年毛泽东，庆祝建党 90 周年”“学习青年毛泽东，树立远大人生理想”“弘扬美德，诚信为本”等主题的读书征文活动，号召各团支部组织读书学习，提高对主题教育活动的认识。各系部同学积极参与，纷纷撰写读书心得或优秀征文，共推荐上交了 100 多篇优秀文章，关工委、校团委、党委宣传部和学工部组织专家进行评审，评选出了一批优秀征文进行了表彰与鼓励。

（二）责任意识教育

责任是一种客观需要，也是一种主观追求，是自律，也是他律。我校以学习青年毛泽东为主要内容，以丰富的活动为载体，强化大学生的责任意识。一是观看影片领悟精神。每年 9 月，我校组织学生观看《恰同学少年》红色影片，并要求学生观看影片后撰写观后感与学习心得，并计 2 个学分，让学生全面接受校史教育和红色教育，引导学生从“红色经典”影片中感悟当代大学生的责任。二是缅怀伟人诵经典。我校相继举办了“青春·理想·中国梦”“百年先迹·伟人颂”——纪念毛泽东同志诞辰 120 周年等主题的演讲、朗诵大赛，激发广大青年永远热爱我们伟大的祖国，永远热爱我们伟大的人民，永远热爱我们伟大的中华民族，强化他们为努力成为中国特色社会主义事业合格的建设者和接班人的责任意识。

（三）奉献意识教育

奉献精神是社会责任感的集中体现，我校以学习青年毛泽东为主要内容，积极倡导追求高尚、乐于助人、和谐文明的校园风尚，引导广大青年学生进一步弘扬“奉献、友爱、互助、进步”的志愿服务精神。一是招募义务讲解员。我校每年都会招募一批思想过硬、综合素质高的优秀志愿者担任我校城南校区毛泽东纪念馆和雷锋纪念馆义务讲解员，倡导他们用自己的专业知识和基本技能为他人服务。二是组织暑期志愿服务。每年暑期，我校都会组织学生开展支教、调研活动。积极引导广大学生深入农村、深入一线，开展参与式观察和服务式体验。通过这些志愿服务活动，我校广大青年学生深刻感悟了由千万个“中国梦”组成的民族梦、时代梦，采撷征集了众多具有代表性的“百姓梦想”。

为响应省委教育工委、省教育厅关工委关于开展“社会主义核心价值体系”系列主题教育实践活动的号召，在校党委正确指导下，在校关工委、校团委的精心组织和各系部团总支的通力配合下，针对实际情况开展的以学习青年毛泽东为主题的教育实践活动在全校范围内有计划、有组织地深入开展，已经形成了一种具有创新性和实效性的品牌活动，掀起了一个个广大青年学生全面参与的高潮，充分地展现了我校青年学子热爱祖国、朝气蓬勃、昂扬向上的精神风貌，也在学校营造了健康向上的和谐校园文化氛围，同时也取得了一系列丰硕的成果。

在湖南省大学生“人生理想”主题教育优秀征文比赛中，我校获得一等奖 1 项，二等奖 2 项，三等奖 2 项；在湖南省大学生“人生理想”主题教育演讲比赛中，我校获得一等奖 1 项，二等奖 2 项，还荣获优秀组织奖；在湖南省高校“我的中国梦”主题征文比赛中，我校获得一等奖 1 项，三等奖 2 项，还荣获优秀组织奖；在湖南省首届青年文化艺术节中，我校获得金奖 1 项，铜奖 1 项，优秀奖 1 项，还荣获优秀组织奖；在湖南省“我的中国梦”书法、艺术设计、摄影比赛中，我校获得一等奖 1 项，二等奖 4 项，三等奖 2 项，还荣获摄影比赛优秀组织奖；在湖南省大学生微电影大赛中，我校荣获最佳编剧奖 1 项，优秀奖 2 项。

此外，为强化学习活动效果，提高我校青年学生学习伟人事迹的兴趣，我校还要求各系部、班级以“学习青年毛泽东”为主线来开展各项素质拓展活动。如参观城南校区、游橘子洲头、瞻仰毛泽东故居等，以此拉近青年学生与伟人的距离，更好地感受伟人精神。

开展学习青年毛泽东主题教育实践活动，是对我校广大学生进行爱国主义、集体主义、社会主义教育，增强社会主义核心价值体系和社会主义核心价值观理解的重要举措。在今后的时间内，我校关工委、校团委将会坚持带领全校广大青年学生更好地学习伟人精神，践行社会主义核心价值观，锤炼高尚品格，争做当代优秀青年，为实现中华民族伟大复兴的中国梦而不懈奋斗！

开展具有师范院校“合力育人”特色的主题教育活动

广东第二师范学院关工委

一、参与和组织“合力育人”主题教育活动的全过程

（一）成立活动组织，具体有效开展工作

在校党委的正确领导下，历届关工委成员都积极参与了“合力育人”探索工作，并做出了不少贡献。为了使老同志奉献余热时更有效果，从2010年起，校关工委成立了4个活动组，让老同志中的优秀者担任各活动组长和分组长，并逐步健全全校12个（院）系的关工小组，制定了规章制度。这四个活动组是：

（1）党建思政组。下设4个分组：座谈培训分组、专题讲座（含党课）与影视播放分组、实践指导分组、宣传与通讯报道分组。

（2）学生社团联络组。

（3）对青年教职工传帮带组。

（4）“心灵之约”心理辅导组。

（二）开展4个主题教育实践活动

关工委活动组和关工小组成员成为师生开展活动的组织者和指导者。从2011年至今，我们配合职能部门主要参与组织了4个主题的教育实践活动。内容如下：

（1）隆重纪念中国共产党成立90周年（又称“知党、爱党、颂党，永远跟党走”专题）。

（2）实现民族复兴中国梦，从我做起（含对新生教育和对全体学生教育两个专题）。

（3）认真学习、贯彻党的十八届三中全会精神。

（4）培育和践行社会主义核心价值观（含“大力弘扬中华民族优秀传统文化”和“肩负圆梦伟大使命，努力塑造优秀品格”两个专题）。

“量力而行”与“尽力而为”相结合，老同志自愿参与主题教育活动中的一两个项目活动。他们与在职人员一道，构成强大的育人合力，促进青年师生健康成长成才，实现立德树人的目标。

我们以社会主义核心价值观统领每个主题教育活动的全过程，始终遵循以科学的理论武装人，以正确的舆论引导人，以高尚的精神塑造人，以优秀的作品鼓舞人的原则，工作效果较好。

二、“合力育人”主题教育实践活动的内容和实施

（一）具体内容简称为“238423统筹法”

“2”指主题活动要了解两头情况：既掌握上级政策，又结合学校实际。做到所开展的活

动既要符合政策要求，又收到实际效果。

“3”指每个主题教育原则上要经历预备阶段、实施阶段和巩固阶段。

“8”指“3 个阶段”的实施体现在前后衔接的 8 个项目之中：学习调研、专题讲座、选播精品、培训骨干、实践活动、心理辅导、研讨交流、立章建制。

“4”指我校关工委从 2011 年至今已顺利开展了 4 个主题的教育活动。这些主题教育活动使师生极大地增强了对中国特色社会主义道路、制度和理论体系的自信。这是他们做好各项工作的动力和源泉。

“2”指每个主题教育活动都体现两大特点：①符合多项教育规律的要求；②体现以师生为本，与建设良好的师德、师能、师风紧密结合的特点。

“3”指主题教育活动已取得三大成效。

（二）八大项目具体要求和实施步骤

1. 认真学习调研，准确把握上级政策和学校师生状况

这是主题教育的准备阶段。学校关工委成员除了参加老干学习外，还坚持了两月一次的关工委学习研讨制度，做到人手一份学习资料。他们认真学习研究党和国家的方针政策、先进典型资料、专家研究成果等。同时，用座谈、问卷、访谈等多渠道开展调研。近 5 年来，全院性的学生大规模的思想道德状况问卷调查已进行了两次。我们把调查统计结果发至有关人员手中，使主题教育更具针对性和实效性。

2. 根据需求，联系实际，精心备课，上好专题讲座和党课

这是主题教育实施阶段前期。关工委先了解学校需求，然后根据老同志实际，落实讲课任务，关工委党建思政组长及时向主讲教师们提供相关学习资料和备课光盘。并要求主讲教师搞好相关调研，了解第一手材料。学校关工委已组建了一支由离退休的教授、副教授为主体的主讲教师队伍，从 2011 ～ 2013 年底就完成了全院 211 场主题教育的专题讲座和上党课的教学任务。据调查，90% 以上的讲课老同志理论联系实际，言传身教相结合，获得了师生普遍好评和肯定。这个环节，主要解决人“明理”，即“认知”问题，懂得主题教育内容“是什么？为什么？怎么办？”3 个问题。

3. 因系制宜，联系实际，向师生选播相关精品视频

主题教育实施阶段前期。近 4 年来，校关工委已分 5 批刻录精品光盘 100 多个分发给主讲教师和各（院）系关工小组，由他们根据各（院）系、各专业特点，选择不同视频内容分层次向师生播放。这种形式由于机动灵活，颇受欢迎。精品光盘主要内容有：“信仰”1 ～ 3 集；“复兴之路”1 ～ 6 集；“感动中国人物（2007 ～ 2013）”；先进校友事迹资料；中华民族优秀道德传统资料，如“新编二十四孝”“弟子规”“人生百贵”等；“改革开放 30 个瞬间”和“20 件大事”；反面警示案例等。这环节重点是解决以情感人，让师生在感悟基础上“明辨是非，见贤思齐”。

4. 整合校内外资源，用多种形式培训学生干部及理论骨干

这是主题教育活动实施阶段中期。关工委配合学院有关职能部门，邀请历届优秀、英雄校友与老同志在一起，结合专题讲座及座谈等形式，培训学生干部和理论社团成员，如每年老同志和优秀校友联合对新生干部培训已成制度。又如生物系学生党员和科学发展观学习研究会成员一起，经过学习培训和理论研讨后，在2013年5月4日联合向全校学生发出了“实现中国梦，从我做起”倡议书，含9方面内容，涵盖了大学生行为规范的要求。在学校引起了极大反响，凝聚了正能量，起到了榜样引领作用。

5. 量力而行，各尽其才，使主题教育实践活动生动活泼

主题教育活动后期，关工委现有8位老同志应团委邀请，担任了学生7个社团的指导教师。结合师范院校特点，围绕主题教育内容，师生纷纷创作书法摄影作品和歌舞文体节目，然后围绕主题举办作品联展、文娱联欢、体育联赛、举办摄影、征文和课件制作大赛和组织校外参观、扫墓等活动。例如纪念建党90周年，举办党史课件大赛，学生深受教育，并大受欢迎。学生参与校外相关的比赛，成绩也颇佳。如近两年参与北京有关10个单位联办的主题书法摄影比赛，我校共提交23件展品全部获得“特等奖”和一、二、三等奖。以上这些教育形式使师生心灵得到净化，受到真、善、美的陶冶，培养了优良的师德、师能与师风，实现了“自我教育”。

6. 师生进行心灵沟通，解难析疑，关怀学子身心健康成长

这项活动贯穿专题教育全过程，是以上环节的辅助与补充形式。关工委有7位老同志与在职干部联合，轮流在两个校区“心灵之约”工作室值班，与来访学生聊天，为其排忧解难，并及时把学生提出的问题整理出来，发到有关领导和干部手中，作为研究和改进学校工作的重要参考。这项活动有效地保证了学生身心健康成长。

7. 开展研讨交流，及时巩固成果并指导行动

专题教育活动巩固阶段前期，关工委参与组织主题教育活动效果明显。我们用以下方式来巩固成果：

（1）召开交流会并参与学校党建、思政年会交流，关工委文章每次年会都获奖。

（2）出版关工委经验体会小册子《夕阳正红》(已出两集)。

（3）办好校关工委网站并积极向外投稿。学校关工委网站已开设10多个栏目，信息及时，图文并茂，形式活泼，吸引了越来越多师生登录浏览。同时，多次向《关心下一代》和《秋光》杂志投稿。校关工委的论文《以社会主义核心价值观统领大学生思想教育工作》，在教育部关工委主办的《关心下一代》杂志2014年第一期发表，后又被广东省教育厅关工委“工作通讯”和网站全文转载。此前，该文在本校党建思政年会获“一等奖”，并收入年会《论文集》。

（4）组织全校性的主题教育征文活动，每次都收到学生数百篇征文，已顺利评奖并召开了优秀论文报告会。我们还鼓励和组织学生开主题教育的研讨会和撰写心得体会，这是他们坚定理想信念的重要环节。

8. 抓住机遇，立章建制，建立关工委“合力育人”长效机制项目

主题教育活动巩固阶段后期，校关工委把参与组织“合力育人”主题教育活动作为长效机制项目加以重点建设。而上述8方面就是这个长效机制的重要内容。我们通过认真总结关工委工作，制定出了“广东二师关工委计算工作量办法实施方案”和“广东二师关工委评选先进集体和先进个人的实施方案”。实施效果都不错，这是校关工委制度创新的重大举措。

三、“合力育人”主题教育实践活动的特征和成效

（一）两大特征

学校关工委参与组织“合力育人”主题教育活动以师生参与的广泛性、“感悟”的深刻性和“躬行”的自觉性，体现了以下特征：

首先，主题教育活动遵循多项教育规律要求，贯彻落实了“育人为本，德育为首，全面发展，能力为重”的原则。主题教育活动从纵、横两方面遵循教育的规律和原则。从横的方面看，遵循了“德智体美劳全面发展”和“有理想，有道德，有文化，有纪律”的素质要求，以及普遍性要求与先进性要求相结合的原则，又突出了“着力提高学生服务国家人民的社会责任感，勇于探索的创新精神和勇于解决问题的实践能力”这个重点。从纵的方面看，符合“实践，认识，再实践，再认识……循环往复以至无穷”的人认识总规律，以及“知、情、信、意、行”统一的道德形成规律。

其次，主题教育活动体现了以人为本的科学发展观的核心精神，把国家培养目标、学校中心工作、师生实际需求有机地统一起来，与师范院校培养良好的师德、师能、师风工作结合起来。它以内容充实，形式多样的载体，既让青年师生坚定信念，增长知识，增进才干，又让老同志乐意去做自己有兴趣、有专长的事情，做到无私奉献余热，安度晚年。因此，开展主题教育活动，达到老、青“双赢”。

（二）三大成效

1. 深刻地改变和优化了学校的育人环境和提升了在校师生的精神境界

关工委工作与学校其他工作一道构成强大的育人合力，基本做到了全员、全方位、全过程和环境育人，所以近20年来，杜绝了学生内部恶性突发事件的发生。不仅如此，学校近年来获得了上级多项荣誉奖励，如“亚运会志愿服务先进集体”“三下乡支教先进集体”“学生无偿献血先进集体”等，不少师生获校内外多个奖项的奖励，申请入党师生人数不断增加，由此促进了学校的稳定、和谐与发展。

2. 学校为国家源源不断地培养了大量社会主义事业合格建设者和可靠接班人

学校源源不断为社会培养出了一批批优秀人才，他们中有最近受到习近平总书记接见的全国人大代表冼润霞，党的十八大代表袁志敏，全国五一劳动奖章获得者刘志伟，广州“见义勇为”十佳青年张平清，大量扎根边疆、西部地区的优秀志愿者和无数优秀的教育工作者。这些凝聚了学校关工委老同志的大量无私付出！

3. 有力地促进了学校关工委工作的科学化、制度化建设，使之向学习型、创新型、服务型关工委建设方向迈出了新步子

通过开展“合力育人”的主题教育活动，使老同志奉献余热，施展才能有了极好的机会和平台，主题教育八大项目让他们真正做到老有所学，老有所为，老有所乐，保证身心健康，安度晚年。这是老同志的“养生良方”。学校关工委工作也由于有了广大师生和老同志的热情、广泛参与而搞得有声有色，生动活泼。多次受到学校领导和师生的好评。2013年底评出了首批学校关工委先进集体和先进个人。通过对关工委参与组织主题教育活动的总结和逐步建立完善“合力育人”长效机制，学校关工委工作更有序和更有效率了。

实践证明，开展具有师范院校特色的主题教育活动能很好地把国家的培养目标、学校师生的需求以及离退休老同志立志奉献人生余热的意愿有机地融合在一起，真正使学校领导、师生、老同志三受益，于是收到三方都满意的效果，因此它具有无限的生命力。

“238423 统筹法”是学校关工委这几年工作取得成果的缩影，它印证了中共中央国务院“16 号文”和教育部党组、省委办公厅和省府办公厅关于加强关工委工作的“两个 20 号文”的真理性。

今后，我们决心戒骄戒躁，扬长避短，虚心向兄弟院校关工委学习取经，争取更大进步。

铜仁学院学习奋进教育实践活动纪实

贵州铜仁学院关工委

学习奋进教育实践活动，已在铜仁学院开展 4 年。这个活动主要是针对学生中的“弱势群体”——后进学生，为有效激励这部分学生的学习积极性，同时带动学院的学风建设，提高学生学习质量。学生在学习上，已形成了像龙舟竞赛那样的竞争局面，受到学院党政领导和各部门的关注及支持，得到贵州省教育厅本科教学合格预评估领导、专家和教育部本科教学合格评估领导、专家的高度评价。这项活动已成为师生积极参与的提高学生学习质量保障体系的重要举措，已成为铜仁学院关工委坚持的工作特色和品牌。

一、“学习奋进奖”设想的提出

2010 年 3 月，院关工委常务副主任谢元炳教授看到院教务处公布的补考学生占在校学生 37.59% 的数据，认为这些学生正是不少高校院、系党政领导及老师在教学管理上不被重视、比较忽视的教学上的弱势群体。受到校、系领导、老师比较重视和关注的是“三好学生”和优秀学生干部，还有那些单项单科拔尖的在校内外获奖的学生。对于后进学生，只要他们没犯严重的错误，就被忽视和遗忘了。教育的目的和责任是要培养好每一个学生，使之成长为建设有中国特色社会主义的合格建设者和可靠接班人。为此他想通过院关工委用开展“学习奋进奖”的教育实践活动，去调动他们发奋学习的积极性。这个想法得到党委的大力支持。

二、学习奋进教育实践活动案例的主要做法

学习奋进教育实践活动经历了试点、推广、巩固完善 3 个发展阶段，已成为铜仁学院关工委工作，具有较强的实践性、创新性、实效性、指导性工作的品牌。主要做法：

（一）设奖

在教育实践活动中，设“学习奋进奖”“先进班组织奖”“先进班班主任奖”。

（二）申报条件

学习奋进奖，在一个学年内，凡学生量化总成绩在班上排名，下学期比上学期进步 5 个名次以上的都给奖，不限名额。一学年评选一次，在下一个学年补考完后，学生自愿申报。学生奖分一、二、三等。(按班级人数乘以 30%、40%、50% 的得数，为该班确定等级的起点名次。即 50 人的班以进步 15、20、25 个名次为起点评三、二、一等奖)。

（三）申报资料两项

① 学生志愿填报的“学习奋进奖申报表”(主要栏目有学生基本情况，本学年上、下学期在班名次，申报主要理由，班主任推荐意见，系关工委审核意见，院关工委审批意见)；②学生量化总成绩本学年内（两个学期）全班排名表。必须经班主任签名及系关工委审核盖章才有效。上述两个申报资料，是院关工委审批的主要依据。

（四）先进班组织奖

根据各系班级获奖分值统计择优评选。各班获奖分值，按一个一等奖记 3 分、二等奖记 2 分、三等奖记 1 分的办法，将全班总获奖人数所得分值相加的得分参加评选。评奖班级数控自在全系总班数的 1/3。先进班主任以先进班的班主任自然当选。

三、学习奋进教育实践活动获得较大成效

一是学生特别是后进学生学习目的更加明确，学习主动性、学习积极性普遍提高，学风得到了根本好转。活动反映出是后进学生的迫切需要。如法政系 09 级政本班学生甘良科，在“学习奋进奖申报表”的申请理由栏中写道：“本人在校期间，由于学习目的不够明确，学习积极性、主动性较差，所以从未获得过学院的个人荣誉。在进校之初，学习态度很不端正，时常旷课，对班级活动也不积极参与，导致与同学关系不和谐，学习成绩也很不理想。通过‘学习奋进教育实践活动’，使我认识到学习及班级团结的重要性，领导对我们不放弃，我也不能自暴自弃。所以在大二时，痛定思痛，奋起直追，通过同学的帮助和自己的努力，做到了不旷课，学习有了进步，从上学期班上的第 55 名上升到本学期的第 27 名，提高了 28 个名次。我个人觉得这是值得骄傲的。因为高中养成的坏习惯，目无纪律，若没有大家的帮助，我不敢想象，我的今天会变成什么样子！但是，我觉得现在还很差，成绩也不算太好，与同学比还有很大差距，想将来成为适应社会需要的有用人才，还需要不断努力。请同学们和各位老师监督我。”甘良科的申请理由，其实是所有后进学生思想的缩影。因此可见“学习奋进奖”的设立反映了所有后进学生的需要。同时，对学习较好的学生也是一个巨大的鞭策，也反映出活动对提高学生学习质量的客观效果。这个班 58 人，有 20 人获奖，占全班人数的 34.48%，进步非常明显。

二是学生特别是后进学生学习积极性普遍提高，学习质量大幅提升。2011 年 10 月，共表彰先进班 44 个，先进系 5 个，获奖学生 325 人。占在校学生的 4.89%。学习奋进奖的表彰尽管奖金很少，但它毕竟是学院给他们进步的一份重视和关怀。这对从来都没得过学院荣誉的大多数学生来说，是一次莫大的鞭策和鼓励。这个活动在全院师生中引起了强烈反响。学院教务处、学生处、团委等工作部门、各系党政领导与师生都十分称赞院关工委的工作，在帮助学生明确学习目的，改变学风，提高学生学习质量方面发挥了重要的积极作用。

2012年是学院学风建设年。学院关工委，继续坚持不懈地用社会主义核心价值观教育学生，以开展“心向党、讲品德、赛学习、见行动”教育实践活动，把“学习奋进奖”教育实践活动引向深入。这年增评先进班主任奖和学生奖分设一、二、三等（进步15个名次以上的评为一等奖、进步10～14个名次的评为二等奖、进步5～9个名次的评为三等奖）。这年，关工委共表彰先进系4个、先进班21个、先进班主任20名、先进学生984人，其中一等奖339人、二等奖241人、三等奖404人。这年表彰的获奖学生、是2011年的3.03倍，占在校学生的14.81%。这个变化说明学生学习质量进一步提高，“赛学习，见行动”活动，犹如逆水行舟，不进则退，你追我赶的态势已在全院形成。这年关工委还配合学院评出学风建设活动先进系：一等奖4个、二等奖7个、先进班级26个、学习标兵70名，由学院进行表彰。全院学风建设取得较好的成绩。

2013年，是铜仁学院迎接教育部对我院本科教学合格评估验收年。这年共表彰先进班36个、先进班主任35名、学生415人，其中一等奖98人、二等奖113人、三等奖204人，占在校学生的5.69%。从表彰的数字上看，比2012年少了569人。但评选各等奖的起点名次与2011年比，其实学习质量和水平已提高了3倍。全院学生这年实际进步5个名次以上的有1344人，是2011年的4.14倍。调查中还发现进入班级前三名的后进学生，2013年（43人）比2011年（21人）增长了2.05倍，这是很大的进步。学生补考从2010年的2788人次降到了2013年的1712人次，减少了1076人次，降低了38.59%；在校学生2013年比2010年还多了317人。这也是学习质量和学习水平的很大进步。

三是学生从教育实践活动中感到了来自学院、系党政领导和老师的关爱，师生情宜进一步密切。

四是活动得到了上级领导和社会学生家长的普遍好评。2013年5月贵州省教育厅关工委调研组王国芳副主任来院调研后指出：铜仁学院关工委“急党政所急，想学生所需，尽关工委所能”，开展“学习奋进教育实践活动”，3年来成效显著。忽视后进学生的进步成长，这是高校存在的一个普遍问题，但是你们做到了。这是你们关工委工作的一个特色和亮点。你们要好好总结，将其作为一个工作品牌推向全省，乃至全国。2013年是铜仁学院接受教育部对我院本科教学合掐评估验收年。学院党政领导高度重视，将开展“学习奋进教育实践活动”写进了“铜仁学院本科教学合格评估自评报告”，受到了贵州省教育厅本科教学合格预评估领导及专家、教育部本科教学合格评估领导及专家的充分肯定和高度评价，成了学院本科教学合格自评报告中的一个亮点。

教学质量是高等教育的生命线。教学质量的根本是学生的学习质量。2014年，学院关工委以深入打造“学习奋进教育实践活动”品牌，学院关工委在全院各系进行“‘大兴学习之风’是大学生的第一要务”的主题思想教育报告，进一步动员把学习奋进教育实践活动引向深入。报告明确要求各系关工委要组织开好班会，引导学生对照自查“浅学、假学、懒学”现象在自己身上的表现，通过老师提、自己找、同学点、互相帮，认真查找形式主义的浅学、过关主义的假学、享乐主义的懒学方面的问题自我剖析，制订改进学风的措施，以良好的成绩回报父母，报效祖国。

随风潜入夜　润物细无声

——以传统文化为载体的思想政治教育方式在班会课中的实践

青海警官职业学院关工委

题记：中国是具有5000年灿烂文化的文明古国，知恩图报、尊老爱幼、待人诚恳……这些优良的传统从古至今都为人们所熟知。但是我们现代人在这些方面做得却不好，怎样继承祖国的优良传统？怎样教育好下一代？这是摆在我们教育工作者面前的首要任务。一个学生如果具备了良好的素质，才有可能在学业上取得骄人的成绩，才能发展成为一个优秀的人才。2013年，学院领导号召全院师生同学《弟子规》。走进《弟子规》，我仿佛置身于文明当中，置身于做人的伦理大道当中。这时我才明白了院领导的良苦用心并且认识到学习《弟子规》的重要性。学习《弟子规》就是要把圣人教诲贯彻到生活中、教学中，落实到一言一行中。学习《弟子规》，不仅是一个提高个人修养的过程，更是一个思想升华的过程。爱周围的人，爱这个世界。只有这样，这个社会才会变成和谐的社会。

一、背景

我院在学生工作调研中发现，有部分大学生和父辈之间存在隔阂，缺乏对父母的理解，很少和父母的沟通，更是不知或者漠视父母的艰辛劳作，进而导致大学生之间消费攀比，学习态度浮躁，感恩意识淡漠，缺乏传统文化素养，缺乏尊老爱幼和谦逊礼貌的美德。这成为当前大学生思想政治教育的面临的重要课题。

《中共中央、国务院关于进一步加强和改进大学生思想政治教育的意见》中谈到“加强和改进大学生思想政治教育的指导思想”时指出“……以理想信念教育为核心，以爱国主义教育为重点，以思想道德建设为基础，以大学生全面发展为目标，解放思想、实事求是、与时俱进，坚持以人为本，贴近实际、贴近生活、贴近学生，努力提高思想政治教育的针对性、实效性和吸引力、感染力，培养德智体美全面发展的社会主义合格建设者和可靠接班人”。这就是要求面对大学生的思想政治教育要狠抓基础、创新途径、贴近学生。

我院大学生思想政治教育团队在深入调查研究、广泛听取意见的基础上，确定了以“百善孝为先”为主题，以加强道德修养为目的，以“感恩、奋斗”教育为主线的思想政治教育工作体系。2014年开始，“固化主题，活化载体”，结合具体情况开展了一系列主题班会教育活动。

二、以传统文化为载体积极开展主题班会教育的做法

（一）确定主题，明确目标

开展“百善孝为先”主题教育活动就是要以“孝”为先导，引领大学生理解父母、感恩

父母，进而对老师、朋友、社会感恩，正确认识社会现象，学会处理人际关系，塑造团结一致、积极向上的精神面貌，养成知书达理、文明礼貌的礼仪习惯，成为在专业上有成就、在人格上无缺陷、在道德上成典范的合格大学生。

（二）设计载体，规划项目

根据实际情况，我们设计了3类教育活动的载体。一是学习感悟。要求学生在学习专业知识的同时，学习《弟子规》、学习孝老爱亲模范的事迹、学习传统文化经典内容、学习文明礼仪知识，使学生扩展视野，明白加强修养需要向模范学习、从经典中获取。二是沟通反馈。利用主题班会、团会、各种宣传媒介、电影及观后感、一封家书等形式进行关于孝老、爱亲、自爱、自强等内容的交流、沟通和反馈，使学生增强能力，明白孝亲、感恩需要从细节做起、从自身做起、从现在做起。三是开展实践。开展敬老助残、争荣誉报父母等活动，使学生投身实践，明白父母工作的艰辛、丰富的生活阅历、荣誉带给父母的愉悦和成为志愿者的充实。

（三）细化工作，深化主题

我院围绕“百善孝为先”这一主题，开展了一系列卓有成效的思想政治教育工作。这里仅撷取部分代表性的学生活动，探索其组织过程和实效意义。

1. 开展诵读《弟子规》活动

为使学生在活动开展完后长期坚持怀有感恩的心，我们要求思政课老师在课堂上始终贯穿孝心感恩教育。将《弟子规》的全部内容打印，作为课外必读内容，学生人手一份背诵朗读。

2.“我对父母和老师说谢谢”为主题的一封家书活动

此活动号召学生在入校以后给自己的父母或者老师写一封汇报自己在校情况和学习感受的书信。该活动可以提醒同学们进行自我反省、理解家长和老师的良苦用心、保持学生和家长的沟通，保证学生心态的稳定，建设气氛浓厚的学风，不断提升“知恩图报，不懈奋斗”的良好品质。

3.“父母心，天地恩，你我情”电影周活动

组织广大同学收看《妈妈，再爱我一次》经典电影，广大同学被“父母之心”深深折服，曾经对父母的怨恨顿时烟消云散；观看《惊涛骇浪》《横空出世》等主旋律电影；观看《美丽人生》《和你在一起》等亲情电影；《勇敢的心》《隐形的翅膀》等励志电影。使广大学生在感动的过程中理解国计民生、亲情友情，在感性的沟通中悄然立志、追求自强。

4.“百善孝为先”大学生交流

参加交流的学生就“弘扬慈孝文化，构建和谐校园”“人生为何百善孝为先”“当代大学生应当怎样表达孝心”等话题进行了热烈的交流。通过交流，理解“孝”是理解父母对自己含辛茹苦的爱，节约父母给的每一元生活费；理解“孝”是树立人与自然和谐发展的观念，节约每一张纸，每一度电，扩大了“百善孝为先”教育活动的意义。

5.“我让家人笑”创先争优活动

活动号召广大同学立足自身实际、发掘自身优势，积极参加院、系、班，或者是更高级别各类活动，认真准备和训练，发扬个人特长和团队优势相结合的特点，创建先进团队、争做先进个人，使广大学生明白，只要珍视现在、不懈努力，就会得到家人的支持、就能使家人满足和欢乐。活动开展以来，广大同学、宿舍、班级甚至是临时组建的团队，高度珍惜参与机会，认真准备各项事宜，在专业竞赛、文化活动、体育赛事、社会实践、宿舍管理等各个方面取得了长足的进步，取得了一系列骄人的成绩。

三、学生思想政治教育主题班会工作取得的成效和体会

（一）学生思想政治教育主题班会工作取得的成效

通过不断的探索和实践，学生思想政治教育工作成效明显。具体反映在：一是形成了良好学习风气；二是未出现严重违纪现象。

（二）开展学生思想政治教育主题班会的体会

经过优秀文化主题班会实践，我们的主要体会是：一是此项活动加强了学生与父母之间、同学之间的沟通和了解，增进了同学之间的团结和友谊起到积极作用。同时，提高了学生语言表达和文字水平，丰富了课外文化知识，提高了同学们适应社会的能力，激发了同学们成就事业的积极性、主动性和创造性。二是通过主题班会，有效引导了学生在大学的学习、生活中及时调整好心态，增强了对大学学习、环境和生活的适应性，真正在大学做到学会思考、学会做人、学会求知、学会做事、学会关心、学会合作。三是有力地促进了良好的学风和班风的形成，有利于在学生中形成互帮互学的氛围，有利于加强学生的日常管理，有利于及时发现和解决学生学习、生活中遇到的实际问题，使学生思想教育工作与解决学生实际问题做到了有机的结合。四是通过主题班会，充分尊重和发挥了学生的主体地位和作用，使学生积极主动、平等地参与学生工作，允许学生对任何具体的管理规范和规章制度提出质疑，允许进行争论或心平气和地交换意见，能够真正听到来自学生中的不同的声音，找出学生工作中存在的问题和漏洞，使学生工作管理者，根据学生实际情况和特点有的放矢地开展工作。同时，通过主题班会还能培养学生各方面潜在的创新能力、竞争能力、组织能力、管理能力和协调能力，使学生得到创造性的全面的发展，这样学生思想政治工作才能达到预期的效果。

四、反思

稳定大学学生心态需要全体教工共同努力营造和谐的大学校园文化。培养大学生是一个系统工程，仅仅依靠专职教育工作者是远远不够的。教师在课堂上要把传统文化、感恩案例贯穿于讲述中；班主任要把关爱渗透到大学生生活的每个角落；图书馆要成为学生吸取知识营养的殿堂；后勤服务要把父爱母爱体现在餐厅、宿舍。要使学生每时每刻、不同场所受到亲情、爱心。全院上下形成关心学生、爱护学生、帮助学生解决困难的良好风气，把学生当成自己的孩子，让学生在校园感受父爱母爱，让学生在校园中感受到大家庭的温暖。真正使学生把学校当成自己家，当成温馨的港湾。只有这样，师生之间的沟通才会流畅，学生的疑惑才敢和老师倾诉，学生的困难才能够合理解决，学生的不满才会在谈笑风生中得以化解，从而达到稳定学生心态的目的。一句暖心的话似春风化雨，一个善意的举措似冬日里的阳光。大学的校园文化建设最重要的就是使学生真正成为受益者、参与者、关心者和将来走向

社会后的美好回忆者。

五、结语

通过优秀传统文化主题班会计划、方案、过程、总结、照片，有力地保障了学生思想政治工作的质量。这只是我校大学生思想政治工作某个方面的一次实践初探，在很多方面我们还可以尝试，希望在下一步能够找到更有效的方法，努力为培养合格的大学生做出应有的贡献。

第四辑　青蓝工程

视关爱青年教师的成长为己任

——记北京科技大学关工委本科教育教学督导组

北京科技大学关工委

1991 年，我们北京科技大学关工委成立了本科教育教学督导组，是以督导本科教育教学质量为核心工作、以培养青年教师为己任的专家咨询组织。

本科教育教学督导组现由 12 位退休的资深教授组成。他们接受学校聘请，以平均 38 年以上高教资历和 10 年以上督导工作经验，凭着强烈的责任心和使命感，承担起本科教育教学督导和质量监督工作，为确保本科教育教学和人才培养质量做出了卓越贡献。

教学质量是高等学校生存和发展的生命线。保证教学质量，人是第一要素，建设一支高水平的、具有良好的职业道德、创新能力、教学实践等综合素质高的教师队伍，是高等学校持续发展的首要任务。随着大批年轻学者加入到教师队伍行列，为保证教育事业后继有人，加强青年教师队伍建设，全面提高青年教师能力和素质，是学校关注的重点，也是督导组全体老教授们不懈努力的方向。多年来，他们视关爱和帮扶青年教师为己任，做了大量工作。他们以听课为基本环节，以开展业务讲座、指导教学竞赛为培养手段，以传承教学经验和科研经验为辅助办法，在从教观念、教学能力、个人成长等方面、多角度完善教师培育模式，使学校涌现出一批优秀的青年教师，有力地保障了新老教师交替过渡阶段的教学质量。

一、德行兼备，做青年教师的良师益友

督导组除了听查本科生课、跟踪毕业生结业全过程、参与抽查毕业设计、试卷、实习报告外，还承担了协助起草规章制度、进行专题调研，对新入校教师和学生信息员进行讲座辅导等，同时编印了报道学校本科教育教学改革、教学质量监控、教学心得、学生学习和综合素质培养等内容的《北京科技大学本科教育教学督导简报》200 余期，《研究型教学参考资料汇编一、二》（共 70 余万字）等。

在听课的基础上，督导组注重归纳和概括教学过程中共性和多发问题，通过组织专题讲座使更多的青年教师受益。督导组组长罗圣国教授以“现代教学理念和课堂教学”在校教师（教学）发展中心召开的面向全校青年教师的教学培训班举行讲座，累计参与的教师超过 500 人次，青年教师反响热烈。许多督导组成员还为青年教师进行“如何做一名合格教师”“课堂教学的基本要素和原则”“如何上好第一堂课”等方面的培训和辅导，参加各学院的青年教师座谈，内容都是针对青年教师刚走上讲台需要掌握的教学基本技能和基本规范，或者是针对参加竞赛所需掌握的纯熟的教学艺术。督导组还编印出版了《倾注深情　创新督导》一书，其中收录了多篇指导青年教师提高教学能力的文章，现在已经发送给每年新入职

的青年教师学习参考。

工作中，督导老师们不仅是监督、检查、评估教学工作的“官”，更是指导和培养青年教师的良师益友。督导组先后发现和总结了帮扶青年教师的经验，撰写了《视帮扶青年教师为己任》《用一颗热情的心、一颗爱心去关心年轻人的成长和发展》等文章。

青年教师对督导老师的敬业精神和作为教育工作者的责任心由衷敬佩，青年教师在回复督导员的邮件中说：“坦率地说，能收到您的信我很吃惊，也很让我钦佩您的敬业精神。您是一个真正负责任的教学督导！非常感谢您在百忙之中，在教学方面给我提出的中肯的建议……”“督导组 × 老师：……这份责任，这份热情，在当今这么浮躁的大学校园，显得多么弥足珍贵。”

二、帮扶并重，帮助青年教师过教学关

对于刚刚参加工作的青年教师，按规定要求必须经过教学准入环节才能获得本科课程主讲资格。督导组采取随堂听课的方式进行跟踪，仅过去一年全组就听了新教师助课试讲和授课试讲近百次。他们很重视每次听课后的“一对一”沟通，肯定他们的成绩，同时也严肃认真地指出他们教学上存在的不足，并指导他们加以改进。例如，某新教师虽然个人很努力，由于没有教学经验，教学效果一直不好，督导组在考察中发现他的问题，多次找到他的指导教师和所在学院的督导员，建议加强指导，并和这位教师进行沟通交流，提出改进建议，最终使这位教师按期通过了教学考察。督导组探索出新的督导督查长效机制，保证在青年教师教学成长的起步阶段都有督导专家的全程跟踪，直到确保青年教师教学关顺利通过。

三、点面结合，多种方式配合指导

随着学校规模的不断扩大和教师队伍的加速更新，大批青年教师走上讲台，从事课堂教学和实践教学工作。他们大多有博士学位，基础理论比较扎实，计算机应用和外语能力较强，科研的能力较强。但是在教书育人的责任感，掌握教育规律、熟悉教学法和教学基本功，均有较大的差距。参与各项教学竞赛就成了青年教师提高自身教学能力、凸显自身价值的重要表现方式之一。督导组注意抓好竞赛这环节，通过“发现新人—培养信任—强化培训—激励进步—总结经验”的过程，有效地调动了青年教师投入教学的积极性。督导组成员全程参与各级各类青年教师教学基本功比赛的选拔、评比和培训，在北京市第七届青年教师教学基本功比赛中，督导组推荐指导的 3 名选手全部获得一等奖；在北京市第八届青年教师教学基本功比赛中，又获得 2 名一等奖，1 名二等奖。通过竞赛培养和发掘出了一批教学骨干人才。

四、经验传承，关注青年教师个人成长

工作中，督导员关心青年教师教学能力的提升，还在科研方面尽可能给予帮助。督导组袁老师前后 6 次带着青年教师深入到企业去进行调查研究，一起签订科研合作协议；一起研究分析和解决科研中遇到的关键技术问题；一起撰写科研任务的总结报告，受到了企业的欢迎和好评。在江苏省开展的高校“教授和博士进企业”的活动中，连续两届作为受聘人员，得到了市政府颁发的聘任书。他指导的 3 个青年教师两年内接到 5 个科研项目，经费达到 120 多万元。

有青年教师感言："督导组的帮助，让我用最短的时间，完成了从学生到教师角色的转变，并逐渐成长为一名合格的大学教师。"

五、宣传典型，带动教学队伍成长

督导组老师时刻关注进步迅速、工作努力、成绩显著的青年教师典型，分析、分享成长经验，组织召开各类主题教学经验交流会，以典型发言、集体交流、督导点评的形式，就教学内容、教学方法、教学艺术等方面交流各自的做法和经验，以点带面，为学校培育和稳定教学队伍起到了积极的作用。

为了及时总结我校培养青年教师的经验和体会，宣传优秀青年教师的成长历程，督导组正在听过的数以千计的课中，筹备出版"优秀课堂教学实录文集"，把一些优秀课堂教学的实例凝练出来加以宣传，目前已选定第一批 30 人，基本完成文稿的编写。

鉴于督导组关心青年教师和青年学生所取得的工作成绩，督导组先后荣获（首届）北京教育系统、全国教育系统"关心下一代工作先进集体"称号，督导组组长罗圣国教授于 2011 年荣获北京教育系统和全国教育系统"关心下一代工作先进工作者"荣誉称号。《为了托起明天的太阳》获第一届"心中的感动——记教育系统关心下一代优秀人物"优秀征文奖；管志安教授获 2014 年教育系统"关心下一代优秀人物"荣誉称号。

督导组开展的"本科教育教学督导工作改革与实践"研究项目先后获校教学成果特等奖和北京市教育教学成果二等奖。

"老骥伏枥，志在千里；烈士暮年，壮心不已。"这两句古今传颂的经典如今成为北科大教育教学督导组老师工作的真实写照，他们在教育教学一线勤勤恳恳工作几十年，退休之后仍旧不忘初心，为培养青年教师和优秀学生常年做着繁杂而细微的工作，岁月染白了他们的双鬓，同时也赋予他们智慧的双眸和丰富的经验，他们平凡而不平庸，平淡而有信仰，他们是我校"关心下一代"工作的坚实力量。

薪火相传育后生　甘为人梯做春泥

——推进实施青蓝工程的山西农业大学教学督导组

山西农业大学关工委

教育大计，教师为本。山西农业大学关工委在校党政领导下，急党政所急，想青年所需，尽关工委所能，充分发挥老专家、老教授在教学科研等方面的丰富经验，建立并长年坚持了教学督导组队伍和教学督导机制，为老同志对青年教师的"传""帮""带"搭建了平台，为有效推进实施"青蓝工程"提供了载体，让老同志在服务学校教学质量提升的过程中享受生活、享受快乐、颐养天年，取得了较好效果。

一、老骥伏枥志千里

山西农业大学现有专职教师830人，其中，人生阅历短、教学经验不足、对自身成长需求迫切的青年教师几乎占到了60%。与此同时，学校离退休教职工中副高以上职称人员有211名，这是一支文化层次高、政治素质强、管理经验足和教学实践经验丰富的不可多得的人才教育资源。对于这些老同志来说，他们对自己为之奋斗一生的教育事业有着深厚感情，对学校发展以及学校教育教学水平的提升都十分关心，很大一部分老同志都表示，不愿意就此赋闲在家，感到自己还有精力去干一些实际工作。有些老同志还谈道，自己多年从事的教学、科研工作还有一些目标没有实现，要趁着自己还能继续工作的时间，继续努力。

基于以上现实因素，我们于1997年12月正式成立了以离退休干部、教师为主的校院两级教学督导组，先后共聘请了60余位师德高尚、业务精湛的老专家、老教授，认真细致地开展了教学督导工作。17年来，虽然几经人员变换，但这支流动的教学督导队伍认真履行职责，无私奉献自己，用满腔热忱为青年教师业务能力提高、学校教学水平提升做出了卓越贡献。

二、俯首甘为孺子牛

教学督导组成立至今，老同志们按照对下“监督”和“指导”，对上“参谋”和“反馈”的原则，主要通过深入课堂听课、参与教学管理、积极建言献策3个工作载体，帮助青年教师成长，保障教学秩序井然，推进教学改革创新。

（一）深入课堂听课

每年，督导组的老同志们都要深入课堂听课270余节次，并对每堂课的教学质量做出评估。截至目前，仅课堂教学质量评估表就积累了6000余份。通过这种全程听课的形式，我们进一步加强了对任课教师课前、课中和课后各教学环节组织实施情况的检查与指导。老专家随班听课时认真做听课记录，课后任课老师都主动找参与督导的老教师征求意见。督导组把发现的教与学方面的问题，及时同任课老师进行推心置腹的交流谈心，形成良性互动，实现了老教师对青年教师的言传身教。

（二）参与教学管理

为了帮助学校切实规范教学管理，使学校的各项教学改革措施落到实处，老同志们定期深入学院，与学科负责人共同研究专业人才培养方案，指导青年教师基本功竞赛，审查考试试卷及批改质量、审阅毕业论文规范化程度，他们对每项工作落实情况都要认真记录，并给出中肯的评语或建议。有的老同志甚至对具体实验教学的准备情况都要仔细检查，包括实验材料、实验切片、实验器材及显微绘图。他们对规范实验操作程序一丝不苟，有时还会亲自动手示范。每逢考试前后，这支督导队伍都会活跃在加强学生考风、考纪监督的第一线，从考前动员到考场巡视，他们的一言一行都赢得了全校师生的尊重和爱戴。

（三）积极建言献策

督导组配合学校各项工作，开展了大量的调查研究，针对课堂教学、实验室管理、实践育人、青年教师培养等具体工作，他们先后深入师生开展专题调研68次，共撰写教学督导工做报告、专题调研报告 90 多份，共计 20 多万字，提出意见和建议 300 多条，大多都被校、院在制订发展规划、年度重点工作、人才培养方案的过程中所采纳，很多意见已经被广大教师用在了教学实践中。

三、遍地开花香四溢

青，出于蓝，而胜于蓝；冰，水为之，而寒于水。教学督导组的老同志们用 17 年的坚守，为我们带来了满园芬芳。

（一）教学质量逐步提升

近年来，在老同志们的认真督导检查和全校师生的共同努力下，教风、学风、考风明显好转，教学秩序得到保障，实践教学得到加强。截至目前，学校有国家级教学名师 1 人，国家级教学团队 1 个，国家级特色专业建设点 5 个，国家级精品课程 2 门，国家级精品资源共享课程 1 门，教育部精品视频公开课建设课程 1 门，国家级教学实验示范中心 2 个，国家级大学生校外实践教育基地 1 个；省级教学名师 26 人，省级教学团队 3 个，省级品牌特色专业建设点 14 个，省级精品课程 16 门，省级精品资源共享课程 14 门，省级实验教学示范中心 9 个，省级虚拟仿真实验教学中心 1 个，省级人才培养模式创新实验区 2 个；先后获省部级教学成果奖 100 多项。学校人才培养质量明显提高，我校学生在全国或山西省大学生英语竞赛、大学生“挑战杯”竞赛、数学建模竞赛等活动中屡获奖励，涌现出了一批扎根基层、励志创业的先进典型，多次受到上级相关部门的表彰和肯定。

（二）青年教师得到成长

在督导过程中，老同志们常常与授课教师和谐互动，切磋教艺，交流经验，面对面地提出了改进课堂教学的有益建议，一招一式地指导改进，大大促进了中青年教师课堂教学水平的稳步提高，很多老同志都成了中青年教师的良师益友、忘年交。老教授、老专家们用严谨、科学的治学作风，言传身教于师生之间，也把老教育工作者的关爱送给了如今站在讲台上的教师们，起到了示范作用。良好的师风师德已经成为我校加强教师队伍建设的一种潜移默化的重要力量，在历次“三育人”、道德模范评选活动中，都会涌现出一大批立足本职工作，奉献教育事业的先进典型。近年来，共有 11 名中青年教师获得省级优秀共产党员“三育人”先进个人、“山西省十大杰出知识女性”等荣誉称号。在中青年教师教学技能方面，老同志们通过听课“诊断”、竞赛评比，推荐出了一批教学效果好的中青年教师典型。2001 年以来，我校先后有 30 多名中青年教师在全省高等院校中青年教师教学基本功竞赛活动中获奖，2 名教师被省劳动竞赛委员会授予五一劳动奖章，20 余名教师分别被荣记个人一等功、二等功和三等功。其中，许多中青年模范教师，现在都已经成为我校教学科研岗位上的中流砥柱。

（三）老有所为蔚然成风

这些活跃在教学督导队伍中的老专家、老教授，退而不休，无私奉献的精神，不仅教育了青年师生，也影响着身边的老人。冀一伦教授 90 余高龄仍笔耕不辍，5 年先后出版 3 本学术著作。周忠孝教授指导年轻教师曹果青培育出了山西省第三个瘦肉型猪新品系，并获得山西省科技进步一等奖。李新基教授带领青年师生选育出了夏播兼春播早熟高粱杂交种夏杂

1号、2号。解思敏教授带领科研团队积极帮助平定县理家庄村村民科技致富奔小康，被誉为“科技神人”。由60余名老同志组成的老年科技协会，每年都要到农业生产一线开展调查研究，了解农民需求，宣传农业科技，开展技术培训和咨询服务，积极为山西农业现代化建言献策。他们先后为晋中市有关县区培训了果农、菜农、养殖户1000余名；编写了通俗易懂的《现代农业科技使用手册》，并赠送给了相关生产经营者；承担了我校主办的《科技农业》报的编审工作；在太谷、祁县、平遥等地建立了长期的服务基地，为服务基地进行了测土配方施肥和绿化规划等工作，并向祁县人民政府等有关单位提交了《对祁县果农队伍建设的粗浅思考》等10多份调查报告，受到当地政府和农民的一致好评。与此同时，40多名老同志发挥自己在政治、经验、威望、时空、亲情等方面的独特优势，热心指导青年学生开展校园文化活动和社团活动，打造了“听爷爷讲过去的故事”“听老革命讲党史”等主题教育活动，帮助青年学生了解专业前景，鼓励他们勤奋学习，激励他们勇担新农村建设的重任，为“三农”事业奉献青春。

做好“青蓝工程”工作　促进青年教师成长

沈阳工业大学关工委

党的十八大政治报告中提出：“加强教师队伍建设，提高师德水平和业务能力，增强教师教书育人的荣誉感和责任感。”这也是教育界的“中国梦”，而以培养青年教师为目标的“青蓝工程”就是实现这一梦想的有效途径之一。

有知识与会传授知识之间没有必然的因果关系，学术水平高与教学水平高之间也没有必然的因果关系，况且理工院校培养出来的青年教师没有学过“教育学”和“心理学”，所以要使他们早日成为一名受学生欢迎的教师，老教师的“传”“帮”“带”是必不可少的。

我校党委高度重视关工委工作：2010年进一步完善了两级关工委组织机构；把关心下一代工作作为学校思想政治工作的重要组成部分；每年下拨3万元活动经费；2014年党委书记郭明顺同志亲自批示，为校级关工委成员和各二级关工委订阅教育部关工委发行的《关心下一代》杂志，给大家送来了精神食粮。

老同志如鱼得水，为年轻教师倾其所能，无私奉献。他们提出的口号是“甘愿做‘青蓝工程’志愿者”。在“青蓝工程”工作中，自觉做深、做细、做实，用自己的努力工作争取早日实现“青出于蓝而胜于蓝”。

我校在如何做好“青蓝工程”工作中已形成自己的理念，积淀出自己的经验。2010年6月，校关工委副主任张捷贤被辽宁省教育厅授予“全省教育系统关工委实施青蓝工程先进个人”；2011年我校被评为“全省教育系统关心下一代先进集体”；2012年校关工委办公室主任王荣华获“省关心下一代先进个人”称号；2013年10月在教育部召开的“全国高校关工委工作经验交流会”上，我校关工委常务副主任于秋恩以“做好‘青蓝工程’工作　促进青年教师成长”为题目，总结汇报了我校“青蓝工程”工作。其具体做法是：

一、组建三支队伍

为保证“青蓝工程”可持续发展，必须建立相对稳定的工作队伍，我校关工委共组建了三支队伍。

（一）学院级工作队伍

各学院二级关工委建立了“青蓝工程”队伍，聘请本学院退休及在岗老教师对青年教师进行“传”“帮”“带”。如：理学院选配的老教师帮助青年教师制订成长计划；信息科学与工程学院的老教师指导青年教师参与科研立项、基金申报等。这些都对青年教师的成长起到了重要作用。

（二）校级教学督导组队伍

这是一支由退休教师组成的专职队伍，也是校级关工委的成员。他们本着“督要严格，评要中肯，导要得法，帮要诚恳”的原则，做青年教师的良师益友，采取深入课堂、课下座谈等形式，量化检查，教育引导，树立典型，让青年教师学有榜样。

（三）老教师志愿者队伍

我校关工委由一名驻会的副主任、老教授专门负责“青蓝工程”策划与组织工作，并在全校范围内聘请资深老教授组成了一支较为稳定的志愿者队伍。每年都深入各学院，对青年教师进行师德师风、爱岗敬业、教学理念、教学方法等全方位地指导。

青年教师徐博说：“老教师认真的工作态度以及奉献精神受到我们这些年轻教师的尊重，他们的教学经验对我们更是最珍贵的财富。”

目前我校从事“青蓝工程”工作的老同志有 21 人，帮扶指导青年教师 100 多人。

二、开通三种渠道

（一）个性指导渠道

“一帮一”导师制是二级关工委帮带青年教师的主要渠道，许多青年教师正是通过“一帮一”成长起来的。电气学院的青年教师韩颖深有感触地说：“我有幸与电工教研室的胡岩老师结成一对，正是由于胡岩老师的帮助，才使我快速实现了由一名学生到教师的角色转变，直到成为全校青年教师基本功大赛一等奖的获得者。”

（二）集体交流渠道

校关工委组织老教师配合各学院，与青年教师进行集体交流：开展专题讲座、座谈讨论和“青年教师发展论坛”等活动，从教学理念、教学方法、教学艺术角度深入研讨，进一步提升了青年教师的思想境界，开阔了视野。

（三）空间网站渠道

我们建立了“沈阳工业大学关心下一代”网站，其中“青蓝工程”专栏登载国内外名家对教育、教学理念的论述，我校老教师的教学方法、教书育人体会，青年教师的感悟、经验交流等。

老教师王宗杰教授撰写的《谈如何搞好课堂教学和上好绪论课》、张捷贤教授撰写的《教学板书的学问、技法与最基本的要求》等文章都对青年教师授课水平的提高起到了重要作用。

三、实现三个教育

（一）做人教育

一些青年教师要尽快完成从学生到教师的转变，为此我们邀请老教师结合自身经历，对青年教师进行爱党、爱国、爱社会主义的教育。

我们请全国优秀教师、德高望重的博士生导师王凤翔教授为青年教师做了“为人要正、为学要严”的讲座，他用自己几十年的经验，告诉青年教师如何为人师表，使青年教师受到很大的鼓舞，在如何做人上起到了教育引导作用。

（二）做事教育

为提高青年教师的综合素质，学校选拔部分青年教师担任学生班导师。我们把对青年教师的帮带延伸到辅助他们做好班导师工作中。

担任建筑学院、经济学院、软件学院、信息学院班导师的青年教师主动邀请老同志到自己所在班级，以座谈、讲座、报告会等形式，就学生提出的有关问题，老同志结合个人经历、感悟给予回答。现场师生互动热烈，学生和青年教师感到受益匪浅。很多青年教师表示：“在和老同志共同教育学生的活动中，我们不仅从老同志的报告和质朴的言行里受到教育和启发，而且学到了如何育人的方法和经验。”

（三）做学问教育

教师如何做学问？老教授温瑾林用自己在“文革”时期冒政治风险自学英语，“文革”后被国家第一批选派到美国留学，成为国际焊接领域卓有贡献的专家的经历和体会，启发青年教师“做学问既要有奋斗目标，又要有为实现目标百折不挠的刻苦精神”。

针对青年教师缺少实践经验的弱点，张文辉教授撰写了“教学、科研、社会实践三位一体是青年教师成长的必经之路”的文章；俞秉义教授撰写了“教学科研必须联系工程实际”的文章，并在座谈会上介绍自己曾深入 38 个工厂的车间进行调研、收集工程实例用于教学的经历和体会，使青年教师深受教育和启发。

四、收获三方面成果

“青蓝工程”收获了三方面成果，为我校培养高素质人才夯实了基础，取得了明显成效。

（一）促进青年教师健康成长

10 多年的耕耘，“青蓝工程”增强了青年教师的责任感，提升了青年教师的综合素质，深受广大青年教师欢迎。经济学院青年教师冯志说：“老教授的帮助使我从一个全新的侧面和更长远的视角认识到自己作为人民教师的崇高使命。”建筑工程学院青年教师姜军说：“关工委老教授们对教育事业的热忱，对年轻教师培养的热情，对学校发展的关切，真是值得我们青年教师好好学习。”青年教师李明飞说：“参加这次青蓝工程活动，提高了我的业务能力，增强了我的教学热情，可以说让我终身受益。”

近几年，我校青年教师获得“沈阳市五一劳动奖章”的有 2 人，获得辽宁省“巾帼建功”称号的 1 人。青年教师周英刚获“全国大学生电子设计竞赛辽宁赛区优秀指导教师”称号；青年教师郎旭获“沈阳市第六届高校青年教师教学基本功大赛第一名”，被授予“教学楷模”称号；青年教师翟波获大赛第二名，被授予“教学标兵”称号；青年教师徐晶获“教学能手”称号；其他获得省、市级各种奖项或称号的有 21 人之多。

（二）实现了老同志人生价值

老同志在为青年教师付出的同时，也收获了精神世界的满足。有的老同志说：“这个年龄还能被需要，这是我们的荣耀！”他们向青年教师发出“有求必应，你成长我快乐！”的呼唤，老教授赵泽五高度概括了关心下一代对老同志的益处，他说：“有一种养生之道叫关心下一代。”

（三）净化了学校的教风、学风

“青蓝工程”的开展直接为教风、学风的净化输入了正能量。由于青年教师教书育人的能力不断提高，受到学生的欢迎和尊重。文法学院刘瑞婷同学说：“人生没有彩排，每一天都是现场直播。大学生活一生只有一次，为何不好好规划呢？珍惜现在所拥有的，拿起笔起草一份属于自己的明天。”

奉献余热　薪火相传
提升青年教师的教育教学水平

吉林体育学院关工委

提升青年教师的教育教学水平，是学校教学工作可持续发展的根本保障。青年教师是学校的未来与希望，青年教师的思想、政治、业务素质如何，将决定学校的发展前途和命运。学校的教学督导组通过看课、听课、评课，加强对青年教师教学工作的指导，以引导青年教师逐级而上，不断进取，尽快成才，最终建设一支师德高尚、业务精良、作风扎实、结构合理、相对稳定的高质量教师队伍，从而实现学校教育教学质量的稳步提高。

为了加强对青年教师的培养，学校领导十分重视发挥离退休老同志的独特优势，他们既有丰富的教学经验，又有与青年教师的亲和力，德高望重，是培育青年教师快速成长不可或缺的力量。学校分管领导经常听取教学督导组的建议，在涉评、表彰、评估等重要工作中，充分听取督导组的意见。

学校教学督导组成立于 1994 年，由资深教授和专家组成，现有 7 名成员，平均年龄 72 岁。他们老当益壮，无私奉献，只要教学有需求，青年教师需要业务咨询，他们都义无反顾地予以热情承担。通过多年的努力，他们已是青年教师的良师益友，学校教学工作的智囊团。学校党政领导及省教育关工委对他们的工作给予了充分的肯定。1998 年以来，连续三次被吉林省教育关工委评为“关心下一代工作先进集体”，并被推荐参加了全国教育关工委在辽阳市召开的“青蓝工程”现场会。

通过长期的教育教学督导工作的实践，总结出了“五项措施”和“五个结合”的工作方法，及时总结经验，不断提升督导工作质量。

一、教学督导工作的五项措施

（一）以老带新，实行导师责任制

学校在实施“青蓝工程”的过程中，各分院、各教研室从具有教授、副教授职称的老教师中，选派了青年教师的指导教师，明确指导教师的职责，根据他们的实际情况，制订指导计划，从理论到实践加强具体的指导，同时分析青年教师的自身素质和专业特长，确定发展方向，从而有效提高了青年教师的执教能力。

（二）协助教学管理职能部门齐抓共管

学校的教务处、各分院、各教研室都将提高青年教师的教学水平工作放在重要位置，列入每年的年度工作计划中，并对青年教师提出明确要求：做到“一熟悉”——熟悉各科、各项教材，注意知识的准确性、科学性、合理性。“二准确”——重点、难点找得准确。要从教材和学生的实际出发确定教学目标，找准培养学生能力和进行人文教育的切入点。“三掌握”——掌握教学方法、教学手段，使教学更具有活动性、趣味性、针对性。“四设计”——设计出具有新意的教案和课堂教学方案。教务处经常进行检查，督导组进行调研，将了解的情况及时向学校和教务处进行反馈，使之落实到实处。

（三）指导青年教师参加教学比赛

近年来，学校和教务处每年都举办青年教师教学技能大赛，这是提高青年教师课堂教学能力、交流经验的有效形式。赛前青年教师请老教师进行帮助和设计，内容包括课堂教学、教案设计、自制多媒体课件和教学基本功等，对青年教师教学水平的提高大有益处。

获全校教学技能大赛一、二等奖的青年教师，在全体青年教师参加的场地和教室进行公开课演示，使全体青年教师受益匪浅。学校教务部门听取督导组的意见，推荐获奖的青年教师参加全省的教学技能比赛，并取得了优异的成绩。

（四）对青年教师进行业务培训

学校教学督导组，对青年教师进行培训的主要形式有：

（1）参与组织青年教师研讨教学工作遇到的问题，提出开拓型、创新性的解决办法，促进青年教师教学能力和水平的提高。

（2）参与备课、说课、听课活动。教研室组织集体备课时，让青年教师说课，老教师现场指点，说课前要认真准备，备好课。青年教师经常听老教师的课。

（3）协助教研室对青年教师提出“三个一”的要求，即：写出一份具有新意的教案、上一堂具有创意的课、撰写一篇具有较高参考价值公开发表的教研论文，将此作为考察、评价青年教师的依据。

（4）鼓励青年教师参加学术研讨，科研课题研究，撰写教材等活动，提高他们的学术水平。

（五）有针对性地查、看青年教师的课

近年来，督导组每年查、看课都在 400 ～ 500 课次，主要检查教师是否按时上课，教学文件是否齐全，学生的出勤情况、听课态度、教师的师德表现等，对稳定学校的教学秩序，树立良好的教风、学风发挥了重要作用。

通过听、看课，主要是检查教师的课堂教学的质量。在听、看课的过程中，听、看全课，了解课堂教学的全过程，明确课的成功点，找出存在的不足，课后进行点评。以关心和耐心的态度，与青年教师交换意见，共同探讨解决问题的具体办法。青年教师普遍欢迎督导组去听、看课，有的青年教师主动到督导室要求去听、看他们的课。通过有针对性地听、看青年教师的课与交流，和青年教师交朋友，提高了青年教师的教学效果。

二、教学督导采取“五结合”的工作方法

学校教学督导组在实施“青蓝工程”的过程中，通过听、看青年教师的课堂教学，不断促进青年教师教学能力和教学水平的提高，主要采取了“五结合”的工作方法。

（一）随机评价与有准备评价相结合

随机去听、看青年教师的课，或者通知教师有准备的听、看青年教师的课，会产生不同的效果。两者结合起来，更有利于发现青年教师在备课、课堂的教学设计及各教学环节存在的问题，更便于有针对性的指导。事先通知教师有准备的课，教学效果明显有所增强，是提升青年教师教学水平和能力的好方法。如果连续几次听、看同一教师的课，多次探讨提高教学水平的有效方法，对青年教师的提高更为有利。

（二）全面评课与突出重点相结合

听、看青年教师的课，要全面了解教学过程，对每个阶段和环节都应当进行评价，但也应当突出重点。不同时期要解决的重点问题也有所变化。如一个时期主要看青年教师在课堂教学中教学方法的运用，另一个时期主要看青年教师在课堂教学中培养学生能力的安排，以及怎样加强人文素质的提高。抓住重点问题，与教师交流解决办法。

（三）日常评估与协助组织竞赛相结合

日常听、看青年教师的课，课后对该课存在的问题交换意见，探讨解决办法。下次再听、看该教师的课时，多数教师均有改进与提高，但教学效果提高不大。经常协助开展教学竞赛活动，青年教师的提高较为明显。因为教学竞赛活动的赛前准备是比较充分的，有的教研室让青年教师说课或进行教学演示，共同设计教案和授课方案；有的青年教师请老教师给予具体指点。因此，青年教师的教学水平提高较快。

（四）传统评价与专项调研相结合

在听、看青年教师的课时，发现一些重要问题，多次进行点评，但始终改进不大。针对这种情况，教学督导采取了专项调研的方法。首先确定两项专题调研：一是在课堂教学活动中，如何对学生进行人文素质教育；二是在课堂教学活动中，如何培养和考核学生的实践能力和创新能力。在进行调研后，又确定了两个研究课题：一是标准化教研室的评估标准；二是对现用的教案模式进行修订研讨。这 4 个专题调研，经督导组讨论，均形成文稿，并经教务部门印发给全校教师。

（五）总结评价与推广经验相结合

在听、看课过程中，发现青年教师在某个教学环节上有亮点，及时进行总结推广。如一名青年教师在课上进行教学互动，让一名学生指出另一名学生示范动作的优点与不足，培养学生分析技术动作的能力。我们在点评时，肯定这种教法，共同探讨将这个教法继续发扬，还应增加培养学生的教学能力等，让更多的学生参加互动。我们把该教师的做法及时在《督导简报》上报道，并把教案刊登在《督导文集》上，在全校青年教师中加以推广。

三、浓缩精华，总结经验

实施教学督导工作是学校优良传统与创新的传承实践过程。如何把这项工作做得更科学，有力地推动学校教育教学质量的提高，学校督导组十分重视经验的积累，传承与创新并举，不断知识更新，着眼现实，把握未来。多年来，学校督导工作十分重视经验总结，注重把新知识纳入督导工作内容。为积累经验，20 年来，他们编写了《督导文集》六期，共收纳了老教师、老专家撰写的涉及学校人才培养目标、培养方案、专业建设、课程建设、规章制度建设、教学管理、提高教学质量、教学方法手段研究的有关论述、调研报告、示范教案、改革方案以及督导简报、督导工作总结等内容十分丰富的文章 240 多篇，字数达 72 万字。这是学校近 20 年来教学督导工作成果和经验的积累，也是学校青年教师学习、提高、进步、成长的知识源泉。

四、教学督导工作取得的成效

学校教学督导组组建于 20 世纪 90 年代，至今已工作了 20 个年头。随着老教师逐渐退离，现在年龄在 45 ～ 50 岁的教师，当时正处于 35 岁以下的青年时期。教学督导组的工作重点，通过听课、看课、评课，对这一批青年教师教学指导。现在他们已经成为教学工作一线的中坚和骨干，有的已经成为学科带头人，有的还走上了教学管理的领导岗位。他们中有 21 人受聘教授职称，9 人获博士学位，获硕士学位的人数约占 80%。有 12 人为硕士生导师，有 6 人担任分院的领导工作。如于清教授，是学校教学名师、博士在读、硕士生导师，曾评为吉林省“十佳青年体育教师”，全国“百名优秀青年体育教师”，获“首届吉林省青年体育教师理论课教学比赛”一等奖。

随着第一批青年教师的成长，又陆续有更多的青年教师来学校任教，教学督导组的工作重点，必然转向新的一批青年教师的指导上来。这批青年教师，他们更有朝气，2000 年以后，成长更快。他们有 3 人被评聘为教授，18 人被评聘为副教授，3 人获博士学位，获硕士学位的人数达到了 90% 以上；有 10 人为硕士生导师，3 人担任分院的领导工作。青年教师方方，受聘教授职称、博士在读、硕士生导师，担任健身气功国家级社会体育指导员，还承担了历届国家级社会体育指导员培训的授课任务；她培养的多届学生，在参加全国和省级运动会上夺金摘银，并多次获得“武德高尚裁判员”称号。2012 年，学校有 3 名教师参加了“吉林省高校青年教师教学技能比赛”，均获得了优异成绩，其中籍玉新获专业理论课组第一名，王焕的轮滑课教学获专业技术课组第一名，李婷婷的篮球课教学获专业技术课组第二名，乒乓球青年教师万国庆制作的微课作品获吉林省微课作品比赛第二名。

这些成绩的取得，与学校党委、校、院领导、教务处对青年教师培养的高度重视是分不开的，也是青年教师勤奋学习，努力工作，积极创造，不断进取的结果。如果说也有教学督导的功劳，那只是在这片努力、勤奋、创造的烈火中添一把柴而已，他们已经感到十分的欣慰。

近几年来，学校开展“青蓝工程”活动，督导组老教师在师德建设、教学态度、教学方法等方面对青年教师进行了有力指导，全面促进青年教师在教育、教学质量和管理水平等方面的提升发挥了积极的作用，丰富了青年教师的培养模式，开拓了与系统培训相配合的培养青年教师的新途径。同时，也充分发挥了老教师的独特优势，集中体现了关心下一代工作的根本宗旨，取得了老少两代教育工作者“双受益、双提高、双发展”的效益，得到了学校领导、青年教师的普遍认同。

岁月有痕　我心依旧

——黄山学院关工委教学督导组纪实

安徽黄山学院关工委

一

黄山学院是一所新建的本科院校，自 2004 年专升本以来，办学规模迅速扩大，目前在校生数已有 18000 人之多，教师队伍中新教师比例空前增大。没有高水平的教师队伍，不可能有高水平的大学，如何加强青年教师的培养力度，让他们发挥自身优势，尽快在教学实践中成长起来，成为教学中坚力量，这是教师队伍建设的当务之急，也是教育质量工程建设的当务之急。为了有效解决这一发展中的突出矛盾，学校在 2005 年秋依靠一批退休老专家、老教授、老教师组建了面向全校教学一线（课堂、实验室、实践基地等）的教学督导组，突出重点“传”“帮”“带”，深入一线“面对面”。

严寒酷暑至今 9 个春秋，银发一族心系教育，心系学校，岁月有痕，我心依旧。这批老年志愿者把生命的余热化作点滴爱心播撒在教学一线，化作春雨滋润在青年教师的心田。

二

（一）为人师表，风采依旧

敬业、律己，以艰苦奋斗的作风，不懈追求的优良品德为人师表，以身示范。9 年来，冬天大雪纷飞，寒风刺骨，赶在课前先进教室；夏天大雨滂沱，义无反顾，听课、评教从不落下。青年教师深为敬佩，备受教育。在历年来的教学督导中，我校青年教师上课迟到、缺课极为罕见。

（二）**规范有序，求真务实，坚持“三会一报”机制有效开展工作**

“三会一报”制度每学期督导组始终坚持如一。

开学初启动工作会：制订一学期听课、评教安排计划，发放到每个督导员实施（文、理各小组分开）。布置本学期有关实践基地调研，实验室检查，兄弟院校交流，校有关教学工作的参与等。

期中工作交流会：了解各小组工作进度，交流督导工作中发现的问题，统一思想，进行研讨，有的及时反馈校有关部门。

学期结束的工作总结会：分析一学期来课堂教学，实验实践教学总体态势，统计出优、良、合格、不合格人数及所占被听课教师人数的比例。肯定成绩，指出薄弱环节。

书面总结报告：教学督导组在各小组汇报材料的基础上形成书面报告。内容包括听课、评教总节数、总人数；各层次（优、良、合格、不合格）所占比例；教学态势分析；具体存在问题；提出督导组整改建议以供参考。事后打印呈送校分管领导以及主管职能部门（《校关工委简报》均已大部分刊发）。

“三会一报”制度使工作规范、有序，同时起到了学校、主管部门与管理人员、教师之间的桥梁、纽带作用，为学校、主管部门掌握教学一线真实信息发挥了重要作用。

（三）**心语传真，沐浴关爱**

课后教学点评是督导工作重中之重。“宽严有度、言语恳切、以人为本、相互尊重”是点评的指导思想。以“老”带“新”不仅是经验的交流，重要的是情感、思想上的交流，是心灵的沟通。严格要求要从爱心出发，传出真情。倡导在点评中用亲切的目光，恳切的语言，期望的心情，严中有爱的批评去鼓舞青年教师不断进取、勇于探索。切不可缺乏人情味乃至鄙视、斥责起到负面效应。

工作初期，相当一部分青年教师对督导组听课不适应，甚至紧张。经过多年的坚持现已习以为常，觉得自己尽力了，倒很想知道哪些不足。出于对老教师的信赖及督导组成员的真情所至，现督导组听课、评教普遍受欢迎。不少年轻教师，对于督导老师指出他们的优点，视为是父辈的褒奖，心里乐滋滋，充满信心；若指出不足也心服口服，那种苦口婆心，令他们感悟到前辈的关爱。

心语传真，沐浴关爱的情感、思想交流，心灵沟通大大增强了对青年教师的育人力度，促进了和谐发展。

（四）**专题调研，一事一议**

为加强教学督导工作的针对性，督导组每年均要展开调研活动。如配合院系调研、走访实践教学基地，了解校企合作人才培养、科研项目开发、学生就业需求等。历年来相继调研走访了化工、建筑、信息机电、生环、旅游等院系的 10 多个实践教学基地，遍及黄山市三区四县及外地。再如为提高督导组自身建设，学习兄弟院校较好经验，督导组先后赴浙江、合肥、铜陵、芜湖等地高校交流、学习、调研。扩大视野、提升督导力度。每次调研活动均形成调研报告提交学校、教务等部门并刊发于学校关工委简报。做到行前有调研提纲，完之有调研报告，查之有据、存之有档。

在教学研讨上，如“授课规范化方案建立的意见”“板书与多媒体有效配合使用”“如何上好一节课座谈”“毕业班学生缺课率问卷调查”等，针对具体问题一事一议。督导组老同志畅谈真知灼见，耕耘不息，刊发了不少颇有见解的好文章，有效推进了我校青蓝工程建设。

三

（1）成果如下：

深入课堂听课，评教统计如表 1 所示：

表 1　深入课堂听课、评教统计

学期 / 年	年度第二学期（上半年）	年度第一学期（下半年）
2005 年		600 节　督导组 15 人　40 节 / 人
2006 年	600 节　督导组 15 人　40 节 / 人	600 节　督导组 15 人　40 节 / 人
2007 年	600 节　督导组 15 人　40 节 / 人	600 节　督导组 15 人　40 节 / 人
2008 年	600 节　督导组 15 人　40 节 / 人	600 节　督导组 15 人　40 节 / 人
2009 年	600 节　督导组 15 人　40 节 / 人	587 节　督导组 19 人（包括部分在职）
2010 年	489 节　督导组 19 人（包括部分在职）	300 节　督导组 7 人重新组织，无在职人员
2011 年	320 节　督导组 8 人　40 节 / 人	320 节　督导组 8 人　40 节 / 人
2012 年	320 节　督导组 8 人　40 节 / 人	320 节　督导组 8 人　40 节 / 人
2013 年	320 节　督导组 8 人　40 节 / 人	320 节　督导组 8 人　40 节 / 人
2014 年	320 节　督导组 8 人　40 节 / 人	

共计：8416 节，涉及青年教师 1000 多人次。

（2）2011 年下学期国家教育部组织专家对我校进行本科合格评估，在青年教师课堂随机检查听课中，情况良好，学校满意，专家认可。

（3）学校教学督导组荣获 2011 年度“安徽省关心下一代工作先进集体”称号。

（4）教学督导组组长许国城同志荣获 2009 年度“安徽省关心下一代工作先进个人”称号。副组长金家恒同志荣获 2010 年度“黄山市关心下一代工作先进个人”称号。

与青年教师结对子，助青年教师成长成才

福建师范大学闽南科技学院关工委

青年教师是学校事业发展的后备军，他们能否健康成长决定着学校教育事业的未来。福建师范大学闽南科技学院关工委着力将以老带新的“结对子”活动打造成“青蓝工程”项目的重要载体，开展关工委委员与 6 个系两个部及有关部门近 350 名青年教师的“结对子”活

动，助推青年教师群步入发展快车道。在结对子活动中逐步建立了一支强有力的队伍、落实两条关键保障措施、形成三个层面结对子格局，在四个支撑工程中形成独特的工作机制，创造了关工委工作新氛围，取得了显著的效果。

近几年来，学院教师共获得福建省教育厅级科研项目 79 项，其中 A 类 5 项，横向项目 3 项，院级立项 15 项。近两年来，学院青年教师队伍中共有 29 人次获得省市级以上荣誉；近 30 人被提拔为学院中层干部，成为学院各系、部、中心负责人；有 2 人被破格晋升为副教授。在福建师范大学关工委立项活动评比中多次获奖，2011 年，闽南科技学院荣获“全国教育系统关工委先进集体”；2012 年被评为“福建师范大学关工委先进集体”。

我院关工委推进青蓝工程过程中，积极开展新老教师“结对子”的活动，形成了独特的工作机制，具体体现在以下几个方面：

1. 立足实际，建立一支强有力的队伍

闽南科技学院关工委的老同志、老教授们，都是从公办院校退休后返聘到闽南科技学院工作的。他们在原有的工作岗位上积累了丰富的高校教育、教学和管理经验，希望在新的工作岗位上充分发挥教学优势。参与“结对子”活动的 21 名关工委成员全员在岗，与青年教师紧密融合，其中 14 人是副高以上职称（其中 2 人享受国务院特殊津贴），2 人担任各系的系主任兼专业负责人，3 人担任有关部门的负责人，9 人从事教学和管理工作，均工作在第一线。正是由于立足关工委委员中担任学院各系、部负责人多的优势，关工委成员在教学、科研、管理工作中从事关心青年教师工作，更贴近青年教师实际需要。

2. 齐抓共管，落实两条关键保障措施

目前，闽南科技学院关工委结对子活动为主的“青蓝工程”品牌已经建立了由党委督导、各系部负责人、全面参与的组织实施体系，形成了领导重视、多方配合、齐抓共管的工作格局，为项目实施提供坚强的组织保障。一方面，院党委把结对子活动作为关工委的重点工作，摆上学院工作的议事日程，专门组织召开关工委全委会，集中研讨结对子事宜；每年提供两万元活动专项经费，为项目活动提供经费支持；要求相关职能部门密切配合，形成合力育人机制，为关工委工作提供了有力的组织保障。另一方面，配齐配强关工委领导班子，及时调整补充项目成员，争取更多知识渊博、经验丰富、精力充沛的老同志担任结对子项目成员，形成关工委组织的良性循环。

3. 覆盖全面，形成三个层面结对格局

关工委立足关工委委员中担任学院各系、部负责人多的优势，结合独立学院青年教师多但流动性大的实际情况，开展结对子活动：一是关工委与青年教师结对子，提高青年教师教学水平；二是关工委与教学团队结对子，指导青年教师科研创新；三是关工委与系部具体教学工作结对子，引领共同进步。

关工委委员中有 6 名委员是学术组成员，4 名委员是学院教学督导组成员，他们充分发挥自身经验丰富和治学严谨的优势，配合学院教学管理部门，参与教学督导、科研等工作，通过听课、监督、检查、指导、评估、调研及信息反馈等途径，促进良好的教风和学风的建设，带动青年教师队伍的成长；通过示范、指导、纠错，帮助青年教师迅速提高教学科研水平。原教学督导组组长、教务部张永祥主任虽然工作繁忙，但坚持经常下班听课，帮助指导年轻助教。杨文琴、刘一承、张发秦、黄其民、黄金湘、何肖朗等老教师在指导相关专业的青年教师方面，做了大量的工作。

关工委副主任、学院党委副书记李彬源同志时常与教师、辅导员、系团总支书记亲切交谈，广泛交流，了解各系部教学工作和学生管理工作的具体情况，认真听取各位教职工在工作、生活中遇到的各种问题和建议，并对教师们提出的问题做出了具体指示。

我们学院扎实推进“青蓝工程”，取得了明显成效。

1. 助力了学院省级质量工程建设

近年来，奋斗在教学管理工作一线的老同志们，继续发挥余热，带领青年教师为学院省级质量工程建设出力。至今，获得了5门省级精品课程，1个省级教学团队，1个省级特色专业，3个省级综合改革试点项目、省级“十二五”实验教学示范中心建设项目。青年教师在参与省级质量工程建设的过程中自身得到锻炼和成长。

2. 提高了青年教师教学技能水平

近年来，闽南科技学院通过举办多媒体课件设计大赛、教学技能大赛、优质教案评比等活动，不断提高青年教师的教学水平。学院关工委老教师均认真指导参赛选手，担任活动评委，对青年教师的多媒体课件、教学方法、教案书写等提出很多宝贵的意见和建议，促进了学院青年老师教学水平的提高。老同志们还积极鼓励青年教师参加校外教师技能大赛，在老同志的指导下，青年教师进步明显。学院周艺新老师的教学案例《牛奶的价值是谁创造的》荣获福建省高校思想政治理论课“优秀教学案例”二等奖，并入选全国“优秀教学案例”；郭炳通老师荣获“泉州市第二届高校思想政治理论课教学比赛”二等奖；人文艺术系两位老师的作品入选“福建省首届美术院校教师优秀作品联展”，并荣获三等奖1项；在首届“外教社杯”全国大学英语教学大赛福建赛区决赛中，外语外贸系卢岳千老师获得了综合组优胜奖；由关工委委员人文艺术系主任刘一承教授主持，曹养元、陈詠贤、李丽琴等教师参与的《大学语文艺术化教改》项目获得省级高等教育教学成果奖二等奖等。人文艺术系主任刘一承教授每年主动为青年教师开设讲座，讲授教育教学法，开展教学研讨活动，帮助青年教师提高教育教学水平。目前，我院青年教师教育教学得到学生的认可，学生评教分数99%都在80分以上。

3. 推进了青年教师科研创新能力

关工委的老教授们积极鼓励青年教师申报大学生创新创业训练计划项目，并对其进行认真指导。在关工委老教授们及青年教师的努力下，我院大学生创新创业训练计划项目取得新突破。根据《福建省教育厅关于公布2012年福建省大学生创新创业训练项目的通知》（闽教高〔2012〕112号）文件公布，我院共有20个项目获批福建省2012年省级大学生创新创业训练项目立项，另有10个项目被省教育厅推荐为国家级大学生创新创业训练计划项目，报教育部审核备案。名誉院长陈兰荪研究员在开展博士班学术活动时，邀请我院生物和数学专业的青年教师参加，他还在学院举办的“教师沙龙”活动和从属研究所调研座谈中，多次就“如何做好科研”对青年教师进行具体的指导。截至目前，教师在国内外期刊上发表论文323篇；其中SCI论文3篇，EI论文1篇，获得实用新型发明专利2项，出版著作教材21部，获得各类省市级成果奖16项。同时，已经有一批青年从助教晋升为讲师，其中有16名青年教师成为学院青年骨干教师重点培养对象。每年学院科技节期间，关工委老同志们积极鼓励青年教师参加学术活动，对青年教师如何开展科研工作进行具体的指导。近几年，我院教师在指导青年学生参加福建省单片机应用设计竞赛中屡获佳绩，其中在2014年福建省大学生“合泰杯”单片机应用设计竞赛中喜获佳绩，共获得一等奖2项、二等奖3项、三等奖7项，是福建省获奖项目最多的高校。我院生物工程和生物技术研究所所长赵林老师、应用化学研究所所长谢艳招老师及实验中心蔡聪育老师，与南昌印钞有限公司横向合作项目“制辊烟气新净化装置预研”的成果《双通道高效工业烟气净化装置》获得发明专利授权1项，杨文卿、卓倩与环境科学7名学生研发的项目获得“一种水热滚筒高温堆肥反应器”“一种用于堆肥反应的反应罐”“一种水热滚筒高温堆肥反应器”3项国家发明专利。这些喜人的成果与关工委老同志的努力是分不开的。

关工委通过广泛参与丰富多彩的“青蓝工程”活动，以青年教师喜闻乐见的形式和他们建立各种各样的结对关系，老同志们真正成为青年一代的良师益友，使广大青年教师在与老同志的交往和接触中耳濡目染，受到教益，健康成长。同时，关工委成员觉得“青蓝工程”工作是自己最欣慰、最有意义的一项工作，不仅发挥了自己的作用，也给予了各职能部门的工作开展强有力的支持和配合。这样，他们的身心更加愉悦，晚年生活更加充实，从而达到老同志“老有所用、老有所为、老有所乐”的目的。以结对子为主的“青蓝工程”活动得到了学院领导、相关职能部门，特别是广大青年教师的一致好评。

践行“青蓝工程”的创新尝试

河南大学关工委

为了把高校关工委工作从青年学生延伸到青年教师，我们选择了“青蓝工程”。为了做好“青蓝工程”，我们采取了以院系为基础，以教学督导组为骨干，以申请“教改立项”为创新载体的三结合模式，探索性开展工作，取得了阶段性成果。现把情况综述如下：

一、“青蓝工程”的背景

2008年末，校关工委主任会议明确提出：关工委工作要从青年学生向青年教师延伸。

2009年，校关工委有针对性地对学校青年教师这一群体做了一次全面的书面调查，以便有的放矢做好他们的工作。我们还参考了教务处、科研处、教学督导组等部门有关青年教师几年来的教学、科研综合情况，并召开座谈会听取青年教师的意见，历时近一年，六易其稿，撰写出一分内容翔实的调查报告提供学校参考。其中也给自己提出任务：关工委要充分发挥退休老教师的优势，开展以“传”“帮”“带”为主要内容的“青蓝工程”。

“青蓝工程”是青年教师现实需求的自然“结果”，因此它成为校关工委几年来常抓不懈的重点工作之一。

2010 年 10 月，教育部关工委在辽阳市召开现场会向全国推广实施“青蓝工程”。我们认为：在高校，关工委所实施的“青蓝工程”，必须突出离退休老教师对青年教师帮扶的这一主题。所以，几年来我们义无反顾地坚持抓下去，摸着石头过河，探索中前进，终于实现了新的突破，以“教改立项”的形式，将“青蓝工程”驶入学校教学工作的主渠道，取得目前阶段性的成果。

二、“青蓝工程”的做法

（一）“搭台唱戏”

各院关工委各自为战，摸着石头过河，探索前进，形成“青蓝工程”以老带新的群众基础。初期虽然没有成熟的经验可供借鉴，但相应也没有条条框框的限制。经过一年多的努力，不少单位总结出自己的经验和体会。

2012 年四五月份，校关工委到各学院进行走访，调研的过程中，发现和总结了一些学院的典型经验，通过简报加以推广、指导全局。比如：

体育学院关工委落实院领导提出的“老年同志与青年教师结对子，一帮一”的具体建议。现职领导搭台，“五老”主动作为，对部分青年教师在备课、讲课、作业、命题、课题研究等方面给予具体指导和帮助。

医学院关工委以身体健康的离退休老教授退休政工干部和教学、管理中退居二线的老同志组成“青蓝工程”的基本队伍。学院在经费上给予补助，主动搭建平台，为“五老”们提供展示机会。形成了以退休老教师为主体，以老领导和退居二线老同志为补充，以在职老教师相协助的帮扶队伍，共同承担起对青年教师、政工人员培养帮助的任务。

（二）“同台唱戏”

以学校教学督导组为骨干，对青年教师群体做好入校把关、岗前培训、岗上帮扶等为期一年的跟踪督导，成为“青蓝工程”的中坚力量。校教学督导组是在校长领导下对全校实行教学督导的组织。它全部由退休老教授组成，组长由校关工委副主任兼任，校关工委特别注重发挥校督导组在“青蓝工程”中的作用，并以教学督导组为纽带，形成关工委与教务处共同领导、密切配合、联合推行“青蓝工程”的大好局面。

（1）教学督导组成员参与各教学单位新调入教师的审核把关，调入人员需持有教学督导组签字同意的材料，才能报职能部门审批是否接收入校，从源头上提高了新教师的自身素质。

（2）利用每年对新入校教师的岗前培训这一平台推进“青蓝工程”的实施。

① 经校领导及职能部门批准，由校关工委副主任、督导组组长担任多期培训班班主任，负责整个培训事宜。班主任具体介绍学校的教学制度及规定，讲授课堂规范和教学方法，针对课堂上易出现的问题传授解决办法，班主任所作的“怎样上好一堂课的”培训专题报告，生动、实用，深受新教师的欢迎。

② 培训的后期，由教学督导组按学科分工，对青年教师进行面对面地课堂讲课示范训练，并对学员的试讲进行指导把关。培训结业时，根据每个学员的学习及试讲情况划出成绩，作为教务处、人事处颁发合格证的依据。

（3）平时，校教学督导组通过对上岗讲课的青年教师随机听课，随时发现问题，及时进行指导。

（4）每学期对青年教师讲课情况进行统计分析，找出普遍存在的主要问题，拿出解决问题的办法报校领导及主管职能部门。

（三）“借台唱戏”

通过校关工委顶层设计，申请学校“教改项目”的立项，使“青蓝工程”驶入学校教学工作的主渠道。

为了使“青蓝工程”能持久地传承下去，校关工委多次分析研究，认为必须使“青蓝工程”驶入高校教学工作的主渠道，方能稳定地发挥作用，为此，校关工委做出规划：

（1）在校关工委具体指导下，与校教学督导组联合推荐，申请“校级教改项目”，以使“青蓝工程”工作流程规范、执行标准统一、业务经费落实。并要求校教学督导组：做出成绩、拿出经验、树立典范，向院系推广。

（2）校级教改项目验收的基础上，向各教学单位推广全面铺开，使河南大学“青蓝工程”工作设定标准，规范流程。

（3）在扩大规模的基础上，力推学校建立全校“青蓝工程”专项资金和奖励，以便“青蓝工程”的持久运行。

在校关工委的指导和组织下，关工委与教学督导组于 2013 年 5 月向学校提出“关于设立‘提高青年教师课堂教学能力’的教改项目”的建议。此建议立刻在校领导和项目审批专家组中引起强烈的反响，一致对该建议给予很高的评价，并以全票通过，破例将该项工作确定为河南大学教学改革校级重点项目，并对项目组给予重点项目经费资助。项目名称为：“青年教师教学技能培训的研究与实践”(HDXJJG2013-145)，开创了离退休人员申请获准参与教改项目的成功先例。从此，“青蓝工程”正式驶入学校教学工作的主渠道。

目前，由校教学督导组与 4 个试点学院共同研究成立了 4 个项目小组，并制订出自己的指导计划，包括：①与相关学院建立关系，取得支持，提供方便。②项目组通过听课、指导等给出青年教师“诊断性结论”，并制订出有针对性的改正办法。③制订青年教师自我评价方法，及时自我诊断并予以改正。目前，这一计划正在积极实施之中。这种“一对一”的解剖式的工作，使青年教师受益匪浅，也引起了学院领导的重视，他们纷纷请项目组老教师将“一对一”诊断中带有普遍性的问题对所有青年教师进行专题报告。如物理学院指导教师关于“满堂灌教学弊端的改正”的专题报告，现已应邀在几个学院教师中宣讲。这种报告从实际出发，受众广泛，针对性强，解决问题简洁。教师反响强烈（见 2014 年 4 月 14 日物理学院反馈意见）。此外，新的诊断专题“照本宣科弊端的改正”及“从学生的学习方法看教师的讲课技巧”等，也正在准备之中……

三、“青蓝工程”的效果

（1）摸着石头过河，各学院搭台，二级关工委唱戏，是我们最初阶段的做法。我们强调的关键一条是：离退休老教师是“青蓝工程”的主导。这更多地体现了退休教师对青年教师个体的“一对一”的“传”“帮”“带”，这是一次普遍的自下而上的全面发动。目的在于在全校形成一个以老带新的氛围、一个青年教师提高教学技能的声势。而校关工委及时进行深入调研，总结典型，推广经验，使这种以老带新的帮扶不断地注入新意，形成实施“青蓝工程”持久而稳固的群众基础。

（2）教务处与关工委共同领导和指导教学督导组这一“退休老教授”队伍。通过一系列工作对每年新入校教师群体进行帮扶，形成优势互补、同台唱戏的良好局面。我们充分发挥老教师的优势，不仅表现在岗前培训，而且“扶上马”送一程，继续对青年教师在讲课期间进行跟踪指导，现场帮助。教学督导组成为“青蓝工程”中的中坚骨干力量，有效地提升了这一新入校教师群体的讲学质量，成为“青蓝工程”中的一个亮点。

（3）申请教改项目是借助学校职能部门的正式平台，演绎离退休老教师作用的一场大戏。这是一次自上而下的顶层设计，是有组织、有计划、有目标、有经费的“传”“帮”“带”行动，也是校关工委摸着石头过河，在“青蓝工程”的实施中探索创新的点睛之笔。教改立项表明了关工委这一辅助性工作已经凭借教改项目正式驶入主渠道，成为学校教学工作的一部分，而项目组的老教师通过“解剖麻雀”，继而总结出一整套带有普遍性的规律，向青年教师这一群体宣讲，使“一对一”的“传”“帮”“带”发展到老、新两代教师之间互动的薪火相传，从而调动了两个积极性，给项目组的新老双方增强了使命感和责任感。申请教改项目的成功，成为“青蓝工程”走向创新的关键一步。

（4）综上所述，我校关工委开展的“青蓝工程”正在形成一个对青年教师纵向全程跟踪帮扶和横向以老带新的全方位帮扶相结合的全覆盖，有效地提升了青年教师的讲课水平。

改革创新　督研结合

——记我校老教师督导工作组

重庆电力高等专科学校关工委

教学督导工作，是高等学校加强教学管理的一项重要举措。为了适应教学改革和发展的需要，配合全国高职高专办学水平评估工作，我校于 2004 年建立教学督导机构，成立了老教师督导工作组。督导员由有丰富的教学及教学管理经验和教育理论水平，师德高尚，工作责任心强，热心教育事业的离退休正、副教授担任。他们积极参与学校教学管理，通过努力地坚持与实践，探索与创新，经过 10 年的运行，形成管理规范、机制完善、督导互动、导研结合的工作机制，从而充分发挥了老教师的重要作用，为学校教学管理的进一步规范和教学质量的不断提升、学校的建设与发展发挥出科学有效的作用。

一、机构健全　管理规范

（一）建立健全的教学督导组织

近年来，学校加强和完善了督导组织机构。2004 年学校成立教学督导室，由教学副校长领导，挂靠于高教研究室。教学督导员采用聘任制，由高教研究室和各系部在具有高级职称的退休教师及教学管理干部中，选聘思想素质好、工作责任心强、教学和学术水平高、熟悉教学管理、教学经验丰富、坚持原则、作风正派的人员担任，每年一聘，聘期一年。

（二）完善的教学督导工作管理

在总结多年督导工作经验的基础上，制定了“教学督导工作管理标准”，规定了教学督导工作的组织、职责、工作内容、工作要求和规范等。为进一步细化和规范化教学督导，督导组制定了《重庆电力高等专科学校教学督导工作细则》，对教学督导工作的重点、目标、职责、范围、具体问题的处置及信息交流沟通方面的要求等做了更加具体化的要求，确保了教学督导工作科学化、制度化和规范化。

二、制度完善　机制良好

（一）督导工作计划制

教学督导室按学期拟定全校教学督导工作的总体要求，明确督导组的阶段性工作重点、目标、职责、范围、具体问题的处置及信息交流沟通方面的要求等内容；布置每月的具体督导工作任务、工作进程、工作方式方法等。

（二）督导工作例会制

督导工作室每周召开一次督导员学习研讨例会，全体督导员参加，传达和通报学校近期的重大教学、教改活动及要求，学习现代教育理论和兄弟院校的教改经验，研讨教学督导工作中的有关问题等。以此，提升全体督导员的教学督导能力和水平。

（三）督导工作任务制

其具体工作及要求是：每位督导员每周至少听课 3 次，参加系部或教研室的教研活动 1 次，与有关老师交流沟通 2 次，与学生交流沟通 1 次，集中学习和研讨 1 次，每学期完成 1 项及以上的专题调查或研究，并写出书面总结材料或论文。

（四）督导信息发布制

教学督导室每月发布“教学督导之声”一期，将有价值的课堂教学信息、实践教学信息、素质拓展教育教学活动信息、教学效果信息、教学质量信息、学生评教信息、教学管理信息、教师和学生需求信息等，进行收集、筛选、分类与优化处理后，写出的电子文档，发送到相关部门，供有关领导和教师参阅。

通过良好运行机制搭建起学校与系部之间、系部与部门之间的沟通桥梁。

三、改革创新　督研结合

我校老教师督导工作组经过长期不断探索与实践，努力改革与创新督导工作，形成了教学督导“四重视，三结合，两原则，一坚持”工作模式。

（一）“四重视”

即①重视课堂，通过深入课堂听课，直接了解教师的教学情况，切实掌握一线的教学实况。②重视实践环节，深入到实验室，实习基地，加强实践环节的指导，查找实践教学中存在的问题。③重视与教师与教学系部的沟通。每次听课后及时与教师当面沟通，定期与教学系交换意见。④重视督学活动，课间课后与学生直接交流，关注学生学习现状了解学生的所思所想所需。

（二）“三结合”

1. 全面性与针对性相结合

坚持“督教”“督学”和“督管”的全面督导。以“督”为基础，“导”为核心，以“督”获取广泛、真实的教育教学活动信息。以“导”为主，重在指导，坚持“常规督导”与“专题调查”“专题研究”相结合。强化督导工作的针对性，把教学活动中的重点和难点为切入点。即学生学习的兴奋点、教师工作的难点、教学质量的形成点、领导工作的关注点、教学管理工作的薄弱点、教育教学改革的“亮点”、师生员工议论的热点和人才培养质量评估的核心点。通过调查和研究，提出有针对性的建议和措施，为领导和职能部门决策提供依据。

2. 发展性和服务性相结合

通过各项教学督查和评价，把发现问题作为解决问题的先导；以服务教学和对教师的指导为重点；根据学校教学改革进程中的热点、重点题调研。如国家示范和骨干高职院校建设的优质核心课程建设、校内外精品课程、新教师和外聘教师教学、专业介绍、实践教学、毕业设计、考试改革等作专题研究；通过谈心、座谈、参加教研活动、学生座谈会、信息简报等，服务师生，反馈信息，促进教学相长，达成交流与经验共享；督导组每月撰写的“教学督导之声”，宣传有亮点和特色的授课、分析倾向性的教学问题和弊病、提出教学改进建议等，供教师和教学管理者们参阅；指导和帮助部分教师修订专业人才培养计划、课程教学标准和教材编写等；帮助部分教师撰写教学、教改论文等。通过多元化的督导服务工作，引领教师前进方向、帮助提高能力和素质、发展个性特长、激励奋发拼搏的精神。

3. 及时性和实效性相结合

及时、准确地给学校各级管理者提供有用、可行、有效、易行的教学和管理调控建议及措施。即教育教学活动中的突出矛盾和问题、教学改革和创新的亮度及特色、教学管理中的“漏洞”和“缺陷”、教学改革和建设的建议及措施、学生倾向性意见及要求、“督”和“导”的经验及效果。对教学质量评价与考核结果的提出分析及改进意见，对“三风”(校风、教风、学风)、校园环境风貌的闪光点及不足点给出建议。发挥教学督导工作的实效性，为学校重大教学决策和动态调控教育教学活动提供依据。

（三）“两原则”

1. 以人为本的原则

以人为本，把“认同”作为督导工作的基本出发点，最大限度地尊重教师的情感与价值体验。一是在督导工作中发现和重视每个教师在教学活动中的价值；二是发现每个教师在教学改革和课堂实践中的潜能；三是认同每个教师在教学质量建设中的个性和创造性。及时总结，通过每月的督导之声加以推广。督导教师对青年教师的“一对一”的长期督导，如动力工程系姚昌模老师、素质教学部叶岚老师通过老教师的“一对一”的“传”“帮”“带”，成长为深受学生欢迎的骨干教师和学科带头人。

2.“督”和“导”相结合的原则

及时发现问题，与教师共同分析、探讨，提出解决问题的方法；同时充分与教师和学生平等交流，做教师和学生的朋友。督导组采取了多种措施，为广大教师提供了多元化的指导，如：不定期地为教师和教学管理者进行专题讲座、教师教学心理系列讲座，宣传新的教育教学理念、教改教学经验及策略等；配合系部对新教师进行系统的授课培训；对教学效果较差的教师进行较长时间的跟踪督查，指导帮助，促进其不断提高教学质量，提升自身素质。

（四）“一坚持”

“一坚持”即坚持教学督导与研究相结合。坚持“常规督导”与“专题调查”和“专题研究”相结合。以专题调研和专题研究深化教学督导工作，拓展督导的服务功能。每月撰写“教学督导之声”一期，反馈各类教学信息40余条，提出教改意见和建议10余条，为学校及时调控教、学、管提供了可靠依据，为领导和职能部门决策提供依据；同时也为督导工作探寻“督”的依据、标准和规范，“导”的方向、目标和措施。督导与专题调查和研究有机结合，使“督”有重点，“导”有目标。在督导、调查和研究的基础上，督导组先后撰写了30多篇论文，并发表于国内多种公开和核心出版刊物上。督导工作得到学校领导和广大师生的广泛认同。

以提升教学质量为抓手　积极探索青年教师培养新途径

四川外国语大学关工委

四川外国语大学关工委自2006年成立教学督导团，特别是2010年学校原党委书记兼关工委副主任，随重庆市教委关工委负责同志代表重庆市教育系统关工委，参加教育部在辽宁省召开的“青蓝工程”现场会以来，在学校党委领导和教务处管理下，始终致力于探索适合本校学科专业特点，符合教师发展规律的督导工作体制机制，打造“青蓝工程”卓越品牌。

目前，我校以在职教授为主导、离退休教授为主体、由外语组和非外语组共27人组成的教学督导团，覆盖全校各教学单位大部分专业。在建设过程中，坚持以提升教学质量为抓手，重点依托课堂教学、实践教学、课程建设、教材建设、质量评估等重要环节，充分发挥教学督导团的监督和指导作用，积极探索青年教师培养新途径，成效显著，树立了教学督导工作品牌，深化了高等外语教育教学改革，提升了人才培养质量。

一、以提升教学质量为导向，加强教学督导制度建设

近年来，坚持把教学督导工作纳入学校整体发展规划和人才培养质量工程，确立人才培养中心地位，树立科学的高等教育发展观，强化特色，注重创新，以提升教学质量为导向，建立了适合自身发展需要的督导制度。

（一）建章立制，确立教学督导主体地位，强化督学和育人职责

2006年，出台《教育教学督导制度实施办法》，以文件形式明确规定了督导的地位、职

权和职责，确立了督导监督职权的合法性，树立了督导在学校“教育质量标准监督”中的权威；将培养青年教师作为重要工作任务予以明确。

（二）转变观念，确立服务型督导工作思路

积极转变观念，将工作关注点从简单的优良等级评判，转变为对被评价对象可持续发展的关心和指导；将督导监督与指导职责相结合，形成了服务型督导工作思路，提高了督导工作效能。

（三）坚持学习，打造学习型督导团队

2006年至今，教学督导团坚持每学期两次定期学习，除学习教学督导工作有关文献、政策和著述外，每学期至少围绕一个主题进行学习和讨论。教学督导始终坚持利用好与青年教师课后交流、集体听课评议、课后对学生随机访问3个平台，加强学习，不断更新教育教学理念，提高业务素质。

（四）完善机制，保障教学督导高效履职

督导工作突出重点，督导人员选聘坚持高标准，对年龄、职称专业结构、工作绩效等严格把关；建立科学的考评进出机制，确保督导高效履职，确保人才培养目标的实现。

二、深入教学一线，拓展青年教师培养途径

学校教学督导团成员来自各学科和部门，绝大多数兼任院系二级关工委副主任或委员。他们凭借高尚的师德、精湛的业务和管理能力，深入教育教学和改革研究一线，耕耘于课堂教学、课程建设、教材建设、质量评估等关键环节。依托课堂阵地、指导毕业论文设计等，言传身教，对青年教师进行“传”“帮”“带”，发挥了引领和示范作用，构建了促进特色学校、特色学科、特色专业发展需要的网络化的培养青年教师成长新模式。

（一）依托课堂主阵地，多渠道培养青年教师

近两年来，我校6名在职督导教授发挥主导作用，20余名离退休正副教授主动作为，深入课堂，积极探索青年教师培养新途径。

1. 全员参与，覆盖学校大部分学科专业

每学期，督导听课均在600～700节次，累计指导青年教师500多人次。2013～2014学年第一学期，教学督导团共提交教学质量评价表337份，听课共计682节次，337门次。指导青年教师共计251人次，涉及各院系所开337门课程。

2. 设计专题，进行分类指导

近年来，教学督导团就“新开通识课教学”“新办专业课程教学”及“新进教师课程教学”等情况开展专题调研，通过听课、问卷调查、召开座谈会等形式，对青年教师以课堂建议、教学管理建议和调研报告等形式，进行立体式的指导和帮助，为学校教务处和学校领导提供咨询和决策参考。

3. 集体会诊，进行有针对性的指导

对部分学生反映教学效果不够理想的教师，或接到学校对青年教师的督导邀请，教学督导团采用集体会诊形式，每月定期听课会诊一次，帮助年轻教师查找问题，分析原因，商讨对策。青年教师获益匪浅，进步明显。

4. 跟踪听课，进行重点指导

督导听课注重面和重点结合，尤其是小语种专业，教师人数少，督导经常采用跟踪听课方式。有一学期，对一位年轻教师连续听课，“蹲点”指导，深入了解其教学情况和薄弱点，进行重点指导。跟踪听课不仅限于课堂沟通，更延伸到了课后交流，不仅限于业务技能指导，更扩展到了生活关心。部分督导课后通过电子邮件，将课堂发现的问题、教学技巧、心理关怀等撰写成多达几千字的文字信件，发送给青年教师。邮件内容恳切，充满了长者对年轻一代的关爱，极大地鼓励了青年教师的成长进步。

（二）开设“督导讲堂”，着力青年教师教学技能培训

学校开设“督导讲堂”，邀请督导教授以专题讲座形式对青年教师进行教学技能培训。培训内容涉及备课、教学组织、试题命制等多个教学环节。讲座既有理论深度，又有生动实例，使青年教师从理论上系统了解教学各环节的基本内容和要求。通过课后实践、考核，青年教师初步掌握了教学技能，加速了职业成长，缩短了胜任教学工作的周期。

（三）助力把好试卷、毕业论文“两关口”，提升青年教师质量意识

教学督导团成员坚持参与学校期末试卷和毕业论文抽检工作，每学期抽查试卷达 50 多份，对试题的难度、广度、分量、学术性错误等给予中肯的评价和指导。对试卷和毕业论文的抽检意见，以通报形式由教师逐条反馈院系，极大地增强了教师的责任心和质量意识。

（四）立足课程建设和评审工作，助推优秀青年教师成长

教学督导坚持参与校级重点课程和精品课程的结题与验收工作，参与教学立项、教学成果、新增专业的评审工作，以及对青年教师教学竞赛和双语教学竞赛的评审。坚持高标准、严要求，结合课堂听课情况，公正、公平地做好课程的评审和验收工作，使优秀青年教师脱颖而出；借助课程建设平台，带领了青年教师团队建设；借助评奖评优宣传，起到了良好的示范和引领作用。

三、树立品牌意识，师生双受益，成效显著

近年来，教学督导团坚持以提升教学质量为抓手，不断加强自身建设，树立品牌意识，积极探索青年教师培养新途径，工作卓有成效。

（一）打造了一支整体素质高，责任意识强，工作实效突出的督导团队

通过多年的制度建设，学校教学督导团已成为一支学习能力强、熟悉校情、精通业务、工作实效突出的团队。既严于督，又善于导，“督”和“导”融为一体，有机结合。“督导与教学”“督导与管理”进入和谐融洽的境界，为提高教学质量提供了有力保障。

（二）促进了青年教师成长成才，老少两代教育工作者双受益

学校搭建各种平台，多渠道发挥老教授的独特优势，参与青年教师的培养工作。在“传”“帮”“带”过程中，亦师亦友，倾注了极大的心血和热情。督导教授将自己多年教学经验的积累、听课过程中发现的先进教学理念和方法，倾囊授出。广大青年教师得益于此，缩短了向专业教师转变的过程，业务进步明显，确保了我校人才培养质量的稳步提升。督导教授忠诚敬业的工作，在促进青年教师成长方面发挥了不可替代的作用，也丰富了学校在职教师的培养模式，开拓了教师培养新途径，为学校教学质量的提高提供了有力支持。

（三）促进了校风、教风、学风、考风的进一步好转

教学督导工作有效驱动了“教学管理”与“课堂教学”的协调发展，教学观念、教学秩序、教学氛围、教学水平、教学改革与创新等教育教学内涵建设稳定健康起步和持续发展，为加快建设特色鲜明的高水平外国语大学奠定了坚实的基础。

创新教学督导　推进青蓝工程

遵义医学院关工委

教学质量是学校的生命线，教学督导是教育教学质量监控的有效手段。教学质量的关键在教师，教学督导只有把教师培养作为根本，努力造就一支高素质的教师队伍，才能为提高学校教学质量和水平做出贡献。

遵义医学院关工委与遵义医学院教学专家督导组是高度契合的，遵义医学院关工委常务副主任，同时是遵义医学院专家教学督导组组长；遵义医学院关工委其他成员，同时是遵义医学院专家教学督导组成员。这为遵义医学院关工委创造性地开展“青蓝工程”提供了特别便利的条件。我校关工委开展“青蓝工程”的基本特点为：寓“青蓝工程”于教学督导之中，以教学督导为抓手，以教师培养为根本，结合青年教师的特点，构建适合本校特点的“以老带新”“青蓝工程”工作模式。

一、我校关工委开展“青蓝工程”的基本做法

（一）把课堂教学督导作为推进“青蓝工程”的基本手段

课堂教学督导就是深入课堂，进行听课点评指导。督导的“督”就是监督、督促，“导”就是指导、引导，由“督”到“导”，以“督”求“导”，“督”“导”结合，而归于“导”。

1. 建立和完善教学督导规章制度

教学督导组先后制定了《遵义医学院教学专家督导组章程》《遵义医学院教学专家督导组督导办法》《遵义医学院教学专家督导组工作细则》《遵义医学院本科教学课堂教学评价标准》《遵义医学院课堂教学学生评教标准》《遵义医学院教学专家组督导学习制度》《遵义医学院备课试讲制度》《遵义医学院教学教案和讲稿描写规范》《遵义医学院本科毕业生论文（设计）管理办法》等教学督导及教学质量的有关文件，为教学督导工作提供了科学依据。

2. 制订科学合理规范的听课评分标准

课堂教学督导主要通过听课来实现对教育教学的监督指导，首先要制订一个科学合理规范的听课评分表。教学督导专家组在调查研究的基础上，经过反复讨论、集思广益，重新修订了“遵义医学院本科课堂教学质量评估表”（专家督导组用）。“评估表”分“教学态度”“教学内容”“教学方法”“教学效果”四部分，每部分又分若干条具体的可操作的标准，每条标

准设计成优、良、合格、不合格四个等级的分数。为了区别不同学科的需要，我们又分别设计了医学类、社科类、外语类、体育类四大类不同的评分表。在医学类中又分别设计了理论课和实验课两种不同的评分表，以便更有针对性地开展课堂教学督导。

3. 组织专家认真开展督导听课活动

督导专家组一周安排听三四位教师的课。每次指定四五位专家听一位教师的课。听课专家以高度负责的精神，认真听、仔细记，分析教师讲课的质量，按一个小项打分，最后得出一个总分，不打印象分、人情分，还写出有针对性评语。听课专家课前、课后要同上课教师进行交谈，了解教师课前准备情况，查看教材、教案、讲稿、多媒体课件等相关教学资料，听取学生对听课效果的反映。

教学专家督导组每周召开一次督导总结会，对本周听课情况进行汇总，每位督导专家先汇报自己的听课意见和评分，专家组再把各位的意见集中起来，整理成专家组共同的意见；然后再把各位专家的评分加起来，得出平均数，作为专家组的评分，并且指定一位专家负责进行意见反馈。专家督导组不仅对上课教师的上课情况进行总结，而且对存在的问题进行分析，分析产生问题的原因，提出有针对性的改进意见。

4. 认真做好对被听课老师的意见反馈

意见反馈是教学督导过程中的一个环节。意见反馈分为两个阶段。先将专家督导组的总体意见和专家督导组给出的平均分数告知被听课教师。再由一位专家做详细点评。既肯定其优点，又指出其不足，重点在于指导其如何改进，提出意见和建议。还要请被听课老师谈他的意见和感受，进行沟通。

（二）参与教师教学能力专项培训活动，不断推进青蓝工程

教师教学能力专项培训活动，是我校师资队伍建设的一项特色品牌工程，2012 年开始，已开展 10 余场次，在全院教师中产生广泛影响，在培养教师教学能力方面发挥了重大作用，也是我校推进“青蓝工程”的有效抓手。我校关工委老师，作为教学督导组的专家应邀为培训班作专题辅导，如原基础医学院副院长、贵州省教学名师、三级教授薛黔作了“教师课前准备和注意事项”专题讲座；原遵义市政协副主席、贵州省教学名师、二级教授钱民章作了“教学的魅力”专题讲座。老教授们把自己多年积累的治学、教学的丰富经验，无保留地传授给青年教师，大家听后获益匪浅。

（三）在担任青年教师讲课比赛评委中，推进青蓝工程

学校为了不断提高教育教学质量，提高青年教师的教学水平，已连续几年举办青年教师讲课比赛。学校和教务处领导请教学督导组专家拟定评分标准并担任评委。把担任青年教师讲课比赛的评委，作为培养教师教学能力、开展“青蓝工程”的有效途径，主要是在做好点评上下功夫。“点”要恰到好处，令人信服；“评”要评在点子上，言简意赅。

（四）在参与学校教学部门“三期”教学检查中，推进“青蓝工程”

所谓“三期”教学检查，即每学期的初期、中期和期末，对全校各院系、各部门的教学工作进行针对性的检查，这是我们学校教学质量管理的基础性工作。在教务处的统一领导下，教学专家督导组参与完成。在“三期”教学检查中，我们自觉地把教师能力培养、开展“青蓝工程”融入其中。有的年轻教师不善于教学设计，不知道教案干什么用？专家们强调指出，教案是教师教学活动的方案。他们还对教案的主要内容、项目设计、要求与方法等，手把手地教授。

二、我校关工委开展“青蓝工程”取得了良好的效果

（一）促进教师正确教育教学观的树立

树立正确的教育教学观念是一个优秀教师的必备条件，转变教育教学观念是教学改革和发展的先导。通过教学督导促进教师教育教学观念的转变，是我们优先考虑的问题。譬如对于教学互动，我们注重课堂教学过程中的师生互动，但决不认为只要在课堂教学中，有教师的发问和学生的回答这样的形式，就是教学互动。而是把教学互动看成是由以教师为中心向以学生为中心转变，是新教学观念的体现，而不仅仅是一种形式上的变化。因此，我们教学督导组非常注意有效教学互动与无效教学互动、积极地教学互动与消极地教学互动的区分。这种区分的标志就是看其是否实现了由以教师为中心向以学生为中心的转变，以及实现的程度。

（二）教师把教材体系转变成教学体系的能力得以提高

人们常说，教学过程是一个知识再创造的过程，它集中地体现在教师要把教材体系向教学体系转化。教材体系就是教材按照一门科学知识的内在逻辑结构而展开的体系，这是一个严谨的知识系统。教学体系则是教师课堂讲授时所使用的内容体系。教材体系与教学体系在本质上是一致的，又有多方面不同。教材体系是形成教学体系的重要依据，而教学体系是对教材体系的超越与发展。教材是教学思想、培养目标、教学内容的载体，是教学得以实施的具体保证；教学体系则是把一门科学教给学生时的体系结构。因此，教学体系既要依照教材体系的内在逻辑，又必须充分考虑学生的学习规律、他们的接受能力与特点，教师讲课不但要循序渐进，还要突出重点和难点；而教材作为科学知识体系本身，并不存在所谓“重点”“难点”的问题。

把教材体系转换成教学体系，就是备课，但并不是任何意义上的备课，可称为教材体系向教学体系的转化。要把教材体系成功地转换成教学体系，需要做很多工作，要在熟悉教材内容的基础上，疏理出课堂讲授的逻辑结构，要对基本概念做出正确地解释，要理清楚概念之间的关系，准备的案例要恰到好处，要有明确的重点和难点，巧妙设计教学互动环节，甚至包括语言的应用、表述的方式都要精心设计和构思。有些教师不注重教材体系向教学体系的转换，备课就是把教材上的章、节、目照录下来，上课照本宣科，念教材上的内容，所举例子与教学内容不贴切，没有重点难点，开展教学互动牵强别扭。这些都从反面说明了把教材体系转换成教学体系的重要性。督导专家在点评指导时特别留意提高教师把教材体系转换成教学体系的能力。

（三）教师，尤其是青年教师的讲课水平明显提高

课堂讲课是教师教学的中心环节。讲课就是对教学内容进行讲解，这不能靠读教材，也不能靠背教材。课讲得好，不仅要知识丰富、扎实，还要有技巧，讲课也是一门艺术。无论是课堂教学督导，还是在教学能力专项培训班上的辅导讲座，抑或是参与“三期”教学检查，担任青年教师讲课比赛评委，专家们的督导始终把教学内容和教学方法相结合，不断提

高教师课堂讲课水平。

自2006年以来，全校接受课堂教学督导评估的教师1000多人次，其中优秀者占25.88%，优良者占69.63%，合格者占3.75%，不合格者占0.12%。一大批优秀青年教师脱颖而出。

传道授业 带徒施教
打造云南中医学院青蓝工程品牌

云南中医学院关工委

1997年以来，在云南省教育厅关工委和学校党委的领导下，云南中医学院关工委以邓小平理论、“三个代表”重要思想和科学发展观为指导，坚持“围绕中心、配合补充、因地制宜、量力而行、立足基层、注重实效”的工作方针，以促进青年大学生健康成长为目标，以立足教育、关爱青年、发挥余热、构建和谐为宗旨，大力弘扬“五老”精神，充分发挥“五老”作用，以培养“四有新人”为目标，营造中医氛围，在学习中强化，推动中医进步，在实践中深化，积极开展老中医药专家学术经验继承工作，坚持传承和发展中医，至今培养了4批中医后继人才，成绩斐然。

一、打造一个“青蓝工程”品牌——传道授业、带徒施教

为了继承整理老中医药专家的学术经验和技术专长，培养造就高层次中医临床人才，继承与发展中医药学术，遴选有丰富、独到学术经验和技术专长的老中医药专家为指导教师，选配具有相当专业理论和一定实践经验的中青年业务骨干为他们的继承人，采取师承方式进行培养。我校自1997年就成立了老中医药专家学术经验继承工作管理办公室，连续开展了云南省全国第二批、第三批、第四批老中医药专家学术经验继承和云南省首批老中医药专家学术经验继承工作。

带徒施教，是中医药院校传承老专家学术经验，培养高素质专门人才的重要途径。为充分发挥老教授、老专家在传道授业中的积极作用，使名老中医精湛的技艺薪火相传、后继有人，让名老中医药专家的学术思想和经验发扬光大，加快我省和我校中医药人才的成长步伐，缩短成才周期，学校制订了《云南中医学院第一附属医院老中医药专家带徒管理实施办法》。

二、领导重视，聘请一批中医药名家，精心组织师承工作

中医学是一门实践性很强的科学，以经验医学著称，没有广泛的临床，没有名师指点，很难体会到中医理论的深奥微妙。我校第一附属医院是云南省唯一一家省级中医院，云南省

中医名院有吴生元、李永康、陈乔林、罗铨、易修珍、刘复兴、龙祖宏、张良英、赵淳、刘以敏、苏藩、夏惠明、李斯文、王光鼎等名中医。为充分发挥他们的作用，使名老中医精湛的技能能薪火相传、后继有人，让名老中医药专家的学术思想和经验得以发扬光大，加快我省和我院中医药人才的成长步伐，缩短成才的周期。在充分尊重老专家意愿的基础上，一方面明确规定，聘请指导教师必须充分尊重老专家的意愿，真正让那些愿意为青年一代成长发挥余热的老教授老专家，进入到关工委工作的队伍中来；另一方面明确要求，受聘（或返聘）的指导教师必须是担任主任医师的老中医药专家；医德高尚，在群众中享有盛誉，得到同行公认；从事中医药专业技术工作累计满30年以上；有丰富、独到的学术经验和技术专长，是本专业的学科带头人或专科专病的知名专家；身体健康，能够坚持临床或专业实践；能够保证继承工作教学计划和带教任务完成的老中医药专家。先后有15名名中医、1名主任医师被遴选为指导老师。

三、导师口传面授，严谨治学，薪火相传

（一）传承高尚的医德医风

中医历来非常强调医德的重要性，没有高尚的医德，良好的医德医风和敬业精神，专业技术就不可能达到精湛的水平。我校遴选出的指导老师均为德艺双馨的名中医，为培养中医药继承人奠定了良好的基础。榜样的力量是无穷的，在跟师的过程中，通过导师们的言传身教，使继承人们领悟到了医者仁德、仁心、仁术，患者至上，仁德为本，大医精诚的真谛。

（二）学习严谨的治学方法

在师承过程中，在老师的指导下，采取自学研修与集中授课相结合的方式，要求每位继承人精读《黄帝内经》《伤寒论》《金匮要略》《温病学》等中医经典医籍，领悟其古籍精华，撰写读经典学习笔记，养成读经典、研修名家中医著作的好习惯，加大传统文化知识方面的积累，博采名家之长，不断提高中医基础理论水平，密切联系临床实践，学以致用，带着临床问题去学习，在理论和实践的结合中找闪光点、找创新点。

（三）传授宝贵的学术经验

名老中医在长期的医疗实践中，积累了宝贵的学术经验。这些经验经历了实践的检验，是中医药学的宝贵财富。通过指导教师的口传面授、门诊应诊，病房查房和实际操作向继承人传授他们的经验和专长，学习他们的辨证论治方法、思维轨迹，年轻的继承人全面掌握了老中医的学术思想，潜移默化地提升了自己临床实践能力。根据培养目标，指导老师及继承人分别拟订教学计划和学习计划，继承人通过撰写跟师笔记、临床病案、学习月记、学术论文、主持或参与科研课题等，较全面系统地总结和整理指导老师的经验和技术专长，使老中医药专家的学术经验和技术专长得到继承和发扬。

（四）体验丰富的诊疗艺术

在师承的过程中，名老中医以德载术，以术弘德，热爱中医，有强烈的事业心和责任感；在诊疗实践中，身临其境，面对患者，四诊合参，应用自如，出神入化，急病人所急，想病人之所想，让病人能充分感受到医护人员的高质量服务，使积极配合治疗，促进病员康复，增进医患关系，化解医疗矛盾的中医诊疗艺术得以充分体现；使继承人在跟师过程中耳

濡目染，不断总结，提高诊疗艺术。

四、授业解惑，成绩斐然，后继有人

通过明确条件要求，确保了关工委工作队伍的质量，使老教授老专家在传道授业中的特殊作用充分显现出来。经过师承工作，先后培养学术继承人 37 名，即将结业出师的继承人有 11 名。在结业出师的 37 名继承人中，担任全国各类学会理事以上职务的有 6 名，担任省级各类学会理事以上职务的有 7 名；被评为云南省名中医的有 3 名，校学科带头人有 8 人，学科带头人后备人才有 1 人；担任硕士生导师 22 人。

不少继承人在跟师期间和出师后，主持或参与了有关科研课题的研究工作，结合临床实践对某些专科专病进行专题研究，取得了一定的科研成果。其中，继承人荣获省卫生科技成果奖三等奖 2 项；主持省、部级科研课题 14 项，参与省、部级科研课题 25 项；主持厅级科研课题 27 项，参与厅级科研课题 62 项；主持院级科研课题 47 项，参与院级科研课题 105 项；且撰写论文 372 篇，主编或参编出版学术著作 46 部。

通过师承工作，为医院培养造就了一批高层次中医药继承人，提高了医院业务内涵建设的水平。截至 2014 年底，我校第一附属医院有国家中医药管理局重点中医专科 3 个，云南省重点中医专科 17 个，云南省重点中医专病 9 个；有 13 名医师被评为云南省名中医、荣誉名中医，8 个科室被评为云南省中医名科；2008 年医院获得云南省中医名院称号。各项成果均列云南省中医同行业之首。

回顾学校关工委 17 年走过的历程，我们深深感到关心下一代工作是一项神圣而崇高的事业。做好关工委工作，离不开学校党委、行政的重视和支持，以及有关部门的配合和协作，这是做好工作的前提和关键；必须围绕培养合格人才这一中心，努力服务于学校改革发展稳定的大局；必须不断推进关工委的自身建设，努力建设学习型、创新型的关工委；必须选准关工委工作的切入点、结合点，联系实际，注重实效，积极开展丰富多彩的各种活动；必须坚持积极主动，无私奉献，求真务实，不断创新；通过师承工作切实在加强发展中医药事业中发挥了关工委的作用，为推动中医人才队伍的建设，促进云南中医药事业的发展做出贡献。

我们的工作虽然取得了一定的成绩和进步，但我们深知离上级的要求、青年一代成长的需要还有相当的差距，我们一定认真学习贯彻好会议精神，虚心学习其他兄弟院校的成功经验，解放思想、勇于创新，努力使学校的关工委工作不断迈上新台阶。

第五辑　校园文化传承

传承校园文化　弘扬贸大传统

对外经济贸易大学关工委

对外经济贸易大学以培养涉外经贸人才为己任，与国家的经济建设，特别是改革开放以来的经济发展息息相关。以现任国际货币基金秘书长林建海，原证监会副主席、现任中投公司总裁高西庆，原外经贸部部长石广生，现任人大常委会副秘书长曹卫洲，现任民建中央副主席宋海为代表的一大批知名校友自强不息、锐意进取、开拓创新，在改革开放中做出的突出贡献，为学校深厚的校园文化底蕴增添了绚丽的色彩。可以说，我们的校园文化是悠久的中华文明与党和国家优良传统相互融合的结晶，是改革开放取得举世瞩目业绩的有力见证，也是社会主义核心价值观的生动体现。

2008 年 7 月 8 日换届后的校关工委十分重视校园文化的传承。几年来，校关工委采取点面结合的方式，通过宣讲“校史与校园文化”、举办系列专题讲座、借助主题党日等相关活动等方式，激励学生发奋读书、立志成才，为学生成才注入正能量，多层次、多角度传承校园文化、弘扬贸大传统。

一、积极宣讲“校史与校园文化”，激励新生立志成才

2008 年，新一届关工委接任不到一个月，就接到学校学工部的任务，要求在新生入学教育中进行校史专题讲座。校关工委认为这是一次传承校园文化、弘扬学校优良传统的好机会，一定要做好并坚持下去。当时，讲座最佳人选关工委主任刚好出差不在北京，一位副主任便主动承担这一任务，他多方收集资料，向相关当事人求证史料的真实性和准确性，经过近一个月的努力，精心准备了 14000 多字的讲稿。9 月 8 日，他以聊天的方式向 4000 多名本科新生做“校史与校园文化”专题报告，受到学生们的欢迎。从第二年开始，“校史与校园文化”报告由校关工委主任、副主任共同宣讲。两位主讲人，一位是原党委书记、校长，另一位是原副校长。他们用亲身经历与感悟的大量生动事例讲述学校创业的艰辛、发展的曲折和腾飞的辉煌，用许多感人故事讲述我校学生立志成才、追求卓越、重情感恩的优秀品质，具体阐述了学校“博学、诚信、求索、笃行”校训诞生的背景、内涵及其影响。“校史与校园文化”专题报告的内容与形式每年都根据学工部门的要求不断改进，并使用 PPT 同步演示，对象也由本科生扩展到研究生。这种图文并茂、形象生动、相互补充、幽默风趣的方式，使新同学刚走进校园就感受到校园文化传统的魅力。很多学生表示校史讲座使他们更加了解学校、热爱学校，要向优秀校友学习，珍惜来之不易的学习机会，尽快完成“从高中到大学的转变”，适应新的学习生活，努力实现自己的人生价值。有些新生还主动找来，希望

得到关工委的指导与帮助。

二、举办多种专题讲座，为学生成才注入正能量

校关工委认为，传承校园文化是一项长期细致的工作，仅仅在入学教育中进行一次“校史与校园文化”讲座是远远不够的，还应该深入到院系及相关单位进行不同专题的讲座，内容也不仅仅限于校史，而要包括“德、智、体、美”全面发展以及治学态度与学习方法等方面的指导。果然，入学教育后，校关工委就先后接到校团委和几个学院的邀请，进行专题讲座。两位老领导每次都事先做一些调研并据此进行精心准备，使讲座更具针对性、指导性和可操作性。讲座的议题涉及广泛，大体上分为四类：

（一）大学人生导航

针对部分新生因不熟悉大学培养人才的模式与教学方式，有时会出现迷茫状态的情况，校关工委开设“适应从中学到大学的转变”“大学生能力培养”“大学生核心竞争力培养”“旅途是到达目的地的必经之路”等讲座，引导学生尽快融入集体和大学生活，鼓励学生结合自己的实际和需要制订学业及发展规划，努力培养核心竞争力。

（二）参与学生干部培训

学生干部是同学中的领头人和骨干力量。校团委在每年新生干部培训期间，都邀请关工委主任进行讲座。老领导以“继承优良传统，当好学生干部”为题，介绍了我校学生干部高尚的道德情操和务实的工作作风，并就如何正确处理学习与工作的关系，注重在实践中培养组织领导能力等方面提出意见建议。

（三）进行学业指导

根据需求先后进行“为科学高效地完成本科学业打好基础”“如何学好大学英语”等专题讲座。这些讲座从不同角度指导学生确立正确的治学态度，改进学习方式，从读书转向求知，从擅长应对考试转向善于解决问题；在牢固掌握基本功的基础上，关注专业前沿动向与热点问题，广泛吸收相关学科知识，切实提高理论素养与专业水平。

（四）强调身心健康

看到许多同学生活不规律，不注意锻炼身体，校关工委主任专门举办“培养良好的生活学习习惯，立志成为堪当大任的人才”的专题讲座。他以亲身经历阐述良好习惯的重要性。上初中时在老师的建议下他开始跑步锻炼身体，60多年来未曾间断。他长期担任校长兼党委书记，还坚持给学生上课，正是持之以恒的锻炼使他受益，为他圆满完成工作任务提供了坚实的保障。讲座使学生们深受启发和鼓舞。

这些不同专题的讲座多角度地传承了校园文化，不断为学生们的成长成才输入正能量。

三、借助相关活动，将校园文化渗透其中进行精神传承

校关工委善于将校园文化渗透到丰富多彩活动之中进行精神传承。

（一）借助为知名教授祝寿的契机进行专业传统教育

在我校西班牙语专业创建人张雄武教授90华诞和西班牙语专业成立55周年隆重的庆典活动中，教育部西班牙语教学研究会致电祝贺，出席的校院领导、西班牙语全体师生和校友

代表都踊跃发言，颂扬张教授忠诚教育事业的崇高师德。年逾九旬的张教授回顾了西班牙语专业从创建到繁荣，艰辛而辉煌的历程，表现出一位老知识分子爱党、爱国、爱校，致力于专业发展的拳拳之心，为师生上了一堂感人肺腑的校园文化传承课。

（二）借助“敬梅助学金”受助学生座谈会进行励志教育

我校老教师许静梅临终前将其一生积蓄的主要部分用于设立爱心助学基金，并委托关工委两位委员具体执行。为表达对许老师的崇敬之情，将基金定名为“敬梅助学金”。每年学工部门召开受助学生座谈会，这两位关工委同志都会满怀感情向学生们介绍许老师一生节俭简朴、关爱学生、助人为乐的感人事迹和崇高师德，深深地感染和激励了每一位受助学生自强不息、发奋读书、立志成才、报效国家。

（三）借助“主题党日”活动进行贸大精神传承教育

有一次，校关工委领导与共建支部学生一起到旧鼓楼大街前马厂参观我校早期校址。大家到达后看到的是一个大杂院，连当地居民都不知道这里曾经是一所名牌大学的旧址。但两位关工委领导却仿佛回到了当年，如数家珍地介绍他们在那里念书、锻炼身体，怎样用蜂窝煤生火取暖的情景，对外经济贸易大学学子刻苦学习、朝气蓬勃、奋发向上的精神风貌，就像一幅幅生动的画面展现在同学们眼前，也铭刻在同学们脑海之中。此外，校关工委领导及几位老同志与共建支部的学生一起参观校史展，现场讲述老照片背后的故事并进行座谈。学生们纷纷表示，老一辈将青春和毕生精力贡献给学校，桃李满天下，令人钦佩和感动，作为新一代一定要刻苦学习，锐意进取，将来也成为母校的骄傲。

目前，传承校园文化、弘扬贸大传统已成为关工委工作的品牌项目，成为学校育人主渠道的重要补充，在协助学校形成充满正能量的校园文化氛围，让学校的优良传统在学生中逐步内化于心，外化于行，为国家培养更多堪当大任的人才方面做出积极贡献。

秉持“允公允能” 传承校园文化

南开大学关工委

长期以来，南开大学关工委在校党委的关怀领导和上级关工委的指导帮助下，积极发挥学校厚重的历史文化积淀和老同志的资源优势，坚持围绕中心、服务大局，秉持“允公允能、日新月异”校训和近百年校史中蕴含的精神内涵，面向全校学生和青年教师，大力传承和弘扬校园文化，逐步形成“夕阳无限 传承公能”的活动品牌，为以德育人、改革创新、发扬南开精神、培育青年才俊，做出突出贡献。

一、理论引路，投身党建，把握校园文化正确方向

南开大学关工委充分发挥老同志理论功底深厚的优势，牢牢把握校园文化传承发展的正

确方向，始终把学习宣传党的理论路线和方针政策，把认真践行社会主义核心价值体系，作为推进校园文化繁荣发展的主旋律。关工委高度重视老同志自身理论学习、政治学习和业务学习，定期召开学习研讨会，提高思想认识水平、政治责任感和历史使命感，为把南开大学尽快建成世界知名高水平大学充当“思想库”和“智囊团”的角色。

南开大学关工委积极组织老同志贡献才智，为学生成长成才启智引航。以商学院原党委书记霍洪喜、周恩来政府管理学院原党委书记耿书豪和经济学院温海池教授为代表的老同志，作为大学生特邀党建组织员，经常给大学生上党课，认真审查每一位党员发展对象的材料，与他们深入谈话。马克思主义教育学院教授梁禹祥、窦爱芝，物理科学学院周文壮等老同志，主动担任校、院两级学生理论学习“三会”的辅导员，积极参加党支部、党小组的组织生活，参加党员升旗活动，指导学生开展学习、实践活动。党的一大代表陈潭秋烈士之子、历史学院陈志远教授参与业余党校授课，马克思主义教育学院叶吾西教授参与制订党员成长计划，多位老同志担任“学理论、用理论”学生课外理论学习立项的评委。在此基础上，老同志紧紧围绕学生“公能”素质提升，深入推进本科生党建创新工程，充分发挥学生党建工作在“公能”素质教育中的引领作用。霍洪喜教授带领所在学院的先锋团队开展活动，申泮文院士为学院党建创新立项提供支持。

二、创造平台，“为公奉献”，打造文化第二课堂

“知中国，服务中国”向来是南开办学的重要宗旨，投身实践是南开校园文化的重要组织成分。学校要求新生在入学前的暑假做义工并在入学时分享，关工委组织许多老同志亲临“义工”作业分享会现场，讲述他们丰富的人生经历，提升学生投身实践的热情。离退休党支部与周恩来政府管理学院、信息技术科学学院等实现党员实践基地共建，经常指导学生实践。同时，广大老同志还积极奔走，为学生搭建各种校外实践平台，如洪国起、梁吉生、申泮文等几位老同志，积极为学生提供走入社会、“为公奉献”、砥砺品格的平台，发挥实践活动的文化滋养作用，有效补充课堂教学。与此同时，关工委积极推动和参与各类校外教育基地的发展、建设、保护和利用工作，发挥自身优势，积极整合各类教育资源，合力推动南开大学的育人工作。例如，积极参与到“南开大学学生党员实践教育基地”的联系和建立工作中，为近期开展的10多个基地建设工作积极贡献力量。校史专家梁吉生先生为推进周恩来总理故乡江苏淮安的南开大学基地建设工作，积极提供历史知识方面的支持；校关工委积极与新华中学关工委联系，将新华中学建设为南开大学的党员实践教育基地，开展互助活动；申泮文先生为平津战役纪念馆实践教育基地建设开设配套讲座。同时，积极邀请校外老同志参与南开大学关工委工作，如邀请78岁高龄的著名党史理论教育专家陈雪薇教授，到南开大学为学生党员上党课，并请她与几位南开的老同志，共同为发展、建设和利用各类教育基地，尤其是能够供老同志充分发挥作用的校外党员实践教育基地，提出自己宝贵的意见和建议。

三、解读“公能”，接续历史，巩固校园文化高地

弘扬南开精神，提倡“公能兼备，秉公尽能”。“公”指“为公奉献”的志向、襟怀和操守；“能”指生存、学习和发展的能力。围绕这一中心思路，校关工委组织老同志就“公能”

精神和校史，经常性地设坛开讲，巩固校园文化高地。关工委很多老同志积极投入解读和宣传学校第八次党代会精神和《南开大学素质教育实施纲要（2011～2015）》的工作中。他们热情参与各学院举行的宣讲会、座谈会等多种形式的活动，引导师生增进对学校推进“公能”素质教育重要意义、战略内容的思考和理解，增强培养和践行“公能”素质的自觉性和行动力。

老同志受邀参与学校品牌活动“公能讲坛”，在校园里解读“公能”素质教育内涵，如中科院院士申泮文先生以“科学家的道德素质和社会责任”为主题，给大一新生上综合素质修身课。南开国际管理论坛高级顾问罗明锜先生为南开师生作了多场南开“公能”精神与素质教育的主题演讲，进一步提升了学生对实施“公能”特色素质教育重要意义的认识。数学科学学院退休教授、老校长侯自新先生，每年都要参加学院本科生和研究生的开学典礼，并通过讲述亲身经历，勉励新生树立“公能”志向。高等教育研究所张晓唯先生经常为学生做校史报告。经济学院温海池教授参与到学院举办的“中国梦”文化论坛、“红色星期六”博导讲党课、“领略经济学之美”系列论坛等活动。数学科学学院顾沛教授参与“数为公，学以能”主题系列活动，在“我的梦想大家谈”活动中与年轻学子面对面交流。物理科学学院周文壮老先生参与学院举办的“公能精神铸品格，英才梦想耀中华”主题系列活动。几位老先生联名主动为校领导提出宝贵意见和创意，最终转化为面向全体新生的“南开欢迎你”迎新光盘，卓有成效地推进了新生素质教育的端口前移，扩大了“公能”素质教育宣传的覆盖面。所有这些活动，将素质教育、学生党建、校园文化传承工作有机结合起来，育人效果明显，成为“夕阳无限　传承公能”的“拳头”项目。

四、传递关爱，接续梦想，引领校园文化传承

“夕阳无限　传承公能”是南开大学关工委的品牌活动。关心下一代、传承南开精神是南开校园文化的重要内容。关工委的老同志秉承公能精神，为年轻一辈教师的成长提供助力，为经济困难的学生提供帮助。很多老同志主动联系学生工作部门，提出要帮助家庭贫困学生完成学业，为学生和家长分忧。有些老同志还主动寻找和联络社会资源，为家庭经济困难学生设立奖学金或助学金；经常联系那些家庭经济困难的学生，给他们以物质帮助和精神鼓励。如日本研究院俞辛淳教授倾其大半生积蓄30万元，设立助困奖学金，资助家境贫困的南开学子。

关工委的许多老同志积极发挥“传”帮“带”作用，帮助青年教师提升自身综合素质。关工委中的部分退休教师或学术骨干，不管是否还工作在教学科研第一线，都以不同方式指导着年轻教师的成长。申泮文先生曾为西部地区进修教师腾出自己的实验室，拨出自己的科研经费，为他们的研修减少后顾之忧；南开大学环境科学学科奠基人和开拓者、已故著名环境科学家戴树桂老先生，培养了我国第一位环境化学专业博士，他的学生有的已成为环境领域的学科带头人。

关工委的老同志还常规性地活跃在提升教学质量和课堂教学水平的第一线，为年轻教师提供咨询和培训，对申请新开设的课程进行资格审查，为课程设置和教学计划的修改与完善提供权威意见。生科院退休教师白玉华教授，通过随堂听课、审验毕业论文、验收教学改革

方案和教学管理制度落实情况、召开座谈会等方式，查找影响教学质量的问题，提出很多宝贵建议，为青年教师的成长和提高，提供了丰富的参考素材。

多年来，南开大学关工委在校党委的坚强领导和上级关工委的指导支持下，努力调动老同志的积极性，在学校改革发展的各项工作中都发挥了重要作用。

利用校史资源对大学生进行理想信念教育

上海交通大学关工委

上海交通大学是一所具有118年历史的大学，是一所具有光荣革命传统的大学。它经历过清末受到帝国主义列强凌辱的岁月，欣逢过辛亥革命推翻封建王朝的喜庆日子，卷入过五四运动的洪流，以后又经历了轰轰烈烈的“五卅”运动、大革命激流和艰苦的抗日战争、解放战争年代。可以说，学校的发展史就是国家民族生死存亡斗争史的一个缩影。凡是历史悠久的大学都有这段历史，都有许多师生、校友投入反帝反封建、爱祖国、爱人民的丰功伟绩，这段历史必然会成为对大学生进行理想信念教育的好教材。其次，历史悠久的大学都会在长期的教学实践中形成自己的优良办学传统，上海交通大学的办学传统是“求实学、办实业、学以致用”和“起点高、基础厚、要求严、重实践”。这些传统至今仍然是激励大学生奋发向上争取创建世界一流大学的力量源泉。再次，学校在漫长岁月中培养了大量的优秀人才，这些烈士、专家、学者、领导干部、企业家、社会活动家的生动事迹都是激励现在大学生成才的先驱榜样。118年积累的丰富的校史资源，已成为学校对大学生进行理想信念教育的重要宝库、教育平台。

高校的根本任务是育人，是培养德、智、体、美等方面全面发展的社会主义事业的建设者和接班人。高校的一切工作都是围绕着实现这个根本任务来进行，在广大学生中大力加强爱国主义、集体主义社会主义教育，进一步激发他们努力学习、增强为祖国的社会主义现代化贡献力量的使命感和责任感。反映上海交通大学优良传统的校史蕴藏着爱国主义教育的丰富资源，只要我们注意挖掘和利用，就能使我们对学生进行爱国主义教育活动不断丰富和深化，不断引导学生树立正确的世界观、人生观、价值观，培养学生成为有理想、有道德、有文化、有纪律的社会主义事业的建设者和接班人。因此，我们把在新形势下开展以史育人的路看作为关工委工作的重要途径。

一、利用交大的光荣革命传统，对学生进行爱国主义教育

交大的爱国主义革命传统是中国人民爱国主义传统的一部分，在各个历史时期，都有交大人为了救国救民，不断开展反帝、反封建和反官僚资本主义的斗争，谋求国家的独立和解放而献身的事例，仅烈士就有20多人。新民主主义革命时期，一大批交大学生投身于革命，

参加地下党就有近400人，使交大在新中国成立前夕成为上海的民主堡垒。为迎接新民主主义革命的胜利，穆汉祥、史霄雯献出了年轻宝贵的生命。关工委就充分利用革命先烈和交大地下党的优秀事迹对学生进行爱国主义教育。每年新生进校后，关工委以院系为单位，组织他们参观校史展览、学习校史，使他们了解交大的爱国主义革命传统，使他们一进交大就建立起一种自豪感和责任感，坚定社会主义、共产主义信念，树立正确的人生观、价值观，确立起新的奋斗目标，更有意义地度过大学生活。这已成为新生入学教育的必修课，让交大的优良传统代代相传并发扬光大，使他们造就跨世纪优秀人才。

二、用杰出校友的优秀事迹，激励大学生树立为祖国奋发学习的决心

在交大118年的历史长河中，培养出一大批杰出的科学家和领导人物，如钱学森、张光斗、吴文俊等170多位院士科学家，如以江泽民为首的70多位国家、省部级领导干部，学生们对他们都怀有敬仰的心情。为此，关工委组织起研究校史的退休老领导、老同志，有目的、有计划地到院系举行报告会介绍他们的优秀事迹，来激励学生树立起为祖国奋发学习的决心；并抓住胡锦涛总书记上门探望钱学森、吴文俊校友的报道和钱学森图书馆的建立重要大事，以及2007作为上海市委书记的习近平到上海交大参观文化展等，集中宣传他们的事迹，召开学习座谈会，鼓励学生们为祖国的发展数十年如一日奋斗在科技战线上做出巨大成就的优秀品质。

三、发挥优势，抓住历史与现实的结合点

优势的发挥与天时、地利、人和有关，这三者动态的发展中，出现最佳结合之时就是机遇发生之时。“百年”和“百十八”校庆就是极好的机遇。关工委抓住这个机遇，组织“继往开来”研讨会、报告座谈会。参加研讨会者有地下党老同志、省市级领导干部、“两院”院士，还有较多的学生代表，会场座无虚席，连过道也站满了人。老学长们的演讲很精彩，学生们的提问很踊跃，台上、台下互动热烈，使学生们从老学长身上对交大的优良传统有了具体、形象、深度的了解，明确了人生应该有怎样的奋斗目标和坚定不移地为实现目标的意志和毅力，学到了应该怎样做人，应该怎样为社会做贡献。报告座谈会上请校友作报告，畅谈自己的成长史，并与学生进行面对面交流，就学生感兴趣的问题多讨论交流，鼓励学生毕业后到祖国最需要的地方去工作，发挥自己的专长，为祖国的发展做贡献。

四、组织发动学生，利用暑假采访著名校友

采访老校友，是对学生进行更生动、更具体的爱国主义教育，同时又挖掘了交大各个时期的爱国主义传统的教育资源。因此，关工委曾组织发动学生，利用暑假采访所在地50多名著名校友。从上海的7位同学访问“文革”前的最后一届的毕业生代表和“文革”后的第一届毕业生代表的情况表明，采访不仅达到了预期的目的，而且对学生的教育深度出乎意料。他们不仅写出了《为国争气，艰苦奋斗的一代》和《让交大爱国主义传统焕发新的光彩》的访问记，还写了访问的启迪：“艰苦的时代背景给予交大人生活、学习上的磨炼的同时，也磨炼了他们的意志。大浪淘沙而后百炼成金！……他们以国家需要作为自己第一己任

的社会责任感对当代大学生更有现实的教育意义。只有将个人的命运寓于国家命运、民族兴旺中，个人的价值实现以社会的无私奉献为衡量标准才是人生价值的最完美体现”“回顾交大人对祖国赤诚的爱、无私的奉献和因此而形成的无穷力量，我们更能清醒地认识到毫无依附的个性的渺小”“交大人的命运与母校紧密相连，与祖国的前途休戚相关。交大的优良传统就是一部爱国主义教育的史书，无论过去、现在、还是将来，他都是每一位交大人立足社会的指南针，让每一位交大人引以为荣，让每一位交大人铭刻心中”。

我们上海交通大学利用校史资源对大学生进行理想信念教育，富有启发性和鼓舞力量，因而取得了较好的教育效果，主要表现在参观校史博物馆的从本科生扩大到研究生，听讲座的从刚入学的新生发展到要求入党的积极分子，人数越来越多。同学们感谢学校让他们接受了生动的爱国主义教育的洗礼，他们反映“这是爱国爱校的必修课”“使我们对我校的党史、校史有了更为深刻及全面的了解，许多已知的东西得到了进一步深化，同时又获得了不少新知”，他们感到“一是深刻理解了交大的优良传统，进一步激发爱国荣校的光荣感和责任感；二是更本质地了解交大前辈的风范，把他们作为当代大学生一流精神风貌的楷模；三是从交大党组织在斗争中发展的史实中深化了交大爱国主义传统的内涵的理解”。他们决心将前辈的爱国之心、报国之志、强国之行化为自己的学习动力、今后为之奋斗的行动，表示“今天我们以交大为荣，明天交大以我们为荣”。事实如此，近几年又涌现了以我国第一艘航母辽宁舰的总设计师朱英富、舰长张峥以及“80 后”毕业生黄亮等为代表的一大批杰出校友。

实践证明，利用校史资源进行爱国主义革命传统教育，得到大学生强烈的认同，可以成为新时期对青年学生教育的主旋律，也得到上海市委组织部有位部长的称赞和肯定，他认为“总结、发扬交大爱国主义革命传统意义深远”“这种传统还可通过交大人辐射到社会成为精神文明建设的精神动力、智力支持和思想保证”，并希望交大进一步“认真挖掘，充分运用，贡献给上海，贡献给国家”。

弘扬责任传统　传承担当精神

湖南大学关工委

校园文化是社会主义先进文化的重要组成部分，是学校软实力的集中体现，是广大师生员工共同创造和传承的精神价值和理想追求，也是学校赖以生存和发展的动力源泉。湖南大学的前身是始建于公元 976 年的岳麓书院，享有“千年学府，百年名校”的盛誉，有着深厚的文化底蕴。以“传道济民”“经世致用”为主要内容的责任文化既是湖南大学前身岳麓书院在千年办学实践中积淀形成的、最为突出的文化教育传统之一，也是岳麓书院能够培养出王夫之、魏源、曾国藩、左宗棠、陶澍、胡林翼、郭嵩焘等一大批“心忧天下”“勇于担当”之才的主要原因之一。热爱学校、熟悉历史和关爱学生，老同志参与校园文化建设具有独特优势。充分发挥他们在校园文化建设中的传承作用，是学校关工委工作的重要内容。

一、整理文化，丰富责任文化的育人内涵

（一）参与校史整理研究

校史是一所学校发展轨迹的真实记录，是教育史、学术史、文化史、思想史的一个重要交叉地带。湖南大学有着千余年的办学传统，特别是近代以来从这里走出的大量经世致用、传道济民的人才群体，影响着中国近现代史进程。一些离退休后的老教授作为历史的见证者和文化的传承者，积极参与校史的整理、编撰、研究。1922 年出生何长胜老人，青年时代曾亲历长沙“文夕大火”、长沙会战，后以同等学力第一名成绩考入湖南大学经济系，于 1945 年 10 月参加党的外围组织——人民世纪社，是湖南大学历次学生运动的骨干；1948 年 1 月加入中国共产党。离休后，他亲自担任《湖南大学校史》的执行主编，搜集资料，特别是作为历史的亲历者，专门参与校史中有关湖大西迁辰溪、抗日救亡、迎接解放等章节的编写。工商管理学院的许康教授退休后，发挥自己的专业优势，编写了《编年商学》，系统整理学院发展历史；他还撰写《湖南大学校长评传》，研究学校办学传统。机械与运载学院老教授黄天泽是新中国成立前湖南大学校长黄士衡之子，他捐赠了自己所藏的珍贵历史照片、文献资料，并撰写了大量亲历文章。

（二）开展“口述湖大”历史

从 2005 年开始，校关工委与学校宣传部，校电视台联合，在离退休老同志中，寻找学校发展历史事件的亲历者与见证者，开展“口述湖大”的访谈活动。将“口述湖大”的访谈制成专题节目，在校电视台及网络播放，在校报上刊载，使年轻的大学生和青年教师了解过去，珍惜今天，增强自己肩上的责任感、使命感。“口述湖大”分为历史篇——学校发展历史、教育篇——教书育人故事、人物篇——大师逸闻趣事、革命篇——见证激情岁月。“口述湖大历史，见证激情岁月；建设校园文化，促进科学发展”。通过这个平台，“口述湖大”的辐射力不再仅仅局限于研究湖大校史，而是研究中国高等教育发展史，研究中国近现代革命史，研究中国传统文化史。年届 90 高龄的土木学院离休老教授杨煜惠回顾了自己考进湖南大学时正值抗日战争时期，1938 年学校校舍遭日寇轰炸，被迫迁往湖南省辰溪县继续办学，到 1945 年抗日战争胜利后，才迁回岳麓山下的经历。原长沙市人大主任，老校友刘湘皋同志回顾了自己 1948 年在湖南大学读书期间，参加中共地下党，在学生中发展党员，同国民党反动政权开展“反内战、反饥饿、反迫害”的斗争经历。当年在湖南大学 1000 多名大学生中，有 1/3 的学生都参加了共产党或党的外围组织，配合解放大军的强大攻势，促成了湖南的和平解放。80 岁高龄的退休老教授娄彦博讲述新中国成立后湖南大学 1953 年在院系调整中的历史故事。“口述湖大”访谈节目目前已制作 30 多期，用大家身边熟悉的人，讲述自己的亲身经历，教育了年轻的一代。

二、活用文化，拓宽责任文化的教育渠道

（一）责任文化“上墙”，发挥环境育人功能

湖南大学发挥关工委老同志的特点，积极整理岳麓书院传统文化。如唐子畏等老同志编

辑了书院楹联；岳麓书院陈谷嘉老教授等作为校园文化建设的资深顾问，积极配合校园文化建设小组，精选岳麓书院反映责任文化的楹联、碑拓、名人画像和名言名句等，以木刻、书法、写真、喷绘等多种传统形式物化、固化于学校办公楼、教学楼、图书馆、学生园区等学生活动频繁的地区。学生园区斋舍建设了文化墙，多角度展示岳麓书院人文景观与历史典故等；楼栋、道路也都依据书院责任文化进行命名，将大学生公寓天马园区道路命名为“学达路”，德智园区道路命名为“弦歌路”，创设“时时受教育、处处受感染”的德育环境。

（二）责任文化“入课”，建好思政教育主课堂

湖南大学积极拓展责任文化的教学内涵，所有新生入校第一课即为参观岳麓书院，在老教授们建议下，《岳麓书院学规》就印在学生守则的第一页。关工委专门成立了“银龄志工”志愿者队伍，为每年新入学的大学生新生参观岳麓书院作详细讲解，使他们从进校的第一天，就能感受到学校的文化底蕴，加深对校训“实事求是，敢为人先”的理解。目前，“银龄志工”的队伍已发展成 40 多人。离休干部关克定，离休前在岳麓书院研究所担任支部书记，对岳麓书院的历史十分了解。2013 年新生进校后，已 80 岁高龄的关老不顾自己年事已高，参加“银龄志工”，为新入校的学生讲解岳麓书院。他从岳麓书院的学规，讲到每一首楹联，牌匾的故事。

（三）责任文化“落户”，建设责任教育基地

湖南大学校内近现代是建筑十分丰富，并有一些离退休老同志十分熟悉这些历史，在关工委的建议下，学校在岳麓书院御书楼、老图书馆等曾被日军轰炸的遗址、科学馆长衡地区日军受降室等地就地取材，建设一批师生身边的爱国主义教育基地，加强大学生历史使命感和责任感的培养教育。2012 年，湖南大学成立全国首个书院文化专题博物馆——中国书院博物馆，在展示书院千年发展历程及其教育、学术等功能的同时，集中反映书院责任文化。

三、传播文化，提高责任文化的辐射力量

（一）品牌活动“搭台”，责任文化辐射师生

校关工委的老同志一方面担任本科生兼职班主任，另一方面加强对青年教师的“传”“帮”“带”，践行责任文化。从 2012 年起，已有 22 个本科班级聘请了老同志担任本科生兼职班主任，成为学生思想上的引航者、学习上的导师、心灵上的朋友、生活上的父母。在学校 2012 ～ 2013 学年度先进集体暨优秀学生表彰大会上，2012 级受表彰的 12 个班级中，有 4 个班级是老同志担任兼职班主任的，占获奖班级的 1/3。在“师德标兵”“我心目中最敬爱的老师”“感动校园十大人物”这些品牌活动的评选过程中，都离不开老同志的指导，渗透责任文化元素，“履职尽责”成评比最大百分比，树立起一批优秀教师、优秀学生等先进典型，在典型影响下催化师生的担当意识，形成了善于担责、敢于负责的校园文化氛围。

（二）社团活动“提档”，责任意识辐射校园

我校有各类老年社团 31 个、会员 2000 余人次。校关工委进行分组，积极引导老年社团参与社会调查、支教扶贫、科普宣传、生态保护、老少同乐等活动，构建思政工作的实践育人平台。如“银龄志工”与岳麓书院讲习团义务提供讲解服务，传播岳麓书院责任文化；湖南大学老科协与岳阳县新墙镇枫树湾畜牧有限公司合作，开发种植有机富硒农产品，选择岳

阳县新墙镇进塘村枫树湾作为有机富硒农产品种植实验基地，促进了地方经济的发展；一些老同志与FLY协会一起在校园网上发起网络资助失学儿童，并成功募集善款。如2009年关工委在南北校区举办“女红手工制作”培训班四期，很受学生的欢迎。机械与运载工程学院学生将自己的作品参加义卖会，义卖善款近3000元全部捐给了边远山区的留守儿童；老年社团与学生社团联合举办书法、绘画、手工制作比赛；老年诗社举办的诗会以及老教授读书协会举办的讲座都邀学生参加；太极拳协会、古琴协会的表演，学生与老同志同台演出。学生在与老教授、老干部在情趣相同的学习交流活动中拉近了距离。学生和老同志在嘹亮的歌声、优美的舞姿、优雅的器乐声中，通过艺术、相同爱好增进了互信，也为老同志了解学生的内心世界，有的放矢地做好学生思想工作搭建了平台。

（三）服务地方“发力”，责任观念辐射社会

2008年“金融寒冬”时，湖南大学选派“科技特派员”入驻广东企业一线，助力企业在金融危机中攻坚克难；2009年“四化两型”如火如荼时，湖南大学组织“百名博士下乡”，为地方社区两型社会建设出谋划策；2013年“文化强国”号角吹响时，湖南大学成立的全国首家中国文化软实力研究中心发布《中国文化软实力研究蓝皮书》，为地方政府文化建设引智献策。服务地方经济社会发展的过程，既成了湖大人责任观念的强化过程，也成了向企业传递责任文化的过程，更是向整个社会辐射岳麓书院责任文化的过程。

今年77岁高龄的退休教师刘觉民教授，自退休以来，以湖南大学老科协为平台，长期致力于富硒农产品的研发。2006年，刘觉民教授研发的酶型植物富硒营养调理剂，以湖南大学老科协名义将此项技术转让给长沙硒园农业科技公司；2013年3月，刘觉民教授研发了多功能微粒植物富硒调理剂，在省科技厅、省老科协的支持下，在浏阳高坪建立了一个富硒农产品生态种植示范基地，带动了地方经济的发展。

今年78岁高龄的退休教师靳九成教授，退休以来一直致力于医学、易学方面的研究。2013年，以靳九成教授为代表撰写的《生命（医学、易学）百年历》，由山西科学技术出版社出版发行，这是靳教授近20年潜心研究所取得的成果。该书的问世对医学的发展具有重大的意义。2013年6月，国务院中国专业人才库管理中心、全国专业人才考评专家委员会鉴于靳九成教授在易学领域中的成就与贡献，聘请他为全国专业人才易学专业考评专家委员会25位委员之一——湖南省唯此一位。

近几年来，湖南大学关工委通过多种方式，努力传承创新岳麓书院责任传统和担当精神，并有机融入大学生人才培养的全过程，探索了一条弘扬责任传统、传承社会担当的育人新路子，取得明显成效。

四、多途径传承创新，责任文化效果凸显

（一）责任教育体系健全完善

迄今为止，湖南大学共组织撰写、出版《思想的锋芒——在岳麓书院听演讲》《千年论坛》《湖湘文化访谈》等系列责任文化教育方面的著作、教材80多部；举办以责任文化为主题的系列讲座380多场，受众达12万多人次；特色课程“中国传统文化”与“大学文化与成人之道”已获准成为国家级精品课程，形成了包括国家、省、校三级精品课程在内的课程

教育体系。在教育教学外，湖南大学还搭建“感动校园人物”“传承雷锋精神　争当雷锋传人”常态化学雷锋活动、“芙蓉学子　榜样力量”等责任文化主题活动平台，每两年开展由全校学生海选的“师德标兵”和“我最喜爱的老师”评选活动，引育并重、知行结合，在全校营造了良好的责任教育氛围，使责任教育活动受益师生面达到 100%，发挥了很好的辐射示范作用。

（二）责任文化品牌效应深远

在活用岳麓书院责任文化，进行责任教育的实践过程中，湖南大学实现了几个第一：建立了全国第一家校企共建的移动教育平台“手机书院”；成立了全国第一个书院文化专题博物馆——中国书院博物馆；第一次在全国范围内提出“德育产品”的概念，并举办了德育产品的创作竞赛；同时还打造了责任文化的电视讲学节目——“千年论坛”“岳麓讲坛”，责任文化“移动课堂”等多个责任教育品牌，形成了品牌效应，在全国产生了较大的影响。新华社、《人民日报》《光明日报》等国内 30 多家主流媒体对此进行了报道。教育部门户网站、《教育部简报》和湖南省政府网站专题刊载。

（三）责任担当典型不断涌现

湖南大学人才辈出，除被社会称颂的、近百位校友担任高校领导的“校长现象”，还被喻为培养了 1000 名行长的“金融黄埔”，产生了地震中舍己救人的谭千秋的“千秋精神”、感化小偷的高春娜的“春娜精神”。此外，湖南大学还涌现出了全国教书育人楷模胡遂，“中国大学生自强之星”秦锦辉，获“2012 年度中国大学生年度人物”提名的湖南大学赛车创新团队、带妈妈上大学的学生李俊威，参加全国大学生文艺会演并受李长春接见的学生樊恬宏，筹划拍摄湖南省首部以“预防青少年犯罪”为主题的微电影的学生宋铁山，志愿服务西部的国防生王浩宇等优秀典型，责任、担当已经内化为湖大人共同的价值追求和精神向往。据统计，学校平均每年约有 600 多名毕业生志愿服务西部，300 多名毕业生进村入寨，到基层任职。

重述历史　薪火相传

华南师范大学关工委

为了凝练“师大精神”，形成华南师大的大学章程，同时也是为了进一步收集、编撰华南师范大学校史资料，丰富校史档案，我校关工委依托历史文化学院举办“重述历史，薪火相传之口述史”的活动，通过录音和影像记录华师教师和校友回忆中的学习、工作和生活，希望以此形式记录华南师大建校以来一些动人的真实故事，用鲜活的形式让广大师生了解学校历史，传承“艰苦奋斗，严谨治学，求实创新，为人师表”的华师精神和优良传统，达到教育下一代，培养下一代的效果，增强年轻一代对母校的归属感和认同感。

一、具体做法

（一）仔细筹划，确保华南师大口述史活动顺利开展

华南师大口述史活动自 2013 年 5 月开始筹划至 2014 年 4 月完成资料汇编，历时将近一年，在学校关工委的支持和帮助下，活动得到了广大师生的支持和协助，有超过 50 位教师和校友及学院 100 名师生直接参与到了活动当中。口述史活动开展之初，便得到了学校关工委的高度重视和支持，促成学校划拨了专项经费，并指导口述史活动小组制订出了详细的活动实施方案，确保活动的顺利开展。

（二）认真组织，借助学院平台开展口述史活动

历史专业的师生是开展口述史的最好载体。学校关工委紧紧依托历史专业上的师生，借用华南师大 80 周年校庆的契机，有针对性地对该活动做了布置和安排。

首先，在历史文化学院中挑选具有较好专业基础的学生参与活动，并组织学院中对做口述史方面较权威的教师对学生进行专业指导及业务培训。其次，组织参加口述史活动的学生查阅并搜集各类校史资料，使其大致了解学校的发展历史，根据学校发展历史与学科发展的情况确定受访对象，其中既包括在职教授、退休老教师及校友，力图多方位了解学校历史的发展。再次，在对受访对象的主要经历有所了解后，根据受访对象的实际情况制订采访计划；并在采访结束后，整理其口述的录音和文字资料，交受访者校对、修改，形成定稿。最后，定稿收集完毕后组织学院多名教师和学生进行 4 次校对，口述史的文字资料经校正后印刷汇编成册，并将录音资料刻录成光盘留存。

（三）大力宣传，扩大口述史活动的影响力

口述史活动借学校 80 周年校庆的契机，得到了广大师生和各界校友的关注，在师生和校友中引起了强烈反响，并在学校《师大晚晴》、学校新闻主页、校庆新闻主页均发布了宣传报道，以扩大活动的影响范围及影响力。

今后将继续做深做细口述史活动，使口述史活动的采访面进一步扩大，进一步丰富和完善校史材料，完成口述史资料的出版工作，让更多的师生和校友关注学校的历史和现实发展，更好地实现学校精神的传承。

二、初步成效

（一）凝练、承传华师精神，增强年轻一代对母校的归属感和认同感

在一系列寻访华南师大人、记录华南师大历史、传承华南师大精神的活动中，退休老师和学长们为在校的年轻学子讲述他们当年的求学经历，以及在物质条件极端匮乏的环境下如何为学校的教育事业、为广东基础教育做贡献，让学生深入了解老一代人的坚守和奋斗。

“华师刚刚建成的时候，生活条件十分艰苦，当时洗澡没有热水，我们就打井水晒热了洗澡……条件这么艰苦，大家学习却很认真，经常读书做读书笔记。”（中文系退休教授陈其光老师）“经济困难的时候，学生就合起来吃饭……一些女同学专门给自己那碗饭分小一点，又专门给男同学多分一点。”（原校党委书记黄家驹教授）“那时候研究广东史还是很困难的：一是资料分散，二是没有多少人研究……也没有什么人可以指点，也就是有时候外出

开会遇到一些学者，认真听他们的学术报告，多向他们学习。那时候找资料就是去图书馆，看那些古籍，都是线装的，没有标点，竖排繁体的。”（历史系退休教师高惠冰教授）“在写博士毕业论文时，我第一次体会到深陷研究，物我两忘的状态，曾经有一个多星期的时间里，失眠、不思茶饭，脑中反反复复都是一个要解决的问题。”（原历史文化学院院长陈长琦教授）“大学像我们老师那一辈真是藏龙卧虎……他们那时候没有那么多的功利心，而是认认真真地指导我们，我们都把他们看作自己的父辈，去向他们学习，他们也是把我们当作自己的子女一样来培养。”（原外语系系主任徐霖贤教授）在访谈中，老教师们用一个个真实动人的故事生动诠释了“艰苦奋斗，严谨治学，求实创新，为人师表”的华师精神，增强了年轻一代对母校的归属感和认同感，让华南师大精神和优良传统得以薪火相传。正如一位学生在采访后记中说的那样：“口述历史，是一种搜集历史的途径，更是一种心与心的交流，通过口述史得知学校过去的很多事情，增进了我们对母校的感情，拉近了与这位在 80 年的风雨飘摇中仍坚强屹立、孜孜不倦培育后人的‘老母亲’的距离。”

（二）“关心下一代”与“温暖老一代”结合，搭建老少两代关爱互助桥梁

老教师们利用自己的专业特长，指导学生进行院史、校史的修撰，为口述史成果的整理和修订提供了很多宝贵的意见，许多学生和老教师在活动中结下了友谊。师生互动拉近了几代人的距离，增进了离退休教工与年轻学生之间的感情。一位口述史小组的同学表示：“了解了老师们的治学经历后，我顿感惭愧。在那个饱受贫穷战乱的年代，我们的老师仍时刻对知识持有热爱之情，没有荒废学业，而当代的学生有着良好的学习条件和学习环境，却终日沉迷于玩乐，对学业以敷衍了事的态度去对待，这是每个学生都应该正视和反省的问题。老教师的人生经历无疑可以为迷茫的孩子指引出一条比较明亮的道路。”另外一位同学也认为：“老师对我们的专业学习、未来发展方向给了许多建设性的建议，给了我们很多启发。在谈话过程中，老师对我们的专业，即历史方面的人物和事件给了自己独特的看法，俨然是在给我们上着课那样，开发了我们的史学思维。老师退休后仍然坚持读书，写书法的生活方式也让我们对自己的生活方式有所启示。”

在采访过程中，学生们也非常关心老教师们的退休生活：为儿女不在身边的老教师送上温暖的问候和陪伴，缓解了他们生活的寂寞感；定期到因病生活不能自理的退休教师家里开展帮扶服务，帮助老教师解决实际困难，让老教师感受到学生的浓浓的敬重之情。

（三）密切校友联系，引起华师人对母校的回忆，增强情感共鸣

在此次活动中，校关工委充分团结学校各条战线的教职工，广泛联系全国各地的校友，同心协力参与到口述史的收集和编撰中。由 80 多人的访谈队伍奔赴全省各地采访了全校近 50 名新老校友，囊括了 80 年来在各个方面传承华师精神的教职员工。从院士到年轻学者，从老师到校友，从校领导到饮食员工，通过对在母校读书、工作经历的讲述，引起了新老校友们对母校的回忆，新老两代华南师大人的情感在共话中得到增强和共鸣，大大密切了校友们的联系。

（四）记录鲜活史料，为研究广东发展史乃至中国教育史提供参考

此次活动通过对“口述历史”的资料采集（包括对回忆音频、视频材料等），记录华南师大建校以来动人的真实故事，最终采集到接近 6G 的音像材料，完成了 60 多万字的华南师大口述史读本，为研究广东发展史乃至中国教育史留下了宝贵的史料。

开展延安精神、红岩精神“育人工程”建设
促进校园文化发展

重庆工商大学关工委

延安精神是毛泽东等老一辈无产阶级革命家在延安13年培育形成的伟大精神。它是我们党的性质和宗旨的集中体现，是我们党的优良传统和作风的集中体现，是中国共产党人崇高品德和伟大情怀的集中体现。红岩精神是以周恩来为首的中共中央南方局在抗日战争和解放战争时期在重庆培育形成的爱国、团结、奋斗、奉献的革命精神。

延安精神、红岩精神是共产党之魂、中国之魂、中华民族之魂。2008年以来，学校关工委在校党委、行政的领导下，积极倡导推进开展延安精神、红岩精神“育人工程”建设，把延安精神、红岩精神进校园，作为充分发挥“五老”优势和作用的阵地，坚持以社会主义核心价值体系为引领，创新“育人工程”建设这一拓展平台，把延安精神、红岩精神“进校园、进班级、进课堂、进宿舍、进头脑”的“五进”，作为关工委配合学校主渠道工作的重要内容，不断加强对学生的思想政治教育，特别是理想信念教育与革命传统教育。从刚开始的6个学院，7个延安精神、红岩精神示范班，到目前已扩展到17个学院，49个延安精神、红岩精神示范班。我们拓展了校园文化建设内容，建立了示范班工作指导员制度，制定了示范班申报及评选、表彰办法，加强了与重庆市延安精神、红岩精神研究会的联系，形成了示范班创建的长效机制。以示范班为重点，围绕传播观念、培育素质、励志青春、报效祖国的成才目标，突出“四个结合”，大大促进了校园文化建设。

为了使延安精神、红岩精神进校园活动切切实实开展起来，在学校的领导下，关工委建立了示范班工作指导员制度，各学院担任关工委副主任的离退休老同志，同时，也是示范班的指导员，他们协同学院党总支和辅导员，共同做好示范班的各项工作，指导并参与班级活动。

退休教师王应全对他所负责指导的示范班，着重加强理想和奉献精神教育，要求学生把职业发展规划与延安精神、红岩精神教育活动计划相结合，引导学生把这个班建成了优秀班集体。

老干部刘振河，以延安精神、红岩精神为内容举办讲座，帮助同学们了解国家大事，关心重庆发展。协助党总支帮助各示范班制定发展规划，建立个人诚信档案，让示范班成了学院和学校的先进班集体。

关工委的许多老教师、老干部都积极奉献于延安精神、红岩精神教育工作中，如吴应发、高古城、李治贤、傅德岷、张静丽、赖光、庞久强等，有的每年11月27日都与学生一

起到渣滓洞、白公馆开展悼念活动，缅怀红岩英烈；有的参加“弘扬延安精神、红岩精神”为主题的各项活动，组织学生观看《千秋红岩》《铁人王进喜》等优秀影视作品；有的老同志做“成长、成才、成功”的报告，激励学生自觉地弘扬延安精神、红岩精神；有的老同志鼓励学生“用脚步去丈量，用灵魂去感受，重温二万五千里长征”。

在推进延安精神、红岩精神进校园“育人工程”建设中，我们突出了“四个结合”：一是结合创建优秀班集体开展活动。学校制定示范班实施考核评比方案；学生按制订学业、职业发展规划和示范班活动计划，引导示范班成为优秀的班集体，促进了全校优秀班集体的创建活动。二是结合专业学习和加强学风建设开展活动。示范班结合专业学习，以狠抓学风建设为突破口，以素质拓展为基础，以就业、考研为导向，各学院党政工团和关工委的老干部老教师齐抓共管，标本兼治，进一步增强了学生学习的自觉性和主动性，促进了学生的学习。三是结合学校“36182”素质拓展工程的实施，开展以弘扬延安精神、红岩精神为主题的教育活动（“36812”素质拓展工程的基本内容是：大学四年期间在完成正课学习的同时，实现5个具体目标，即完成“3”，写30万字的笔记，学习生活日记、社会实践随记等；“6”，阅读60部古今中外文化科学名著；“1”，公开发表10篇文章和作品，包括网上发表、报刊发表、院系以上学术会议发表、参赛发表、参展发表、被使用单位采用等；“8”，参加8次有意义的社会实践活动；“2”，创意实施两次独立的策划，即专业策划和一般社会活动策划各一次。在创建“育人工程”过程中，从读、思、写、行、创5个方面推进大学生人文素质教育）。以素质拓展工程为切入点，在知、情、意、行4个方面上下功夫，引导学生阅读经典、写读书笔记、举办以弘扬延安精神、红岩精神，缅怀革命先烈为主题的系列活动，激励学生努力做德、智、体全面发展的社会主义事业建设者和接班人。四是结合社会实践活动引导学生践行延安精神、红岩精神。开展以重温二万五千里长征为主题的系列活动；以践行延安精神、红岩精神，秉承“爱心永驻校园，真情奉献社会”的宗旨，开展义务家教，绿色环保，普法宣传，慰问福利院、孤儿院、敬老院等社区公益活动，并同重庆一些企业和部分区县、乡镇、街道、边远地区学校建立爱心基地，积极开展帮扶捐助活动，培养学生为群众服务和为人民服务的思想和品德。近6年来，延安精神、红岩精神进校园“育人工程”创建活动取得了很大的成绩。示范班50%的同学先后在校、院学生会协会以及楼栋、党员服务站任主席、部长、站长，在学校和学院处室担任助理，直接为身边的老师和同学服务。经济学院80%的示范班被评为“先进团支部”“五四红旗优秀团支部”“重庆市优秀学生班集体”“3+2特色团组织活动最佳组织奖”“‘36182’大学生素质教育拓展工程先进班集体”“延安精神、红岩精神示范班优秀班集体”等荣誉称号；会计学院示范班全国英语四级过级率达97.6%，全国英语六级过级率达73.2%，计算机二级过级率达96%，超过50%的同学考取了会计、银行、证券、单证员、BEC、国贸技能等从业资格证书，还有6人分别获得国家英语竞赛一、二、三等奖，获国家奖学金1人次，“国家励志奖学金”10人次、“曙光基金”1人次、“华岩奖学金”1人次，全院毕业率达98%以上。环境与生物工程学院学生何玲，从小父母去世，留下5岁的妹妹相依为命。她自立自强，用无私的爱抚养着妹妹成长，被评为学校2010年“感动校园”年度人物。人民网、新华网、新浪、搜狐、重庆电视台等近20家媒体进行了深入报道和专题访谈，《光明日报》还进行了专题报道。其他学院示范班在提高学生思想觉悟，加强班集体建设和专业学习等方面也取得了显著成绩。

我校延安精神、红岩精神进校园“育人工程”建设，受到了重庆市委教育工委、市教委和重庆市关工委的充分肯定，市延安精神研究会、市红岩精神研究会的好评，校关工委先后在市教育系统关工委和重庆市关工委，以及市延安精神、红岩精神进校园座谈会上发言交流。市延安精神研究会和红岩精神研究会还为我校颁发了“延安精神、红岩精神进校园示范基地”牌匾，为促进全市延安精神、红岩精神进校园活动，起到了示范作用。学校关工委在2010年被教育部评为教育系统“关心下一代工作先进集体”。

在学习和贯彻党的十八届三中全会精神，进一步加强学校精神文明建设中，我校关工委将不断增强对延安精神、红岩精神进校园的自觉性和主动性，把延安精神、红岩精神进校园的活动坚持、持久地开展下去，让延安精神、红岩精神在学生中不断延续和传承。

弘扬西南联大精神
加强大学生社会主义核心价值观教育

云南师范大学关工委

我校以学习宣传贯彻党的十八大和十八届三中全会精神为引领，深入学习习近平总书记系列重要讲话精神，深入学习2014年5月4日习近平总书记在北京大学师生座谈会上发表的题为《青年要自觉践行社会主义核心价值观》重要讲话精神，不断推动学生社会主义核心价值观教育工作取得实效。云南师范大学有着悠久的历史和光荣的革命传统。在抗日烽火中，1938年北京大学、清华大学、南开大学南迁昆明组成国立西南联合大学，同年设立西南联合大学师范学院，即云南师范大学的前身。云南师范大学作为西南联大在昆明的唯一血脉，注重传承历史，联系自身实际，以育人为中心，秉承和弘扬西南联大和“一二·一”运动爱国主义精神，发挥学校历史传统优势，加强学生社会主义核心价值观教育，取得了较为突出的建设成果和明显的教育成效。

一、凝练传统 培育学生社会主义核心价值观

高校是弘扬以爱国主义为核心的民族精神和以改革创新为核心的时代精神的主阵地。多年来，学校结合实际，在校园文化建设中深挖西南联大、“一二·一”运动融合民族使命感的爱国精神，不断加强学生爱国主义教育，使之外化于载体，内化于实践中。

（一）用联大精神培育学生爱国爱校情怀

1938年至1946年，国立西南联合大学在极其艰苦的环境条件中，云集了陈省身、华罗庚、朱自清、闻一多、冯友兰等一大批大师，培养了杨振宁、李政道两位诺贝尔奖获得者，邓稼先、朱光亚等八位“两弹一星”功勋奖章获得者，黄昆、刘东生等4位国家最高科学

技术奖获得者，173 位“两院”院士等一大批蜚声海内外的杰出人才，其“爱国、民主、科学”的精神，铸就了中国乃至世界教育史上的不朽丰碑。2006 年，国立西南联合大学旧址被确定为国家重点文物保护单位。2011 年，其旧址被确定为全国红色旅游经典景区。

学校利用其蕴含丰富的教育资源和特有的教育功能，每年新生入学时，首先接受校史教育，参观西南联大及“一二·一”纪念馆，聆听校史讲座，学习先辈们爱国敬业、严谨治学、艰苦奋斗的优良作风；利用每年“七一”建党节、“一二·一”纪念日等开展大学生入党宣誓、瞻仰烈士墓等活动，广泛进行爱国主义教育和民族精神教育；每年，千余人次的大学生在这里义务劳动，近百名大学生在馆内担任义务讲解员。一直以来，学校充分发挥纪念馆的教育示范功能，成为开展爱国主义教育的重要“课堂”和“阵地”。西南联大精神已经成为我校培育学生爱国爱校情怀的一笔宝贵资源。

（二）用校训、校风、校标、校歌凝聚学校精神

近年来，我校启动了以校园文化建设工程、文明细胞工程和形象系统工程为内容的“形象设计与塑造工程”。通过对西南联大办学理念和我校多年办学经验的总结，经学校广大师生的反复论证，最终确定了秉承西南联大“刚毅坚卓”的校训、形成了“学高身正、明德睿智”的校风和教师、学生、员工三类人员的行为规范，明确了校标及其相关的基本视觉元素等，并将《国立西南联合大学校歌》定为我校校歌。校训、校风、校标、校歌是学校 70 多年的文化积淀和历代云师大人智慧的生动体现，凝聚着学校的精神和办学理念，贯穿于师德师风和人才培养的全过程，是校园文化建设的内核。

（三）用路名、池名、楼名、景点提升文化品位

随着校训、校风等的深入人心，学校进一步对路、亭、池、广场以及楼宇进行了命名，对校园景点景观进行了修葺和建设，并分别勒石刻碑以资纪念。通过师生的集思广益，让路名、池名、楼名、景点承载起丰富的人文内涵。例如，“红烛路”取自联大教授闻一多先生诗集《红烛》，既弘扬闻一多的精神，也贴近师范大学培养教师具有红烛精神的宗旨。校园的景点如：国立西南联大纪念碑、西南联大旧教室、“一二·一”四烈士墓、国立昆明师范学院纪念柱、梅园、民主草坪、三校亭、师林碑等物质文化以高雅厚重的人文气息感染学子，在潜移默化中进行社会主义核心价值观教育。

二、知行并重　多渠道加强对学生的社会主义核心价值观教育

我校以西南联大纪念馆、“一二·一”运动纪念馆及四烈士墓为依托，积极开拓校园文化建设的新载体，采取了一系列弘扬西南联大精神，加强大学生社会主义核心价值观教育的举措。

（一）挖掘资源纳入教育教学

一是充分挖掘校本德育资源对学生进行爱国主义革命传统教育，用西南联大和“一二·一”运动精神教育学生。学校开设了《光辉的西南联大》《做联大精神弘扬者》新生专题精品教学讲座，并将讲座内容纳入学校“形势与政策”和“思想品德修养与法律基础”课程的教学计划和考试范畴。二是把西南联大精神的教育纳入本科教学体系和研究生培养中。在本科教学中开设了“西南联大研究专题”选修课，并把它作为选修课中的重点课程来建设。在中国近代史专业硕士点中开设了西南联大研究方向，现已招收了

数届硕士研究生；三是以史育人，加强教育基地爱国主义教育读本建设，出版了《新的“一二·九”：“一二·一”运动四烈士墓与“一二·一”运动纪念馆》《守望大学精神》两部特色教材，编写了《“一二·一”运动与“一二·一”运动纪念馆》《世界教育史上的长征》等书籍，参与拍摄了中央电视台《红色故事》和《激励永远》《西南联大启示录》等音像片，深受广大学生的欢迎；四是以更宽广的视野挖掘西南联大精神，成立了西南联大研究所，建成“西南联大研究中心”和“西南联大文献研究中心”，取得了一批理论研究成果，并把理论研究成果同对大学生社会主义核心价值观教育的实际工作相结合。

（二）夯实载体强化教育功能

学校成立了西南联大精神传播者协会云南师大分会，利用社团广泛动员学生参与联大精神的学习、研究与传播工作。近年来，我校西南联大精神传播者协会坚持开展“七个一”系列活动，极大地推动了我校学生传播和弘扬西南联大精神，推动社会主义核心价值观教育向纵深发展。一是每年除教唱新生《西南联大校歌》外，还教唱一首以上优秀革命歌曲；二是每年在一年级新生中除放映《西南联大启示录》外，放映一部优秀爱国主义教育影片；三是每年组织新生参观一次西南联大纪念馆和“一二·一”运动纪念馆；四是每学期举办一场以上西南联大精神报告会或讨论会；五是每年在全校学生中举办一场以弘扬西南联大精神为主题的学生演讲比赛或诗文朗诵比赛、歌咏比赛或征文比赛；六是每年 12 月 1 日，举行一次学生祭扫“一二·一”四烈士墓活动；七是协会成员每人每年撰写一篇研究和传播西南联大精神的理论文章。“七个一”系列活动使广大同学思想上受到启迪，情感上得到陶冶，从而产生了认同感和使命感，对进一步加强和改进了大学生社会主义核心价值观教育，必将产生积极的影响。

（三）组织宣讲拓宽教育渠道

学校成立了“云南师范大学弘扬爱国主义精神宣讲团”。宣讲团成员除承担日常讲解工作外，充分将纪念馆及我校蕴含丰富的历史文化内涵挖掘出来，按历史事件发生、发展、影响等内容进行编排，通过弹、诵、歌、舞等舞台艺术表现形式，形成了一台以“展示爱国史　演绎民族魂”为主题的《西南联大赞歌》大型历史情景展示演出节目，在校内外宣讲演出，使爱国主义教育活动更加“贴近实际、贴近生活、贴近学生”，受到普遍好评和赞誉。

（四）建立网站发挥网络育人

学校重视网络育人功能，一是依托学校思想政治工作网——云思网，推出“云南师范大学网上纪念馆”，设置“思政研究”“两课基地”“云岭红岗”等栏目，加强对学生的思想引导；二是建立“国立西南联合大学研究”网站。网站设有“联大研究”“联大文献”“联大人物”“联大图库”等 6 个基本板块，总结了西南联大办学理念、精神、业绩、特色和经验，对加强学生社会主义核心价值观教育起到促进作用。

我校挖掘和总结学校建设发展的历史沉淀和传统文化，发挥特有的校本德育资源，开展基地化、层次化、系列化的大学生社会主义核心价值观教育。2011 年，我校关工委获全国教育系统关心下一代工作“先进集体”称号，余冰释同志获“云南教育系统关心下一代先进工作者”称号。我校许铮、周本贞、杨锏、孙心专、唐鸿龄、高建国、包云燕、张健 8 名同志被云南省关心下一代工作委员会表彰，获得“爱心奉献　功载千秋”荣誉称号。我校延安精神研究会获评全省先进分会。

风雨同舟诗词路　胡杨精神代代传

——记石河子大学胡杨诗社

新疆石河子大学关工委

塞上有胡杨，破云凌太苍。胡杨生命，扎根荒原戈壁，历千年而不倒；中华文明，汲取传统精华，逾万代以长青。石河子大学胡杨诗社是最早为继承弘扬中华文明让中华诗词进入大学校园而设的学生社团和教学基地，在新疆乃至全国的大专院校中开了先河。更重要的是胡杨诗社的教学平台凝聚了许多老一辈退休诗词名家的心血，他们无私奉献，从开蒙启智到授业解惑，一丝不苟手把手地进行诗教：从自编教材、备课到亲自批改学生作业、讲评。经过十几年的艰难历程和不懈努力，终于打造出在全国高校数一数二的诗词宝地，培养了许多诗词新人，创作了大量诗词作品。这为中华诗词的振兴和发展、为新疆和兵团的诗词文化事业做出了积极的贡献。这就是胡杨诗社至今仍充满青春热情、朝气蓬勃的意义所在。

先师王振祥先生（曾任石河子大学副校长兼文联主席、新疆诗词学会常务理事、兵团诗联家协会副主席、中华诗词学会会员）退休后为胡杨诗社的发展倾注了心血，15 年来，王振祥先生一路关注它的成长，为了开创石大诗词讲习班，王老师刻苦钻研诗词理论和创作技巧，亲自给学生授课，亲自批改学生习作，免费无偿为学生复印诗词资料，关心学生精神文化生活。王振祥先生患眼疾后，视力减退，听力不济，但仍然以一棵屹立不倒的胡杨形象坚持诗词事业。就在他病情很严重的情况下，还在为新一届学员的招生而操劳，其精神感染着一届届的胡杨学子。特别值得一提的是，石大诗词会员退休教师张桂芝老师（任原《石大诗词报》的总编辑），十几年来精心为学生的习作文章排版，穿梭于校内外的发行之中；退休老教师彭蕴华也为《石大诗词报》各类稿件进行校对，至今仍关注胡杨诗社学生的成长，帮助他们解决难题；石河子市作诗名家杨威先生，退休后用 5 年时间与王先生一起携手石大诗教工作，用 7 年时间为石大诗刊担任诗词编辑。他工作认真，亲自为学生批改作业，并将学生好的作品推荐到全国有影响的诗家刊物上，对胡杨诗社学子成长起了很大的鼓舞作用，他辛勤的工作也深深感染着一届届学生们。从 2000 年起开办诗词讲习班以来，已邀请王亚平、星汉、凌朝祥、唐世政、万拴成、龚青云等名家多次来校给胡杨诗社成员讲课，至今已授课 600 余学时，听课的胡杨诗社成员达到 500 多人次。至今诗词讲习班已开办 14 届，发表学生作品逾万首，作品主要刊登在《石大诗词报》上。

胡杨诗社成立于 1999 年 5 月，它是以“弘扬传统文化，陶冶自身情操，升华精神境界，提高人文素质”为宗旨，以文学艺术学院中文系学生为基础，面向全大学学生的群众性文化团队。自建社以来，在退休老前辈们鼎立帮助、手把手地扶持下健康成长，胡杨诗社有自创刊物《胡杨简报》，每学期出两期，供内部社员和外界诗词爱好者学习交流。其中优秀作品向全国各大诗词报刊投稿。到目前为止，已有多人在《中华诗词》《中国诗词选刊》《广州诗词报》《中国楹联报》《香港诗词》《中华楹联报》《江夏诗联》《东坡赤壁诗词》《塞外风》《三秦楹联》《中华诗教》《历山诗词》《兵团日报》《鸣弦诗词》《西江诗词》《昆仑诗词》《长阳诗苑》《绿韵诗刊》《绿洲诗词》《鄂尔多斯诗词》《河东楹联》《石大诗词》22家报纸、杂志上发表，得到了各方诗词学界同仁的好评。其中，诗社多名优秀社员先后被兵团诗词楹联家协会和石河子诗词学会吸纳。胡杨诗社在石河子大学文联及石河子大学文学艺术院中文系的大力支持下，至今已成功举办了六届“胡杨风”校园诗词原创大赛，让传统诗词走进了校园和学生的生活当中，受到各院系学生的欢迎和好评。交流刊物《胡杨简报》已出刊8期，为校园诗词爱好者提供了学习交流的平台。

2011年8月，中华诗词学会副会长、新疆诗词学会常务副会长、兵团诗联家协会名誉主席、新疆师范大学文学院教授星汉，中华诗词学会名誉理事、新疆维吾尔自治区诗词学会名誉会长、兵团诗联家协会名誉主席凌朝祥，新疆诗词学会会长王爱山、新疆诗词学会副会长兼秘书长李汛一行四人赴石河子大学就“诗词进校园”及诗教工作进行考察。通过调研会交谈和实地参观，对以胡杨诗社为诗词活动的基础平台，落实“诗词进校园”的工作成绩给予了极大的肯定与赞扬。他们的结论是：领导重视、学校支持、动手较早、组织落实、工作扎实、成绩显著。在目前新疆各高校开展诗教工作方面取得了最早成立诗词组织（胡杨诗社），最早开办校园诗词刊物（《石大诗词报》），诗词授课成效最好，培养诗词新人最多的好成绩。考察团一行希望石河子大学对胡杨诗社继续大力支持，鼓励胡杨诗社继续努力，发扬光大中华优秀传统文化，为兵团的军垦文化事业和中华诗词的振兴发展做出新的贡献。

胡杨诗社是一个传承性很强的学生文化团体，至今已形成了老、中、青三代结合交融的良好局面。“老一辈”有王振祥先生十多年的不懈努力（愿先生之灵欣慰），有星汉、凌朝祥、唐世政等新疆兵团名家的热切关心与支持，还有特聘的校外诗词专家为胡杨诗社成员的作品修改和发表以及授课做出贡献的杨威、龚青云老师等，让我们为前辈们的辛勤付出表达最衷心的感谢。“中年一代”有对胡杨诗社活动给予全力支持的文学艺术学院中文系总支书记朱秋德教授以及大学和学院领导。“青年一代”有大学团委副书记梁修韦老师等，他们上大学时就是胡杨诗社成员，毕业留校工作后仍念念不忘。他们对诗词的无限热情感染着胡杨学子继往开来，为胡杨学子对传统文化的热爱和兴趣给予了巨大的正能量。青年一代的主体是历届胡杨诗社的年轻学子。至今胡杨诗社成员有500人之多，在校生有100余人。可喜的是王炜、胡清龙、王冠兵、江从成等各届的优秀学生为了胡杨诗社的工作尽职尽责，胡杨诗社的100多名学生被石河子大学诗词学会吸收为会员，近20人成为新疆生产建设兵团诗词楹联家协会会员。更为可喜的是，每年胡杨诗社的纳新工作开展顺利，人员逐步增加，范围逐渐扩大，为诗词进校园的发展奠定了坚实的基础。如今老中青三代结合的良好局面，像一股奔腾不息的长流，使传承古典文化的事业蓬勃发展、欣欣向荣。

在新疆生产建设兵团成立60年之际，胡杨诗社社长王冠兵经过两年的努力，筹划出一本胡杨学子原创作品的诗词选集，定名为《朝丝雨露集》，现共收集诗词 1230 余首，包括 00 级，02 级，03 级，04 级，06 级，07 级，08 级，09 级，10 级，11 级，12 级共 12 届 116 位学子的作品。如今编辑校对和排版等工作都已完成。这是一本凝结了胡杨诗社 15 周年风雨历程的果实，是关心、支持诗教工作和胡杨诗社发展的前辈们、老师们呕心沥血的集中体现。

胡杨诗社的发展是中华诗词文化发展的一个缩影，其中饱含着老、中、青三代人的梦想与坚持。胡杨诗社有志继承和发扬中华传统文化，祝愿有更多的诗词爱好者加入这个优秀的集体。

第六辑　社团指导

助推“青马工程”建设的探索与实践

大连理工大学关工委

大连理工大学关工委紧紧围绕立德树人的根本任务，配合学校主渠道，以学生课余马克思主义理论学习研究会为平台，23 年来坚持引导学生研读马克思主义的经典著作和中国特色社会主义基本理论，以为“培养青年马克思主义工程”（简称“青马工程”）建设做一些打基础的工作，当作关工委工作的中心内容，帮助大学生树立正确的“三观”，坚定“三个自信”，做了一些探索性的工作。

一

在大连理工大学，关工委老同志配合校团委，指导学生课余理论学习已经有 23 年的历史。1991 年 7 月我校关工委成立之时，关工委老领导和老教授们就在校党委的领导下，在大学生中组织起马克思主义学习小组和党章学习小组（简称“两组”）。老同志们通过辅导报告、专题讲座和座谈会等形式，与大学生一起学习马列原著，联系实际交流心得体会，一起分析我国 1989 年春夏之交“政治风波”以及东欧剧变的国际大气候和国内小气候，从理论源头上坚定对马克思主义和社会主义的信念。当时，这种课余的“两组”学习活动成为课内马列理论教育的补充。1997 年党的十五大把邓小平理论确定为党的指导思想，我校关工委适应形势的要求，又在原来“两组”学习的基础上组织起全校性的大学生邓小平理论研究会（简称“邓研会”）。

2007 年，时任总书记的胡锦涛同志在《青年马克思主义者培养工程》的一段批语中写道：“要从赢得青年、赢得未来的高度，抓好大学生的理论学习。深入推进马克思主义中国化的最新成果进教材、进课堂、进头脑的工作。让青年知识分子了解和相信马克思主义的理论，在广大青年中培养一大批坚定的马克思主义者。”“批语”启发和鼓舞了我们，促使我们思考。虽然在校大学生在大学阶段难以真正成为马克思主义者，但关工委要以“赢得青年、赢得未来”的战略高度指导关工委工作，特别是要为“青马工程”建设做些力所能及的工作。为此，我们开始了新的尝试。

从助推“青马工程”建设的目标出发，我们将原有的课余理论学习小组改建成理论研究会“普通班”，每年主要从低年级中招收 200 名左右学员，编为 6 个学习小组，选派 12 名老同志担任小组的指导教师，每两周学习 1 次，学制 1 年；学习内容的重点是围绕中国特色社会主义理论体系和时事热点。“普通班”至今已举办了 17 期，共培训了 2500 多名学生。同时，新组建了理论研究会“提高班”。

二

对青年马克思主义者的素质要求是什么？“提高班”怎么办？我们认为：一是要具备一定的马克思主义理论功底，培养坚持学习理论的自觉性。二是提高分析、辨别和解决问题的能力。三是要积极参与社会实践。在培养方式方法上，要努力营造讲真话的学习环境，不采用灌入式的系统讲授，而是在自学的基础上提出问题进行交流，要求老同志不要以教育者自居，而以平等的身份参与，零距离地交心并由此建立起真诚互信的师生关系。“提高班”采用自愿与推荐相结合，以自愿为主的方法每年招收30名左右学员，主要是高年级大学生和少量研究生。每周日上午学习3小时，学制1年，总时数120小时左右。培训内容分为三部分：①理论学习时数占3/5。学习马克思主义基本原理，重点学习马克思主义中国化最新成果，重视学原著。②围绕国内外形势及重大事件进行学习研讨，占总学时的1/5。③参与各种社会实践，占总学时的1/5。一年学习结业时以撰写一篇理论性文章作为考核。

关工委把试办好理论“提高班”作为重点工作来抓，选派了5名有热情和有较好理论功底的老同志常年作为理论提高班的指导教师。学员们联系实际选学马克思主义经典著作和中国特色社会主义理论体系代表性的文件。

2013年9月秋季新学期一个周日上午，大连理工大学学生活动中心学生课余理论研究会“提高班”的专用学习室。墙上镶挂着研究会“学理论，讲真话，进头脑，践行动”的宗旨。关工委的5位指导教师正引导学生课余理论研究会第七期理论“提高班”30多位同学，一起研读马克思恩格斯的《共产党宣言》。这已是这期“提高班”第三次研讨《宣言》。在主讲老师的引导下，师生们逐段研读，着重围绕如何理解马克思恩格斯关于共产主义必然代替资本主义的历史必然性，如何看待西方发达资本主义国家的繁荣与衰落，如何看待社会主义的生命力等理论与现实困惑，进行讨论。通过研讨，师生们认为，随着时代的变迁，《共产党宣言》中某些论断和设想或许已经显得比较久远，但其中所包含的科学精神却依然闪耀着真理的光芒。我们要学习马克思主义的基本原理和立场观点方法，继而把握经典作家揭示的社会发展的总趋势。而要实现“每个人的自由发展是一切人的自由发展的条件”的未来共产主义社会，更需要从我国社会主义初级阶段的基本国情出发，一代人一代人接续奋斗。

2014年4月又一个周日上午，在同一个教室里，关工委的指导教师与第七期“提高班”同学进行第19次学习研讨。按计划，用4个学习日研读邓小平《在武汉、深圳、珠海、上海等地的讲话要点》。这次学习日，指导教师向同学们介绍“南方谈话”的国内外背景，结合讲解自然经济、商品经济、市场经济、计划经济的基本概念及其联系与区别，重点研讨邓小平关于“社会主义市场经济理论”。从“南方谈话”从根本上解除了把计划经济和市场经济看作属于社会基本制度范畴的思想束缚，促进了我国社会主义市场经济的建立，到党的十八届三中全会决定“使市场在资源配置中起决定性作用”重大理论观点的提出，20多年改革的实践，映射出理论与实践的辩证关系。师生们对“改革是由问题倒逼而产生，又在不断解决问题中得以深化”，有了更深刻的理解。

5月11日，由第七期“提高班”学员为主的、大学生理论学习骨干“青年马克思主义者之旅实践团”，在校团委和关工委的组织下赴盘锦市学习调研。3天里，师生们听取了盘锦辽东湾新区（国家经济技术开发区）管委会关于新区发展情况介绍并进行了座谈，参观了盘锦港、辽河油田集团曙光炼油厂和宝来石化公司等两个民营企业，参观了中国最美乡村——大洼县北窑村。师生们还与大连理工大学盘锦校区大学生理论学习骨干一起，学习讨论了习近平总书记北京大学五四重要讲话。同学们接触了生产建设第一线的工人、农民，感受到了祖国大地上全面深化改革和现代化建设涌动的热流。

“提高班”作为关工委配合与参与学校主渠道培养青年马克思主义者打基础所做的一种尝试，自 2007 年开始，至今已连续举办了 7 期，培训了理论学习骨干 260 多人。从 1991 年起 20 多年里，校关工委连续选编了九辑《马列著作选读》，2013 年又新编了《马克思主义及其中国化经典著作选编》作为教材。校团委积极配合关工委，重点组织好对中西部贫困地区和革命圣地、辽宁省沿海经济开放带重点城市以及国企现状等的调研实践。

三

我校大学生课余理论研究会自成立 17 年来，以“提高班”为代表的课余马克思主义理论研究会学员们的学习收获和提高，对推进全校大学生关心国家大事，营造重视理论学习的氛围起到了积极作用，成为配合课内主渠道教育的有特色的阵地，在全校大学生的政治活动中，是一支积极、活跃的力量。校团委一级的学生课余理论研究会和“普通班”是“提高班”的基础；而被学校领导喻为“全校大学生课余理论学习高地”的“提高班”，则对理论研究会和“普通班”及学部（独立院、系）分会的课余理论学习研讨起着引导和辐射的作用。在 7 期“提高班”的学员中，原有党员 63 人，在培训期间和培训后入党的有 69 人。有 60 多名学员被选送到大连市大学生“红色时尚”宣讲团培训并参与宣讲工作。在校内也以他们为骨干组建了“红色时尚”宣讲团。先后有 5 名学员被选送到中央党校党史教育学习班，3 名参加全国大学生骨干的短期培训。多数学员毕业后在工作岗位上表现良好。一些品学兼优的学员被推荐读研，有的已完成硕士、博士学业留校工作，有的去青海、新疆等地支教。

我校学生理论研究会多次获“全国高校优秀学生社团”“全国百强社团”“辽宁省示范性大学生理论社团”等称号。在辽宁省大学生思想政治教育优秀专项工作成果评比中获得一等奖，理论“提高班”被评为精品活动 A 类。2011 年在教育部思政司主办的高校校园文化建设优秀成果评选中，我校“学生课余理论学习二十二年纪实：让理想插上翅膀，让信念铭刻心灵”，获得优秀成果二等奖。

大学生青年马克思主义者学习研究会导师团

东北师范大学关工委

2011 年，在吉林省大学生自学组织学习马克思主义理论成果汇报暨表彰大会上，我校党委荣获“大学生自学组织学习马克思理论先进党委”称号，校团委获得“组织指导先进单位”称号。在学生学习马克思主义理论自学组织的活动中，校关工委老同志组成的导师团对学生的学习发挥了重要的指导、启发、示范的作用，引领大学生学习“红色经典”，感受理论魅力，坚定理想信念，积极践行社会主义核心价值观。

在大学生自学基础上，关工委老同志利用“青马讲堂”，做理论辅导，指导大学生学习经典著作，请校内卓有成就的老同志讲“铭记理想，追求梦想”的主题报告，请老专家讲解党中央发布的重要文件精神，为“民族学生党员青年马克思主义学校”作专题报告等。同时，老同志努力做大学生的良师益友，发挥自己“亲情浓、经验多”的优势，为大学生自学组织成员举办“永远跟党走——青春映照夕阳红”为主题的新老党员座谈会。又根据自己长期的理论学习和实践经验参与指导大学生自学组织的社会实践活动。

近年来，党的思想政治教育工作已经越来越成为高校教育工作中最重要的部分之一，关注青年学生思想动态发展，合理引导青年学生成长成才，是高校教育的重要任务。校关工委以服务学生成长成才为目标，积极配合党和学校开展思想政治教育工作。结合自身特点，遵循“围绕中心、配合补充，因地制宜、量力而为，立足基层、注重实效”的工作方针，充分发挥老同志的政治、威望、经验、亲情、时空等方面的优势，实现工作目标和工作追求。

青年大学生作为社会主义的建设者和接班人，是未来发展的中流砥柱，而青年学生在大学阶段的学习正是其世界观、价值观定格的关键时期，容易受到多方面价值观念、思想形态的冲击。与此同时，大学生群体中普遍出现的疑惑、迷茫等思想问题也不容忽视。根据这样的情况，校关工委有效利用我校人文社会学科的优势和红色理论学生社团传统，积极参与社团导师指导工作，组织开展了青年马克思主义者学习研究会的一系列活动，在校园中掀起了一股“学习红色经典、感受理论魅力、坚定理想信念、奋斗成就辉煌”的青年学生学习热潮，引领广大学生积极践行社会主义核心价值观。

东北师范大学青年马克思主义者学习研究会（简称“青马学会”），是有着28年历史传统的红色理论社团。作为关工委的特色工作之一，参与指导“青马学会”的学习活动，使“青马学会”逐渐发展成为我校思想政治理论课的自学课堂和实践基地，成为学校“青年马克思主义者培养工程”的重要组成部分。

经过发展，“青马学会”现已形成了健全的组织体系、学习体系和工作运行体系。在组织体系上，关工委教师担任学会指导委员会和导师团的主要导师，在组织发展与理论学习上为同学们提供全面的指导和服务；学会面向学校全体本科生及硕士、博士研究生，主体为学生党员、学生骨干及有兴趣学习马克思主义理论的学生，辐射带动全校同学。

在学习体系上，由关工委教师所组成的导师团对“青马学会”的学习进行具体指导和帮助。“青马学会”的学习体系包括学生、学校、社会3个维度，三方面形成合力引领学生全面发展。学会举办形式多样的学习和实践活动，学员自己学、小组论、朋辈讲，导师团专家引导启发，升华思考，努力培养学生自觉学习动力；同时学会指导委员会联系学校提供资源、打造平台、建立讲堂，营造学校浓厚理论学习氛围，提供学习和践行的推力；社会方面，通过学校党委、关工委、“青马学会”相互联动整合资源，邀请典型进校园、带领学生进企业、军队、农村等，积极为学习和践行提供吸引力。

通过学生自身学习动力、学校提供推力、社会带来吸引力，最终形成学习马克思主义理论、践行社会主义核心价值观、实现自我价值的思想合力，实现由“外化”到“内化”再到“自觉”的生成过程，从而培养真正信仰坚定、能力突出、全面发展的优秀的青年马克思主义者。

“青马学会”在开展活动的过程中，立足实际，将教师导学与学生自学相结合，将理论学习与实践活动相统一，通过发挥指导委员和导师团教师的引导、启发、经验传授的指导功能，切实提升学会成员的思想水平和实践能力。

一、直击理论，答疑解惑，把握学习方向

理论学习是“青马学会”开展的重点工作。通过分层次、多角度学习活动的设计，同学们可以在学习的过程中对于马克思主义理论、中国特色社会主义理论体系等有全面、深刻的了解。在不同层次学习的过程中，“青马学会”导师团教师悉心指导，步步跟进，引导学生理论学习的方向。

以自主学习的方式夯实理论基础。“青马学会”于每周开展一次经典学习活动。导师团精心准备了经典著作的阅读书目，把握学习方向；同时充分利用多媒体资源，推荐理论学习相关的讲课视频、纪录片等，丰富学生自学形式。在学生自学的过程中，导师团教师主动帮助学生跨越学习障碍，答疑解惑，使学生的理论学习更加充分，效果更佳明显。

以“青马讲堂”的方式领略名师风范。导师团老教授亲自上阵，通过“青马讲堂”的讲座方式为同学们打开理论学习的专业维度；同时联系学校，积极邀请校内外优秀教师、公众人物为同学们做报告。关工委曾成功邀请东北师大人文学院董事长穆树源作了题为“铭记理想，追求梦想”的报告，勤奋创业、诚信立业、坚持不懈、勇于攀登的奋斗精神鼓舞了在场的每一位同学；邀请吉林大学马克思主义学院院长韩喜平为同学们作马克思主义专题报告，同学们在报告中更加深刻地学习了马克思主义的基础理论。一系列的精彩讲座拓展了同学们的思维，开阔了同学们的视野。

以竞赛征文等活动丰富学习方式。通过开展趣味十足的知识竞赛活动等形式，丰富同学们的理论学习方式。竞赛以《共产党宣言》等经典文本为依托，设计答题环节，展示学子风采；同时组织开展经典文本的阅读征文活动，导师团对论文写作耐心指导，认真点评，一批优秀的学生论文获奖展出。

二、深入现实，分享经验，指导社会实践

社会实践环节是学会活动开展的另一重要工作。“青马学会”设计了“见证中国”系列实践活动，为会员提供了广阔、多元的实践平台和渠道。上至兼顾理论与业务的优秀国有企业、军队，下至渴求改革创新的最基层农村，“青马学会”的足迹遍布我国的多个领域，以培养具有实践热情和实践能力的优秀会员为核心目标。

在教师指导委员会的联系下，“青马学会”成功组织了“探访一汽红旗文化展馆　感悟自强不息民族精神”主题实践活动。参观一汽，使同学们领略到我国东北老工业基地良好的发展态势，增强了学生对祖国发展、对长春发展的自身认同。在面向城市环卫工人调查的活动中，同学们了解到了环卫工人工作时间长、工作量大、环境恶劣的工作特征，感受到了

工作的艰辛与不易。通过环卫工人身体健康情况调研，同学们利用课余时间，自发地创编了一套环卫健身操，帮助环卫工人们缓解因工作而产生的身体疲劳症状，得到了环卫工人的好评和媒体的报道。同时，深入农村调查，也是同学们开展社会实践的方向。导师团的老教授对“三农问题”有着深刻的研究，联合“三农学社”，导师团开展了“关于免征农业税和粮食直补后的农村相关问题”“强化新农村建设中的农民主体地位”“关于农民的思想文化建设问题”等一系列研究讲座，帮助学生们拓展调研视野，传授调研方法。学生在对农村经济技术协会、农村合作社、基层村镇政府、民间宗教组织等调研的过程中，了解了农村发展的现实状况，也为他们更加认真地学习，建设祖国、实现自我价值坚定了信心。响应上级学习焦裕禄同志精神的号召，组织“青马学会”优秀的共产党员同学开展“缅怀英烈魂，砥砺报国志”赴兰考的社会实践活动，实地走访了兰考县葡萄架乡的王庄小学等四所乡村学校，并向四所学校捐赠了党员爱心图书，与葡萄架乡王庄小学签订了爱心支教协议。参观焦裕禄纪念馆、焦桐五彩园等爱国主义教育基地，观看了焦裕禄事迹纪录片，全面了解了“党的好干部”“人民的好公仆”焦裕禄同志的工作实绩。参与实践的同学表示，通过此次活动，受到了精神的震撼与灵魂的触动，思想境界得到了提升，奉献精神得到激发。焦裕禄同志的精神激励着他们，做敢于实践、勇于担当的新时代的大学生，勇担青春使命、立志报国成才。

三、走进生活，助力成才，化身良师益友

关工委的老教师不仅在学习上给予学生指导，更利用老同志“亲情浓、经验多”的优势，走进学生生活，关注学生思想动态，做学生的良师益友，助推学生全面成长成才。通过召开“永远跟党走——夕阳映照朝阳红”新老党员座谈会，拉近了老教师和同学们的距离。各位老党员结合亲身经历，以生动的事例、朴实的语言讲述了老一辈共产党员对党和人民事业的忠诚，以及在实际工作中如何积极发挥先锋模范作用。学生党员深受鼓舞，表示要以将老一辈共产党员的奋斗精神与革命传统薪火相传，争取早日成为国家建设的栋梁之材；配合学校党委，筹办“民族学生党员青年马克思主义者学校”，在第一期民族学生党员青年马克思主义者学校结业仪式上，与同学们共同交流学习感受，勉励学生在学习和工作中更好地发挥模范带头作用，为家乡的建设贡献更多的力量。

通过以青年马克思主义者学习研究会为代表的红色理论社团的建设，“青马学会”已逐步向自主学习马克思主义理论、主动宣传党的路线方针政策的前沿阵地的目标前进。学会已初步形成了具有自身特色的以自学式与互助式相嵌合的学习模式，加深了学生理论学习功底，拓宽了理论学习视域；同时通过社会实践，增强了学生的实践服务能力，深化服务意识。将理论学习与工作实践相结合，将对内自我提升与对外服务群众相统一，构建了一个多角度、立体化、由内向外辐射影响的活动体系。“青马学会”的各项活动覆盖全校本科生、研究生，在学生群体中反响热烈，同学们自觉学习经典理论、关注社会发展的意识不断增强。

2011 年吉林省大学生自学组织学习马克思主义理论成果汇报暨表彰大会上，我校党委荣获“大学生自学组织学习马克思主义理论先进党委”称号，校团委获得“组织指导先进单位”称号，“三农学社”“红色星火思想理论科研实践协会”获得“优秀理论社团”称号，政法学院吴敏先教授获得“优秀指导教师”称号，生命科学学院 2007 级本科生陈代强、城市

与环境科学学院2007级本科生陈美丽、音乐学院2008级硕士研究生吕爽获得“优秀学员”称号。“青马学会”学生进行农村社会调研实践的参赛作品在第八届“挑战杯”学生学术论文大赛获得吉林省二等奖，国家二等奖；在第九届“挑战杯”学生学术论文大赛获得2个一等奖，1个国家三等奖；在第十一届“挑战杯”中获得1个吉林省二等奖；在“谷歌杯”首届全国公益设计大赛获得一个优秀项目奖。在2013年度全国关工委基层工作年总结表彰大会上，我校关工委被中国关工委授予全国“五好基层关工委先进集体”称号。目前，我校关工委已基本形成了一支专兼结合、素质较高、人数较多、覆盖面广的关工委队伍，这支队伍在服务和引导青年学生成长成才中发挥了积极作用。

薪火相传京剧社

华中科技大学关工委

在华中科技大学，一群爱好京剧的老同志，视传承京剧艺术、传播优秀传统文化为己任，满腔热情扶助年轻学子开展京剧文化活动。在学校的支持下，京剧文化以其独特的魅力，在美丽的大学校园里生根、开花、结果。

一、炽热的民族文化情

建校之初，原华中工学院就活跃着一批京剧爱好者。1956年学校成立了教工京剧社。“文革”期间，京剧社的活动虽被迫中断，但京剧艺术却以一种特殊的形式在学校流传下来，在当时成立的样板戏剧团中，有许多优秀的人才被留校任教。“文革”后的1989年，教工京剧社重新恢复成立。到了20世纪90年代，这批同志纷纷退休或即将退休。随着年龄的增大，老同志们感觉到：作为“三大国粹”之一的京剧这一古老艺术，虽然它的独特魅力依然吸引着一批票友，但在这些京剧爱好者中，“白头发”居多，“黑头发”不足。为此，他们感到忧虑，认为京剧要让更多的年轻人喜欢，才有前途和希望。他们萌生了要将京剧在校园中、特别是大学生中传承下去的强烈愿望。

1995年“第一届中国京剧艺术节”后，上海京剧院把三台新戏带进北京，给首都大学生免费公演了10场，结果从发不出票，到演出后受到热捧，再到最终供不应求。受这一现象的启发，老同志认为，虽然京剧的发展出现了裂痕，但通过努力，大学生接受京剧还是完全可能的。怎样把京剧传给学生呢？京剧社社员、当时分管教学工作的副校长姚中干提议，在大学生中开设京剧选修课。这一提议得到了时任校长的杨叔子院士的大力支持。

当时学校正在倡导开展大学生文化素质教育活动，并在全国率先建立了大学生文化素质教育基地。杨叔子校长指出：京剧在中国文化中有着独特的位置，包含着中国传统文化的精髓，它以艺术的形式表现人的思想、情感、人际关系及家国的命运变迁等，彰显着惩恶扬善、同情弱者等价值观，承载着源远流长的民族精神，这些都可以对年轻人产生很大的影响。京剧的学习有利于帮助大学生提高文化素质，有利于改进当时严重存在的重技术轻人文的倾向。

1996 年 3 月，学校首次开设了京剧选修课，当年就有 600 名学生报名。京剧社中几个水平较高的退休教师和在职教师承担起授课任务。2003 年，“第二课堂”——“学生京剧协会”成立，为那些对京戏产生浓厚兴趣的同学搭建了一个平台。学生京剧协会的同学和老同志京剧社建立了经常性的联系。至此，通过“京剧”这个共同的爱好，通过对弘扬中华传统文化的一致向往，两代人紧密地联系在一起了。

二、“上下同欲者胜”

说着容易做起来难。从在大学生中开设京剧选修课，到京剧文化活动在校园内蓬勃开展，经历了一个艰难发展的过程。《孙子兵法》上说：“上下同欲者胜。”学校开展素质教育的要求、老同志的愿望、学生的追求，具有“同欲”性。目标一致，才能够凝心聚力，克服困难，获取成功。

京剧社的活动得到了学校领导和各方面的大力支持。工会为京剧社提供了活动场地，并聘请了专业老师辅导。学校老年协会在活动用房紧张的情况下，专门腾出一间房子作为老同志开展京剧活动用房。学校人文素质基地在经费紧张的情况下，每年拨出经费支持京剧活动。校团委、宣传部除提供一些经费支持外，还发挥部门优势，为京剧文化活动的开展提供指导和帮助。为了京剧文化的长远发展，学校人事处采纳了老同志提出的引进京剧特长人才的合理建议，于 2003 年物色并引进一名有京剧特长的青年教师。这位青年教师承担起京剧选修课教学和京剧社团艺术的指导工作，成为联系老同志和学生的桥梁，为京剧文化活动的持续开展发挥了重要作用。

老同志为京剧社的发展更是竭尽全力。杨叔子院士一直高度关注京剧文化的传承工作，他反复强调京剧社团要抓好两件事：一要有吸引力，二要有凝聚力。多年来，他不仅经常亲自观看京剧社团演出，而且每年过春节时还自掏腰包请京剧社全体社员聚会。1999 年元月份，杨院士被文化部授予“第二届振兴京剧‘金菊奖’”。第一届京剧社社长、80 多岁的陶绪楠教授，一直充满着一股锲而不舍的奋斗精神。当年，为了提高教学水平，他和其他老同志想尽方法，克服重重困难，自己编写教材，制作音像资料，认真抓好教学的每个环节的工作；一旦发现学生对京剧有兴趣，特别是发现有演唱京剧的好苗子，他都会热情地鼓励、帮助，不断给予个别指导；学生社团搞活动，受到经费限制，他就凭借自己的影响力，到处“化缘”，有时甚至自己掏钱贴进去；对那些有组织才能的同学，就安排他们担负一定的管理工作，调动他们工作的积极性。不仅在学校内担任工作，陶教授还以他卓著的成绩，赢得全国高校同行的认可，被推选为全国普通高校京剧教育研究会会长。余胜生教授作为学生京剧社的“义务”琴师，常年坚持为学生伴奏。他说：“从外面请琴师伴奏是要有报酬的，但在京剧社完全没有这个事；上京剧选修课的学生一茬接一茬，能够进来学唱的都是比较执着的，我觉得自己好像就应该给他们拉琴，要没有这把琴，他们的唱功很难提高。”

学习京剧必须开展活动。为此，老同志每年都要和学生组织联谊会，同台献艺，在融洽的气氛中，切磋技艺，老少同乐。对学生组织的京剧演唱晚会，老同志都会去精心指导，保证取得一片赞誉的良好效果。一次精彩的晚会，往往又吸引若干学生加入到京剧爱好者的队伍中。京剧文化活动日渐红火，学生京剧协会还走出校门，同其他高校京剧社团开展交流活动。

18年来，选修京剧课的同学超过7000人。近10年来，约20人规模的学生京剧社团活跃在校园文化的舞台上，并不断取得佳绩，夺得全国奖项，京剧文化活动在学校声名鹊起。

2013年，教工京剧社、学生京剧协会联合以“喻园京韵”名义，参评学校“2013年度十大校园文化品牌”立项活动，不仅在经费上得到支持，也被纳入学校校园文化建设的大格局之中。校党委副书记、关工委主任周建波强调，关工委工作要建设校园文化传承、社团指导、大学生涯导航、老少共话等“十大品牌”，其中对学生社团指导是重要切入点之一。学校规划，以京剧社为统领，下设老同志、在职教工、学生3个分社，进一步整合资源，推动校园京剧文化活动迈上新台阶。

三、学生的文化素质在这里提升

在学唱京剧不知不觉的过程中，中华文化的深厚底蕴和炽热情感被植入学生心田。

京剧课程培养了同学们对祖国优秀传统文化的热爱之情。在京剧课程结束时交的小结中，一些同学谈到，京剧非常美，它是中华传统文化集大成者，有文学、艺术、国画、音乐，还有中国人的思想等，浓缩在一出出戏里，一出戏就好似一本教科书。一些同学发现，学习京戏后，自己文化底蕴增加了，身上中国人的味道多了，对中华民族传统文化的魅力有了深刻体验。有的同学回顾自己上京剧课，由为学分到入迷，后来常常提前一个小时进教室占座位的转变过程；有的同学描述了每周上京剧课的期盼，以及在无课周的遗憾心情；有些同学说自己已经深深地爱上了京剧，并谈到对所欣赏的某些段子，有一种相见恨晚之感……

同学们从老同志身上学到了如何做人做事。一些同学说，京剧社的老师们不少都是教授，却那么和蔼，对我们很关心、很爱护，考虑和处理问题那么周全，言行举止那么温文尔雅，只要和他们一接近，就会感到有一种和谐的、积极的力量。特别是他们对艺术的追求是那么执着，从他们身上可以深深感受那种克服困难的恒心和毅力。在学京戏的过程中，同学们发现，实际上演一折戏非常难，需要打磨，每一个字、每一个身段、每一个表情都要融入心血；台下会唱、会演是一回事，是否能上台又是一回事，能够演得像那个样子更是另外一回事了。闯入武汉地区高校大学生戏剧节决赛的查根晗说，京剧社的老同志循循善诱地引导他，使他逐步对京剧演唱精雕细琢，最终感到受益匪浅。

学习京剧提高了学生的个性修养。许多学生说，京剧崇尚的独立人格和精神价值，潜移默化地影响着他们，对提高自身修养有很大帮助。一些同学反映，他们的生活变得丰富了、充实了，以前的浮躁之气和一些坏习惯去掉了不少，责任心也提高了。学生陈鉴博说，他以前性格孤僻，参加京剧协会后，经常和老师、同学们交流，性格变得开朗许多，进而还培养了他的团队精神。2014年，他被顺利保送上了研究生。很多学生分析问题的能力也得到提高，例如他们在反思京剧的发展时谈到，继承和发展之间应该有规律，急急忙忙去搞花里胡哨的创新，是一种急功近利的表现。没有积累一切都是空谈。科学研究也一样，必须沉下心来，真正钻进去，日积月累，慢慢才会有所收获。

学习京剧提高了学生的艺术水平。已读研一的洪峰学京戏时已经 19 岁了，没有任何基本功，凭着浓厚的兴趣和刻苦的精神，在京剧选修课老师和老同志的悉心指导下，他进步很快。2011 年 11 月，他凭借《西施》获得武汉地区高校大学生戏剧节最佳表演奖和最佳网络人气奖；2013 年 6 月，他又获第十一届“和平杯”中国京剧票友邀请赛湖北赛区“双十佳票友”称号；7 月在第九届全国高校京剧演唱研讨会上获得青年组一等奖；10 月获第十一届“和平杯”中国京剧票友邀请赛一等奖和新秀奖，获“中国京剧十大名票”称号，是本届“十大名票”中唯一一位青年学生；2013 年 7 月第一届“炫美青春”全国高校大学生京剧戏迷秀比赛，洪峰最终杀进决赛成为“十强之一”。

除了洪峰，还有许多已经毕业的京剧协会学生，虽然分布在天南海北，仍一如既往地演唱京剧，传播京剧文化，把老同志们当年让京剧在大学生中传承下去的心愿发扬光大。王懿卓同学毕业后留学英国期间，每年都在英国进行京剧表演，传播中华民族文化。李云峰同学曾是京剧协会负责人，考入复旦大学研究生后，又成为复旦大学京剧社团骨干，目前他在新加坡工作，业余时间参加了新加坡票房，继续传播着京剧艺术。京剧社的活动已经成为华中科技大学一道亮丽的文化景观，成为许多师生无法忘怀的记忆！

信仰与实践大讲堂

——信仰·马列经典原著学习小组指导侧记

首都师范大学关工委

为进一步落实《关于推进学习型党组织建设的意见》、贯彻学习党的十八大报告精神，2012 年 12 月，首都师范大学外国语学院党委与学校关工委联系外国语学院的特邀组织员王摧进商讨以“信仰”为主题，以“马列经典原著学习小组”为形式在英语教育系本科生党支部党员、预备党员、入党积极分子群体中开展读书活动。学校关工委副主任孟庆夔得知后热心支持并提出多项建议。经过精心策划与设计，关工委配合外国语学院党委于 2013 年 5 月 16 日在英语教育系本科生第一、第二两个支部启动成立“信仰·马列经典原著学习小组”，聘请了孟庆夔、王摧进和李泱 3 位老师为“信仰·马列经典原著学习小组”顾问，为学习小组提供长期理论指导。

“信仰与实践大讲堂”是“信仰·马列经典原著学习小组”开展读书心得交流、讨论、辩论，组织讲座、外请报告、举办沙龙，汇报和总结社会实践成果，建设学习型党组织的展示。

一、理论是思考的根本——理论篇

“信仰与实践大讲堂”理论学习形式多样，采用个人自学与集体学习相结合，报告与沙龙相交叉，组内交流与跨组织交流相补充的多种形式开展理论学习。2013 年 3 月 26 日在“信仰·马列经典原著学习小组”成立的筹备会上，关工委孟庆夔、王摧进、李泱 3 位老师和筹备组骨干认真商讨后，选定《共产党宣言》《恩格斯在马克思墓前的讲话》等马列经典原著、毛泽东思想体系著作、中国特色社会主义理论体系著作三大类，共计 19 篇著作为学习参考书目。

该小组先后组织了集中学习 10 次，分别于 2013 年 5 月 16 日、2013 年 6 月 6 日、2013 年 6 月 13 日、2013 年 12 月 12 日及 2014 年 4 月 24 日邀请关工委李泱、安云凤、孟庆夔和王摧进 4 位老师分别指导阅读了《共产党宣言》《新党章》《矛盾论》《实践论》4 篇著作，扎实提升学习小组成员理论基础和思想认识水平。在此基础之上，学习小组组织了多次分组自学、沙龙交流、小组展示、总结活动，使小组成员对理论学习的认知有了大幅度的提升。

2013 年 12 月 26 日，学习小组与学校团委“中华魂读书会”联合举办“大学生与信仰”交流会，会上同志们针对大学生如何树立、坚持信仰，如何正确认识、定位自己的信仰，信仰的作用，如何阅读马列经典原著和理论书籍等问题进行了深入细致的讨论。

2014 年 5 月 22 日，“大讲堂”开办一周年之际，邀请到“当代雷锋”孙茂芳为广大学员作报告、在全院学生党员中进行示范观摩。孙老分享了自己的目标，即“像雷锋、焦裕禄那样做人做事，做一个合格的受人民尊重的共产党员”；倡导做事要从小事做起，并分享了自己在生活中坚持做到“五小”——“小棉袄”“小拐杖”“小油灯”“小护士”“小水滴”。孙老用行动践行了共产党员“全心全意为人民服务”的宗旨，展现了共产党员的崇高境界和坚定信仰。示范观摩活动精心设计、严密组织，全体与会师生很受鼓舞和启发。此次报告会既是对学习小组一年工作的回顾和展示，也是未来开展学习活动的新的起点。

“信仰与实践大讲堂——信仰·马列经典原著学习小组”成立目的之一便是夯实小组成员的理论基础，而学习小组也一直是秉持着“理论是根本”这一原则而开展活动的，为营造外语专业环境下学习马克思主义的大学生经典理论氛围而不断努力。

二、实践是检验真理的标准——实践篇

“信仰与实践大讲堂”在注重扎实理论基础的同时，积极开展志愿服务、寒暑假社会实践及调研活动等。

（一）寒暑假社会调研

2013 年暑假及 2014 年寒假期间，学习小组结合组内成员学习情况，分别开展以“追随党的足迹”和“追随‘信仰’一二一”为题的社会实践活动。

1.“追随党的足迹”暑期社会实践

该活动以参观、访谈、社会调查、集中学习等多种形式进行。小组成员参观了中国军事革命博物馆、抗日战争纪念馆等京内多家爱国主义教育基地，感悟信仰在一个人生命中的力量。访谈以“我谈中国梦与信仰”为主题，对不同省、市、区县的不同岗位、不同年龄段的 18 位优秀党员进行访谈。访谈中老党员们不仅表达自己对中国梦、对党的事业的理解，并对学生党员们给予殷切期望，同学们深有感悟。学习小组编写设计“首都大学生信仰状况调查问卷”，以北京市一至三年级本科生为调查对象，进行有关信仰的调研。调研共发放 300 份

问卷，对回收的261份有效问卷进行统计，分析在信仰多元化背景下大学生对于“中国梦”、共产主义信仰等意识形态的认知状态，进而结合现实思考大学生如何更好地坚守信仰，永远跟党走，真正从自身做起，以个人梦托起“中国梦”。最终形成近5万字的调研活动成果报告册。

2. “追随‘信仰’一二一”寒假社会实践

该活动由访谈、自学毛泽东同志两篇著作、形成个人阶段性反思等部分组成。此实践中小组成员需完成“1+2+1”活动，即在2013年暑期访谈基础上再访谈一位“老”党员。小组成员共访谈来自不同工作岗位的党员56名，收集58篇访谈记录、反思；通过自主学习的形式，研读毛泽东同志《矛盾论》《实践论》两篇著作，并思考一个问题：“我的理想信念是什么?”形成个人阶段性思想汇报56篇。活动结束后，将活动成果汇编成册，于2014年4月24日召开了学习小组“2014年寒假社会实践活动总结及学期工作规划会”。会上，学习小组7位代表分别结合读书心得、个人经历、访谈体悟就访谈、理论学习、个人阶段性思想汇报三部分做了汇报。与会的王擢进、孟庆夔及我校马克思主义教育学院教师高超在讲话中对学习小组付出的努力与开展的工作予以高度认可，并教导大家坚定信念、注重实践，将信仰建立在强烈的爱国主义基础之上，培养对国家的认同感和荣誉感。

（二）多形式志愿服务

自2012年4月，英教系本科生第一、第二党支部（即“信仰学习小组承办支部）结合自身专业特点，赴八里庄街道鼎力社区开展“讲出新天地”社区英语大讲堂活动，进社区为老人义务讲英语。至今已持续20多个月，活动60多次，近百名成员参加。该活动受到居民广泛好评。在为居民的生活增添乐趣的同时，也形成考核党员、预备党员和入党积极分子的长效机制。

此外，外院英语教育系本科生第一、第二党支部作为外院盲校志愿者服务队的起源，支部成员坚持每周赴北京市盲人学校进行学科辅导、班级活动组织、礼仪引导、盲文录入等志愿服务，自1994年至今20年如一日的服务，受到该校师生好评。

小组成员也积极参加学院、学校、社会的各项志愿服务和实践活动，参与学院组织招募的各项国际会议志愿者，如亚太经合组织非正式高官会议、首届全球学习型城市大会、国际心脏病大会等，提供翻译和会务等服务，使小组成员在实践中得到锻炼。

“信仰·马列经典原著学习小组”开展了扎实有效、形式多样的学习活动，学员提高了自身的理论素养，整个支部呈现出积极向上、努力奋进的氛围。在开展理论学习、社会实践工作中，两个党支部领导班子分工明确，支部凝聚力和活力增强，能够高标准、高效率、高质量地完成学校和学院党委交办的任务，在外国语学院起到很好的带头作用。2013年11月，在学校党委学生工作部与八里庄街道联合举办的“大学生党支部联合体与八里庄街道共建活动评选”中，英教系本科生第二党支部“讲出新天地——社区英语大讲堂”获批“精品项目”，于12月参评北京市教工委“红色1+1”高校党支部示范活动，获优秀奖；英教系本科生第一党支部被评为2014年学校优秀党支部。

引领大学生党员学习马列经典原著、加深对马克思主义的理解与感悟是一项长期工作，需一以贯之。因此“信仰·马列经典原著学习小组”不会停下前进的脚步，“信仰与实践大讲堂”将不断开办，以马列原著选读为主，以中国特色社会主义核心价值观的“三个倡导”为指引，进一步教育大学生党员树立正确的世界观、人生观和价值观，深刻领会党的十八大报告中提出的要把“坚定理想信念，坚守共产党人精神追求”作为大学生党员的品质之一，在理论、实践中予以践行，真正把大学生党员锤炼成为学院、班级的先锋模范。

建立党员工作室
构建大学生党员自我教育工作新机制

河北医科大学关工委

一、实践背景

大学生党员作为高校党组织的新鲜血液，是保证党的机体生机活力的重要细胞，其作用是显而易见的。但是，目前高校基层党组织在工作中不同程度的存在着重义务、轻权利，重发展、轻教育等一些倾向性问题，在党的活动中，学生党员因学生身份属性较强，常常作为被管理者和受教育的对象，其党员的主体意识往往被弱化或者是被忽视，其主体地位与作用有时也会得不到充分保障与发挥。2005年保持党的先进性教育活动开展以来，临床学院党委针对这一问题，进行了深入调研，并在反复论证的基础上，提出了要转变以党务工作队伍为主体进行单向教育的固有观念及模式，成立学生党员工作室，让广大学生党员参与到党内事务和学生党建工作中来，在发挥传统教育工作机制优势的同时，建立一个发挥学生党员主体作用的自我教育工作新机制，使之与传统工作机制实现双向互动，形成合力，从而最大限度地增强新形势下大学生党员教育工作的针对性和实效性。

二、具体内容

近年来，河北医科大学关工委坚持“育人为本，德育为先”的理念，加大了对此项工作的指导和参与力度，助力临床学院学生党建工作，把大学生的培养和教育作为工作核心，搭建学生党员自我教育工作的新平台，拓展学生党员自我教育工作的新领域，探索学生党员自我教育工作的新机制，现已走出了一条适合实际、具有自身特色的学生党建工作新路子。

（一）以学习党的知识、增强党性观念为目的，为学生搭建学习平台

党员工作室是一个新型学生党员自治组织，成立于2005年，主要成员是由热爱党的事业、理想信念坚定、思想上要求进步的优秀学生党员、入党积极分子组成，主要职能是在学院党委的领导下，校院两级关工委积极指导参与，开展大学生党员自我教育与实践活动。近10年来，党员工作室坚持以传播党的创新理论、弘扬党的光荣传统、坚定党的理想信念为主旨，以校园文化建设为支撑，以主题教育和学习宣传为两翼，以提高学生党员素质、促进

校园文化建设、营造良好的党建工作氛围为目标，做了大量富有成效的工作，成功策划和承办了一系列影响广泛的党员教育活动。组织开展了“党员树新风　先进见行动”“先进性教育进公寓　党员挂牌亮身份　争创党员示范宿舍”等。在每年举办的入党积极分子培训班上，学校关工委秘书长杨宝成同志参与党的知识讲座，回答学生对党的知识认识和理解提出的问题。2012 年，学院党委还聘请退休老党员关小平同志为学院特邀党建组织员，协助党委做好学生党员发展工作。目前，党员工作室已成为临床学院党委培养和造就优秀青年马克思主义者、合格共产党员、社会主义事业可靠接班人的重要组织载体之一，其成员先后共有 9 届 500 多名，参与其组织活动中来的学生党员和入党积极分子已达 2 万人次。

（二）以立德树人为宗旨，为大学生提高思想政治素质搭建教育平台

2005 年，学院党委先后创办了党员论坛和硕学论坛，由党员工作室负责承办，迄今为止，共举办了 22 期党员论坛、12 期硕学论坛，累计参加人数约 8 千人。党员论坛现已成为全院学生党员交流思想、了解掌握党的最新理论和时事政策的一个重要学习平台，在提高学生党员党性修养和政策理论水平方面发挥了重要作用。近年来，校关工委紧紧围绕立德树人这个中心，指导开展了“你我的梦　求医求学梦”“校园文明　你我同行”等一系列丰富多彩的访谈交流活动，邀请学校关工委秘书长杨宝成、专业老教师盛赞以及辅导员等与学生优秀党员共同探讨大学生成长的热点话题，收到较好效果。硕学论坛创办的目的在于开拓师生视野、弘扬人文精神、益于大学生成长成才。多年来，党员工作室不定期邀请知名专家学者来我院开设讲座，内容涉及医学、文学、法律、心理、中国传统文化等多个领域，对提高大学生人文素养和社会认知能力，打造校园文化精品，涵养校园文化精神，产生了积极而深远的影响。先后邀请中国著名儿科学专家、河北省儿科学会前主任委员、石家庄高等医专校长、原河北省儿童医院院长、河北医科大学客座教授胡皓夫曾作客第一期硕学论坛；学校关工委常务副主任李守忠以社会主义核心价值观为题，学校关工委副主任陈继生以如何上好大学为题举行讲座。这些讲座理论观点新颖，联系实际紧密，对学生成长成才帮助很大，因而受到学生欢迎。

（三）通过创新活动形式和载体，为提高大学生人文素质搭建实践平台

党员工作室立足社会主义核心价值体系建设，开展了一系列主体性教育活动，为学生党员进行党性锻炼提供了广阔的实践平台。除定期举办党的知识竞赛、播放爱国主义影片、组织新党员到烈士陵园扫墓之外，还组织开展了“校园文明”小报设计大赛、“争做构建和谐稳定校园的先锋”“白求恩精神进校园”等项活动。

校园橱窗作为宣传工作领域的主要阵地，是校园显性文化的重要组成部分。为充分发挥校园橱窗的育人功能，还开辟了“红色导航”“校园直通车”等四个专栏，由党员工作室负责制作和日常管理维护。党员工作室结合“两会”“党的十八大和党的十八届三中全会精神”，围绕教育教学、安全稳定等中心工作，加大宣传力度，营造浓厚氛围，弘扬了校园主旋律。

三、主要成效

近 10 年来，在校关工委的指导下，临床学院党委依托党员工作室，积极开展丰富多彩的学生党员教育活动，使临床学院学生党建工作呈现出了生动活泼的政治局面。2006 年 6 月，临床学院党委被中共河北省委组织部、宣传部、教育工委评为河北省高等学校党的建设工作先进基层党组织。主要成效如下：

（一）构建了新格局

高校学生党员教育传统工作机制是以党务工作队伍为主体。我们在发挥传统工作机制优势的同时，构建了主体为学生党员的自我教育工作新机制。传统机制与创新机制的融合和互补，构建了临床学院学生党建工作的新格局。

（二）实现了新转变

发挥离退休老同志的引航作用和学生党员的主体作用，利用重要节点、重要活动、重大部署等有利时机，适时搞好活动项目设计，广泛开展各种主题教育和实践活动，引导学生党员用中国特色社会主义理论体系武装头脑，帮助他们树立正确的世界观、人生观、价值观，坚定他们的理想信念。我们也基本上实现了学生党员教育模式由灌输型向情景型的转变，单一型向复合型的转变，被动型向自主型的转变。

（三）带来了新变化

全院学生党员的精神面貌发生很大变化，责任意识、党性修养明显提高，带头示范作用明显增强，涌现出了许多先进典型。如：2008 级学生党员孔飞飞同学，14 岁时因患恶性肿瘤做了左腿高位截肢术，上大学后他担任了大班的心理委员，成了同学们的“知心哥哥”，2009 年度获得了“寻访中国大学生自强之星活动”的提名，2011 年在河北医科大学创先争优活动中被授予“两优一先”模范党员称号（全校仅有 5 名学生获此殊荣），2013 年被评为“感动校园人物”（唯一一名学生）；2008 级 3 大班的入党积极分子杨少华同学拾金不昧，受到了校团委的表彰。

（四）形成了新特色

以红色为主线的文化活动已成为临床学院校园文化建设中一道亮丽的风景线。我们充分发挥大学生党员在校园文化建设中的示范带动作用，加强学生党建文化在校园文化建设中的集合、引领、辐射功能，不仅打造出了一些师生耳熟能详的、高品位的、系列化的党建活动品牌，如党员论坛、硕学论坛、党的知识竞赛等，也极大地丰富了大学生的业余文化生活，使学生党员能够在健康向上的校园文化氛围中接受熏陶和教育、磨炼意志、增长才干。

加强对大学生自学组织活动的指导
让思想政治教育切实融入人心

吉林建筑大学关工委

吉林建筑大学邓小平理论和“三个代表”重要思想学习研究会是大学生自学马列主义、毛泽东思想、邓小平理论、“三个代表”重要思想和科学发展观等中国特色社会主义理论体系的红色社团。它始创于 1989 年，由学生自发组成，当时名为马列主义、毛泽东思想业余学习小组。在上级关工委和学校党委的关怀下，在校团委和关工委的领导、指导下，逐渐发展壮大。2000 年 3 月改名为“邓小平理论学习研究会”，后又更名为“邓小平理论和‘三个代表’重要思想学习研究会”，简称“邓研会”。现已在学校的 14 个学院成立了分会，会员 5000 多人。在“邓研会”这个大学生自学组织的带动下，现在我校学生学习政治理论氛围浓厚，已成为学生思想政治教育主渠道的重要延伸和大学校园文化建设的重要组成部分。

吉林建筑大学“邓研会”多次被评为省市先进学生社团，2005 年被共青团中央、教育部、全国学联授予全国高校“优秀学生社团”，2007 年被中共长春市委宣传部、市高校工委评为“长春高校十佳学生社团”，2011 年 6 月被中共吉林省委宣传部、吉林省高等学校工作委员会、团省委、省关工委、省教育关工委联合授予“优秀理论社团”。

一、强化组织领导，保证大学生自学组织红色社团特色

学校党委高度重视邓小平理论和“三个代表”重要思想学习研究会的建设和发展，充分肯定大学生创办社团组织重视学习政治理论、积极交流思想、探索实践经验的做法。学校积极协调解决“邓研会”工作中遇到的各种实际问题，形成了党委领导，团委具体指导，关工委大力积极扶持的工作局面。学校将“邓研会”的学习活动作为学校党校教育的重要组成部分，将“邓研会”建设成为学生党员培养的重要基地，据不完全统计，自 20 世纪 90 年代以来，在校大学生入党的共 4000 多人，都是“邓研会”成员。

共青团作为党的助手和后备军，是党组织联系青年的桥梁和纽带，教育引导广大团员青年“永远跟党走”是共青团的神圣职责。“邓研会”是校团委重点支持的学生社团之一。全校 14 个学院依托团组织建立了“邓研会”分会，扩大了学生学习政治理论的覆盖面和参与面，满足了学生自发、自觉学习政治理论的需要，提高了学生的政治理论水平和思想道德素质。

关工委以离退休老教师为主体，对青年学生进行爱国主义教育、集体主义教育、革命传统教育，培养有理想、有道德、有文化、有纪律的社会主义事业合格建设者和可靠接班人。这些年来，关工委大力扶持“邓研会”建设，向广大学生赠送了《社会主义核心价值体系知识问答》《复兴之路》《六个“为什么”——对几个重大问题的回答·2009》《七个“怎么看”——理论热点面对面·2010》《十八大学习材料》、十八届三中全会决议等 10 多种学习资料，共 3000 多册，每年至少为大学生做两三次的学习辅导报告，还支持“邓研会”开展征文、知识竞赛、诗歌朗诵、演讲比赛等活动，激发学生的学习兴趣提高学习效果。“邓研会”采取了集中与分散相结合，自学与辅导相结合，学习研讨与考察实践相结合，做到了内容上“新”，认识上“高”，渠道上“宽”，形式上“多”，组织上“严”和效果上“实”，促进了中国特色社会主义理论体系入心入脑，落实到大学生的行动中。

二、加强制度建设，保证大学生自学组织的“三专”“三定期”格局

“三专”“三定期”是大学生自学组织的组织制度保证，是确保“邓研会”旗帜鲜明，引领先进文化的重要保障。

“三专”即：

一是成立专门的学生团体——由校级“邓研会”组织“邓研会”的学习与实践活动。

二是指定团委负责领导管理“邓研会”的整体工作。

三是指定专门的教师对“邓研会”的活动进行辅导。校学工部思想教育科长、校团委组织部长周景民同志专门负责指导“邓研会”工作。校关工委指派前党委宣传部长陈家印教授作为指导教师。

“三定期”即：

一是定期组织各分会负责人进行学习、部署近期工作。校“邓研会”每月召开分会会议两次，月初安排本月的工作；月末进行工作总结。

二是定期检查各分会活动开展情况。各分会按照总会要求，每月制订本分会的活动方案。校“邓研会”按照各分会的活动方案，对各分会开展的活动进行检查。各分会还及时将活动的结果及素材上报校“邓研会”。

三是定期在各分会中进行活动情况调研。通过座谈、调查问卷等形式，了解会员的思想动态及对“邓研会”建设的意见和建议。

同时，学校还将“邓研会”活动纳入学校大学生思想政治教育评估测评体系之中加以考核，要求各分会有完善的规章制度和健全的组织机构；每次活动之前要有活动方案，活动过程要有真实素材，最后要有活动总结。活动开展要以理论学习为先导，注重提高学生的思想道德素质；以活动为载体，使学生在活动中加深对理论学习的理解。

三、丰富实践活动，保证大学生自学组织的理论学习“四结合”

“四结合”是大学生自学组织的学习方式，合理的学习方式体现着丰富的学习内容和具体生动的活动过程，是“邓研会”实践活动的特色。

一是“邓研会”的学习研究与理论课的学习相结合，使学生的学习由被动变主动。通过开展的各种社会实践活动将课堂理论学习与实践相结合。在暑假支教活动中，同学们开展了一系列的科普教育，为乡村里的孩子们送去了科普图书和影像资料。文法学院“邓研会”的张蕾同学在日记上写道：“看到孩子们天真地询问，孩子家长就国家大事与自己探讨时，感觉自己知识掌握得太少，对理论学习需进一步深化，真的体受到了理论学习的重要性。”

二是将“邓研会”的学习研究与帮助大学生树立远大理想相结合。多年来，“邓研会”组织大家学习中国特色社会主义理论和科学发展观，用中国特色社会主义理论引导他们走向正确的道路。通过组织观看《复兴之路》《建党伟业》《建国大业》等红色影片，加强大学生爱国主义教育；组织诗歌朗诵会，缅怀伟人的丰功伟绩；举行“党旗下我们携手共进”优秀学生访谈活动，邀请优秀学生与同学们分享他们本人的真实经历；把“邓研会”工作扎实有效地开展并引向深入。

三是“邓研会”的学习研究秉承以弘扬爱国主义为核心的民族精神和以改革创新为核心的时代精神。每年，五四、七一、十一、“九·一八”“一二·九”等重大节日纪念日，“邓研会”都要开展主题纪念活动。组织会员到南湖烈士墓祭扫烈士陵园，缅怀烈士们的丰功伟绩；组织参观伪满皇宫活动，使同学们在活动中勿忘历史；组织观看话剧《江姐》《钱学森》，回顾革命历史；对同学们进行革命传统教育和爱国主义教育。

“邓研会”积极组织全校团员青年学习十八大精神，并开展了“我的中国梦”主题演讲活动及“喜迎十八大　青春献给党”等一系列教育活动。通过开展活动，使学生们更加热爱党，更加坚定了永远跟党走的信念，用朴实的语言表达爱国之心、强国之愿、报国之志！

四是“邓研会”的学习研究与树立社会主义荣辱观和培育社会主义核心价值观结合起来，引导大学生健康成长。“邓研会”的学习和研究要将社会主义荣辱观和社会主义核心价值观落实到大学生健康成长成才的教育实践中，使青年学生有亲身体验，进而提高其思想道德素养。组织各院“邓研会”优秀会员走访了长春市孤儿院、长春市聋哑学校以及“自立之家”——残疾人免费技能培训中心，开展“班助一”“寝助一”活动，激发、引导孩子们积极、乐观的人生态度，让他们感受到社会的关爱与关注。“邓研会”走进德惠市万宝镇的敬老院为孤寡老人表演自编自演的节目，并为当地贫困学生捐书、捐款。400 多名同学走上街头，清理垃圾，为创建美好家园尽自己的一份义务。

目前，全校学生参加政治理论学习组织人数不断增多，通过举办报告会、演讲会、征文等活动，以生动活泼的形式，激发学生理论学习的兴趣，自觉用科学的理论武装头脑。举办的“邓小平理论”学习经验交流和表彰大会，更进一步激发了学生的政治理论学习热情。“邓研会”在提高我校大学生政治理论素养、坚定共产主义信念、树立正确的人生观、世界观和价值观等方面正在发挥着不可替代的作用。

四、树立模范典型，确保学生社团组织充满活力

吉林建筑大学“邓研会”在 20 多年的发展历史中，清楚认识到学生红色社团的特殊性质，认真总结学生红色社团的发展规律，深刻感受这一组织的影响力，从而更加清晰地认识到快速发展的重要性、良好传承的必要性。吉林建筑大学“邓研总会”经常与各学院“邓研分会”进行互动、沟通，总结工作中的经验和教训，使得“邓研会”这个学生社团组织充满活力，青春永驻。

在“邓研会”的各项活动中，不断涌现出许多优秀的集体和个人。我校“邓研会”副会长张纯海同学 2014 年荣获吉林省“十佳大学生”提名奖荣誉称号。我校“邓研会”自 2010 年至今有 4 名优秀会员，荣获“长春市十佳大学生”荣誉称号，1 名会员荣获提名奖荣誉称号，并有多人被评为省级、市级和校级优秀学生干部、优秀团干部等称号。“邓研会”成员在班级、学院大多是学生骨干、优秀团干部或优秀学生干部。

吉林建筑大学“邓研会”在校党委领导下，在校关工委、校团委的指导下，在前进中不断探索，在发展中不断壮大，在各项活动中起到了学生社团组织的模范引领作用，对于大学生的思想政治教育工作、树立良好学风，培养全面发展的人才起到了积极的促进作用。

春风化雨育新人 法律援助做贡献

华东政法大学关工委

华东政法大学关工委在校党委的领导下，在上级关工委的指导下，深入贯彻落实党的十八大和十八届三中全会精神，围绕学校中心工作，配合有关部门积极开展青年大学生思想政治教育，为华东政法大学青年大学生的成长成才做了许多卓有成效的工作。华东政法大学关工委在工作中注重工作模式、工作内容、工作制度的探索与创新，建立了若干工作指导组，其中，“大学生法律援助指导组”是我校关工委工作的特色和品牌项目。通过指导学生开展法律援助，教育、引导他们树立法治精神和为人民服务的思想，提高他们的社会实践能力，为青年大学生的全面发展，为弘扬社会主义法治理念、构建和谐社会做出了积极贡献，受到了社会的广泛赞誉和好评。华东政法大学的“大学生法律援助指导组”曾被评为上海市教育系统关工委“示范特色项目”。

一、关爱青年，服务社会——指导青年学生开展义务法律援助

华政大学生法律援助指导组成立于1999年。“关爱为本，成长为标，以我所学，服务社会”是关工委法援指导老师指导大学生开展义务法律援助活动的宗旨之一。“本”是根本，是指关爱的投入；而“标”则是目标，关爱投入的产出。即一切关爱的投入，都是为了一个目标，有利于青年学生的成长、成才。他们把关爱与成长、投入与产出有机地结合在一起，用手把手的指导、“授之以渔”的教育、春风化雨般的关爱为青年学生的成长成才保驾护航！ 2014年初，关工委法律援助指导老师参与了华政大学生社会法律援助中心（研究生）与老教授协会共建的法律咨询站，其设立在华东政法大学（长宁校区）大门西侧50米处。每周一、周三上午为接待日，20位资深专家轮流上门咨询（研究生全天候服务）。每到接待日这里热闹非凡，8:30时，许多老同志前来排队，为谁为先后，争执不已。由学生发登记表确认先后，每次接待咨询者约在15人次，使本来静谧的万航渡路成为熙熙攘攘的闹市。咨询者甚至从江苏、浙江等省赶来，20位法律专家、160位法学研究生组成的志愿者队伍，成为上海市义务法律咨询最有影响的队伍，重振了华政法援中心自1997年建站后的社会影响。

法援中心的主体是大学生，当学生们为当事人解答问题时，老同志在一边静听，然后再针对同学的解答，做些技术性的点评。同学们深受教益，感慨地说：老师在旁，咨询有方，脚踏实地，心中不慌。为了开阔学生的视野，增加他们的社会阅历，老同志们鼓励同学轮流走出去，向更广阔的社会学习，带着问题到社区、派出所、居委会等单位调查。法援中心还组织学生参加了上海市妇联、上海市老龄委、金华女子监狱等单位的法律咨询活动，组织学生到徐家汇广场、人民公园、静安寺街道、长风街道等处开展普法宣传活动。

二、围绕中心，创出特色——促进青年学生全面成长成才

大学生思想政治教育和大学生党建工作是华东政法大学关工委工作的品牌和传统项目，多年来，华政关工委坚持对大学生进行以爱国主义为核心的民族精神教育、以改革开放为核心的时代精神教育，进行社会主义核心价值观教育，对入党积极分子进行党的基本知识和基本理论的教育，均取得了良好的教育效果。近年来，华政关工委在保持这些传统的教育项目的同时，结合两校区办学的现实，不断创新工作内容，拓展工作领域，为促进学生全面成长，为构建和谐社会做出了积极的努力。

（一）传承华政精神，建设和谐校园

按照学校提出的“凝练特色，建设和谐校园文化”的目标要求，积极配合有关部门，开展和谐校园文化建设及华政精神的传承活动。召开了老同志代表座谈会，30 多名老同志代表畅所欲言，满怀深情地回顾了华政从建校、复校到现在的沧桑与辉煌，细细地回味着与华政共处的岁月。同时，教育新一代的华政人，要永远弘扬“在逆境中崛起、忧患中奋进、辉煌中卓越”的精神，在全校师生中引起了强烈共鸣，广大师生无不为华东政法精神而感动，永远为自己是华东政法人而自豪。

（二）参与大学生党建工作

根据全国高校学生党建工作会议精神和市教卫党委《关于进一步加强和改进在高校学生中发展党员工作的意见》，配合有关部门，积极参与了大学生党建工作，不断拓宽老同志参与面。主要从以下 3 个层面参与了大学生党建工作：一是开展大学生党建工作调研。组成大学生党建工作调研组，深入到二级学院党委，开展调查研究，积极建言献策，研究大学生党建工作的有效方法。二是参加学生党员先进性教育活动，提高学生党员的党性修养。三是上党课，开展对入党积极分子的培养和教育工作。

（三）开展教学督导工作，促进学校“三风”建设

华政关工委老同志配合教务处，开展了教学督导和评教评学工作。关工委老同志深入到班级听课，对老师在授课中存在的“满堂灌”、与学生交流少等问题及时进行分析和研究，提出了教师利用周三到新校区例会的时间，加强与学生的交流沟通，从而解决学生学习中的难题的方案，为学校教学质量监控和教风、学风的改善发挥了积极的作用。

（四）拓展工作领域，开展了与华政附中的共建活动

我校关工委老同志被聘为附中校外辅导员，通过举办讲座、召开座谈会等形式，开展对附中学生的思想政治教育。

三、倾情于民，发挥余热——为上海市退离休高级专家和教卫党委系统老干部义务法律咨询

随着我国人口老龄化的发展趋势，涉及老年人的各类问题也凸现了它的紧迫性、严重性和特殊性。我校关工委老同志发挥专业优势，亲情于民，发挥余热。

（一）为上海市离退高级专家服务

每年重阳节，在青松城，由华东政法咨询站派出 10 位法律专家兼职律师，如上海滩上

声名显赫的傅鼎生老师，义务为上海市退休老专家法律咨询服务，每年约有 100 人次。近 5 年来，累计有 500 人次接受法律咨询，深受老专家好评，法律咨询活动成为敬老节的亮点。

（二）为上海教卫系统离退休的老同志服务

应工作需要，由市教卫党委老干部处聘请了 5 位华政咨询站老同志为法律顾问，常年来为市教卫系统的离退休老同志服务，做好法律宣讲，普及基本法律理念，预防侵权事件发生，维护离休老干部合法权益，促进社会和谐。从 2000 年起，先后为复旦大学、上海交通大学、同济大学、华东师范大学、市教卫机关等单位离休老干部宣讲老年人权益保障法等 20 多场，受到老同志称赞，起到了良好的社会效果。在市教卫老干部处的安排下，法律顾问到复旦大学、上海交通大学、市教卫机关、卫生局机关等单位面对面接受离休老干部面对面接受咨询，解决老同志实际法律问题，切实为老同志服务。为上海大学离休老同志制作遗嘱等法律文件若干，解决了身后烦心事，为老干部安心养老作保障。

（三）编辑出版《老年人权益保障实用手册》

由于上海已进入老龄社会，编写老年人权益保障实用手册具有很大的社会需求和价值。华东政法大学分管领导关工委主任、离退休工作处和老教授协会都给予了极大的关心与支持。2010 年初，就组成了关工委副主任张国全为顾问，咨询站傅鼎生为主编，关工委委员郦谓荣、奚志根为副主编，以及部分专家学者为主笔的编委，再加上由 20 多名法学研究生共同组成超强编写队伍。经过两年的历练，2011 年该书由上海锦绣文章出版社正式出版。由于该书面向老人，针对现实，应用性强，加上以案说法，可读性强。上海老年基金会出资 20 万人民币，以 16 开本大字版再版，经过上海电视台、上海广播台推介，尤其在该年的上海书展上签名售书，产生了巨大的反响。2013 年中国出版总署把该书列入“三个一”工程（即 100 本社科书、100 本科普书、100 本少儿书），华东政法大学关工委老同志为出版界做出了贡献。

“关爱为本、成长为标，以我所学，服务社会”“关爱社会，倾情于民，发挥余热，共创和谐”，是华东政法大学关工委老同志指导大学生开展义务法律援助活动、开展大学生党建、教学督导等工作的基本理念和根本宗旨。工作中，关工委指导老师不仅给予学生专业上的指导，更注重于同学怎样做人。他们教育学生，接待当事人要满腔热情，尤其是对那些年老体弱有残疾的人，要主动迎送，这不仅仅是礼貌问题，更重要的在于帮助这些弱势群体解决问题，对国家的安定团结，构建和谐社会，有着深远的意义。他们在发挥余热、教育下一代、服务社会的同时，也在不断加强自身的学习与提高，保持思想常新，使关心下一代工作与时代发展同步，与中心工作紧密配合，与青年大学生实际贴近，顺应了社会需求，服务于人民群众，从而为促进青年大学生的健康成长、为实现社会公平正义做了大量的有意义有影响力的工作，受到各界的肯定与好评。

社团顾问机制创新　老树春深实践育人

扬州大学关工委

一、“1+1”顾问联动模式的建设背景

进入新世纪以来，特别是随着教育部《关于进一步加强高校实践育人工作的若干意见》的出台，许多高校都在努力探索创新教育、个性化培养，提高学生的综合素质的途径，鼓励学生在满足兴趣爱好的条件下充分发挥个人的特长。在这样的背景下，大学生在自愿基础上组织和发展起来的社团组织如雨后春笋般地建立起来，社团活动如火如荼，极大地丰富了校园文化。大学生社团组织是新的历史条件下的新生事物，在培养大学生的认知品格、拓宽成才渠道、优化育人环境、活跃学术氛围、繁荣校园文化等方面有着不可替代的作用。

扬州大学学生社团联合会（以下简称“社联会”）成立于2004年5月，目前全校共有440个学生社团。全校学生社团表现出数量多、规模大、类型丰富、参与人群广泛等特点，但也存在很多问题，诸如：对社团的新特点新变化认识和把握不够，社团的规模发展和内涵建设不均衡，发展理念和发展思路研究不透，社团团建的实效性仍存在欠缺，整合社会资源的能力不够等。为有效解决这些问题，扬州大学关心下一代工作委员会和扬州大学团委合力挖掘校园教育资源，拓宽工作思路，于2006年成立了以16位老同志为主的“大学生社团顾问组”，充分利用“五老”的优质资源，构建大学生社团与关工委（老同志）“1+1”顾问联动模式，发挥政治引导、专业指导、寓教于乐、培养骨干的作用，截至目前已经建立了一支60多位各有所长的社团指导教师老同志专家库。

二、“1+1”顾问联动模式的建设内涵

“1+1”顾问联动模式蕴含“少＋老”“学生＋老师”“社团会员＋顾问”“社联会＋顾问组”4种育人思路，建设目标是实现“1+1 ＞ 2”的建设效果。广大离退休同志长期接受党的培养教育，忠诚于党的事业，虽然年事已高，但是仍然抱着“苍龙日暮还行雨，老树春深更着花”的心态，愿意为青年学生的健康成长做出贡献。

聘请这些作风优良、专业知识和教育管理经验丰富的离退休老同志担任大学生社团的顾问，解决了高校指导力量不足与社团建设发展中的指导需要之间的矛盾，顾问组成员及指导老师用其丰富的管理经验具体指导着社团的发展，为社团的发展出谋划策，为学生答疑解惑。

（1）发挥顾问组成员及指导老师的政治优势，指导社团团建工作和理论学习类、志愿服务类社团活动，坚持正确导向，加强社团成员的思想政治工作。

（2）发挥顾问组成员及指导老师的专业优势，指导实践创业类、学术科技类社团活动，巩固专业思想，提高专业水平，增强实践创新能力。

（3）发挥顾问组成员及指导老师的特长优势，指导体育健身、文学艺术类社团活动，丰富校园文化生活，提升动手能力，促进全面发展。

（4）发挥顾问组成员及指导老师的经验优势，指导社团的建章立制，加强社团的规范管理，给予有力的方向性支持。

“1+1”顾问联动模式机制从试行到正式运行，几经磨合、调整、完善，目前已日趋成熟，作用日益显著。8 年以来，扬州大学社团联合会在校关工委的有力配合和“大学生社团顾问组”的悉心顾问下，逐步完善分类指导体系、内涵建设、品牌建设，成效显著。

三、“1+1”顾问联动模式的活动形式及内容

（一）以“双基”工程为抓手，老少共建，全面指导社团团建创新工程

根据团中央《关于加强和改进大学生社团工作的意见》，为推动学生社团科学发展，扬州大学学生社团均广泛开展基层基础建设活动（简称“双基工程”）。校关工委的领导同志和顾问组的杨成芳老师亲自指导社联会选择条件成熟的学院、社团开展社团团建试点工作，每个学生社团建立团支部，社团团支部在社联会团总支的指导下定期开展了主题鲜明的团日活动。顾问组老同志指导社团团支部明确社团发展方向，规范社团组织纪律，协调好社团内部成员的关系，提高社团内部凝聚力。目前，全校共有 100 个学生社团建立了团支部，先后开展了有老同志参加的“与信仰对话，为青春导航——我的青春，我的团”“聚焦十八大　青春铸辉煌”“活力在基层　奉献在青春”等主题团日活动，组织评选了“活力团支部”和“魅力团支书”，加强了思想引领，完善了团建机制。校团委结合团建社团的实际情况，在社团顾问组的指导下制定了《扬州大学推荐社团优秀团员作党的发展对象工作暂行规定》并试行，目前已有 56 名同学通过社团推优，成为入党积极分子和发展对象，其中有 66% 的同学光荣地加入了中国共产党，这项工作成为我校实施“党建带团建”的重要创新举措。

（二）以高雅艺术为载体，老少同台，促进校园文化精品百花齐放

近年来，顾问组的老同志共讲了 140 多场人文素质讲座，深受广大学生的喜爱和好评。讲座内容丰富多彩，涉及专业学科广泛，尤其是在学生的创新素质培养和人文素养涵育方面传递了很多新思想、新观念。

社团顾问组的老同志在社联会的协助下，还举办了各类展览，结合重大节日，展现传统风情。老同志和书画摄影类社团的学生曾结合节庆共同泼墨挥毫，举办过四届较大规模的书画、篆刻、摄影展，抒发爱党、爱国情感和高尚情操，提高艺术修养。现在这一活动已经成为惯例，每两年举办一次。双方还共同组织了邮票展、收藏品展等展览活动。

学校老干部艺术团和大学生艺术团结对帮扶交流，不仅自编了 30 多个节目，为大学生演出 100 多场，而且担任顾问的老同志还和同学们定期联系，共同切磋艺术，使同学们对于艺术表演形式和锻造艺术素养有了进一步认识，在艺术表现力和艺术创造力方面有了很大的突破，深受同学们的喜爱。社联会和顾问组每年联合举办的“春之声”“秋之韵”社团文

化巡礼活动，已成为全校知名的校园文化活动品牌，2012 年顾问组指导社联会在全校开展“百佳社团”分类评比网络评选活动并制作成新年台历，扩大了社团影响，推广了经验成果，受到社会各界一致好评。

（三）以顾问制度为契机，老少齐抓，共同参与社团内部规范管理

在社联会和顾问组的共同努力下，“1+1”顾问联动模式由校团委分管书记和社团顾问组负责人共同担任组长的双组长制，做到双管齐下，齐抓共管，为顾问联动模式的有序运转提供组织保障。自顾问组成立以来，始终坚持例会制度和研讨制度，召开社团顾问组工作会议，交流和研讨工作。为了掌握工作的开展，顾问组制订了“社团顾问组工作情况登记表”(活动内容、知识讲座、指导活动、参加人数等)，对社团顾问组的工作进行记录。

为了提高学生的创新能力和工作能力，2011 年 4 月全校举行社团辅导主题系列活动，邀请 5 名担任大学生社团指导的老同志做主题发言，交流社团指导经验，研讨工作重点难点，启发思维，效果明显。8 年来，顾问组不断加大对社团干部的培养力度，通过集中培训、座谈研讨、学习考察、挂职锻炼及交流等形式拓宽社团干部的工作思路，提高其理论水平和实践能力。

（四）以学生成长为目标，老少合力，润物无声搭建青年发展舞台

顾问组的老同志根据学生的兴趣爱好和已经初步掌握的知识、技能，围绕教育教学改革和创新成才这一中心，通过仔细分析，筛选出合适的活动内容。例如，顾问组曾策划了在一个校区内的 4 个学院联合举办“研究性学习经验交流暨论文报告会”的活动，得到了有关社团的响应。社团组织学生根据各人兴趣在所学的课程里自选题目，争取老师的指导，经过一个学期的实践，召开了论文报告会，效果非常好。

顾问组在社团活动的策划选题上坚持尊重学生的兴趣和需求，因势利导。例如学生们普遍爱好电脑，顾问组主动向水利学院和建工学院的社团联合会提出举办以庆祝新中国成立 60 周年为题材的“PPT 制作与展播”，两个学院的社团联初选后进行 PK，学生们热情高涨，自学钻研，学到了许多课堂里没有讲授的知识，充分展示了学生的计算机应用技能和艺术欣赏能力。在顾问组的指导下，水利学院社团联合会举办了“艺术摄影展”，最后又将整个作品和参观实况制作成两种版本的 PPT 光盘，激发了学生们的创作欲望。数科院的创意社团成员大都是女同学，根据这一特点，顾问组老师指导学习编织和绢花制作，学生们学会了用毛线编织围巾、手套，还掌握了丝绢花的制作，自发举办了题为“暖冬——绿色环保编织评比会”，活动深受学生们欢迎。

（五）以分类指导为亮点，老少探新，爱心护航社团突破发展瓶颈

2011 年以来，社联会在顾问组的指导下将全校社团分为六大模块体系，结合六大模块社团特点，指导社联会出台《扬州大学大学生社团管理分类指导手册》，对全校不同级别、不同类型的学生社团进行六大模块分类别指导，就其共性进行统一规范管理，就其差异进行个性化管理，使社团管理更有针对性。

针对理论学习类社团发展中存在的活动形式单一、经费支持缺乏、会员流失严重等问题，校关工委副主任、“扬州好人”标兵梁隆圣书记和“江苏省道德模范提名奖”杨福新教授亲自找来校“马研会”的主要干部，为他们加油鼓劲，和同学们一起为社团发展和活动设计出谋划策，组织“一战红到底”十八大知识竞赛，担任评委和指导老师。得知协会活动经费紧张，老同志们主动参与经费筹措，鼓励同学们要坚持理论类社团的正确导向和发展定位，增强可持续发展动力。

四、“1+1”顾问联动模式的建设效果

“1+1”顾问联动模式经过8年的探索与发展历程，既注重社团资源整合过程中的文化重构，又完成了社团规模管理中的制度创新，举办了一系列在全省乃至全国有影响力的社团品牌活动，也总结出符合扬州大学校情的学生社团发展思路。8年来，全校相关社团共获得国家级表彰42项，省级表彰186项，社团建设取得了一系列丰硕成果。

校大学生雷锋精神践行社陈晟同学被授予“第九届中国青年志愿者优秀个人奖”“江苏省校园青年先锋奖”。被评为“全国十大优秀环保社团”“全国高校优秀学生社团”的绿行社因成绩突出，自2005年开始先后两次获得了世界自然基金会资助，创办至今连续10年荣获“IFAW国际爱护动物行动周优秀组织奖”。七姐妹爱心助学社荣获“江苏省青年志愿服务行动组织奖”。阳光协会被表彰为“省优秀青年志愿服务项目”，“走进大别山支农支教”活动被评为“江苏省百优志愿服务项目”。青年志愿者协会被表彰为“全国百个优秀志愿服务集体”“江苏省十佳社团”，“心连心”系列服务活动被评为“江苏省优秀社团活动”。红十字会在“博爱青春”江苏省高校红十字会暑期社会志愿服务活动中荣获优秀项目。“马研会”荣获“江苏省优秀大学生社团”，所举办的“大学生‘三个代表’重要思想研究会年会”被评为江苏省“十佳社团活动”。清风社荣获“江苏省优秀青年志愿服务项目”“江苏省100个青年志愿服务项目”，并被省委教育工委授予“2008年度最佳党日活动优胜奖”，首次实现了社团党建工作的跨越式发展。中央电视台、新华社、《人民日报》《光明日报》《中国青年报》《中国教育报》等国家级新闻媒体先后多次报道了我校社团建设的成功经验和先进事迹。“1+1”顾问联动模式得到了全国、江苏省教育系统关工委有关领导的充分肯定，以《老少共建模式创新　社团活动多彩有序》一文被《关心下一代》2012年第1期全文登载，2013年获得江苏省教育系统关工委“工作创新一等奖”，并在全省教育系统关工委第十三期骨干培训班上作经验交流。

“1+1”顾问联动模式有效推动了高校学生社团管理创新，充分挖掘出学生社团自我教育、自我管理和自我服务的职能，对于引导学生社团健康发展，充分发挥社团凝聚功能发挥了积极作用，实现了对大学生的思想引导、学业辅导、兴趣疏导、规范力导，成为高校思想政治教育的重要建设成果，并为老同志发挥余热，育人成才提供了广阔的舞台和适宜的环境支持。

办好科技点播台　朝阳夕阳共灿烂

河南农业大学关工委

河南农业大学科技点播台是一个由校关心下一代工作委员会和青年志愿者共同组成的服务“三农”的优秀社团。它初创于1994年3月，其前身是河南农业大学青年志愿者创建的“农大服务园地”，与河南人民广播电台合作后更名为“河南农业大学科技点播台”，至今已走过艰辛而光辉的20个春秋了。

一、朝阳接夕阳　情暖三农心

当1994年，青年志愿者组织在中国大地上崭露头角的时候，来自农村身贫志坚、无私奉献的农大学子王朝杰、张治山等志愿者，曾目睹棉田蕾铃脱落枯干、鸡群因传染病死亡等农民因缺乏科技知识而束手无策的现象，当时他们的心被深深震动了，不禁升起一种要让父老乡亲尽快富起来的强烈愿望，但是专业知识不足、实践经验匮乏，成了帮助农民脱贫致富的障碍。

当时关工委的老师大多是20世纪50年代末60年代初的大学毕业生，他们中有许多都是当年服务“三农”的积极分子，如今年事已高，上山下乡，科教支农成了问题，但是农民在农业生产中所面临的诸多问题还没能解决，这让他们看在眼里，急在心里，渴望自己的科学知识能在今后的生产实践活动中发挥作用。

为了更好地服务三农，志愿者负责人和关工委老师共同商议，主动要求与河南人民广播电台“农村天地”节目合作。经过努力，电台负责人肯定了他们的想法，接受了他们的要求。最终，以学校的名义，与河南人民广播电台联合创办了“农大服务园地”栏目，于1994年3月12日首次与农民见面。

二、纵向发展　开拓创新

“农大服务园地”开播后，有了良好的社会反响。为了保证节目的质量，校关工委为其特邀了河南农业大学老校长、泡桐专家蒋建平，小麦专家崔金梅，蔬菜专家张绍文等16位专家教授，担任节目顾问。1996年，“农大服务园地”更名为“河南农业大学科技点播台”，更名后节目形式更加新颖，内容更加充实，并增加开播时间和次数。开设的栏目有“专家访谈”“农大咨询台”“致富窍门”，针对我省农业生产中存在的主要问题，由专家教授进行解答，使节目更加贴近农民的心声，深受广大农民朋友的欢迎。特别是“专家访谈”栏目，当时已成为河南人民广播电台的名牌栏目。

科技点播台通过广播的形式传播农业技术，帮农民解决了许多问题。随着科技和农村经济的发展，不少农民都装上了电话，点播台顺时应势，及时开通了专家咨询热线，以一部热线电话架起了连接农民和专家的桥梁。

与电台合作和开通热线电话，是用声音传播科技信息。而科技信息文字化的开始则是在2003年11月与《农家参谋》杂志的合作，其合作方式是：点播台的志愿者针对当下农业生产中存在的技术问题，对我校的知名专家教授进行采访，并记录整理成文投给《农家参谋》的“有问必答”专栏。在坚持原有服务模式的同时，科技点播台于2013年与《河南日报》农村版的编辑取得联系，时常为其投稿。同时，科技点播台还探索与新兴家庭型农场黄河滩“萝卜哥种植专业合作社”合作。

20年来，科技点播台由原来单一的广播节目和热线服务，已发展成现在的：“一台”——科技点播台；“一线”——专家咨询热线；“一信”——飞信平台；“一网”——大学生青年志愿者科技服务网；“一栏”——与《农家参谋》杂志联办互动专栏；“一带”——寒暑假带农技回家；“一赛”——植物摄影大赛；“一地”——黄河滩“萝卜哥专业合作社”实践基地等多种服务形式。它将紧跟时代步伐不断进行改革创新，以更新颖的形式为“三农”服务。

三、特色活动　持久活力

科技点播台拥有许多特色活动，其中寒假的“百名志愿者带农技回家”和暑假社会实践活动尤为突出。

寒假“百名志愿者带农技回家”活动是由校团委主办、科技点播台承办，面向郑州高校招募大学生志愿者。下乡前，首先由关工委老师给数百名小志愿者开展关于种植、养殖等常见问题的培训讲座。然后，志愿者将千余份农技资料和调查问卷带回家乡进行发放，通过和农民座谈等形式收集他们提出的问题，回到学校后请有关专家教授针对问题逐一解答，再通过电话或书信回复给询问者。

暑假社会实践活动，则是由点播台的学生到农村进行支教和科技帮扶。在每年为期10天左右的调研过程中，和农民进行互动，针对调研问题举办科技讲座，并下发千余份农技手册，其内容涉及畜牧养殖、植物保护、园艺农学、机电、中药材等内容。最后和村民一起进行大联欢。

通过活动，让学生更多的了解农村，得到了更多锻炼，同时也让农民朋友获得更多、更实用的农业知识。此项活动，先后受到新华社、《人民日报》、中央人民广播电台、《光明日报》《中国青年报》、人民网、《河南日报》等多家媒体报道。

四、师生携手　共创辉煌

20年来，科技点播台采访专家千余次，录出播出节目560多期，回复全国各地听众来电、来信3万多封（次），接待全省各地来访500多人次，解答农业生产实际问题5万3千多个，上传实用技术文章上万余篇；曾收到来自云南、贵州、四川、甘肃、安徽、河南等十几个省的农民来电来信致谢，许多农民在他们的帮助下解决了技术难题或上了新项目。其中一位河南禹州农民来信说：“科技点播台是雪中送炭，为农民点亮了一盏明灯，用科技造福一方百姓，为我们摘掉了贫穷的帽子。”科技点播台不仅为农民送去了致富信息，也为青年志愿者搭建了锻炼的平台。学生在服务“三农”的社会实践的活动中，增强了与人民群众的感情，学到了专业知识，增强了自信，培养了创造能力。其中王朝杰曾作为学生代表赴京汇报志愿者服务工作，受到了时任国务院副总理李岚清的亲切接待，毕业后曾任郑州市金水区组织部副部长、郑州市组织部办公室主任等职；张治山毕业后被 12 个养殖和饲料大公司争着聘用，最后被省畜牧局录用，作为主要技术负责人先后承担了农业部“948”等科研项目。

科技点播台为新、老专家、教授搭建了服务“三农”的大讲台，培养了一代又一代青年志愿者，传科技、送知识、撒播希望，取得了良好的经济效益和社会效益，受到了包括共青团中央网、中央人民广播电台、《河南日报》等省内外多家新闻媒体的关注和好评，曾多次获得学校表彰，并荣获第六届“中国百个优秀志愿者服务集体”、首届及第二届“河南省志愿服务优秀项目奖”等多项殊荣。正如校关工委常务副主任李有田教授所说：“科技点播台为农民提供信息，为教授提供平台，为学校赢得荣誉，造就了栋梁之材。”原省委副书记王全书在省委常委会上也肯定了我们的这一做法（见省委办公厅《每日汇报》第 171 期），这都是对科技点播台的鼓励和鞭策。

回顾科技点播台创办 20 年来的实践，我们深深体会到：各级领导的重视和支持，是科技点播台越办越好的关键；老少结合，充分发挥两个群体的作用，使朝阳夕阳共灿烂，是科技点播台越办越好的基础；聘请各学科有声望的离退休的老专家、老教授为技术顾问，是科技点播台越办越好的重要保证；充分发挥农业高校师资和科技密集的优势，坚持以“志愿服务‘三农’，科技点播希望”为宗旨，是科技点播台的生命力所在。

我们要认真总结 20 年来的经验，找出差距，开拓创新，不断提高科技点播台的信息含量，进一步把科技点播台办好，为“三农”服务做出更大的贡献。

阳光同行“手牵手” 关爱相伴心连心

武汉纺织大学关工委

近年来，武汉纺织大学关工委不断创新工作载体，实施阳光同行工程，通过开展老少“手牵手”活动，充分发挥老同志“五员”作用以及社团指导和阳光素质学分活动，较好实现了阳光同行“手牵手”活动目的，通过老同志与学生互帮、互助、互融，促进了学生成长成才，实现了老同志得到快乐，老少相互关爱心连心的目的，从而较好地促进了校园文化传承、指导社团工作的开展。我们的主要做法是：

一、以实施阳光素质培养工程为载体，实现与学生阳光同行目的

学校党委高度重视阳光素质学分工程。为把关工委工作引向深入，搭建了关工委工作平台和抓手，实施了阳光同行“手牵手”特色活动，将关工委的工作纳入了学校阳光素质学分

工程。

将阳光素质学分教育拓展为我们学校大学生的必修课。素质教育以“阳光”命名，以培养学生责任、修养、健康心理等为目标，共设计120多个项目，每个项目给一定学分，学生修不满不予毕业。学生除了要修完规定学分，同时必须修过10个“阳光素质学分”才能毕业。此活动被《中国教育报》称为“大学生素质教育第一次有了硬指标”，我们学校不以每门功课都在85分以上为评定好学生的唯一条件和标准，还必须拥有良好的文明礼仪、艺术修养、体能素质和心理素质等。

我们学校通过学生社团、学生组织、班级等机构，组织学生参加义务劳动、献爱心、讲文明等活动，帮助学生提高综合素质，并获得相应学分，从而实现与学生阳光同行目的。

二、以“五员”为主要载体发挥老同志积极作用，实现关爱学生指导社团目的

我们学校老同志以立德树人为目标，主动担任大学生的组织员等“五员”，围绕学校中心工作，弘扬“忠诚敬业、关爱后代、无私奉献”的精神，帮助大学生完成要求进步的愿望，把好青年教师教学质量关，帮助大学生形成良好学风，为大学生上形势教育课，做好大学生成长的引路人，引导和帮助大学生就业和创业等做了大量卓有成效的工作，为促进大学生健康成长做出了积极贡献。

（一）老同志积极担任组织员，认真参与大学生党建工作

我们学校聘请了10多名老同志担任组织员，与入党学生谈话、进行思想教育达3000人次。退休干部马家祥同志2002年以来走遍学校每一个院系，与每个院系分管学生工作的党委（总支）负责人、党支部书记、辅导员、学生干部、学生积极分子、青年志愿者有着广泛的接触，与学生谈话达5000人次，精心培养发展学生党员3500多人。

（二）老同志积极担任教学督导员，促进良好学风的形成

我们学校聘请了20多名老同志担任教学督导员，他们采取随机抽样、随机听课、教学巡视等多种形式对教学工作进行督导，促进了大学生良好学风的形成。退休教师袁建桥从2002年起做好教学督导员的“督教”“督学”“督管”的工作，先后参加教学督导活动达900多次，随机听取了近400位教师的课堂教学情况，亲自编写了《督导简讯》30多期，为关心下一代成长进步做出了贡献。

（三）老同志积极担任宣讲员，认真做好大学生成长的引路人

多年来，老同志为大学生上党课，作革命传统教育报告数千场，老教授王金华同志积极担任宣讲员，作为湖北省“延安精神报告团”成员，在我们学校开展了两次大型演讲活动，对青少年宣讲在中国共产党领导下的中国革命史、社会主义建设史和改革开放伟大成就史，有2000多名大学生接受了教育，获洪山区“社会主义核心价值体系宣讲优质课”优质奖。

（四）老同志积极担任编外辅导员，关心学生学习生活和身心健康

老同志们积极发挥余热，甘当人梯，先后有40多人次担任学生的编外辅导员，60多人担任班主任，带班级200多个，带学生达7000多人。

（五）老同志积极担任就业指导员，帮助学生走向成功之路

老教授、老领导们发挥学术优势，带学生做实验、搞学术，指导他们就业。每个学院都

有 1 名老同志担任就业指导员，负责本二级学院学生就业指导。

三、开展大社区文化建设活动，探索关工委工作新方法，实现促进校园文化传承目的

（一）创新载体，找准抓手，形成学校关工委工作合力

我们学校以开展校园文化社团、学校关工委平台、老少“手拉手”等活动为“抓手”，实现开展校园“大社区文化”建设，促进校园文化传承目的。

开展老少“手拉手”活动，进行学生社团与空巢老人结对互助，老人对学生的教育和大学生对老同志帮助，实现老少关爱相伴的良好氛围。

在活动中，学生社团和老年社团互融，通过开展各种文体活动，营造“老少同乐互融”的校园社区文化氛围。

例如：王世宁同志的京剧比赛项目不仅获得了全国金奖，所带的两名学生在 2012 年参加全国京剧比赛活动中也获得了金奖。

据初步统计，学校每年深入开展老少“手拉手”活动人数达到 2000 多人次，开展大型老少手拉手活动达到 10 多次，进行革命传统教育，为大学生上形势教育课、交心谈心以及思想交流等人数达到 5000 多人次。

（二）加强关工委领导班子建设，形成长效保障机制

我们学校加强了关工委经费保障，逐步完善了关工委工作体制机制，进一步明确理顺了关工委工作职责，健全了关工委组织机构。我们学校每年投入工作经费达 20 多万元，用于支持关工委工作的长期发展；每年全校教师员工和离退休老同志共同捐款 50 多万元资金，用于帮助贫困大学生完成学业。

（三）强化学校二级关工委的职能作用

学校各二级学院必须要建立和完善关工委组织，必须围绕学校关工委总体工作有一个开展活动的载体。学校关工委每年召开两次关工委会议，进行年初工作部署，年底工作总结和表彰。

我们学校实施的阳光同行工程在校园内外取得了较好的社会影响，并形成了学校师生全员关爱老年人，老同志真心实意帮助学生成长进步的良好局面。他们为培养当代大学生奉献余热的精神受到上级的充分肯定和表彰。学校先后有 3 名老同志和 1 个二级学院被上级机关评为关心下一代工作先进个人和先进集体，其中，退休干部马家祥被评为“全国教育系统关心下一代工作先进个人”，袁建桥同志被评为“全省关心下一代工作先进个人”，闵秋辉同志被评为“全省教育系统关心下一代工作先进个人”，高职学院被评为“全省教育系统关心下一代工作先进集体”。

我们学校关爱学生成长进步活动多次受到省、内外多家新闻媒体的关注。其中，《湖北教育简报》《湖北老干部工作》《湖北高校老年通讯》《当代老年》杂志等相继广泛深入地报道了开展“回娘家”和“手拉手”活动的经验与做法；《湖北电视台》《长江日报》《楚天都市报》《武汉晨报》《荆楚网》等多家新闻媒体多次对关心下一代活动进行了专题报道，引起社会的广泛关注。

老少牵手双阳同辉

湘潭大学关工委

学生社团是学生拓展知识、广泛实践、锻炼能力、提高综合素质的重要阵地，是学校加强学生思想政治工作的重要内容，是“五老”关心学校发展、关爱学生成长、开展关爱活动的重要途径。经过近10年实践，“五老”参与学生社团指导已成为我校关工委的工作品牌，也是我校“老少牵手双阳同辉”品牌的发展。

一、参与学生社团指导，发挥社团积极作用，要尽最大可能扩大“五老”参与面

高校学生社团涉及自科、社科、社会实践、公益、文艺、体育等诸多领域。它们按照各自的章程，开展丰富多彩，身心受益的活动。学校有过半数学生参加了社团组织，约90%的学生参加过社团的活动。精心指导学生社团活动，发挥学生社团深入学习理论知识，倡导奉献精神，强化社会实践，陶冶高尚情操，促进校园精神文明建设等方面的积极作用，是学校党政所急，广大学生所需，也是关工委所能。扩大“五老”参与面，始终是我们注重的一个问题。校关工委组织“五老”参与对社团指导的方式有4种：社团挂靠校关工委、校关工委派成员到社团任指导老师、老年社团与学生社团结对、鼓励和支持“五老”志愿参与社团指导。如“金翼5·1·8爱心团队”“邓小平理论研讨协会”“学生党建研究协会”“木槿感恩支教团”“孝行研究会”“学生科技创业者协会”“新女孩协会”以及“书画协会”等，都有“五老”任指导老师。参与社团指导的思想和原则是遵照中发〔2004〕16号文件指出的“思想政治教育进社团”的精神，按照“三贴近”的原则发挥“五老”各自优势，尽其所长，尽心尽力，有效指导。一批老干部指导的“金翼”“邓研会”及学生党建协会，帮助指导社团坚持各自的宗旨：分别是“别人得关爱　自己受教育”“学习先进理论，引领大学时尚”“完善自我做模范，学习调研促党建”。他们都是在进行社会主义核心价值体系教育，积极培育社会主义核心价值观，都是通过活动提高理论素养和综合素质，做共产主义远大理想和中国特色社会主义共同理想的坚定信仰者。“金翼”募集钱物的主要途径是发展爱心班级，就是以班级为社团成员，爱心班级的每个同学每月节省1元钱作为爱心基金；组织义卖活动；社团成员参加有偿劳动，劳酬转为基金；专项募捐活动等。6年多来募集钱60多万元，衣物4万多件，已资助248名家贫且品学兼优的中学生和大学生完成学业。其中，受资助的高中毕业生中36%考上大学。衣物捐送给山区五所中小学和农村留守儿童关爱点。一次募集活动就是一次受教育的过程。社团利用“五一”“国庆”假期组织成员和志愿者自费到贫困地区调查走访。每个暑假都去山区开展支教活动和走访贫困家庭。他们目睹贫困地区、贫困学校、贫困家庭、贫困同学的情景，都十分动情。社会责任感和感恩意识大大增加。老干部组

织鼓励学生党建协会的成员学习党的基本知识，开展“入党为什么，为党做什么”讨论。帮助他们在理论和实际的结合上加深了对党的认识。老科协的老专家与学生科协联手开展科普活动，联合进行节能环保研究，手把手指导学生义务维修学校教学仪器设备，帮助学生实现学习、实习、就业“三满意”。老年编织协会“奶奶们”心灵手巧编织的作品感染了新女孩协会的学生，她们相聚切磋编织技艺，共编织作品“寿”“和”及同心结等很多寓意深刻的作品。老少共愉悦，环境更优雅。擅长诗联、书法、绘画的老教师，为学生们开设综合素质教育选修课，开诗联写做讲座，办书法、绘画习作班，每年“老少”联合办一次全校规模的书法展览，深受广大学生欢迎。

二、参与学生社团指导，发挥社团积极作用，要搞好服务，为他们提供发展条件

很多学生社团都是由少数学生自发创立的，他们由小到大的发展过程中需要切实帮助。关工委本着办实事，求实效的原则，通过“五老”参与活动中给予实际帮助：为他们争取开展活动办公场地；寻求资助或拨给经费；给“邓研会”编印了“推进马克思主义中国化、时代化、大众化”学习资料；为“书协”争取一间专用画室，方便学生随时入室学习；参与策划、组织大型活动，注重活动的思想性、适应性、可行性、安全性。社团自身组织建设不同于学生会和团组织，他们的成员来自不同专业，不同年级，各自任务和活动方式不尽相同。关工委配合团委、学生社联对社团领导班子进行指导，按照学习成绩好，创新能力强，工作魄力大的要求对社团领导成员进行帮助和班子换选，使他们健康、持续发展。

三、参与学生社团指导，发挥社团积极作用，要摆正关工委的位置，主动配合补充

关工委把参与指导学生社团，列入工作重要内容，开展关爱活动主要途径。一是主动联系校团委、学生会、学生社联为社团开展活动提供工作平台和学习条件。书法和绘画艺术已由教务处列入学校教学课程，“五老”精神焕发，重登讲台给学生讲书法和绘画艺术，帮助学生进行艺术和品德修养。关工委会同历史系请老党员、党史专家给学生党建研究协会的党员和入党积极分子讲“学习、调研、宣传”的基本要求，明白“知党情跟党走”的宗旨。二是积极配合相关单位，不失时机地在社会媒体、学校报刊和校园网络上推介社团活动的奉献精神、创新思想，充分肯定他们的活动实绩和学习成绩；评优表彰。孝行协会、雷锋公司、木槿感恩支教团、学生科协的工作经验关工委都做过专题总结，通过校报、校园网及关工委《工作简讯》进行宣传、表扬和鼓励。“金翼”创立近 6 年来，连年被评为学校“公益爱心奖”和“道德风尚奖”，两名理事被评为湖南“首届金牌义工”，中国教育发展基金会领导亲笔写信给予肯定和鼓励，并决定且已实现了每年由中国教育发展基金会拨专款 6 ～ 8 万元资助我校特困优秀学生。这些都增大了社团积极作用的感染力，号召力和影响力。三是关工委安排一名副主任分管社团指导工作。与校学工、宣传、教务、团委、学院等紧密联系和配合，建立了会议共商，制度同建，组织协管，大型活动齐抓的机制，更好地发挥了关工委参与全程育人，全员育人，全方位育人的优势，形成了广大青年学生与“五老”交流，老少牵手互爱互敬共同发展的良好氛围。

关工委组织“五老”参与学生社团指导的工作取得的显著成绩和经验，得到了充分肯定和鼓励。2010年6月26日，教育部第816期《简报》推介了“湘潭大学关工委参与指导学生社团建设”。2010年2月《关心下一代》发表了《发挥关工委所能参与学生社团指导》文章。2010年1月30日18时中国关工委主任顾秀莲看到我校关工委“参与学生社团指导创新高校关工委工作”的汇报材料后，亲自给校关工委负责人打电话鼓励。近几年来，我校关工委连年被省厅关工委和湘潭市关工委评为“关心下一代工作先进单位”。

“唤青社”——全国十佳环保社团

云南大学关工委

由云南大学关工委老专家指导的学生社团“唤青社”成立于1997年3月20日，是“全国高校十佳环保社团”之一。“唤青社”全称是“云南大学青年环保志愿者协会”，即呼唤青山绿水及呼唤青年人直视中国、世界目前的环保形势，为中国和世界的环境保护尽一份自己的微薄之力。社团有自己的协会徽标，它以“立足校园、放眼社会、倡导环境保护、节约资源、提倡可持续发展”为宗旨，以“团结、奉献、百炼成钢”为社团精神。从自己做起，从身边小事做起，试图通过社团人持续不断的共同努力，影响更多的青年朋友保护环境。

从社团成立伊始，在云南大学生态学老专家王焕校教授呕心沥血、不辞辛苦的管理和指导下，“唤青社”取得了一个又一个佳绩。在高龄的老专家王焕校先生退下去后，云大生态学家吴兆禄先生承上启下，继续指导着“唤青社”的工作。他们与一代代唤青人一起，付出了自己很多心血，也让更多的同学接触了环保、了解了环保、认识了环保，同时也培养了一种环保文化和意识，使环保思想和行为深深扎根于同学的生活中。在老先生们的指导下，社团规模逐年扩大，影响力逐日递增。社团每年吸纳校内优秀环保会员200人，16年来共有社员3000多人。这些唤青人，他们在接力赛中，教育着自己，影响着他们身边更多的青年学子，而这些学子又从校内走向校外，走向社会，在环保领域继续影响和发挥着他们的光和热。

在老专家们的带领下，“唤青社”从建立至今开展专项环保活动300多项，如开展“地球一小时活动”“自然体验活动”“废品回收活动”“云南省大学生绿色营”等活动。

其中“云南省大学生绿色营”活动的情况是，从1996年保护云南德钦县原始森林中滇金丝猴开始至今，大学生绿色营已经走过了漫漫18年岁月。受到第一届全国大学生绿色营的鼓舞和启迪，云南省大学生绿色营在2002年开始了第一次尝试，至今也已接受了10多年的磨砺。在这10多年中，它得到了全国各个高校环保社团、NGO的广泛关注、支持和参与。在2002年第一届云南营——“关注保护黑颈鹤”活动中，营员到国家一级保护动物黑颈鹤的故乡昭通，帮助解决当地的“人、鹤矛盾”问题。在2003年第二届云南营“追溯生命之源，关注和保护水资源”活动中，营员从滇池到盘龙江之源进行徒步考察。在2004年第三届云南营"关注怒江开发"活动中，云南大学唤青绿色营进行了"关注怒江开发，感受当地民族文化及生物多样性"的宣传、环教和调查。在2005年第四届云南营"为了生命之源——水治理中的民众参与"活动中，绿色营做了一系列的宣传、环教和调查，以唤起当地民众保护滇池、云龙水库的环保意识。在2006年第五届云南营"关注生命之源，传播绿色希望"中，唤青绿色营探访昆明水源地的污染与保护，探索环境教育的有效性与可持续性。在2007年第六届云南营"安宁——探讨中小型城市在经济发展中的环境保护"活动中，绿色营和唤青营携手"七彩云南保护行动"接力绿春。探索大学生的环保活动的理论指导，构建大学生环保活动理论框架，尝试解决大学生环保活动长期无理论指导的问题，将大学生环保活动引领到一个更高的阶段。在2008年"体验自然"的活动中，大学生去昆明市富民县大叠水，与当地村里的孩子一起进行自然体验，培养孩子们的环保观念。在2009年暑假第七届云南营"共享自然（社区自然体验）"活动中，营员走进昆明国际花园，为社区的孩子带来大自然的气息。2010年暑假第八届绿色营通过抚仙湖调研，交流学习，促进社团发展；体验认知，培养环保骨干；交流环保经验，直视中国现在的环保形势。在2011年暑期第九届云南营"提升环保素养，倡导生态旅游"中，云南大学"唤青社"云南营到"植物王国"西双版纳了解人象矛盾，倡导游客绿色旅游、生态旅游。在2012年第十届云南营"重回昭通鹤乡，十年共鉴成长"活动中，来自全国10所高校环保社团的20名大学生环保志愿者，以"非自然保护区的黑颈鹤保护调研及宣传教育"为研究课题，总结大学生对自然物种保护的实质性行动和方案，为中国的环境保护尽一份自己的微薄之力。

"保护红嘴鸥"活动是这些活动中比较有代表性的一项工作。红嘴鸥来到昆明，是因为昆明有一个良好的生态环境，起初个别游客市民对红嘴鸥的保护缺乏理性，经过社团成员的宣传和引导，市民对红嘴鸥逐渐形成了科学合理的认识，如今的红嘴鸥到昆明来过冬，已成为云南省一道亮丽的环保风景线。

"唤青社"在关工委老专家的指导下，取得了很大的成果，受到了新华社、中央电视台、《中国青年报》《中国环境报》《南方周末》《云南日报》、云南电视台等众多新闻媒体的宣传报道，中国教育电视台为此做了专题片。2005年6月，"唤青社"被共青团中央、教育部、学联评为"全国优秀学生社团"；2005年9月被中国环保文化促进会评为"全国十佳优秀环保社团"；2012年6月，被中国高校社团网评为"全国十佳环保社团"。从1997至2011年，"唤青社"多次被云南大学评为"五星级优秀社团"。1999年"唤青社"被云南省宣传部、省教委授予了"九九年度云南省中学生志愿者文化科技卫生三下乡活动优秀服务队奖"；2000年被云南省人民政府评为全省"科普工作先进集体"；2002年省林业厅、昆明市鸟类协会、昆明市科协组织的"爱鸟周"观鸟护鸟竞赛中"唤青社"因表现突出而获一等奖；2002年荣获"福特汽车环保奖青少年组奖"；2003年获云南省学习雷锋、志愿服务先进集体；2005年6月被国家共青团中央、教育部、学联评为"全国优秀学生社团"；2005年9月被中国环保文化促进会评为"全国十佳优秀环保社团"；2006年12月在"文华杯"2006首届云南高校学生社团文华艺术节——云南高校优秀学生社团评选活动中，被评为"优秀学生社团"；2009年在昆明鸟类保护协会举办的福保杯"我与红嘴鸥"大中学生演讲比赛中，"唤青社"推荐的两名社员分别荣获大学组特等奖和二等奖，并授予"唤青社""最佳组织奖"；2010年

“唤青社”“节水桶”先行活动获得由团中央主办、北京林业大学承办的北京林业大学“绿色播种”活动项目推广奖；2010 年在阿拉善 SEE 基金会、北京市朝阳区达尔问环境研究所和腾讯公司共同主办的“青国青城”大学生调研活动中，“唤青社”开展的关注癌症村活动获得“最具社会价值奖”第三名、“最佳突破奖”第四名；2011 年，“唤青社”“关注肺癌村——以云南省宣威市来宾镇虎头村为例”荣获云南大学 2011 年“科技之光”学生课外学术作品竞赛获特等奖；2011 年 9 月 27 日，由省委宣传部、省委高校工委、团省委主办，云南大学协办的“升起，明天的太阳”——云南省大学生入学第一课暨首届当代大学生核心价值观引领我成长演讲大赛，《咱们的“唤青社”》荣获一等奖；2012 年 6 月，“唤青社”被中国高校社团网评为“全国十佳环保社团”。2012 年，“唤青社”在大益爱心基金会益友会“寻找公益妙主意”公益创意大赛中荣获优秀奖；2012 年，“唤青社”获得香港环协授予的“全国联校环保公益项目社团管理证书三等奖”。2012 年，《不可忽视的真相——云南“癌症村”调查》作品，在 2012 年中国宋庆龄基金会“星巴克大学生环保践行者”项目中取得优异成绩；2012 年，“唤青社”获得中华环保基金会颁发的 TOTO 水环境基金支持大学生社团小额资助活动证书等众多的奖项和荣誉。

从指导“唤青社”的老专家们到每一名唤青人都保持着高度的环保自觉，他们决心将环保理念和责任一年、十年、百年地践行下去，直到世界不再需要环保的那一天！

第七辑　大学生涯导航

关爱帮扶大学生村官创业发展
让他们在广阔天地中成长成才

中国农业大学关工委

一、背景

大学生村官工作是党中央做出的一项重大战略决策，是一项“着力培养一大批社会主义新农村建设骨干力量，党政干部队伍后备人才和各行各业优秀人才”的重大举措，农大关工委把关爱大学生村官工作作为发挥自身优势，努力贯彻中央精神，服务大局的一项重要工作，积极配合学校主渠道（2006年农大就有111位大学生村官到北京市平谷、密云当村官）。从2006年开始，坚持8年如一日，当好大学生村官坚强后盾，帮扶大学村官在农村广阔天地成长成才，践行中国梦，做到工作常态化，做出显著成绩，形成影响全国的关工委工作品牌。

二、做法

（1）机制上，组建有各专业老教授参加的大学生村官顾问团，开展大学生村官培训，思想上解疙瘩；组织下乡，为大学生村官服务“三农”技术上解难题，在创业、发展上当参谋。

（2）工作上立项。关工委联合学校老科协为大学生村官建立培训基地立项，得到北京老科学技术工作者总会（简称：北京老科总）批准，并主动争取学校领导支持，得到重视。

（3）智力上支持。从大学生村官服务“三农”实际需要出发，提供知识读本。组织50多位各专业老教授编著《大学生村官实用手册》66万字，由中国农业出版社正式出版，将1000多本赠送到大学生村官手中。中关委顾秀莲主任为该书题词：“真正认识‘三农’，热情服务‘三农’，坚定信念，奉献‘三农’。”教育部关工委主任田淑兰题词：“小村官大作为，扎基层展才华。”这使大学生村官受到极大地鼓励，手册成为他们离不开的读本。

（4）理论上提高认识。开展“中国大学生村官发展”调查研究，发现大学生村官工作中好的经验、模范典型，进行总结推广；对存在的问题以及群众和大学生村官反映的问题，提出改进建议，提供领导参考，以推动大学生村官事业的发展。

（5）工作方法上，关工委与老科协组成联合团队，注重贴近大学生村官实际，加强信息沟通，请进来，走出去做工作，以老教授亲身经历教育大学生村官敬业、奉献，达到解决实际思想问题。

三、效果

（1）2006年北京开始了大学生村官试点工作，中国农大就有111位大学毕业生到北京平谷、密云等区县当村官。当年农大关工委就组织5批30多位老教授下乡指导，农业化学毕业的刘亚鹏为60个新建草莓大棚解难题，使农民喜获丰收，并受到胡锦涛总书记接见。农大党委书记瞿振元11月22日专门批示："这件事做得很实在，很有意义，请洪莉、唐运新书记继续抓一下，抓出实际成效来，老一代老科学家支持年轻的村官努力造福农民，是一件大事……"

（2）2009年6月26日，北京教育系统关工委陈太白主任主持在农大召开"大学生村官工作座谈会"，充分肯定农大关工委做大学生村官工作的经验。常务副主任陈忠同志做总结说："中国农大关工委一整套地介绍大学生村官工作的经验……对深入领会党的十七届三中全会精神很有好处，使我们提高了对中央抓'三农'伟大意义的认识，进一步认识到大学生村官发展犹如新形势下的'上山下乡'意义深远，大学生村官事业是培养社会主义接班人的重要摇篮，将来数以百万计的大学生村官势必会涌现大批优秀人才，造就出党和国家未来的栋梁。"陈太白同志说："中国农大关工委介绍的做大学生村官工作经验给我们非常大的帮助，这是对关工委开展大学生村官工作的一大推进。大学生村官到农村基层锻炼这是历史的必然，是党中央培养接班人的战略举措，我们要进一步加深对大学生村官工作重大意义的认识，发挥关工委老同志的特殊作用，推动大学生村官工作深入发展。"

（3）2009年12月18日，中国农大关工委主任唐运新参加教育部关工委召开的"全国进一步发挥高校关工委作用，加强和改进大学生思想教育工作座谈会"，在会上做典型发言，介绍做大学生村官工作经验。《中国教育报》12月22日以"当好大学生村官的坚强后盾"为题全文报道。

（4）2010年11月2日，中国关工委主任顾秀莲及教育部关工委主任田淑兰到农大考察和指导农大关工委工作，充分肯定农大关工委做大学生"村官"工作的经验。顾主任说："唐主任介绍了老同志帮助村官的情况……把大学生送到农村去锻炼，帮助村官成长，这一点是非常好的。农大关工委工作也是有板有眼的，工作很出色，主要是围绕中心服务大局。关工委主要教育学生'学农、爱农、服务农业'这是抓在点子上了。"田淑兰主任说："村官工作在关工委工作当中是一项重要工作，应该说这项工作很有你们农大的特色。……我觉得村官工作这件事，可能对学校的建设，包括对农业院校如何服务农业开辟了一条新的路径。"

（5）2010年中国农大关工委"关心下一代优秀主题教育活动——帮扶大学生'村官'创业"被评为"北京教育系统关工委一等奖"。

（6）2013年中国农大关工委组织50多位老教授编著的《大学生村官实用手册》被评为北京教育系统关工委"关心下一代优秀读物"一等奖。

（7）8年来，中国农大关工委老教授为大学生村官做报告14场，2400多人次参加，与大学生村官交流谈心，做细致思想工作50多次、100多人次；组织老教授下乡为大学生村官解难题47次、238人次，送农业科技书籍、农业技术知识材料2300多件。

（8）培养出优秀大学生村官。农大关工委配名学校主渠道，联系北京老科总等社会多方面力量，关心支持大学生村官，使他们坚定服务“三农”信念，带动农民致富，做出优异成绩，许多大学生村官成为各方面骨干、优秀人才。突出的是刘亚鹏、胡建党分别受到两位总书记的接见，胡建党还全票当选村党支部书记和村主任，评为“北京最美大学生村官”和大学生村官中唯一的全国劳动模范。

大学生“三个三”思想教育系统工程

河北工程大学关工委

前些年，由于我校关工委对思想政治教育缺乏整体部署和统筹安排，忽视其内在联系、往往孤立进行活动，随意性较强，这严重影响了教育效果。

进入21世纪后，我们经过深入总结与研究，把开展的思想政治教育与主渠道思想政治理论课教学进行对比，认为两者都是进行思想政治教育的，只是后者按照马克思主义理论体系自身的逻辑，以课堂教学为载体，联系实际进行系统的思想理论教育；关工委是按照学生的思想实际，以开展有针对性的教育活动为载体，运用马克思主义创新理论进行教育。于是，我们采取思政课统筹安排教育内容的方法，结合关工委进行思想政治教育的特点，按照系统原理，把大学生在校期间需要开展的各项教育活动作为一个有机联系的整体，按照有序性、相关性以及每项活动的目标与大学生培养目标相协调等原则，坚持以学生为本，贴近实际、贴近生活、贴近学生，根据学生不同阶段的思想实际，整合阶段教育内容，确定阶段教育目标，配合有关职能部门，对新生、老生、毕业生分别进行不同内容的“三项教育”，构建大学生“三个三”思想政治教育系统。

第一个“三项教育”，是配合学生思想政治教育部门，在大一新生中开展“独立生活、主动学习、适应专业”教育活动。调查发现，一年级新生对大学的生活和学习存在生活方式、学习方式、所学专业这三个方面的“不适应”，个别人由此甚至出现心理障碍。为此我们对新生开展“三项教育”，目标是引导学生实现从家长老师监护到独立生活，从被动学习到主动学习，从学习基础文化知识到巩固专业思想“三个转变”，尽快实现环境跨越、心理跨越、能力跨越，为整个大学期间成长、成才奠定良好基础。

第二个“三项教育”，是配合相关部门，在高年级学生中着重开展“做人、做事、做学问”教育活动。立足于大学生成长成才这一根本目标，以培育和践行社会主义核心价值观为核心，以爱国主义教育为重点，以基本道德规范教育为基础，以引导大学生全面发展为目标，把关工委所进行的各种教育内容内化为学生科学的理想信念、高尚的道德观念，外化为他们做好人、做好事的行为。还请事业有成的同志讲科学思维方式，介绍科学研究的基本知识和方法等，帮助学生学会做学问。

一般来讲，大学生思想问题有三类，需要通过3个途径来解决：是非不够清楚问题，主要靠思想政治理论教育；行为养成问题，主要靠以管理为主的养成教育；具体实际问题，主要靠帮助学生排忧解难。这三类思想问题，虽不能截然分开，但解决的方式都是明确分为教育、管理、服务，三者必须结合，教书育人、管理育人、服务育人。因此，帮助学生“三个学会”，除了开展各种教育活动，还参与学生管理和日常教育，真正做到关心学生困难，关爱学生进步，关注学生学业。

第三个“三项教育”，是配合学生工作部门，对毕业班学生进行“择业、创业、敬业”教育，目标是引导他们正确处理考研与就业、兴趣爱好与社会需要、平凡岗位与做大事业“三个关系”。在毕业生的“三项教育”中，离退休老同志充分发挥阅历广博的优势，帮助毕业生分析就业形势，选择就业岗位；发挥经验丰富的优势，帮助毕业生制订和完善“职业生涯规划”；结合切身体会和典型事例，鼓励他们毕业后在平凡岗位上做一番大事业。

上述 3 个“三项教育”密切联系。其中，学会“做人、做事、做学问”是大学生思想政治教育的主体，也是其核心目标。从中学进入大学是成才道路的拐点，入学教育为实现核心目标奠定基础；毕业是大多数同学从学生转变为“职业人”的人生道路转折点，毕业教育是对核心目标实现程度的检验和延伸。这两个“三项教育”都服务于教育核心目标的实现。3 个“三项教育”贯穿于大学学习的全过程，覆盖了大学生成才教育的方方面面。

“三个三”思想教育系统，把准了大学生在校期间 3 个阶段的思想脉搏，抓住了成才的关键，提出了各个阶段思想教育的任务。但是，还需要采取与内容相适应的多种教育形式和方法，全方位、多角度、深入地解决学生在校三个阶段的思想政治问题。除一般的座谈会、讲座、报告会之外，主要有以下几种：

一、“师生恳谈会”

这是我校关工委确立的老同志同大学生进行思想沟通的一种好形式。这种形式，重在师生平等对话，把传统思想教育“我讲你听、我打你通”，教师居高临下对学生进行“教诲”的方式，改变为师生零距离沟通思想，共同研讨问题；贵在一个“恳”字，大家都说实话、真话、心里话，不说空话、大话、套话，形式活泼，气氛宽松，变生硬的说教为敞开心扉的交谈，小处着手，大处着眼，充分发挥老同志经验多、阅历广的优势，变脱离实际空讲道理为帮助学生处理好成长过程中的各种具体问题。

学生对老师访谈，着重解决学生特殊性思想问题。“师生恳谈会”帮助学生解决了不少带普遍性的思想问题。但是有些学生感到不“解渴”，记下老师电话，利用课余时间对老师“家访”。我们发现，“家访”中学生提出的问题，往往是会上不便提、但又是很重要的思想实际问题。例如，自己想升本，但家庭条件不允许；已经处于热恋中，如何才能不影响学习等。老同志把他们看成是自己的孙辈，热心为到访的学生排忧解难，使同学们抱着热烈的期待而来，满载收获的喜悦而归。

二、举办专题报告会（讲座），在解决问题的深度上下功夫

把学生思想上和生活学习中亟须解决的若干重大问题归纳为专题，请有关老专家系统讲解。例如，围绕如何搞好临床实习问题，我们对医学院即将进入临床实习的学生组织了一次

专题报告会，请曾经负责临床课教学的原副校长较系统地讲了临床实习的重要性、实习前的准备、实习中应处理好的几个关系、应注意的几个问题等，受到热烈欢迎。

三、组织优秀老同志巡回报告团

例如，社会主义核心价值观教育中，在各学院普遍举办报告会和讲座的基础上，选择效果好、深受学生欢迎的老同志组成报告团，深入各校区和学院巡回为大学生做报告。由于每位老同志的报告短小精干，干脆利落，报告中浓缩了自己的人生阅历、实践体验、广博学识，使学生对社会主义核心价值观有了更加深刻的感受。

3个“三项教育”近年来已成为我校关工委对大学生进行思想政治教育的三个着重点和发力点。在实践层面上，实施“三个三”大学生思想政治教育系统工程，把看似“虚事”的思想工作，作为“工程”一件一件地做实；在制度层面上，从每一届新生入学到老生毕业，坚持按照3个“三项教育”的要求，一届一届地做好，从而使之成为大学生思想政治教育的长效机制。

“系统功能大于组成部分的功能之和。”该工程已实施整10年，增强了大学生思想教育的科学性、全面性、实效性，能够体现和发挥关工委老同志的优势和特点，显示了关工委在高校学生思想工作中不可替代的作用，提高了关工委在大学生心目中的地位。我校一位“专接本”到省内某高校的学生说，他到有问题想找关工委谈谈，可是打听不着，有点像“当年地下工作者找不到组织的感觉”。实施工程符合学生成才需要，受到师生欢迎。

《大学生“三个三”思想教育系统工程》，2008年获河北省思想政治工作创新三等奖。《实施大学生“三个三”思想教育系统工程的做法和效果》获河北省高校关工委工作首届优秀论文评选活动二等奖。包括“‘三个三’思想教育系统工程”在内的《立足高校“关工”特色，构建思想教育长效机制》，2009年获“全国教育系统关心下一代工作征文”一等奖。

坚持跟进教育　做生涯导航的引路人

吉林农业大学关工委

为了更深入地把握大学生的思想脉络，切实做好大学生生涯导航工作，2009年初我们吉林农业大学关工委深入开展“跟进教育”，建立起班主任工作平台，关工委老同志深入班级做兼职班主任，从新生入学开始，一直跟踪到毕业。我们把大学生涯划分为一年级的“适应期”、二年级的探索期、三年级的进取期和四年级的毕业准备期四个时期，根据学生的共性和典型个性问题，根据四个时期的特点，针对性地开展跟进教育，经过5年来积极努力，工作取得了很好的效果，也深得同学们欢迎。

一、为新生适应大学生活导航，提高学习自觉性和政治进取心

新生入学后感受到大学的一切都很新鲜，于在校学生参加各种活动，积极参与班干部竞选。但一个月过后，他们新鲜感都有没了，正常的学习生活开始了，100 多人的大课堂，没有固定的教室，自习时间不知干啥，感到迷茫。为此我们开展了“班级集体心理辅导”活动。内容之一是自我教育、集体讨论，做到认知专业、认知政治取向的目的；二是典型引路、介绍经验，请高年级的同学介绍在大学如何学习等经验，经过反复工作，同学们逐渐适应了大学生活；三是成绩摸底、有的放矢，期末考试后我们将班级同学的成绩抄来，对“挂科”的学生逐一进行谈话，帮助查找原因。召开班会，请班上学习好的同学介绍自己是怎样学习的，以及课后如何复习和预习要讲的课程，做到自己教育自己。在我们的努力下，许多班级学习成绩不断提高，有的被评为先进班级。

黄作林老师负责工程技术学院，他与辅导员配合对 08 级学生学习成绩进行调查，第一学期不及格 130 人，占全年级总数的 29.4%。针对这一问题认真分析原因，并采取相应的措施。一是有针对性召开各种会议，提高学生对学习重要性的认识，端正学习态度。二是对学习不好的同学进行谈心、结互帮对子。三是深入班级和宿舍，本着“一把钥匙开一把锁”的原则，进行面对面谈心。四是与任课老师沟通。通过上述措施取得了很好的效果，不及格人数减少到 97 人，下降了 26.1%。

二、耐心做思想工作，做学生的知心朋友

要做好班主任工作首先就要关心他们。

我们的做法之一是：生活上尽心关怀。2010 年永吉县发大水，李淑琴老师第一时间给家住永吉县的学生家里打电话、了解情况。当得知这位学生家灾情不重后，她立即转告了这位学生，让他安心学习。假期她又将不能回家的学生请到自己家里过节，还到病床看望有病的同学。对此，学生很感受动，他们说，李老师把我们当成自己的孩子，我们没有理由不好好学习。

做法之二是：思想政治上悉心指导。2011 年工院 09 级有 7 名同学找到黄作林老师反映情况说：他们都是班级主要干部，工作做了不少，但入党没有他们，他们思想上很纠结。听了这个情况后，黄老师首先与辅导员老师沟通，了解了他们各自的问题，分别找他们谈心，开诚布公地指出他们存在的缺点和不足，教育他们要端正入党动机，在学习、工作中不断提高素质。黄老师带领他们参观“红色基地”和他们的一起学习“七一”讲话，谈体会，找差距。学生思想上有很大提高，7 名同学有 5 名今年下半年入了党。

做法之三是：把握大方向，具体问题具体分析。对于遇到各种困难的同学要积极帮助和解困解难。农学 01 级 -2 班有名同学，高考在班级里是高分，到了农大就当上了班长，他把整个心思都有放到工作上，放松了学习。吴波老师多次找他谈话，效果不明显，大一就挂了 5 科，在征得同学意见并与辅导员老师研究后，给他卸下了班长的职务担子，让他能专心于学习。经过细致的思想工作，这位同学确实能专心于学习，以后不仅没有挂科的，而且过去没通过的科目经过重修全部通过，外语也考过了四级。2014 年考研，他以 352 分考取了本

校。他既高兴又感慨地说："没有老师的帮助就没有我的今天。"

做法之四是：摸清曲直，缓解矛盾。张雷老师得知班级一名女同学因调寝室与辅导员老师搞得很僵，家长来电话情绪也很激动，对学校和辅导员意见很大。张老师先做好家长的安抚工作，随后分别找辅导员老师和学生本人了解情况，同时又做了学生的思想工作，开导这位同学，凡事不能只想到自己，要考虑到班级其他同学想法。最后与辅导员一起完满地解决了问题，家长很感激。通过这件事，张老师和该同学成了知心朋友，并常通过网上了解她的情况，在老师和组织的帮助下，她光荣地加入了中国共产党。张老师为了让班级更多的同学能通过英语四、六级考试，特请已退休的学校原外语学院院长教授给同学们讲如何复习英语、如何审题、如何写作等，同学受益很大。

三、关键时期发力，为大学生进取助一臂之力

大学三年级是大学生的进取期，也是专业上积极推进、政治上积极成长、成才上积极进取的关键时期。有的同学想考研究，但却不知如何复习，如何报考研究生；有的想找工作，但却不知如何面对公司面试、如何写好推荐信。面对这些问题，我们一方面召开班会请毕业生介绍考研和就业的经验。同学们听后很受启发，说："无论是考研还是就业，一定要相互交流、相互启发、相互研究探讨。即便是报考同一个学校，我们彼此不是竞争对手，而是携手并进的伙伴。"另一方面，我们在学生就业问题上，不仅给以有益的指导，还动用老师的关系帮助学生找工作。

四、引导学生参加社会实践，为就业打下坚实基础

我校的各专业大多是应用学科，所以要让学生参加科研和社会实践，培养学生动手能力。作为班主任，我们积极引导学生参加社会实践和老师的科研课题，从大三开始同学们就主动找专业老师进实验室，还和老师一起下乡，学到了书本上没有学到的知识，在实践中对所学的专业更进一步得到了解。陈明同学刚上农大对所学专业不太喜欢，但在省农科院与那里的老师一起种地，一起测试，渐渐地爱上了农学专业，立志为农业现代化献身，2013 年考上了东北农业大学的研究生。

有的同学学习成绩很好，但动手能力较弱，张老师就主动找这些同学谈心，鼓励他们进实验室或实验田。在老师的鼓励下，有位同学大二就进入了实验室，和老师一起做实验，学到了很多知识，并在教师的帮助下发表了学术论文。2014 年，他又以优异的成绩考取了军事医学科学院药用植物研究所的研究生，该学院特别看重该同学的动手能力。

有的学生认为动手能力强弱不重要。我们针对这一错误认识，耐心地做思想工作。我们告诉学生，毕业时大多数学生进入种业公司，无论你从事种植业还是销售，都要了解种子的性能，所需土壤条件，生态环境、病虫害防治等。同学们明白了道理，踊跃跟教师下乡，在老师的实验田里干活。辛红同学跟老师一起进行甜玉米的研究，收获很大。2013 年他毕业后与一家种业公司签约，由于他有一定的实践经验，很快就能独当一面，受到公司的重用。

从 2009 ～ 2013 年 4 年间看到学生的成长进步，我们感到欣慰。以 09 级农学专业三班

为例，全班33名同学，18名同学报考研究生，其中17名同学考取研究生，8名同学考到211重点院校，占全班的51%，创农学院考研新高；还有5名同学考取公务员；1名同学考取律师证，改行当律师；9名同学在公司工作。在这4年中有5名同学光荣加入中国共产党。班级多次被学校和院里评为先进集体。

几年的班主任工作使我们感受到，与学生贴得更近了，对学生成长的脉搏掌握得更准确了，工作起来有的放矢。

校园里的心灵氧吧　新同学的家

——记大学生成长驿站

江苏科技大学关工委

大学是人生旅途中极为重要的一步，在一定意义上说，这一步走得如何，将对一生起着决定性的影响。当前的大学生多数是独生子女，他们在成长过程中，面对的是比过去更为复杂多变的国际国内社会环境。帮助他们树立社会主义核心价值观，应对各种物质的和精神的挑战，是老一代教育工作者义不容辞的责任，是高校关工委工作的首位。

为了帮助广大新生尽快适应大学生活，掌握大学的学习规律，健康成长，我们于2010年10月建立了江苏科技大学关工委大学生“成长驿站”。

大学生“成长驿站”旨在通过定时（每周二、四、六下午）向学生开放、值班接待来访，举办系列讲座和到班级参与主题活动，开展“老少”互动，结对子等多种形式，努力倾听广大同学的诉求，帮助他们分析问题，明确政治方向，树立理想信念，解除心理压力，指导学习方法，正确对待社会现象和学习，正确对待爱情和人生，正确处理个人、集体和国家利益，引导大学生健康成长。

经过近4年的工作实践，大学生“成长驿站”已成为校关工委为大学生提供思想、学习、生活交流和引导他们健康成长的主要工作平台。

一、宣传发动、认真组织，精心遴选指导教师

要开展好“成长驿站”工作，首先要有一支思想政治素质好、理论学术水平高、又热爱学生、乐于为大学生成长作奉献的指导教师队伍。为此，校关工委在离退休工作处的积极配合下，通过广泛地宣传，在自愿报名和部门推荐的基础上，精心遴选了12名德高望重、又有一定思想政治工作经验的离退休老教授、老专家担任“成长驿站”的首批指导教师，他们大多是有几十年教书育人经历，其中有的是国务院特殊津贴获得者，有的是全国优秀教师，有的是省、市劳动模范，有的是全国人大代表、省优秀党员和优秀党务工作者等。正因为有这样一批优秀的老同志担任指导教师，许多新生看到“指导教师简介”后，都纷纷慕名前

来；通过老教师情真意切的谈话，更使学生们感到他们的可敬可亲，从而进一步扩大了“驿站”在学生中的知名度和可信度。

二、坦诚沟通、情理交融，循循善诱启发学生

“驿站”的指导教师们深知肩上沉甸甸的担子，他们信守社会主义核心价值观，以实际行动体现“学高为师，身正为范”，在工作中尊重学生的个性和人格，以爷爷奶奶对自己孙儿般的关爱之心，推心置腹的与大学生平等交谈，倾听他们的心声、了解他们的郁闷和苦恼。学生们打开话匣后一谈就是一两个小时，老专家边听、边记、边引导，用丰富的人生阅历耐心细致地为他们释疑解惑，常常因为相谈甚欢忘记了吃饭和下班时间。有的学生因为自觉高考失利，所以自卑感很强，老专家就开导他们成功的关键在于建立自己自信，只要奋发努力，每个人都能成才。有的学生不适应集体生活，和同学相处不太融洽，老专家建议他们胸怀宽广、坦诚相见，遇事不斤斤计较，学会倾听和理解。有的学生对能力和学业哪一个更重要感到困惑，老专家就举例帮他们分析利弊，指出大学生的首要任务是学习，只有在打好学业基础后，才会进一步获得能力上的提升。在老专家老教授的循循善诱和具体点拨下，不少同学解开了心中的疙瘩，扬起前进的风帆，还有的同学自己尝到了甜头，还介绍外校的同学来咨询。许多新同学说：“没想到大学里还有这样的地方，虽然不能一下子解决所有的困惑，但是我们都已经和驿站的老师交换了手机号码，随时保持联系，在这里，很小的问题老师都会不厌其烦地解答，真是太好了。”

三、发挥优势、内外结合，多种渠道引导学生

为帮助更多同学健康成长，“驿站”指导教师充分发挥自身政治、经验、知识、威望、时空、亲情等优势，转变工作方式、变单向教育为双向教育、个别沟通和群体交谈相结合、走出接待室，到班级参加同学“我们在成长”的主题班会共谈人生；以“扬帆起航，开拓人生新征程”为题，和新生们进行交流；到宿舍零距离和更多同学接触座谈讨论；到业余党校开展党的基本知识“面对面”访谈；并深入部分班级，结合建党90周年、建校80周年等重大节庆日联合开展了一系列的主题教育活动，深受大学生喜爱。

针对新同学进校后，对大学生活诸多不适应，“成长驿站”的指导教师们还为新生开设了“如何适应大学阶段的学习生活”“适应新环境、树立新目标”“如何安排好大学四年的学习时间”等讲座；为帮助大学生努力成才，老教授们又开设了“做人与成才”“大学生成功之道”等讲座；同时，还开设了“把好人生新起点”“人种、民族、世界观”等讲座，以引导学生树立正确人生观；应各学院党组织的邀请，长期从事党建工作的老专家们还为要求入党的学生积极分子开设了“信仰与追求”“使命与责任”“思想上要入党、行动上要有表现”等讲座；当中、菲黄岩岛海域对峙事件和中、日钓鱼岛争端发生后，又先后为大学生们增开了“聚焦南海”“钓鱼岛争端与中日关系”“建立海洋强国的责任与使命”等形势讲座，引导学生以理性的眼光审视南海、东海复杂局势。此外，为帮助学生拓展文化素质、陶冶情操，老教授们还开设了“集邮漫谈”“摄影与创作”“剪纸艺术”“中国书法”等讲座，丰富了学生的课余生活。同时，又组织放映中央电视台“实话实说”制作的《长大不容易》等录像，启

发新生真正长大起来。南校区“成长驿站”的老专家们还走进教室到结对联系的6个专业班级担任“成长导师”，进一步加大对大学生成长的引导和帮助力度。

四、以人为本、想方设法，排忧解难服务学生

“成长驿站”的老教授们在每一次的接待中都认真地把同学们的困惑和忧愁记录下来，定期开展分析研讨，并积极与有关部门联系，想方设法帮助解决。对于学生反映最多的“专业学习很迷茫”这一问题，老专家们认为这已经不是学生单方面的事情，更多的工作需要承担管理和教学任务的学院以及教师相互配合，为此“驿站”的老专家们积极向学院和教务处反映，并提出解决问题的建议。

针对近年来少数民族新生不断增加，他们的生活习惯、饮食状况、适应气候等问题备受驿站老师关心。这些老同志通过与来自新疆、西藏的同学座谈、个别谈心等方式，了解他们到校后不适应的情况，积极向有关方面反映，帮助他们解决生活上的实际困难，并为他们解疑释惑，给予心灵上的温暖，使少数民族同学非常感动，有的还拿了笔记本请老教授签名留念。

春节临近，有些寒假想回家的同学买不到火车票，情急之下，跑到“驿站”求助。虽然这是学校行政部门管的事，但老教授们却当成自己的事一样，东奔西跑联系有关部门帮助解决。学生拿到火车票后十分激动，马上发短信告诉“驿站”老师，表示深深地谢意。寒假结束，新学期一开学，有的老教师就跑到宿舍和学生聊天，当听到班里有一位女学生家里发生不幸、经济遇到困难，萌生了想退学的念头，老教师当即和这位同学开展了个别长谈，鼓励她要勇敢顽强面对困难，同时，又马上把这一情况向班主任和学院分管领导反映，在大家的关心下，这位女生的情绪很快稳定下来，经济困难也得到了妥善解决。近4年来，诸如此类的问题，只要是学生到“驿站”来反映的或老教师听到的，不管事情大小，“驿站”的老教师们都认真对待。据不完全统计，2010年以来，“成长驿站”先后向有关部门反映和帮助解决的有50多件，受到了广大新生的赞扬。

五、建立制度、加强建设，巩固提高持续发展

为使“成长驿站”工作能长期持续地开展下去，真正取得实效，在建站初期，我们就对“成长驿站”的工作性质和宗旨、工作任务和途径、工作原则和方法等作了明确的规定，使指导教师有章可循。同时还把值班表和指导老师的简况及联系方式都公布在橱窗里，供学生了解选择。随着工作的深入开展，我们又先后制定了每月一次的例会制度和每学期一次的研讨制度及学习制度，并定期与学生工作部门领导进行交流沟通。同时还注意队伍的新老交替，坚持每年从刚退休的干部教师中挑选优秀人员补充。目前，已有30多位老教授、老专家活跃在指导教师岗位上，为“成长驿站”的持续发展提供了坚实保障。

一分耕耘、一分收获。“成长驿站”成立近4年来，共先后接待了2500多人次，举办各类讲座68场、1万5千多人次听讲，组织观看专题录像片和参加主题教育活动达5900多人次，在帮助大学生健康成长方面取得了初步成效。

一是在帮助大学生坚定政治方向，确立积极进取的人生态度和社会主义核心价值观方

面，起到了引导作用；二是帮助新生尽快适应大学生活，为他们制订学习生涯规划、勤奋学习，起到了指导作用；三是帮助有困惑的学生消除忧虑减轻心理压力，在配合有关部门积极解决他们的实际困难方面，起到了桥梁作用。为此受到广大同学的欢迎，被大家誉为“校园里的心灵氧吧”“新同学的家”。

“莫道桑榆晚，为霞尚满天。”在今后的日子里，江苏科技大学关工委“大学生成长驿站”的老教授们将继续发挥余热，努力让同学们用双手推开希望的大门，用双眼看到人生的春色满园。

银发族谱写同心曲　夕阳红辉映育人路

南通大学关工委

历经20载，南通大学关工委始终执着奉献，实现组团发展，不断实践创新。关工委工作既是继往开来的事业，也是参与主体多元、活动主题多样、发展环境多变的宏大工程。20年来，尤其是南通大学合并组建以来，学校党委班子站在长远战略、全局意识和时代使命的高度，充分认识关工委工作的重要性与迫切性，多措并举务实创新，确保关工委常驻思想政治教育主阵地，形成了“决策有方向、投入有重点、机制作保证、管理贯始终”的一体化工作格局。

南通大学“谈心屋”创建于2003年4月，是离退休老同志与青年师生进行思想、学习、生活交流和心理健康教育服务的窗口。“谈心屋”设在学生公寓楼旁，每周三、周五下午定时向来访者开放。“谈心屋”秉承以人为本的工作模式，指导老师始终坚持尊重人、理解人、关心人、激励人的服务宗旨，用真心、真情、真爱对大学生进行指导和帮助。“谈心屋”历经10年建设，累计接待来访者6300多人次。

10多年来，“谈心屋”在创新中不断发展，突显了“三个拓展、四个结合”的特色。

一、工作网络不断拓展，实现了校院班三级工作网络

“谈心屋”建立之初，只有一间比较简陋的小屋，“谈心屋”的接待老师也只有十几个人，“谈心屋”在学生中的影响也不算大。10多年来，在学校党委和行政的关心支持下，“谈心屋”由一个校区扩展到三个校区，并延伸到23个学院的二级关工委，在学生班级设立了“谈心屋”联络员，形成了学校、学院、班级三级工作网络。“谈心屋”指导老师队伍也由原来的18个人发展到现在的80多人，他们都是离退休老同志在自愿报名的基础上产生的。这些老同志大多有几十年教书育人经验，德高望重。他们是“谈心屋”的“义务兵”，不取报酬，无私奉献。为了加强对“谈心屋”工作的领导，每个校区的“谈心屋”工作均由学校关工委的一位副主任和一位副秘书长负责牵头，同时联系所在校区各学院关工委工作，确保

“谈心屋”工作落到实处。校关工委办公室对“谈心屋”来访情况每月进行一次统计，每学期各校区“谈心屋”分别进行一次工作交流，校关工委常务工作班子例会定期对校、院两级关工委工作及“谈心屋”情况进行分析总结，有效的组织管理和制度建设保障了“谈心屋”长盛不衰。

为了提高“谈心屋”指导老师的工作水平，校关工委专门组织指导老师参加心理咨询业务培训，为他们提供各类学习和参考资料，邀请专家作专题讲座，举办交流活动，组织到兄弟院校参观学习等。

二、工作方式不断拓展，实现了多种形式并举的谈心活动

“谈心屋”建立之初，指导老师主要在“谈心屋”等学生找上门。经过一段时间的摸索发现，这种“守株待兔”式的服务虽然能帮助来访的大学生解决一些实际问题，但也存在着谈心的时间地点受到制约、受益面不够广等缺点。为了改变这种状况，“谈心屋”指导老师走出小屋，主动走进大学生群体中间沟通交流，把与学生谈心的地点扩大到学生课堂、学生公寓、室外广场、甚至是指导老师家里。有些指导老师家中成了学生经常光顾的场所。吕少敏老师在家中已经接待了670多位来访的学生，她的孙子风趣地说：“奶奶把‘谈心屋’搬到家里来了。”如果说“一对一”的谈心让学生们受益匪浅，那么开放式的集体交流更让学生们畅所欲言。“相约‘谈心屋’”“桥两边的对话”“知音沙龙”等活动已经举办了20场，在学生中引起了强烈反响。近年来，“谈心屋”交流方式从个别访谈拓展到热线电话、手机短信服务、书信沟通、团体咨询、专题讲座、广场服务等，既方便又扩大了与学生的交流，指导老师与学生的心也更加贴近了。

三、服务对象不断拓展，实现了为本科生、研究生、青年教师乃至留学生的全面服务

“谈心屋”建立10多年来，谈心的对象也在悄悄发生变化。先是一个人悄悄地来，后来是两三人相约而来，现在是学生班级甚至是年级，主动邀请“谈心屋”老师去指导。过去来访者是单一的本科生，后来有了研究生和青年教师，现在来访的不仅是校内的，还有校外慕名而来的求助者。应学校有关方面的要求，“谈心屋”还专门安排了退休的外语教师值班，面向在校学习的外国留学生服务。

谈心是一种交流，是一种心灵的沟通，只有做到因人而异、因事而异、平等对话，才能更好地了解和掌握学生的真实想法和思想动态，也才能取得理想的沟通效果。谈心对象不同了，每个人的情况也不尽相同，需要指导老师根据各人的情况进行有针对性地分析，提出合理化的建议和解决办法。如文学院关工委开辟的“心理访谈室”，推出的“传薪工作坊”，既面向学生，也面向青年教师。邀请德高望重的离退休老师参加，一方面引领青年学生学会学习、学会做事、学会做人；另一方面通过老同志的“传”“帮”“带”，促进青年教师不断提高教学能力，提升科研素养，深受大学生和青年教师好评。

现在，“谈心屋”不再是一间普普通通的小屋，已经成为南通大学思想政治教育的一项品牌工程，成为凝聚了全校离退休老同志心血的爱心工程、成为青年大学生喜爱的知心小屋。大学生们深情地说：“谈心屋”是一片温馨的绿洲，在这里，老师们为我们传播了知识，

播种了希望，是我们思想修养的加油站、业务学习的辅导站、生活道路的指导站、心理健康的咨询站、扶贫助困的接待站、学生与校方的联络站。

四、坚持“四个结合”，“谈心屋”在创新中不断发展

一是坚持接待来访与主动指导相结合，增加“谈心屋”的接触面，扩大影响力。“谈心屋”既保证每周有固定的接待时间，接待来访的大学生和青年教师，还主动深入到青年学生和教师中间，倾听他们的声音，与他们交流。这样“谈心屋”的主动性增强了，接触面广了，影响力大了。

二是坚持思想政治教育与党建工作、社团活动相结合，搭建多层次的工作平台，挖掘“谈心屋”的工作深度。大学生党建工作、社团活动是大学校园文化的有机组成部分，对培养社会主义合格接班人起着重要作用，是思想政治教育的重要载体。通过这样的结合，使思想政治教育具体化了，有了实践的平台。在这个平台上，“谈心屋”找准了切入点，工作越来越深入。

三是坚持疏导激励与严格要求相结合，做到疏堵有致，张弛有度，加强“谈心屋”工作力度。在和大学生以及青年教师的交流中，“谈心屋”的老师既学会倾听，能理解认同他们的想法，注意疏导，积极鼓励，又对他们人生观、价值观的明显偏误、工作生活上暴露的缺点明确地指出，帮助这些年轻人分清是非标准，树立正确观念。

四是坚持解决思想问题与解决实际问题相结合，做到标本兼治，巩固谈心效果。大学生在“谈心屋”反映的问题很多和生活、工作中的实际问题有关，比如生活设施不方便、管理制度不合理、习惯风俗差异导致的人际关系不协调等问题。“谈心屋”老师在了解到大学生和青年教师的意见后，查找症结，主动与学生管理、后勤服务、人事、教务等职能部门联系，积极协商解决实际问题，做到标本兼治，使他们感到“谈心屋”能为他们办实事，解难事，巩固了谈心效果。

“谈心屋”工作始终坚持“四个结合”，扩大接触面，找准切入点，加大工作力度，巩固谈心效果，使谈心活动深入到学生思想、学习、工作、生活的方方面面，深入到青年教师成长的实际过程中，形成了灵活有效的工作机制，促进了“谈心屋”工作在创新中不断发展。

南通大学“谈心屋”建立10多年来，在大学生思想政治教育方面取得了较好的效果，受到江苏省和中国关工委等有关方面的充分肯定，称赞“谈心屋”是大学生思想政治工作的一种好形式。2008年6月，全国人大常委会副委员长蒋树声在视察南通大学时称赞“谈心屋”老同志的精神非常可贵，学校发挥老同志余热的做法对未成年人教育也有借鉴意义。2013年5月，十届全国人大常委会副委员长、中国关工委主任顾秀莲来我校视察，用四个“好”，高度赞扬我校关工委工作：党政领导高度重视，领导得好；关工委工作扎实，做得好；注重创新载体、创新品牌，做得好；充分发挥老同志的作用，做得好。“谈心屋”先后被评为“南通市第27次文明新风典型”“南通市思想政治工作十大品牌”、江苏省教育系统关工委“工作创新一等奖”称号。

老当益壮献真爱　导航人生显真情

河南科技大学关工委

近些年，随着我校办学规模不断扩大，学生人数不断增加，做好大学生的思想政治教育工作任务越来越艰巨，为配合学校有关部门做好大学生思想政治教育工作，河南科技大学关心下一代委员会利用“五老”优质资源，充分发挥离退休老同志的政治优势、威望优势、经验优势、亲情优势，通过书信、电话、面谈、讲座、座谈等形式，对大学生在校期间的学习、生活全程引导和跟踪教育。教育、启发、引导学生树立正确的世界观、人生观、价值观，帮助学生化解心理矛盾后顺利完成学业，取得了良好的效果，形成了以退休老教授薛瑞丰、韩明儒为代表的大学生涯导航品牌团队。

我们学校关工委的具体做法是：

一、健全机制，立足基层，形成教育合力

大学生涯导航是关心下一代工作的独特机制，是发挥老同志优势，关心帮助大学生健康成长不可或缺的重要形式。为使工作有的放矢，富有成效，学校建立健全了大学生涯导航的有效机制。

（一）建立良好的选拔机制

要求进行大学生涯导航的离退休老同志必须要政治坚定、经验丰富、具有威望和爱心，从而建立一个素质高，富有工作积极性的工作队伍。比如，我校退休干部薛瑞丰教授曾在《高等教育研究》《高等工程教育研究》《上海高教研究》等核心期刊和其他刊物上公开发表论文40多篇，有多篇被新华通讯社《内参选编》和《新华文摘》摘登；曾主编或副主编《高等教育学（工科）》《大学领导艺术》《高等教育100题》《中国高校科学》《中国高等教育研究论丛》《高等工程教育论丛》《科学技术纵横谈》和《人生在世》等10多本图书；多次荣获优秀教师、优秀共产党员、先进教育工作者、洛阳市老干部先进个人等荣誉称号，《中国青年报》和《河南日报》曾在头版报道过他的先进事迹。

（二）建立良好的沟通机制

积极开展老同志之间的沟通和交流，探讨工作思路，形成工作共识。同时老同志们经常深入学生宿舍、课堂、班级当中，进行调查研究，与青年一代谈心交流，了解他们的学习、生活、思想情况和需求，倾听他们的意见和呼声，了解他们想些什么，需要什么，有针对性地为他们排忧解难。

（三）建立强有力的保障机制

关工委积极与校院领导、机关部处、学生工作队伍沟通联系，赢得各方面的理解和支

持，形成全方位共同关心学生成才的工作态势，凸显教育合力。

二、发挥优势，拓展领域，实现关爱育人

生涯导航的宗旨是“专于关爱，传递价值，成就卓越”，目的是为社会输送志向远大、学业优秀、身心健康的合格人才。我校老同志积极探索，开拓创新，开展了丰富多彩的教育活动，为培养全面发展的合格人才付出了辛勤的努力，这些活动收到了明显的育人效果。

（一）发挥关工委老同志的政治理论优势，加强大学生思想政治教育工作

几年来，关工委老同志发挥了理论基础扎实、思想成熟、政策性强、阅历丰富、熟悉国情校情等政治理论优势和长处，主动与学生工作职能部门和各学院联系，积极参与政治理论的学习，在全校各学院开展了《中国特色社会主义理论与大学生的基本素质》《如何学习十八大精神》等数十次主题报告。这些报告由于准备充分，材料翔实，讲解生动，学生听后受益匪浅，反映良好。

（二）发挥老同志的人文素质优势，加强大学生素质教育

关工委老同志人生阅历深，经验丰富，人文底蕴深厚，品德素质较高，具有较强的政治敏锐性与鉴别力，能较好地把握社会现象与本质，发挥他们的人文素质优势，加强大学生素质教育，往往能起到事半功倍的效益。离退休老同志围绕学生感兴趣的热点和难点问题来开展系列讲座，内容包括《不懈拼搏，超越自我》《大学生心理修养》《大学生的人生启迪》《学生干部综合素质的培养和提高》和《大学生之人生导航》等。比如：韩明儒老师针对我校海军国防生大队实际情况，为50余名国防生举办总题目为《国防生如何实现成功的人生》的3场讲座，分别是：《国防生的成功学》《基层干部文书应用文写作与军旅文学创作》和《部队新闻写作》。薛瑞丰教授无论是学校的党校、团校、海军国防生大队，还是校团委、学生会的邀请；无论是学校的学院，还是校外的部队、大学、中学、社会团体的邀请，只要时间能排开，无论再忙再累，他都热情答复、认真备课、欣然前往、精心讲演。每年都要进行数十次讲座，退休后他累计开设讲座300多场。

（三）发挥关工委老同志的人生经验优势，为学生进行人生导航

作为长辈，关工委老同志们丰富的人生阅历与见识是教育学生，为学生进行人生导航的生动教材。对于在学习、生活、人际关系等方面存在危机的大学生特殊群体，老同志在精神和物质上给予大力帮助和关怀。对于心理上有阴霾的学生，他们经常主动约见，找学生谈心，深入学生的心灵世界，了解学生所思所想，通过讲述他们自己成长的故事，为学生解开心结。老同志们经常语重心长地告诉青年：要用信念支撑精神，用毅力实现梦想，用知识改变命运，用理性控制情绪，用宽容对待生活，用激情挑战人生。比如，老同志们与管理学院信息管理1202班团支部的共青团员们举办当代共青团员实现青春美好“中国梦”特色团日活动座谈会。他们以自己当年的大学生活为例，讲述如何正确处理同学之间的关系，珍惜4年美好的大学生活，珍惜同学之间、师生之间的真情厚益，相互关心、相互帮助；学生干部、共青团员，如何发挥先锋模范作用，协助学校党团组织，努力做好思想政治工作，努力帮助有困难的同学，积极开展有凝聚力的特色团组织活动，培养积极向上的班风、学风，共同努力，争取优异的成绩；毕业后成为中国特色社会主义事业的优秀建设者，为实现青春美

好“中国梦”而努力奋斗。

我们学校关工委深入开展大学生涯导航活动，取得了明显的成效，得到了上级的充分肯定。薛瑞丰同志被授予“河南省关心下一代工作先进工作者”荣誉称号，我校关工委常务副主任张进战同志被授予“全省教育系统关心下一代工作先进工作者”称号，2013年我校关工委被省教育厅关工委授予“五好关工委”称号。同时关工委也得到了大学生的高度评价。许多大学生在听了薛瑞丰教授的讲座后都感到很受教益。一位大学生来信说：“尊敬的薛教授，您渊博的知识、广阔的视野、超凡的记忆力、出口成章的才华，对新一代思想的溶解能力，给我留下了深刻难忘的印象。您已经70多岁了，但依然那样富于青春的激情，您又处处显示着款款的爱国深情和完全融入事业的忘我之情。河科大会因您而饱含深韵。您就像一面旗帜，永远指引我们精神振奋地走向前方。”一位老师这样写道：“台上白发导航，台下青丝笑颜。导师谆谆教诲，学子滋润心田。授者寓教于情，听者掌声一片。团委聘请薛导，青年后生慧眼。”

夕阳与朝霞同辉　树德与立人并进

吉首大学关工委

“立人教育”的本质是素质教育，它的核心内容是立志、立教、立行、立德、立功，通过“课程引导、环境熏陶、实践历练、自我塑造”四位一体的素质教育实践，培养社会主义合格的建设者和可靠接班人。近几年来，我们在开展的大学生主题活动中，把“立人教育”作为一个载体，造就和培养具有人文精神、科学素养、创新能力、国际视野、务实作风的高级应用型人才，终极目标是使学生成为有美德、有建树、敢创新、敢担当的“以人名校、以业报国”人才。

一、背景介绍

吉首大学关工委坚持以学生为本的教育理念，着眼于学生的全面发展和健康成长，以开展大学生主题教育活动为契机，着力推进和实施我校“立人教育”工程，竭力将我校学生从“自然人”转化为“社会人”，在提升大学生综合素质教育方面探索新方法、开辟新途径，使学生在道德上追求美德，弘扬中华传统；事业上追求建树，立志奉献社会；观念上追求革新，强调与时俱进；行为上追求创造，彰显人生价值。

二、具体做法

（一）“双百工程”立志

围绕大学生主题教育活动，吉首大学关工委实施“读百部名著，赏百部佳片”的“双百工程”，紧扣“知识给人力量，阅读引领未来”的主题，成立了“双百工程”研究会。关工委离退休教师指导青年学生结合湖南省关工委一年一度的“光辉旗帜”“感恩为先”“人生理想”等系列主题活动，多读些“无用”的书、多做些“无为”的事，以净化心灵，培养独立思维，提升道德修养，树立远大志向。学生在阅读了指定的书、观赏了指定的电影后写出感想，校关工委再安排老同志与学生进行辅导、交流，帮助学生正确理解。

校关工委购买了300本书——《正能量》，分发给各学院二级关工委，让学生借阅、精读；给部分毕业生赠送了一本当前国内畅销的、被赞为“天下儿女不得不读的母爱大书”——《娘》100多册，使学生懂得感恩父母、感恩社会。尹砥廷教授指导学生阅读英国作家理查德·斯曼的作品《正能量》，给学生做“努力激发正能量 造就全新自我”专题辅导。石维海副教授以校关工委名义撰写了“致毕业生的一封信”，内容情真意切，每天在学校大型露天电子显示屏上滚动播出，学生们感动地说，这是他们所接受到的最感人的“最后一课”。3年来，学生参与“双百工程”活动的人数达20000多人次。

（二）“人文讲堂”立教

吉首大学为提升学生的综合素养，每年度统一设计“人文讲堂”的专题内容，邀请校内外知名的专家、教授就某一专题给学生公开授课，并与学生进行互动交流、共同探讨，激发学生的参与意识。如“养成教育系列讲座”，退休教师丁畅松、尹砥廷、徐东翔、郭远珍、石维海等老师从不同的角度给学生们进行养成教育专题讲座。2011年荣获湖南省高校工委“优秀党校教师”荣誉称号的我校法学院退休教授石维海老师，经常给学生党训班授课。他结合自己的人生经历进行讲述，反响非常好。原商学院院长，现年84岁的离休干部李泽南教授，不仅年年以其幽默风趣的语言和娴熟的演讲技巧为学生作专题报告，还经常利用QQ、电子邮件等新型交流平台，与学生进行交流、谈心，解决了不少学生的思想问题和实际困难。3年来，由关工委老师讲授的素质课达20多门，参与学生达7000多人次。

（三）“六支队伍”立行

特邀党建组织员 我校特邀党建组织员，每人联系一两个学院党总支，协助做好学生党员的发展、教育和管理工作，开展与学生交流、谈心的思想政治教育。目前有5位老同志担任特邀组织员，7名担任党课教师。12位老同志3年来共为学生上党课318学时，培训入党积极分子12000余人，为党组织输送党员443人。

学生社团指导员 对学生社团的各项活动进行指导。13位老同志3年来共指导学生社团39个，开展活动100多次。如医学院的石维坤老师担任针灸推拿协会的指导老师，经常带领和指导学生开展为离退休老同志、社区居民、贫困山区老人和留守儿童的义务诊疗活动。廖干老师指导学生爱心社团，为贫困山区孩子献爱心等。

教学督导员 全校17位老同志3年来共听评课5000多节，面对面指导青年教师600多人次。他们主要负责对学校的课堂教学进行检查、评估，对教师特别是青年教师、学生评价较差的教师进行听课、评课、指导、帮助提高。每位督导成员一学期听课不少于50节。

校园文明督查员 15名老同志，围绕文明校园创建，每天一班在校园内分时段进行巡查，对发现的不文明现象进行教育、规劝，或及时报告给学校相关部门。积极参与学风、考风的督察。

心理健康疏导员 4名老同志3年来共为学生开展心理辅导30多人次，及时纠正学生的心理问题。学校连续8年组织开展“5.25——吾爱吾”心理健康月教育实践活动。配合学生拍摄“微电影”、参与主题班会，参与预科学院开展少数民族学生的教育疏导、心理调适工作，联合举办“民族风”联谊活动。

学生保险代理员 4位老同志为做好学生平安保险工作，减轻学生意外伤害的风险和因意外伤害后的经济负担，积极开展保险宣传、管理、理赔工作。3年来，我校学生参保率达95%以上，理赔案件总数达667件，理赔金额达102.8万元，其中单项理赔最高达4万元。受到了学校、家庭和公司的好评。

（四）“爱心小屋”立德

吉首大学在籍学生中月生活费在250元以下的贫困生占43%，月生活费在150元以下的特困生占21%。为了拓宽高校帮困助学渠道，营造和谐的帮困育人氛围，2011年，校关工委从关工委的“爱心基金”中预先投入3000元，成立“爱心小屋”。3年来，共接受社会、学校相关部门和师生的捐赠物品价值达30000多元，资助贫困生400多人。此外，关工委老师们还积极呼吁吉首大学离退休的老教师们为爱心小屋捐钱捐物，不仅是在物资上给予爱心小屋大力的支持，更是亲身参与到爱心帮扶活动中。在爱心小屋成立当天，共发放棉被60床、爱心券60张，总价值约10000元，及时帮助了学校120多名贫困学生。其中有60人获得过冬棉被，60多人获得衣服、围巾、手套、帽子、袜子、热水袋、热水瓶等生活用品。

关工委还创办了“爱心超市”，三年来共为20余名贫困生提供了扶贫助学岗位，超市的盈利返回给“爱心小屋”，继续资助贫困生。“爱心小屋”还将爱心延续到校外，为湘西贫困山区凤凰县腊尔山米良学区中心小学的小学生献爱心，还组织学生到湘西特殊学校开展“特殊的爱给特殊的你”爱心接力活动，到湘西社会福利院开展关爱儿童、到社区敬老院开展敬老助老的献爱心活动，以培养学生的感恩之心，促进他们的品德修养。如在米良中心小学就为该校贫困学生捐款8000元，购置图书300册，体育用品30套，学习用品如书包、本子、笔等50套，其他生活用品如棉被等20床，为山区贫困孩子送去了爱心。

（五）“校地联谊”立功

吉首大学关工委按照学校“立足大湘西　服务大武陵　做出大贡献”的要求，指导在校大学生将所学知识奉献在湘西大地，积极开展“校地联谊”活动。关工委指导法学院学生与监狱服刑人员开展“直面沟通”“心灵碰撞”“帮教提升”三阶段活动。第一阶段：准备。即在校内开展以征文、演讲、募捐、会员选拔、心理辅导为主要内容的准备活动。第二阶段：探监。活动内容为监狱纪律教育、监情介绍、书籍捐赠、学生与服刑人员同台演讲、监区参观、“我的阳光生活”横幅签名、服刑人员与学生进行篮球友谊赛、文艺节目表演、服刑人员和学生共同放飞“希望”气球、学生与服刑人员“一对一”帮教。第三阶段：后续帮扶。关工委的教师、“法援社”的学生根据服刑人员的要求，按规定通过书信来往进行思想交流；通过“法芽”等刊物解答相关法律问题；学生帮教经验交流。同时校关工委还指导音乐舞蹈学院学生与光明小学、数学与统计学院学生与矮寨小学、信息科学学院与保靖夯沙小学开展定点帮扶工作，开展校地联谊活动。

三、成效显著

（一）构建了立人教育体系

课程主导：配合学校教务处、素质教育中心开设了100多门通识选修课，其中退休教授尹砥廷老师开设的“中国传统文化”、石维海老师开设的“恋爱、婚姻、家庭与法”、张光文、向鸣坤老师开设的“中国书法史”等课程具有本土特色、校本特色，创建“立人大讲堂”。关工委教师在通识选修课程中主要讲授知识背后潜藏的科学价值、创新精神、人生道理，引导学生进一步树立正确的世界观、人生观、价值观。

环境熏陶：建设具有自身特色的文化校园，构建文化景观；打造了“问道”“立人大讲堂”“与信仰对话”“大学生文化艺术节”等校园文化品牌，以浓郁的校园文化育人。

实践历练：利用本土红色资源建立德育实践基地、关工委教师积极组织德育实践活动，如湘西“三农”问题调查、关爱留守儿童、湘西历史文化调查等，开展暑期“三下乡”活动，强化学生社会认知，增强学生社会责任感，连续多年被团中央表彰。

自我塑造：以吸收学生参与管理培养自我管理能力，如开设勤工助学岗，组织学生参与班级管理、宿舍管理、文明督查等。

（二）培养了爱心接力学生

由于关工委注重大学生思想政治教育工作的科学性、针对性，突出特色，增强了实效性，涌现了一大批事迹感人的先进典型。如三年义务支教的李正龙同学，被誉为“最美大学生志愿者”，还有“中国大学生自强之星”田晶晶，捐献造血干细胞实施手术配型成功的“张家界市杰出志愿者”江泽普，自觉维护民族团结的新疆学生等。

学生志愿者踊跃与校内的空巢老人、有特殊困难的老人开展结对帮扶，让学生志愿者为老人做一些力所能及的工作。2010年以来，先后有120多位学生志愿者与60多户（位）老同志开展了爱心接力式的结对帮扶，既解决了老同志的许多实际问题，也让学生在实践行动中受到了教育。

（三）获得了良好社会反响

湖南省“一校一书——经典、精读、经世”阅读活动于去年启动，我校获“优秀组织奖”“阅读推广奖”两项团体奖，学校选送的36篇个人读书心得，在湖南省网上投票评比中全部获奖，是全省唯一一所个人选送作品全部获奖的学校。

在湖南省大学生主题教育活动中，我校连续3年被评为“湖南省优秀组织奖”单位。其中，2010～2011年“光辉旗帜”主题活动，获征文一等奖1人、二等奖1人、三等奖3人；2011～2012年的“感恩为先”主题活动，获演讲比赛一等奖3人，征文比赛文一等奖2人、二等奖2人、三等奖2人；2012～2013年的“人生理想”主题活动，获演讲比赛一等奖1人、二等奖2人，获征文比赛一等奖1人、二等奖3人、三等奖2人。

湖南教育网于2008年6月5日报道吉首大学“监狱＋高校”社会帮教活动的先进事迹。湖南省刑释解教人员安置工作小组授予学校“湖南省社会帮教工作先进单位”的称号。马超、王少华两名同学被评为“湖南省社会帮教工作先进个人”。

《中国教育报》于2012年6月7日头版头条以《爱心点亮山村孩子求学路》为题报道了

我校学生长期义务支教的感人事迹。

湖南省教育厅网于 2014 年 3 月 14 日刊发《以“立人”教育为特色，全面提升学生综合素质》的文章，全面介绍吉首大学的立人教育经验。

“大学生成才谈心室”是高校关工委工作的创新

新疆农业大学关工委

进入新世纪以来，新疆农业大学关工委始终把关心各民族学生的健康成长放在极其重要的位置，注重发挥离退休老教师、老干部、老党员等在培养下一代中的示范和教育作用。创新地成立了“大学生成才谈心室”等老年志愿者队伍，并以此作为载体，集中优势力量为学生排忧解难，在助学、就业、树立社会主义核心价值观、民族团结观等方面取得较好效果。树立了一些典型案例，受到有关方面赞誉和关注。

一道亮丽的风景线

“老骥伏枥自奋蹄，愿把丹心传后人”是新疆农业大学老教授的一句心志铭。2005 年中央关于进一步充分发挥离退休科技人员作用的 9 号文件颁布后，老教授、老专家们受到极大鼓舞。借着这一契机，在校党委的直接扶持下，老教授们筹划已久的“大学生成才谈心室”等两支志愿者队伍成立了。作为关心下一代的一个载体，把工作推上了一个新的台阶。从中央来到我校的教育部本科教学水平评估团的专家们察访了“成才谈心室”后加以肯定地说：“这是建设校园文明的一个创新和补充，是一道亮丽的风景线啊！”

“大学生成才谈心室”是一个汉、维、哈、回、土等多民族的团队，其成员是由资深的、具有丰富的教书育人经验的老教授、老专家、老干部组成。目前，已从初建时的 14 人发展到现在的 20 多人。校党委主管思政工作的张杰副书记是发起人之一，他亲自策划、命名；校党委副书记、校关工委主任再娜甫进行各方面协调，不仅自己带头参加，还组织民族干部积极参与。新农大老教协分会、老科协分会负责制定规章制度和组织人员；学生处出面安排场地，公布接待教师的姓名、简历、专业和爱好，以供学生选择。谈心的方式除了“一对一”接待学生来访，为来访者保密，还组织老教授下到各学院甚至学生班级集体对话、答疑、交流。至今，“大学生成才谈心室”已坚持了 8 个年头，接待 400 多人次。解决来访学生中关于专业学习、人际关系、婚恋困惑、就业压力等问题；解答了有关人生社会等的一些重大问题；为学生进行过爱国主义、民族团结、文明校风、新生入学教育、社会主义核心价值观等报告和座谈。对一些重点案例进行跟踪帮助和联系。学生和教师结下了深厚感情，离校多年依旧念念不忘隔代师生浓浓情。他们说：“爷爷奶奶是我们最敬爱的人。”他们说：“谈心室为我们人生导航起了重要作用。”

一个北京女孩在边疆成长

笔者是“大学生成才谈心室”的组织者和参加者之一，我作为一名退休的政治课教师、关工委委员、全国教育系统关心下一代先进个人，对于关心下一代这项任务义不容辞，并成为我退休后的主业。经过谈心室8年的实践，我亲历许多案例，在此仅列举一个北京女孩在边疆成长的案例。

来自北京的祝贺——在一个春意萌动、大地复苏的日子，新疆农业大学“大学生成才谈心室”“励学督察队”两支志愿者队伍，举行了一次隆重的工作座谈会。会上意外地收到远在北京的一名校友托人送来的一篮鲜花。这份礼物为会场增光添彩。原来，献花人是谈心室的受益者——我校农学分院植保042班的毕业生郭冬雪。她来自北京的祝福，表达了对母校的深情，对帮助她当年走出困境的爷爷奶奶的厚爱。到会者为之感动。

谈心室为她的人生导航——2006年的一天，一位短发、俊俏的女生，突然来到新农大老教协办公室，走到我面前说：“您是邓老师吧？我要找您谈心。”因当天不是我值班，所以没有去谈心室，但我仍然热情接待了她。没想到，从此我们成了忘年之交。

郭冬雪家乡在北京密云水库，上中学时是一个品学兼优的学生和班干部。2005年不远数千里考入新疆农业大学植保042班。陌生的环境本就不习惯，到了大二时陷入了人际关系的困境，被一些同学不理解而孤立，并被老师误解。因此情绪消沉，影响了学习。于是，她带着情绪走进了成才谈心室。由于言辞激烈，没有处理好同值班老师的谈心，她十分后悔。后经人介绍来找我。我听了她的倾诉，深感这个离乡背井来新疆学习的孩子需要尽心帮助。于是我耐心开导她，不要再站在中学的起点上，而要适应大学的环境，融入集体，你才能有一个和谐的环境助你成长和学习。以后，她多次到老教协、到我家谈心。逐渐敞开了心扉，不断给我带来她的点滴进步和收获。在节假日里，我请她到家一起看电视、聊天、做饭，让她给我孙子进行艰苦奋斗的传统教育，使她感到就像在亲人身边。她后来说：“我当时像在家里一样自在。邓老师不仅思想学习上关心我，生活上也对我疼爱和呵护。从此，我便亲切地称呼她为‘邓奶奶’。”

老教授的胡杨精神教会她做人——2006年，老教授协会农大分会正在编辑一本集74名老教授先进事迹的人物通讯集《胡杨颂》，该书被学校列为新农大本科教育系列丛书。当时需要找人帮助文稿的电脑录入工作。我曾邀请谈心室成员、《胡杨颂》主编之一的林成教授协助帮助郭冬雪。为此，我们商量出一个一举两得的办法，请郭冬雪参加文稿打印，一方面让她受教育，另一方面为我们出书做些贡献。小郭慨然答应，牺牲了回家过暑假。冒着炎热，忍着劳累，《胡杨颂》总共20多万字，她就打印了大半。74位专家的故事使她感动。任务完成后，我们给她数百元的劳务费，但她坚持不收。说：“只有一事相求。”在场的几位编辑都估计她一定是要求考研或就业的帮助。却出乎意料，她只要求我给她介绍《胡杨颂》一书中使她感动的植保专家刘芳政教授，能为她解答植保专业的各种难题和指导她写好毕业论文。多么纯洁的愿望！我为小郭能有这样的高尚人格而感动地热泪盈眶。后来，刘芳政老师慨然接受这一任务，解决了许多专业难题和田间实践。不久，小郭被评为“优秀实习生”。

小郭激动地告诉我：她在编录《胡杨颂》时，实际上是在受教育，“我尽情地享受着每位老师那些不平凡的故事……他们在艰苦的岁月中将知识化为力量，培育出一代代青年人才。他们的故事震撼了我。林成老师编写这本书时的严谨态度，经常给我指点迷津，这些都使我学到了做人的道理。”

丢掉包袱终成才——《胡杨颂》出版后，小郭欢呼雀跃，面貌一新。在庆典会上，她穿梭着请谈心室的老师们签名留念。她变得开朗活泼，人际关系大大改变，融入了班集体，积极参加学生会各项活动。大三那年被选为积极分子，并入了党。毕业前转正，成为一名光荣的共产党员。她努力复习报考研究生，还不露声色地和另一名同学节省生活费去支助南疆的一位维吾尔族小学生，历时近 3 年，直到毕业回北京。

小郭毕业回京前夕，我和林成、刘芳政老师三家人为她举办午宴送行。她带来的同班好友王银梅十分奇怪地问：“一个普通的大学生毕业，还会受到三位老教授的盛情款待？”后来才知道有这个故事。小王深受感动，并认为：当代大学生人生道路上迷茫困惑时得到及时指导，对一生的成长都很重要。后来，她毕业后也去从事心理学的工作。并时常来我家谈心，帮助和教育我那上初中的孙子。

奶奶为你的选择而自豪——郭冬雪回京后，没有考上适合的研究生，虽然决心要闯出一片天地来回报社会，但就业难的现实曾一次次使她失败，但作为一名共产党员她决不灰心，用乐观态度来对待就业。最后，她不顾亲朋好友的反对，勇敢地选择社区工作者这个岗位。十八大三中全会提出的创新社会治理体系使小郭更加坚信社区工作会使她闯出自己的一片天地。当我看到小郭在 QQ 里给我发来就业经历，并向我说愧疚时，我便立即叫孙子给她发帖说：“你不要愧疚，奶奶为你的选择而自豪，你不愧为新农大的好学子，不愧为经过考验的共产党员！”小郭说：“夜深人静时，常常思念远在 4 千里外的校园……那些年，那些事，那段情。”我想：“我也常常想着我晚年曾在谈心室帮助过的那些在北京、在陕西、在嘉峪关、在天山南北的学子们。祝福他（她）们在社区、在学校、在田园、在大漠、在反恐第一线做出贡献。

一个老有所为的平台

“大学生成才谈心室”成立多年，我们取得了一些成效，积累了一些经验，也悟出了一些道理。认为这是一个适合于高校老教授老有所为的平台。

第一，可以充分发挥老教授，老干部一生教书育人经验的优势。

第二，可以充分发挥谈心室成员各自具有农、理、工、经、管、文、法各科专业的资深老教授的智力资源。

第三，从工作方式上讲，谈心的形式灵活，可以“一对一”；可以深入到班级；可以短期答疑解难，嘴到“病”除；必要时可以长期跟踪，为学生成长导航、护航。

第四，可以减少学生的顾虑，不愿给班主任、辅导员讲的，可以敞开心扉给退休了的爷爷奶奶讲。

第五，由多民族成员组成谈心室，既可对同一民族学生帮助，也可以对不同民族学生帮助，有利于加强民族团结和嵌入式的文化融合。

第六，老教授们付出了爱心，也收获了快乐与健康。

第八辑 老少共话

亲近大师 聆听教诲
大力探索“双关”工作模式

北京大学关工委

如何充分调动老同志参与关心下一代工作积极性，打造一支由德高望重、经验丰富、热忱敬业的老教育者工作队伍，是关工委工作顺利开展的重要前提。当前，北大离退休教职工高龄化现象比较突出，高龄离退休教师在专业知识、教育教学等方面有着丰厚的积累，并且有强烈意愿将这些知识与经验传授给下一代，但因年龄较大、行动或有不便等原因，难以便利地走进学生中间去关心他们的成长成才。因此，结合老同志实际情况，创造性地发挥各年龄段老同志智力资源优势，创新关心下一代工作传统模式，是高龄化社会背景下北大关工委重点思考的命题之一。

2012 年，在北大党委的大力支持与推动下，北大关工委联合学生工作部、离退休工作部、校团委、校青年志愿者协会推出以“春燕行动”为主题的实践育人项目。该活动由朱善璐书记亲自命名，寓意“春燕初飞、衔食反哺”。活动中，离退休教师与青年学生“大手牵小手”结对子，青年学生利用年节假日时间，到离退休教师家中，亲近大师、送去祝福、聆听教诲。

一、“春燕行动”的主要做法

“春燕行动”紧密围绕学校育人中心工作，以“做人、做事、做学问”为活动主线，积极引导青年学生发扬北大“爱国、进步、民主、科学”的光荣传统，努力成长为德才兼备的优秀人才。

（一）释疑解惑，以社会主义核心价值引导青年学生“如何做人”

老同志是社会建设与发展的参与者，在历史变迁过程中他们积累了丰富的人生经验，这是帮助青年学生科学认识纷繁复杂的社会问题或人生困惑的宝贵财富，有利于引导青年学生坚定社会主义理想信念，树立正确的世界观、人生观和价值观。如，数学科学学院黄墩教授是一名资深老党员，他以自己求学、科研等方面的经历生动地向同学们阐释了“什么是党员”“什么是‘为人民服务’”“什么是群众路线”等重要思想问题，使同学们深刻领会了社会主义核心价值的丰富内涵和精髓。著名美学家杨辛教授在传授保持人际和谐的秘方时反复强调：人要真诚地对待身边的每个人，更要学会感恩。饶用清教授讲述了她的学医从业经历，向同学们描述了新中国成立前轰轰烈烈的救亡图存学生运动，并嘱咐同学们要珍惜来之不易的生活，做一个对社会、对国家有用的人。政府管理学院岳麟章教授寄语青年学生，北大学生既要在校读万卷书，打好基础；又要行万里路，了解国情，把个人成才和民族命运、国家需要紧密结合。

（二）因材施教，以专业知识教育青年学生“如何做学问”

在“大手牵小手”结对子过程中，关工委注重青年学生兴趣爱好、专业特长与老同志知识背景的匹配，以更好地发挥老同志知识资源、经验财富等方面的优势，帮助青年学生夯实专业基础知识，提高专业研究能力，达到受教育、长才干、做贡献的育人效果。医学专业学生分别联系了泌尿外科专家杨文质教授、著名生理学家韩济生院士、生殖医学专家张丽珠教授等，新闻与传播专业学生联系了翻译家许渊冲教授，化学专业学生联系化学家郭海教授等。有相关领域兴趣爱好的学生也走出院系范围，与各领域的老教师、老专家、老学者广泛开展结对子活动。在活动中，老同志耐心细致地为青年学生们分析学术理论的发展脉络，讲解专业领域知识与技巧，分享学术研究的心得体会，使青年学生在耳濡目染之中，感受老同志们严谨的治学态度、不倦的治学精神，培养了青年学生崇尚真理、追求科学的学术研究情怀。如，著名蒙古学家、比较语言学家黄宗鑑教授勉励同学们在学术上要经得起磨炼、经得起考验，切不可浮躁、自满，他提醒同学们要注意锻炼身体，科学规划生活，戒骄戒躁，不断奋斗。科学与社会研究中心孙小礼教授提醒同学们，读书首先要精读专业范围内的书，同时还要广泛涉猎人文社科理工科各类杂书，以扩大知识面。

（三）知行合一，以志愿服务启发青年学生“如何做事”

不少老同志由于年龄比较大，或是行动不方便，或是子女常年不在身边，在竭尽所能教育关心下一代的同时，他们也需要下一代的关心与关爱。对于青年学生来说，学会在汲取成长养分同时以志愿服务的形式去回馈、关爱老同志，同样具有非常重要的教育意义。2012 年 1 月，学校即成立了“春燕行动”志愿服务总队，各院系成立志愿服务分队。200 多位寒假留校学生和提前返校学生争相成为“春燕”志愿者，走进近百位离退休老教授和社区空巢老人家里慰问，送上亲手制作的贺卡和新年祝福。重阳节、教师节期间，学生志愿服务总队组建文艺宣传、电脑维修、访谈记述等多个小分队，和老同志一起演唱经典老歌，为老同志提供电脑维修等技术支持等。志愿活动的开展，有效地加强了“大手牵小手”结对子的关系纽带，既帮助老同志解决了一些生活困难、缓解了一定的生活压力，也很好地以实际行动弘扬了尊老、爱老、敬老的传统美德和守望相助的志愿服务理念。

二、“春燕行动”的主要成效

在学校党委的坚强领导下，在各相关部门的大力支持下，“春燕行动”已经成为参与人数越来越多、常年持续开展的实践育人活动项目。目前，活动已经顺利开展 3 年，累计有 200 多名老同志参加了“春燕行动”，受教育学生人数达 500 多人，取得了良好的育人效果，受到了《光明日报》《京华时报》、人民网、凤凰网等媒体的广泛关注。

（一）“春燕行动”积极应对高校离退休教师高龄化发展趋势，拓宽了老同志关心下一代的工作渠道

各高校聚集了一大批老教师、老专家、老学者，而且随着社会的发展，他们的年龄会越来越大，身体灵便性也逐渐下降，这给他们积极参与关心下一代工作带来了不少阻力，但是他们仍然有热情、有意愿继续去关心教育下一代。通过“春燕行动”，让青年学生来到“大师门下”聆听教诲，既便利了老同志，也为青年学生提供了近距离接触大师的机会，起到了很好的榜样示范引领作用，对青年学生的成长成才有极好的激励效果。

（二）“春燕行动”顺应时代环境发展、高等教育改革以及学生群体特征等方面的巨大变化，丰富了实践育人的方式方法

我国正处于改革发展的关键阶段，急需一大批既有创新思维和深厚文化科学知识基础，又有丰富实践经验和艰苦奋斗精神的人才。当代大学生视野开阔、思想活跃，但社会阅历、实践经验相对不足，缺乏对基层一线和人民群众的深入了解，只有尽力补上社会实践这一课，才能真正成长为堪当国家建设重任的栋梁之材。“春燕行动”融入志愿服务环节，引导青年学生通过电脑维修、文艺表演、心理疏导等方式帮助老同志解决生活养老困难，使得青年学生在丰富的实践活动中既体验生活、掌握技能，又经受考验、锤炼品质，实现实践能力与思想政治素质“双提高”。

（三）“春燕行动”营造了老少良性互动的和谐氛围，初步形成了北京大学老同志关心下一代、青年学生关心老同志的“双关”工作模式

在“春燕行动”中，老同志力所能及地帮助青年学生，青年学生竭尽所能地为老同志创造便利条件、送去温暖和祝福。这些活动有效地畅通了老同志与青年学生的沟通渠道，增进了老同志对青年学生的理解，为进一步做好关心下一代工作奠定了良好的基础。

“春燕行动”的实践育人模式得到了中国教育关工委副主任、教育部关工委主任田淑兰的充分肯定。2014 年 4 月，田淑兰主任在调研北京大学工作时强调指出，北京大学关工委充分调动老同志和青年学生参与意愿，创造性地将青年学生关爱老同志、老同志关心下一代的“双关”工作理念融入“春燕行动”等实践育人项目中，实现了“相互关怀，相互受益，相互充实，相互提高”，具有重要的现实意义。

行健新百年　共筑中国梦

清华大学关工委

清华大学关工委为了深入学习贯彻习近平总书记关于“中国梦”的重要论述，落实教育部关工委、北京教育系统关工委和学校党委关于开展“中国梦”主题教育活动的工作要求，积极发挥关工委自身优势，找准工作的结合点和着力点，紧密配合全校学生“我的中国梦”主题教育的部署，组织开展“老少共话中国梦”系列活动，深入学习宣传党的十八大精神，引导青年大学生坚信中国道路、弘扬中国精神、凝聚中国力量，为实现国家富强、民族复兴、人民幸福的伟大“中国梦”发奋学习，不懈奋斗，在全校学生“我的中国梦”主渠道教育工作中发挥了具有特色的配合补充作用。

一、明确思路，充分动员，扎实推进活动开展

我校关工委高度重视“中国梦”宣传教育的重大意义，认真贯彻“我的中国梦”主题教育活动的指导思想，明确了开展“老少共话中国梦”活动的工作思路。在活动要求上，要紧密结合学习宣传贯彻党的十八大精神，突出对“中国梦”本质要求和实践路径的深入理解；紧密围绕中国特色社会主义理想信念教育的核心主题，引导青年大学生增强为实现“中国梦”而奋斗的使命感和责任感。在活动内容上，要发挥老同志见证革命、建设和改革进程的优势，用亲身体会与青年学生共话“中国梦”的历史成就和奋斗前景；要联系大学生成长成才的思想实际，以热切期望鼓励青年学生从现在做起，志存高远，积极投身“中国梦”的生动实践。在活动方式上，要积极配合学生工作主渠道，将共话活动纳入全校主题教育的总安排；要充分利用老同志与大学生开展各种共建活动的经验，使共话活动生动活泼、富有成效。

我校召开关工委全体委员会议，明确要围绕学习贯彻十八大精神作这一工作重点，结合关心下一代活动的实际任务，深入学习领会习近平总书记关于“中国梦”的重要论述，对青年大学生开展理想信念教育活动，紧密联系学生的思想实际，着重引导学生把个人的理想与社会理想结合起来。同时，结合学校离退休教职工党支部开展“中国梦”主题活动的安排，对院系基层老同志参加“老少共话中国梦”活动进行了动员。关工委召开“老少共话中国梦”活动专题工作会，协调学生部、团委和离退休工作部门，形成工作合力，做出活动组织的具体部署。

二、发挥优势，创新载体，确保活动取得实效

为了扎实开展“老少共话中国梦”主题教育活动，我校关工委始终坚持活动的指导思想，以及密切配合学生工作部门需要的工作宗旨，精心组织参加主题教育活动的老同志资源，采用参加主题讨论、访谈交流、感言寄语、征文点评等多种形式开展了一系列的老少共话活动。

一是组织老同志近30人次参加全校学生党支部和党课学习小组“1+1”理论学习、集中主题团日。活动中，各院系努力创新活动形式，以模拟新闻发布会、辩论赛、模拟两会提案等生动活泼的方式，将理论学习的知识性和趣味性有效地结合，将“梦想”“责任”“事业”“行健”的主题讨论内容与同学在不同阶段的思想困惑与成长需求有机地结合，起到了良好的效果。活动中，老同志围绕讨论主题讲述自己学习十八大精神的认识体会，通过对活动讨论的点评，引导同学思考“中国梦”的现实意义，思考清华人的社会责任，牢记新百年清华人的历史使命，把个人发展与祖国的未来联系在一起；鼓励同学们将爱国之心与成才之愿升华为服务祖国的责任感，在实现社会理想的过程中成就个人价值。学生们普遍反映，通过参加理论学习和主题讨论活动，深化了对十八大精神的理解，加强了对“中国梦”的认同感和实现中华民族伟大复兴的责任感。

二是组织老少访谈。校关工委组织30位老专家、老干部、老党员、老模范、老先进，通过1名老同志匹配1个学生党团支部访谈小组的“1+1”模式，老少面对面进行主

题会话。每一位老同志围绕访谈提纲精心准备，结合自己的人生阅历和亲身感受，讲述怎样认识“中国梦”是几代中国人的夙愿；结合自己在成长过程中的理想和追求，帮助同学们深刻认识肩负为“中国梦”奋斗的责任；结合自己对于未来10年是实现“中国梦”的关键时期的理解，对同学们学习思想的进步和成长成才的方向提出殷切的期望和寄语。参加寻访的同学们针对访谈提纲认真思考，甚至预习有关“中国梦”的文献，结合被访老同志的具体情况细化提问交谈方案。访谈活动中，同学们随着老同志的“中国梦”讲述感受着“真实的历史”，体会着“别样的夕阳红，同一的中国梦”；在互动交流中思考着“中国梦之路，就在脚下”的现实问题；在老同志语重心长的期望中升华了“勇做中国梦的传承者”的思想和决心。这场访谈共话活动使同学们受到了深入而切实的思想触动。访谈结束后，寻访小组共整理出了17万多字的访谈记录稿，而且，同学们纷纷以思想小结、访谈感想、采访后记等形式写下了88篇共计9万多字的收获体会。他们说这是一堂“发人深省的课外思政课”，是一次别开生面的组织生活。一位同学有代表性地总结了访谈收获的认识：“青年要敢于有梦，勇于追梦，勤于圆梦。这个梦不同于美国梦从个人奋斗出发，而是要我们把个人利益与国家民族的利益与未来联系在一起，这才是中国的强国梦想！”

三是组织老同志与学生共同观看校园原创话剧《马兰花开》，共话交流观后感，学习邓稼先以身许国、奉献奋斗的精神，开展如何选择理想和实现“中国梦”的讨论。我校在主题教育中，围绕“中国梦”深入开展校园文化活动，推出一部由本校学生艺术团精心创作的校园原创话剧《马兰花开》。话剧讲述了两弹元勋、清华大学校友邓稼先为祖国核武器事业呕心沥血、忘我奋斗的不平凡人生。话剧连续公演，场场爆满，成为弘扬清华精神、传承校园文化、鼓舞青年学生为“中国梦”不懈奋斗的生动载体。校关工委专门组织关工委委员、特邀党建组织员等近百位老同志观看《马兰花开》的演出。在老少同观《马兰花开》的基础上，组织老同志参加同学的观剧讨论，老少共话“中国梦”。在机23班“让生命之花绚丽绽放”的观剧讨论会上，老同志和同学们以邓稼先的事迹和精神为线索，展开了一场关于如何选择理想和实现“中国梦”的主题交流。老同志从人生价值角度谈了邓稼先精神的意义和“中国梦”的内涵，和同学们一起分析，为了实现“中国梦”需要攻坚克难，要学习邓稼先以身许国、奉献奋斗的精神，为祖国做出应有的贡献。活动取得良好效果，在同学中引起了很大的反响，同学们纷纷表示受益匪浅。

此外，校关工委还通过一批离退休教工党支部与学生党支部共建的活动平台，组织了老少1+1结对主题座谈和学习讨论；组织老同志对学生“我的中国梦”优秀主题征文进行点评。同时，我校关工委也向一批老同志约稿征文，针对青年学生的思想认识，结合自身的理想追求，讲述“中国梦”的精神实质，表达关心下一代的情怀，寄托对青年学生的期望。

为了进一步加强老同志在主题教育中对青年学生的引导效果，我校关工委及时召开参加学生主题党团日活动老同志交流座谈会和老少访谈活动的专题协调会，及时推进各项活动开展，总结活动经验，确保活动的实效。并准备将老少1+1访谈稿、老同志征文和学生征文点评等进一步整理编辑，形成“老少共话中国梦”活动文集，扩大宣传教育影响，为继续深入开展“我的中国梦”主题活动发挥关工委工作的重要配合作用。

构筑面向青年和大学生的关心下一代网站

同济大学关工委

一、案由

以老同志为主体办网站，可以化解老同志受时空、场地和行动不便的限制，使关工委多一种发挥更多老同志参与“配合补充”主渠道工作的机会与渠道。

同济大学关工委网站（以下简称：“网站”）自2008年9月试运行开始，6年来主要体会是：坚持服务下一代方向，以青年和大学生为主要服务对象；坚持网站运作以老同志主体，不给主渠道添重增担。

二、内容

（一）把握好网站定位

一要符合关工委“以老同志为工作主体，开展工作”，有利发挥老同志“政治、经验、亲情、时间、空间”优势；二要遵循关工委的“24字工作方针”，在为青年和大学生健康成长提供信息服务时体现有别于主渠道网站的“配合补充”特色。

（二）设计体现服务特色的网页

网页设计兼顾老年用户和青年读者两方的特点和需要。

栏目设置以服务青年和大学生读者为主，目前网站共设文章栏16个（含底层栏39个），服务对象分配如图1所示。

网站另设《页天》《页地》《用户状况》《读者状况》及《问卷调查》栏，提供随机信息服务，以及搜集读者、用户反馈信息，对网站运作情况实时地监控评估。

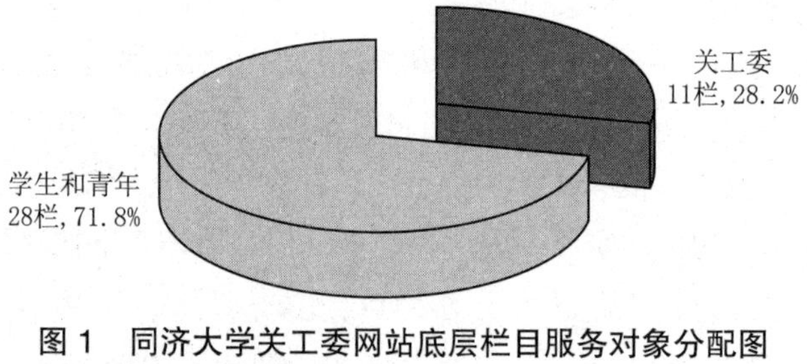

图1　同济大学关工委网站底层栏目服务对象分配图

（三）建立可持续的网站运作机制

1. 用户队伍的组成与管理

用户队伍由网站编辑、学生编辑助理和一般注册用户组成。

网站编辑是核心，由退休老同志担任，负责稿件组织、推荐、登录、校对、审发及网站后台维护。关心下一代所涉面广，编辑选配时注意经历、年龄及优势合理搭配，现有编辑 8 人中，退休前从事教学研究工作 2 人，管理工作 2 人，党群工作 4 人（其中 4 人有专职学生工作经历）；70 岁以上 3 人，62 岁以下 5 人。

学生编辑助理是沟通网站与学生联系的桥梁，是协助网站编辑老同志工作的助手；同时网站为他们提供实践场所。关工委与学工部合作，通过勤工助学方式选聘研究生及本科生担任。在网站编辑指导下协助采编，调查统计及用户培训辅导工作。

一般用户包括自愿注册为网站上传稿件的注册用户，以及任何能为网站供稿者，后者人数是不确定的。

网站的运行、维护与管理有别于主渠道网站，是根据老同志出行、作息的特点以及学校所能提供的工作条件决定。工作方式以分散（分工、适地、适时进行）为主，集中为辅。既发挥老同志的时空优势，又节约学校设施及人员成本。

2. 网发文章的质量控制

为防止老同志可能因体力与精力减弱难免失误，网站编发文章需经执行编辑和责任编辑双重审校。并且针对分散工作的特点，制定可操作的“网站编务手册”和“网站用户指南”，明确编辑职责、方法与分工，以及撰、荐、校、审文章的标准和程序，以求发文做到“两主一保”，即文章的服务对象以青年和大学生为主，内容以修身、修业、励志为主，更新有保证。

3. 网站效益的客观评估

效益评估是改善网站运作的基本依据，鉴于网站效益评估的困难，采用多项统计综合评估以求客观。

（1）统计用户发文数，了解信息更新率及用户使用情况。

（2）统计发文内容，了解网站在配合补充方面对主渠道的配补度，以把握服务方向（见图 2）。

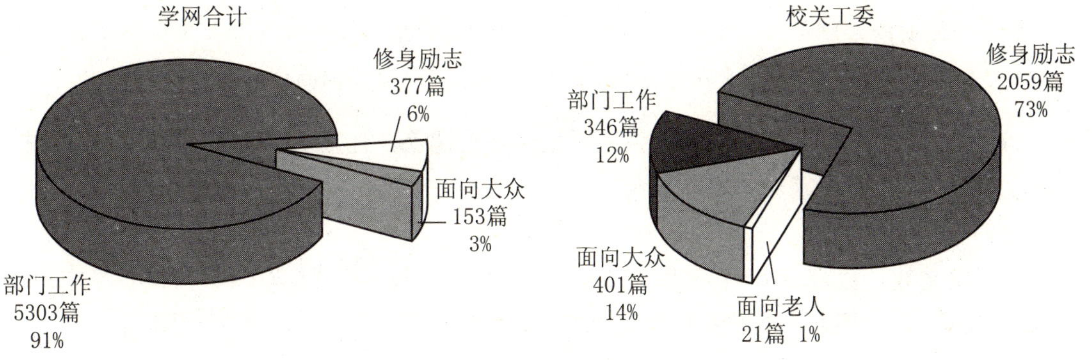

说明：统计时间 2012 年 7 月；学网数据取学工部与研工部网站合计（其时团委网站更新无法访问）

图 2　同济大学关工委网站与学工口网站发文内容比较图

（3）统计文章点击率和网站流量（IP 及 PV 访问量），了解网站服务的效果、读者及其分布情况。

（4）统计同期主渠道相关网站流量，了解网站校内的相对服务水平（见图3）。

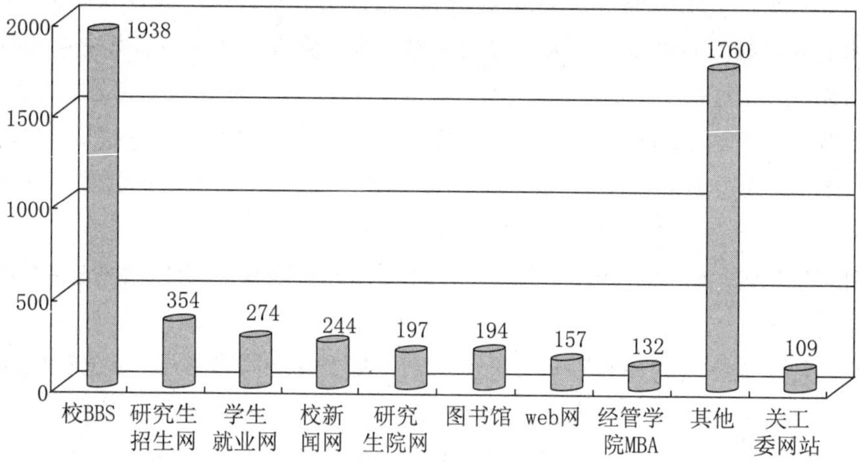

说明：网站数据取自51.La网站，其余取自www.6622.cc/tongji.edu.cn，统计时段2012年10月8日～2012年10月14日

图3　同济大学校内网站日均流量（IP）比较图

（5）统计用户发文和读者浏览时间，了解用户服务和读者浏览的时间分布（见图4）。

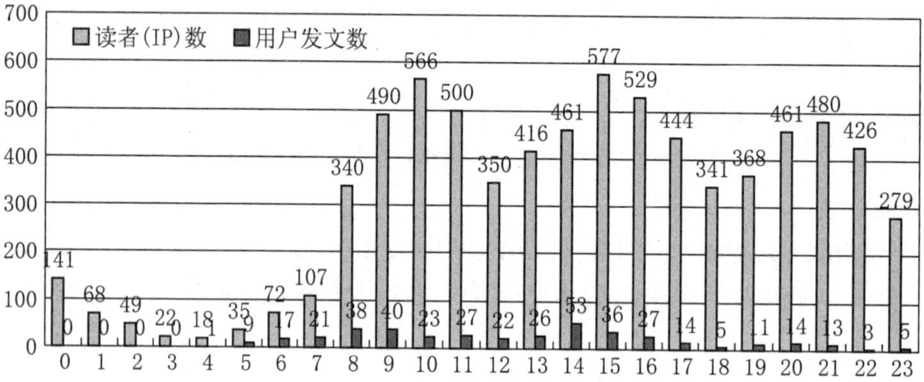

说明：统计时段2012年7月21日～2012年10月20日；读者（IP）访问量7540由51.La网站提供。

图4　同济大学关工委网站用户服务及读者访问时间分布图

（6）设《问卷调查》栏及不定期组织无记名问卷调查，直接了解读者的意见，以降低点击率注水及流量统计误差对评估的影响。

（四）网站运行情况

（1）发文数：截至2014年3月31日，累计发文4413篇。以2013年为例，其中16个面向青年和学生、围绕修身、修业、励志育人类的栏目日均发文2.15篇（见图2）

（2）篇均点击率：（截至2014年3月末）2952次。

（3）读者（IP）访问量2014年1月7日破历史最高达574人；2014年1季度访问量5817人，在参加统计的673345个网站中排位前7.7%（摘自2014年3月31日“51.la免费统计网站”）。

（4）读者访问时间24小时不间断，老同志用户发文不受正常作息时间所限。

（5）读者分布面广：以 2014 年 3 月为例，总计 2228 人，其中上海占 33%，其他 30 省市占 63.6%，还有 3.4% 分布境外以及我国的香港和台湾地区。

（6）读者浏览内容：以 2014 年 3 月 23 日（周日）、24 日（周一）可查到资料有：

上海市—《上海轨道交通线路及站点一览图》；

杨浦区—《毛泽东阅读史》《凝聚实现中国梦的强大正能量》《立校为公画丹心》《老人钱包被偷街头饿晕　女大学生将一周生活费相送》《王平同志访谈实录》；

复旦大学江湾校区学生公寓—《上海老永安公司》（24 日）；

闸北区—《校关工委举行纪念毛泽东同志诞辰 120 周年暨辞旧迎新茶话会》《第二届“三区融合、共同育人”工作研讨会在我校召开》《“师生面对面”共话“我与中国梦”》《“中国梦，同济情”学生演讲比赛举行》《关工委召开常务会议研究部署工作》《西南科技大学离退休处、关工委组团来我校调研交流》《建节约型校园，树和谐之新风》《师生面对面“共话”同济精神，为新同学解疑释惑》《三区融合组召开会议，部署工作》。

北京市—《在德国的博士后研究》。

河北省廊坊市—《焦裕禄精神激励当代年轻人成长》。

山西省阳泉市—《怎样才算你内心强大》（24 日）。

山东省德州市—《“天下兴亡　我的责任”读后感》。

内蒙古—《感恩·责任 2012 年同济大学生感恩教育演讲比赛视频（节选）》《2012 年同济大学感恩主题演讲比赛获奖作品精选》《对慈善的感悟》。

湖北省武汉市—《爱国敬业诚信友善》。

广东省广州市—《校友陈瑞生烈士》《莫言香港大学演讲稿》（24 日）；

深圳市—《珍惜当下，勇往直前——乔布斯演讲读后感》（24 日）。

新疆乌鲁木齐市（天山区 / 沙依巴克区）—《复旦“门萨女神”自述成长史》《李开复给中国学生的七封信：从诚信做起》《决定大学生成功与失败的十条法则》《一个国家的密码》《先有 happy，还是先有 money》《要么滚回去，要么拼》《已转发两千万次的奇迹》《我们的价值观·对话》《从梦境看健康，这几种梦是疾病先兆》。

四川省绵阳市—《关工委的性质及其工作的意义》《同济大学关心下一代工作委员会工作条例（2011 年）》《同济大学关心下一代委员会工作条例（2009 年）》。

浙江省温州市—《关工委召开常务会议研究部署工作》《王平同志访谈实录》《周朝海同志访谈实录》《吴杏云同志访谈》。

福建省—《“每个故事都能引起我的心灵共鸣”》。

香港—《香港理工大学副校长因漏报兼职收入被“炒”》。

美国—《毋忘历史　自强不息》（24 日）；

新泽西州月桂山镇—《熊毅：相伴泥土一辈子》；

加利福尼亚州山景市—《汶川地震诗词摘抄之四》（24 日）；

科罗拉多州布隆菲尔德市—《2012 年同济大学樱花盛开（视频）》（24 日）。

以上统计说明关工委网站虽小，作用也很有限，但只要有读者，就能够传递正能量，就值得坚持、努力去做。

三、成效

为扩大网站在青年和大学生中的服务，2009年开始网站与各分会合作，配合各学院党校培训，在学员中开展网站阅读活动，至今已连办6届。各分会老同志直接参与动员组织及审阅推荐优秀阅读心得，已使这项活动成为网站与学生面对面互动的重要纽带。截至2013年，前5届累计参加学员已有3757人，共收到阅读心得2088篇。其中部分优秀阅读心已在网站上发表，有的还收录进《老骥伏枥舐犊情深》文集，供更多人分享。

思齐的启示　启示的思齐

——我校关工委老少结对“思齐计划”活动

华东师范大学关工委

在当前的新形势下如何有效地开展高校关工委工作，是我们需要经常思考与不断摸索的课题。在历年老少结对共话互帮的基础上，2008年春，我们学校党委组织部、校团委和关工委联手启动了每年一期的老少结对活动，首期有29位老同志和58名优秀大学生结对。后取意《论语》中的“见贤思齐”一语，将活动命名为“思齐计划”。这一活动形式是老同志与年轻大学生“一对一”结对，突出书信往来交流思想，收集书信编辑成集。2012年，在先后3期69位老同志与178名结对大学生的书信中，我们编辑出版了《思齐——华东师范大学关工委老同志与大学生的对话》一书。

一、思齐——“受到学生欢迎”

开展“思齐计划”活动，是基于如下的考虑：当今世界正处在大发展、大变革、大调整时期，挑战与机遇并存。实现中华民族伟大复兴，人才是核心，教育是基础。新形势下，关工委工作如何定位，如何采取有效手段开展工作？老同志与年轻大学生之间是否真的存在不可逾越的鸿沟？传统的工作方式在当下是否难以奏效，正面教育是否就一定会“失语”？这其中还有很多问题可以重新思考，还有很多工作可做。从学校来看，一校两区，老同志住所和学生公寓之间相隔有距离，空间距离似乎增加了开展思政教育的难度。“书信”“结对”，这样的方式看起来陈旧，但把思想和精神的财富通过某种形式来固化，可以在更大的范围与更多的人分享。通过书信往来，以点带面，把老同志个体的、无形的付出，转化成普遍的、可感的、有形的资源。空间距离不再成为不利条件，而成为开发“老同志”这一思政教育工作资源的契机。鉴此，“思齐计划”活动以“四个一”为主要工作方法，突出亲笔通信这个特色做法。

（一）每年一次结对启动会议

配合学校党委组织部选苗育苗工作进程，选拔其中本科三年级、研究生二年级的结对对象；关工委根据大学生的人数、专业，在事先征求意愿的基础上，选配结对老同志。举办结对启动仪式，总结和启动每一期的结对情况。

（二）每月一封亲笔通信

要求结对学生每个月至少主动向结对老同志写一封信，交流政策学习、工作方法或人生经历的心得。老同志也给予回信。活动启动之初，我们即有意识地收集师生的书信，将其精彩问答辑录成册，希望借由老同志的经验和智慧，尽可能回应大学生成长中的困惑。

（三）每季度一次小组寻访

将结对学生组成若干访问小组，每季一次到老同志家中进行小组寻访。慰问老同志生活、工作情况，并对老同志在华东师大工作期间的经历进行采访。

（四）每半年撰写一次评语

以学期为大致单位，请结对老同志为结对学生撰写评语，点评结对学生半年时间内工作、思想等各方面的成长。

“思齐计划”活动受到学生的欢迎。首期活动启动半年就收集到往来书信138封。2005级资源与环境学院陈颖翱同学，毕业进入北京大学深造后，依然与结对老同志周培庆保持通信。每逢过年过节短期返沪，小陈还会专门抽时间探望周老师。她写道：朋友的鼓励，老师的鞭策，给予我勇气去做更好的自己。也开始明白，一种构筑梦想、甘于寂寞却永不迷失的大学生活，其实是那么的不平庸。在“思齐”第三期启动仪式上，校关工委顾问、原党委书记严凤霞提议要深入细致地做动员工作，扩大“思齐”队伍，让“80后”老同志（结对师生中有80岁左右的老教师）和“90后”大学生大手拉小手，携手并进，共同成长。

二、思齐——“这是一种创造”

“思齐计划”活动和“思齐”通信集，得到教育部关工委主任田淑兰的多次称赞。2012年我校关工委成立20周年之际，她专程出席庆祝大会，做了题为“思齐的启示”的讲话，并召开“思齐计划”活动师生座谈会。指出这是“华东师大关工委围绕中心、实事求是、整合资源、发挥优势的一种创造”。

“思齐”计划通过老教师与青年大学生“一对一”结对，往来沟通交流思想，具有以下特点：

（一）形式灵活

老少之间结对后，不仅采取书信往来，还通过直接见面交谈以及电话、短信等多种手段相互交流，克服了时空距离的障碍，使关爱行动实施更加灵活、生动。

（二）内容广泛

老教师不仅在思想上给予学生帮助，还在生活、学习、就业、事业、情感、人际关系等各个方面针对学生面临的困惑予以指导。

（三）影响持久

学生得到了老教师的教诲，能与周围的同学分享。有的学生毕业走上工作岗位以后，这种忘年交的情谊依然保持，老教师的精神打动学生，影响深远。另外，通过书信集的形式，还可以把老同志个体的付出，转化成资源共享，成为学校永久的精神财富。

（四）互动双赢

不仅老教师对学生有帮助，老教师在结对交往过程中，也促进自己的学习、思考，丰富了晚年生活，更好地体现生命的价值，使“老有所学”有了新动力，“老有所乐”有了新内涵，“老有所为”有了新目标。

经过多年来的扎实努力，学校关工委不仅在工作方式上创新，而且在促进青年大学生的成长等方面，取得了显著成效。

三、《思齐》——“读后令人感动”

《思齐》一书中收录了4年来关工委老同志与结对大学生往来的部分书信，分“志学”“商德”“立身”“正信”“应世”“践正”6个篇章，以问答式的结构，对应大学生在成长中遇到的若干困惑，选择老同志的精彩回答，共计16万字。田淑兰同志做了批示：“读后令人感动。”指出“思齐计划”和“思齐”通讯集对我们做好关心下一代工作至少有3点启示。

启示之一：关工委必须把立德树人作为根本任务。立德树人是教育的根本任务，也是关工委一切工作的中心和灵魂。德，言行之本，立身之基。打开“思齐”通讯集可以看到，老教师始终把理想信念、思想道德教育放在首位，育人为本，德育为先。老教师几十年如一日，具有与祖国和党携手相伴、共同成长的坚定的信念和忠诚的理想。在他们的身上都有一种“神圣”的精神，正气、坚定、信仰、追求、对社会和国家的责任感等等潜移默化地影响着学生。正如严凤霞同志所说，“思齐”计划让我们看到，老同志在大学生思想政治教育工作中确实发挥了十分有效的配合、补充作用。

启示之二：关工委必须坚持从学生实际需要出发，为学生的健康成长服务。大学阶段，正是青年人生观、世界观、价值观形成的时期。这一时期青年人会遇到各种各样的成长烦恼和困惑，面向全体学生的教育引导固然十分重要，但每个学生都是特殊的，需要辅之以个案的交流与疏导。学生的需要就是关工委的工作，想学生所想，急学生所急，帮学生所需，尽关工委所能，这也是“思齐”计划的亮点所在。老同志将结对学生当作自己的孩子一样来关心爱护，情谊无价，长幼互补，温情绵延。通过个别的交流，学生在细微深处得到启示，长者一句温馨的话可能让学生记住一辈子，一封信也许能帮学生明白一个做人的道理，正如有的同学所说，“思齐计划”让我们受益终生。

启示之三：关工委必须实事求是，发挥老同志优势。老同志没有体力优势，没有行政资源，“思齐”计划坚持从老同志的实际出发，发挥老同志政治优势、威望优势、经验优势、时空优势、亲情优势，他们中有的原来是校级领导，年轻时做过地下党工作，有的是全国师德标兵，有的是某一学术领域的权威、专家，也有的是几十年如一日辛勤耕耘的老教师……他们亲校园、懂教育、爱教育，都是优质教育资源、睿智的长者。为了下一代的健康成长，茁壮成才，他们甘为人梯，默默奉献，做学生健康成长的指导者和引路人。老同志往往收到信后要反复看两三遍，回信要五六天之后，这种精神也着实令人感动！

四、思齐——“再上新台阶”

2013年10月，时任关工委主任林在勇、老同志代表卢娟和结对学生代表马芳在教育部全国高校关工委工作会议上作了组合发言。在上级和师生的称赞与鼓励下，我们又启动了第四期“思齐计划”活动，累计已有83位老同志与221名同学加入“思齐计划”活动行列。一些老同志掌握了电脑操作技术，理工科专业的老同志还相当擅长。基于此，“书信”形式提升到一个新的层面。在“E班”网上推出“老同志工作室”。学有专长的老同志设立了个人命名的工作室，在网上解答学生问题，书写自己对国家、对社会、对事业、对学业的真知灼见；今后设想编辑一个“思齐”书信集电子版，将“思齐”工作变成一项有生命有价值可持续的工作。

田淑兰同志说：做好关心下一代工作是国家和民族长远利益的需要，是应对新时期机遇和挑战的需要，是弘扬传承优良传统和搞好离退休工作的需要。强调要把“关心下一代工作委员会”工作“做到与时代同步，与学生同心，与改革开放同进”。“思齐计划”用了一种传统的路径，由于贴近了学生需求，成为了一种特殊的“与时俱进”，所以能引出一些新成果，启发一些新思考。

“老少共话”新平台——“焦点论坛”

中南大学资源加工与生物工程学院关工委

理想信念教育是大学生思想政治教育工作的核心和重点，也是关工委的主要任务和优势。如何把理想信念教育的及时性、针对性、有效性等要求落到实处，是大学生思想政治教育的难点之一。中南大学资源加工与生物工程学院关工委紧紧围绕“针对大学生特点和发挥关工委老同志优势”这两个关键，大胆创新理想信念教育的形式，搭建了“老少共话”平台——“焦点论坛”，对于引导学生正确看待重大历史问题和当前的形势和政策，牢固树立爱党爱国、为党为国的理想信念起到了很好的作用，取得很好效果，受到学生的热烈欢迎和上级的高度肯定，现已经成为该院和中南大学关工委工作和学生思想政治教育的著名品牌。

自2004年以来，“焦点论坛”先后以“适应大学生活，立志成才报国”“考研还是就业”“社会主义荣辱观与大学生”“钓鱼岛主权归属与中日关系”“聚时政焦点，学习十八大精神”“保持本色，勇于成功”“欧美债务危机”等为主题展开。“焦点论坛”每年举行三四次。

下面，以2010年10月我院关工委“焦点论坛：钓鱼岛主权归属与中日关系”为例来介绍“焦点论坛”。

一、案例背景

2010年9月发生的“钓鱼岛撞船事件”激起了全国人民的义愤，国内反日情绪高涨。

日本多次非法行径同样引起了我国广大青年学生的强烈不满。部分学生涌向街头，以激烈的形式表达爱国情感，维稳形势异常严峻。如何看待中日关系，如何应对日本挑衅，成为大学生高度关注的热点问题。我院关工委按照学校开展维护稳定工作的要求，经过院党委同意，决定组织开展主题为“钓鱼岛主权归属与中日关系”的“焦点论坛”，旨在积极采取措施，变堵为疏，对广大学生进行理性爱国教育，有效引导学生正确认识历史，认清形势，合法、理性地表达爱国情感，维护学校和社会的安全稳定，保证教学工作正常进行。

二、主要做法

（一）“焦点论坛”的准备工作

1.“焦点”的选择与确定

一般情况下，“焦点”是由关工委老同志定期到学生中收集同学们最近最关心的问题，然后整理提炼成为一个核心主题；特殊情况下，院党委也会把认为需要对学生进行教育引导的问题向关工委老同志提出要求，请他们以“焦点论坛”的形式予以落实。主题或焦点的选择既要真正找到学生的“兴奋点”，强调针对性，解决实际问题，也要体现上级的教育引导意图，真正发挥关工委“围绕中心，配合补充”的作用；既要敢于面对热点问题，又要防止挑起学生不适当的关注和情绪。

本次论坛的“焦点”——“钓鱼岛主权归属于中日关系”，既是广大学生最关心问题的提炼，也是应各级党委关于开展维稳工作的要求，从国内外形势入手，以热点为主要内容，引导学生了解真相，理性表达爱国情感。

2. 确定主讲人与主持人

由于选取的“焦点”都是来自学生最关心、最感兴趣的话题，因此现场提问和互动环节的主持人需要很强的现场控制能力。在敢于面对尖锐提问甚至过激言论的同时，要妥善处理提问，特别防止现场群体过激情绪的产生。主讲人和主持人既要引发学生的关注和思考，又要恰当使用“讨论、辩论、争论”等不同的表达沟通方式，准确掌控现场的“兴奋度”。

钓鱼岛问题是一个非常敏感的话题。主旨演讲人（主讲人）必须有丰富的阅历，熟知钓鱼岛情况的来龙去脉，并有相当高的专业权威性和公众认可度；主持人则应具备临场控制能力，且有较高的政治身份和政治威望。本次“钓鱼岛主权归属与中日关系”，“焦点论坛”邀请了离休老同志、中南大学关工委副主任李松仁教授担任主讲；并由从事学生工作30年的学院党委副书记、关工委主任陈玉如担任主持人。

3. 准备、讨论主旨演讲内容以及提问预案

主讲人李松仁教授首先围绕此“焦点”进行学习和研究，在此基础上准备一个1小时左右的主旨演讲；陈玉如副书记也对现场可能发生的突发状况进行了预研和预案工作。在此基础上，担任主讲的老同志和现职领导及相关人员讨论确定主讲人主旨演讲的内容，研判现场可能发生的特殊情况，如错误观点得到拥护甚至过激观点受到喝彩等，对现场可能提出的问题设计回答预案。其他参与的老同志对现场回答交流问题进行大体的分类和分工。

4. 制作主旨演讲课件和通知海报、场地音响等条件准备

“焦点论坛”是由主旨演讲和提问互动组成的活动，因此在主旨演讲环节需要有一份图

文并茂并且能够清楚展现主旨演讲内容的课件，这项工作就由关工委秘书协助完成。

（二）论坛现场

（1）主持人宣布论坛主题和主讲人。

（2）主讲人发表主旨演讲（一般不超过 1 小时）。

本次“焦点论坛”主旨演讲的内容主要分为 5 大板块：①历史回溯。从钓鱼岛争端的由来、日本对我国领土的长期觊觎以及美国“扶日反华”的政策企图等方面阐述钓鱼岛历史，旨在使学生明确“钓鱼岛是中国的固有领土”事实。②现状剖析。分析近年来日本美化侵略战争、参拜靖国神社等一系列严重伤害中国人民感情的事实和当前国际形势的特点，引导学生把钓鱼岛问题放在复杂的国际政治背景和格局中去认识和把握，旨在使学生弄清楚为什么会发生当前这些情况。③中央态度。宣讲我国政府在各种场合的表态以及采取的各种具体的应对措施，强调“洞察全局、理性应对、因势利导”斗争策略的重要性，旨在使学生弄清楚我国政府的应对态度和战略策略以及为什么要这么做。④理性爱国。提出大学生群体应该如何应对日本挑衅的建议。旨在引导青年学生坚持依法、理性表达爱国热情，不做危害我国自身稳定和利益的事，从大局上支持和配合我国政府的立场。⑤未来展望。对当前危机的可能发展和中日关系的未来走向提出自己的看法。强调良好的周边关系对国家的长远利益有好处等方面，旨在使学生明白，在坚定维护钓鱼岛主权的同时，也要客观理性看待中日关系，努力为国家发展营造良好的周边环境。

主旨演讲内容丰富，资料翔实，逻辑严密，观点鲜明，得到绝大多数同学的掌声。

（3）提问答问环节。

此环节是主持人把会前收集到的小纸条问题提炼成一两个核心问题，由事先安排的关工委老同志予以简要回答，作为对主旨演讲的补充。

本次论坛学生事先提出的问题集中在两个方面：“外交部要不要补钙”和“大学生该不该安静地离开”。被师生尊称为“党外布尔什维克”的老同志孙仲元教授负责回答。他先挑明说学生的真实意思是“政府的应对是不是太软了”和“大学生该不该站出来”。他说自己 1931 年出生在东北，出生 4 天就成了“亡国奴”。“亡国奴”的经历留给他的是悲愤和屈辱。他说，日本为什么当年敢于侵略我国，是因为旧中国政府腐败，民不聊生，西方视我们为“东亚病夫”；日本现在又还在不断挑衅我国主权，根本原因是我们还不足够强大，国际竞争和外交斗争靠的是实力不是嘴皮子，我国现在还没有强大到“不战而屈人之兵”，所以，我们还要“有理有礼有节”。他希望学生一定要相信政府能够处理好、维护好国家主权问题。他说，学生还是应该以学为主，学好本事，将来才能报效祖国。非法游行、甚至打砸泄愤，危害国家形象，影响社会稳定，不利于一致对外。新中国成立以来，特别是改革开放以来，在中国共产党的领导下，中国发展非常迅猛，实力逐步强大。只要我们每个中国人都自强不息、团结一致，中国的综合实力不断增强，小日本的挑衅就绝不可能得逞，钓鱼岛就会永远属于中国。

（三）互动讨论环节

所有参与者自由发言，就相关问题发表看法或提出问题。学生们提出的问题一般由老同志予以解答。老同志提出的问题由学生回答。回答者既可以由提问者指定，也可以是“自愿者”。

本次论坛学生提出的问题主要有：中日关系有没有改善的必要？有没有改善的希望？学生应该如何积极配合政府的对日外交斗争？如果老同志现在也是20多岁，会不会上街游行？日本挑衅猖獗，难道我们学生就只能被动地配合或者安静地离开？老同志提出的问题主要有：如果你是国家领导人，你会做出什么决策？你的决策能够实现吗？如何实现？如果武力解决钓鱼岛问题，你知不知道我们有没有这个军事实力？代价会有多大？现在就打下来还是留一段时间等中国强大的时候再解决，哪个方案更好些？如果打仗，你自己愿意上前线吗？你的身体足够健壮吗？非法游行能够阻止日本的挑衅吗？标语和口号怎样战胜敌人呢？打砸日资企业或汽车，谁的损失更大？是中国，中国人，还是日本？

老同志和学生之间还对当时全国部分高校学生举行的反日游行活动等问题进行了“一对一”“一对多”“多对多”的辩论。现场气氛虽然偶有过激言论，但总体十分热烈，表达得很理性。

（四）主持人总结

主持人陈玉如副书记对本次论坛做了总结。他表示感谢李松仁教授和孙仲元教授等老同志的辛苦准备和精彩演讲。他特别肯定同学们积极参与讨论，既敢于表明看法，又表示在行动上与政府保持一致的理性态度，他肯定同学们的爱国热情，相信大家能够把自己的事情做好，为维护稳定和秩序做出自己应该有的贡献。

三、特色与效果

（一）平等与轻松的氛围

论坛采取面对面的交流讨论形式，与我们日常工作中的开会和“形势与政策”等课堂教学相比，讲者与听者更加平等。由于是讨论式，不是一定要强求对方接受和拒绝，学生不易产生反感或抵触情绪，因此，大家都觉得比较轻松。

（二）规范与自由的平衡

每次论坛都有一个主题（我们叫它“焦点”），论坛进行的程序也是固定的，从这一点讲是规范的；另一方面，大家在发表观点和提问环节往往又不一定要拘泥于主题，范围可以适当宽一些，发言和讨论往往交叉进行，这样使得论坛又有了自由的空间。因此，论坛达成了规范与自由的平衡。

（三）教育和疏导的结合

论坛有一个事先准备的、经过反复推敲的中心发言，这个发言的内容和观点实际上反映了我们领导和老师的看法和意图，其本质是一个教育过程；另一方面，在自由讨论中，同学们会把自己的问题和观点讲出来，老同志在回答与讨论的过程中对他们的正确的一面予以肯定，不正确的予以（讨论式）疏导，对过激或有严重错误的观点（争论式或讲解式）予以纠正。论坛起到了教育和疏导的双重效果。

（四）感情和学情的统一

通过论坛，一方面有针对性地对学生进行了教育引导，增进了老少之间的了解和理解，增进了同学们对老同志的感情和尊敬；另一方面，通过学生们的提问和发言，我们也掌握了更多的学生思想动态，便于进一步教育。论坛起到了感情和学情统一的效果。

薪火相传传师生情　老少共话话成长经

大连医科大学药学院关工委

党的十八大提出的实现“两个百年中国梦”奋斗目标赋予了年轻一代光荣而艰巨的历史使命。如何助推年轻一代更快成长，对高校关工委工作提出了新的、更高的要求。

“五老”是党和国家的宝贵财富，他们数十年积累的宝贵人生经验和精神财富，使其具有其他年龄层次的人或团体所没有的特殊优势，是高校人才培养不可或缺的人力资源。我们大连医科大学各级党组织充分调动他们的积极性，发挥他们自身所独有的政治优势、经验优势、威望优势、时空优势和亲情优势，投入到大学生的思想政治教育中，取得了显著成效。

基于此，为深入贯彻落实科学发展观和《中共中央、国务院关于进一步加强和改进未成年人思想道德建设的若干意见》，药学院关工委坚持以学生为本，贴近实际、贴近生活、贴近学生，急党政所急，想青年所需，尽关工委所能，深入开展了“薪火相传传师生情，老少共话话成长经”主题系列活动，努力提高大学生思想政治教育的针对性、实效性，增强吸引力、感染力，积极推动关心下一代工作事业的发展，为助力大学生的成长成才添砖加瓦。

药学院关工委开展的“薪火相传传师生情，老少共话话成长经”主题系列活动始于2011年。活动以资深退休老同志——李淑媛教授为核心，采取易于被大学生所接受的“共话”的形式展开。三年来，作为药学院关工委常务副主任、特聘党建组织员的李淑媛教授，与其他老教授一起以其丰富的教书育人经验，对大学生和青年教师进行“润物细无声”的教育和引导，发挥着作为一名老教师的光和热。活动的具体内容如下：

一、与新生共话——话起点启航

道育桃李，润物无声。大学是人生重要的起点，无论做人做事还是相处、学习都蕴含着深刻的哲理，传承着老一辈的先进思想，延续着老一辈的坚定步伐，用真切的思想感悟心灵、用智慧的眼光看待生活，用积极的态度、科学的理念规划自己的人生。

每一年新生入学，都是李淑媛老师最忙碌的时候，也是最开心的时候。新生力量的加入，每每都会让李老师激动不已，每次她都主动参与到新生的入学教育中来。先后在新生中开展了题为“大学——成长、成熟、成才的阶梯”和“要赢在起跑线上”的共话交流，从多个方面、不同角度向同学们讲述专业发展史和发展前景，鼓励大学生要自律自立自强，学会自我思考、自我管理、自我教育，学习做人做事做学问，努力做到“文化与思想、理论与实践、整体与个性”相互结合，全面发展，在宝贵的青春年华中创造出非凡的成绩。

二、与党员和积极分子共话——话理想信仰

药学院关工委在工作中勤于思考，勇于创新，以学院二级党校为依托，积极开展与党员和积极分子共话理想信仰党课活动。

（1）在以“坚定信念跟党走，同心共筑中国梦”为主题的入党积极分子培训中，李淑媛教授从一名老党员入党的经历和成长历程，以“梦与行”为主题，深刻阐述了共产党员的人生目标与追求，勉励同学们要时刻谨记自己的梦想，在学习中坚定信仰，在活动中升华理想，在实践中勇担责任，践行“中国梦”，做一名追求真理、善于创新、德才兼备、全面发展的优秀共产党员。广大学生党员和入党积极分子在缅怀党的光辉历程的共话中，了解和掌握了党的知识，明确了青年学子肩负的重要使命，对理想、信念和人生有了更深的感悟与体会，提高了自身的党性修养。

（2）在隆重纪念大医张毅教授诞生110周年之际，为进一步深入学习张毅精神，传承大医优良传统，学院二级党校特举办了“学习张毅精神，坚定信仰，执着追求”主题党课讲座。李淑媛教授作为张毅教授的研究生，满怀深情与大学生们共话她的恩师——大医张毅。她从点滴小事说起，真实地解读了张毅教授忠于祖国、心系教育的爱国精神，细致阐述了学习张毅精神，传承大医优良传统的时代意义。她亲切、生动的语言让同学们对张毅教授的一生有了进一步了解，对大医张毅精神也有了更深入地理解，激发了大学生们“学张毅”“做张毅”的斗志，更是以身作则教会学生们什么是传承，怎样传承，传承老一辈的光荣传统和精神，为激励一代又一代大医人不断进步做出了自己应有的贡献。

三、与实习生共话——话求知责任

完成基础课程的学习，即将进入临床进行专业实习的学生，时刻牵动着关工委老师的心，有太多的话要嘱咐，有太多的事要安排，为此，在药学院主持召开的“绽放药者华彩·开启全新征程”的主题实习动员大会。关工委主任杨晓丽老师用“外塑形象、内强素质”的高度概括实习动员大会的精髓所在。她嘱托同学们在实习过程中要树立集体意识和大局意识，服务意识和形象意识，要提早作好规划，善用有利资源，适时把握机遇，遵守实习守则，恪守医德，确保实习任务圆满完成。

李淑媛教授则以“以德为帆，驾知识之舟，驶向成功的彼岸”为题，告诫学生们要注重培养“四种意识”，正确处理实习阶段的“三个第一次”，引导学生正确处理好“三个关系”，做到实习与考研、就业三者应协调统一；要“多看、多思、多问、多干”，充分利用实习提供的有效资源和为患者服务的机会学习和历练自己，在掌握基本知识与基本技能，提高独立工作的能力的同时，不断增强人际沟通和交往的能力。其睿智、充满哲理的话语令学生们深深感受到老专家、老教授对下一代成长成才的关心与期望。

四、与毕业生共话——话使命担当

（一）尊师教泽，启育未来——毕业生最后一课

李淑媛老师作为学生们大学期间最喜欢的老师之一，应广大毕业生的要求，李淑媛教授

为即将离开学校的学生上了一堂特殊的人生之课。她用自己丰富的人生阅历告诉毕业生们应该如何正确对待自己，如何正确地看待社会。“生命所系，性命相托”“社会有机遇也有挑战，有成功也有失败”“无论走到哪里，都要勤勤恳恳地努力，一分耕耘，才有一分收获，要懂得感恩，学会担当。”一份祝福，两句叮咛，三点希望，老师质朴的话语成为学生临行前最好的祝福，更是人生新起点的重要航标。毕业是成长成才道路上的重要蜕变，告别了青涩和稚嫩，面对更加真实的社会与人生。这最后一课将成为学生走向新的人生征途的起点，激励他们在社会的大浪潮中飞得更高，走得更远。

（二）笃定梦想，携药起航——毕业生毕业典礼

毕业典礼对于所有毕业生来说不仅是一个仪式，更是对于大学生活点滴的沉淀，对于未来生活的一种思考。这个时候，师长的一句鼓励，一个祝福，一份牵挂，可以让学生更有信心去迎接未来的每一天。李淑媛教授深谙这个道理，在每年的毕业生离校的系列活动中，都要抽出一定的时间，参加学生的活动，深情寄语毕业生。她的讲话铿锵有力，她鼓励学生们要永远保持信心，时刻树立新的目标，用一颗感恩的心面对未来的所有挑战。

（三）与青年教师共话——话教书育人

近几年，药学院青年教师人数大幅增加，且来源呈多元化趋势，他们的成长需要更多的指导和帮助。学院通过新老结对、说课比赛等多种方式激励青年教师的发展。开展老少共话活动以来，学院关工委能够以“青蓝工程”为依托，积极实施青年教师的“传帮带”。在与青年教师的共话中，李淑媛教授以其自身的经历勉励青年教师要严守师德，重视教书，注重育人；要善于研究，勤于思考，投身科研；要对教育充满热爱，对学生抱以爱心，对工作投入热情。通过交流，青年教师进一步明确了努力方向，明晰了肩上的责任，对自身的健康成长起到了积极的促进作用。

五、活动的成效

药学院关工委开展的“薪火相传传师生情，老少共话话成长经”主题系列活动至今已有3年多了。通过在实践中不断地完善、总结和提高，体现出“全面化、全程化、全员化”的特色，从本科生、研究生到年轻教师，每个人均受益颇深。在实际工作中，具有较强的操作性和重要的借鉴价值。

在学院关工委老少共话活动的推动下，药学院的学生崇德尚学、尊师守纪、争先创优的良好风貌逐步形成，同学间你追我赶、互帮互助蔚然成风。3年来，学院共有27个集体、142人次获得辽宁省、大连市以及学校的各种荣誉奖励，229人次获得国家、辽宁省、学校及其他各类奖学金。学院的青年教师深化课堂教学模式改革，深入科研一线，深入了解学生需求，既教书又育人。学院多次被评为大连医科大学“先进关工委”“先进集体”“优良学风先进单位”与“就业工作先进单位”；学生党支部被评为大连医科大学“特色党支部”等。

大学是人才成长的摇篮，大学生是实现中华民族伟大复兴的中国梦的生力军。关爱大学生成长是全社会全校的共同责任，也是药学院关工委义不容辞的神圣使命。药学院关工委将始终坚持立德树人主线，为药学院的发展壮大和大学生的健康成长做出新的贡献。

老少共话“中国梦”

桂林电子科技大学关工委

为深入学习宣传贯彻党的十八大精神，引导广大学生为实现国家富强、民族复兴、人民幸福的伟大“中国梦”而发奋学习、不懈奋斗，根据《关于印发〈全区各级各类学校深入开展“我的中国梦”主题教育活动方案〉的通知》（桂党高工宣〔2013〕10号）要求，2013年5月初桂林电子科技大学面向学校15个本科学院发出《关于开展“我的梦·中国梦”主题班会活动的通知》。桂林电子科技大学关工委主动配合学校的部署，于在5月中旬组织了29位“五老”，分别参加了各学院本科生班级开展的“我的梦·中国梦”主题班会教育活动，与大学生一起共话“中国梦”。

活动开始之前，校关工委根据各学院的实际情况，挑选出29名“五老”，他们有的是老专家、老教师，有的是老干部、老模范，有的是老战士（原西安军事电信工程学院教员），都是我校“五老”队伍的中坚力量。校关工委专门召开动员大会，要求参加本次活动的“五老”以主题教育活动为契机，结合大学生思想实际及各学院的学习特点，对大学生进行社会主义核心价值观教育、理想信念教育，促使他们自觉树立与时代要求相适应、与社会主义事业相一致，与中国发展相协调的梦想，以“我的梦”筑牢中华民族伟大复兴的“中国梦”。

这次主题教育活动从2013年5月中旬持续到6月下旬，全校所有本科生班级全部参加。“五老”参与的主题教育班会接受教育的学生将近5891人。29名“五老”都积极投身到这次活动中。

主题班会活动主要由学生组织。大学生们围绕主题精心地策划。有的班级将班会活动分几部分进行，形成系列活动，邀请“五老”参加其中部分活动；有的班级以主题报告形式开展，或请老同志做主题报告，或请“五老”针对提问作相关解答；有的班级以座谈会形式开展，邀请“五老”参与座谈等。班会的表现方式也多种多样，有的通过幻灯片演示、视频播放等形式作为开场；有的在班会进行中，切合主题插入生动活泼的诗朗诵、小合唱等表演形式；有的通过游戏表达主题思想等；还有的班级倡导给未来的自己写一封信或在梦想横幅上签字，以督促和践行未来的圆梦行动。不少班级还组织了专门人员对整场活动做视频记录。主题班会开展得丰富多彩，有声有色。

参加主题班会的“五老”以自身优势教育、启发、引导大学生明白做人道理、明确人生目标、坚定理想信念。他们结合自己年轻时曾有过的“梦”以及如何圆“梦”的经历，引导大学生们认识“我的梦”与时代精神，与社会主义事业，与中国发展的关系，以“我的梦”筑牢中华民族复兴的“中国梦”。大学生们在发言中，与老前辈们交流自我规划及个人梦，讨论寻找“我的梦”的实现途径，探求成才的道路。展现了“老少共话中国梦”的美好场景。

这次主题班会活动中，老同志以报告、座谈、回答学生问题、解疑释惑、畅谈自己认识体会、感悟等多种形式，积极引导大学生践行社会主义核心价值观，坚定理想信念，收获颇多。

一、引导大学生认识“中国梦”与“我的梦”密不可分

通过主题班会教育让大学生进一步了解了中国近现代史和中国共产党的奋斗史，使他们懂得“中国梦”是近代以来中国人民的渴盼和追求；让大学生懂得了“中国梦”的实现需要一代又一代人的艰苦奋斗，他们肩负着重大的历史使命；使他们知道了走中国特色社会主义道路才能实现“中国梦”的道理；使大学生明白了要把个人的理想与“中国梦”的大目标联系起来。

二、活动形式新颖，极大激发学生创造性

主题班会活动上出现梦想墙、求职现场模拟、给未来的自己写信等形式新颖的活动方式，较常规班会有了很大的创新。“五老”参与学生主题班会活动的形式，在很大程度上激发了学生的积极性和创造性。

三、老少党（团）支部共建得到促进和发展

老少党（团）支部共建通过这次主题班会活动得到了促进和发展。离退休党委的各支部（8个支部）与学生党团支部开展了共建活动。如生命与环境科学学院学生党（团）支部与离退休党委第四支部：商学院学生党（团）支部与离退休党委第六支部，不但举行了隆重的结对共建仪式，还连续开展了两次活动，分别是“老少共话十八届三中全会精神”和“参与商学院电子商务专业学生党团支部组织发展”。

四、“五老”优势得到充分发挥，老少双赢

此次主题班会活动使得“五老”优势得到充分发挥。“五老”是关工委工作的主力军。我校“五老”参与学校组织的主题活动，既激发了老同志的积极性，又充分发挥了老同志的政治优势、经验优势、威望优势、时空优势和亲情优势，发挥了独特的、重要的作用，也为我校关工委今后开展主题教育活动积累了一些经验，锻炼了“五老”队伍。

举办“老少共话中国梦”系列活动

长江师范学院关工委

深入开展“老少共话中国梦”活动，是学习贯彻党的十八大精神的重要举措。长江师范学院党委高度重视关工委工作和“五老”作用的发挥，引导激励广大离退休干部为实现“中国梦”贡献智慧和力量。我校政管院特聘组织员、老教授、学生党支部书记余文模，于

2013 年 3 ～ 7 月，引导组织学生开展了一系列“老少共话中国梦”的系列活动，取得了可喜成绩，在校内校外传为佳话。

一、校地合作，“老少共话中国梦”

2013 年 3 月 22 日，政管院学生党支部在党员活动室召开座谈会，畅谈学习习近平总书记“中国梦”的重要讲话精神。座谈会由政管院学生第一党支部书记余文模教授主持。学校关工委主任刘国方，秘书长黄仲慧，中共李渡街道办事处政法支部书记刘永、农林支部书记刘广金、党政支部书记张滋福、建环支部书记胡国义、社事支部书记钟良兵和政管院学生第二党支部书记孟超等出席了座谈会，学生党员和入党积极分子 30 多人参加了座谈。

大家紧紧围绕什么是“中国梦”和如何实现“中国梦”开展了座谈。老同志刘国方首先发言，他说，“中国梦”是我们每个人的“梦”，我们只有从一点一滴做起，才能最终实现“中国梦”。紧接着有 10 多名学生党员发了言。与会支部书记也谈了自己的感想。会议气势热烈，达到了老少共话“中国梦”的目的与效果。

二、倾情上演，“老少共话中国梦”

5 月 19 日晚上 7：00，政管院举办欢送毕业生文艺演出，老少共话“中国梦”。出席晚会的有学校副校长戴玄，新闻中心主任冉建红，政管院党总支书记朱家明、副院长葛天博、副院长邓清华、党总支副书记邱有华，学生党支部书记余文模教授以及全院师生 800 多人。

晚会围绕“中国梦”的毕业主题，通过“忆往昔，峥嵘岁月”“看今朝，风华正茂”“待明日，争创辉煌”3 个篇章，贯穿着毕业学子为实现“中国梦”4 年奋斗的历程。最后师生同台高歌“中国梦，我的梦”，表达了高校学子为实现“中国梦”而奋勇高歌的情怀。

三、主题演讲，“老少共话中国梦”

6 月中旬，余文模教授组织政治学与行政学专业 2010 级学生 55 人利用“演讲与口才”课开展主题演讲活动，师生同堂共话“中国梦”。这次活动学生递交演讲稿 55 件，登台演讲 17 人，使每个学生受到了一次深刻“中国梦”教育。

演讲共分为两个环节：第一环节是“狭路相逢”自由演讲，同学们紧密联系中国革命的艰苦曲折道路，通过谈体会、讲故事等形式表达了学子们对党的敬仰，对蒋介石反动派的憎恨，歌颂了人民的胜利和幸福生活。第二环节“剑拔弩张”命题演讲，学生随机抽取演讲话题，各位学生面对话题迅速做出反应，且均能贴合话题娓娓道来，展现出了当代大学生良好的心理素质及临场应变能力，赢得了在场阵阵掌声。整个活动自始至终围绕“中国梦”而展开。

四、深入乡村，“老少共话中国梦”

7 月 4 日到 9 日，政管院组织学生 100 多人分为两个团队深入武隆县长坝镇和李渡街道办事处 19 个村社开展“三下乡”和“专业实践考察”活动。这次活动的主题是：“中国梦，我的梦”，老少共话“中国梦”。

参加这次活动由政管院党总支书记朱家明，学生第一党支部书记余文模教授、学生第二党支部书记孟超和学生第三党支部书记李武亚带队，先后走访慰问了武隆县长坝镇敬老院，深入大元村和致远村等20个村社，慰问五保老人30多户，为他们送去了大米、食油等生活用品，为老人和社区群众文艺演出两场次；参加社区生产劳动一个上午，整理环境卫生3个小时，清理垃圾20多挑，100多人次；帮助留守儿童30多人，赠送书包、铅笔文具30多件；召开老少共话“中国梦”座谈会和宣讲会20多场次，参加人员1000多人。

通过这次活动，同学们十分感慨地说，对于“中国梦”，其实，你看到的就是你想到的，你想的，就是你所亲身经历的；实现“中国梦”，首先要实现农村的“富裕梦”。

通过上述系列活动，一是师生的认识提高了。大家一致认为，伟大的梦想，源于现实的土壤，实现民族复兴，是无数中华儿女的百年梦想。对于“中国梦”的实现，增强了信心。二是能把“个人梦”融入“国家的梦”。系列活动中广大党员、学生都从国家的梦，人民的梦，单位的梦，个人的梦联系起来认识、对待，从现在起就要学好专业知识，练好本领，打好基础，将来出社会更好报效祖国。三是特别是学习了习近平总书记关于“中国梦”的深情阐述，再度引发了中华民族对自身光荣、责任、使命的热切关注，激发了中华儿女走伟大复兴道路新的自信。四是老同志一致表示，中国梦是全民族的梦，虽然不在工作岗位上，也要充分发挥余热，贡献自己的智慧和力量。老同志深情地说：“我们要追逐的梦就是国家富强，身体健康，心情舒畅，生活幸福，家庭社会和谐！”

“1 + 1 + N”老少共话模式　坚定青年信仰

四川理工学院建筑工程学院关工委

建筑工程学院是二级学院，有3000多名大学生。近几年来，社会生活、社会组织形式和就业方式等方面的巨大变化，对大学生思想信念产生了极大冲击。我院关工委先后对全院学生进行两次调研发现，由于高校政治思想教育脱离社会现实、传统的教育模式脱离了学生为主体的前提、教师的示范作用缺失及网络文化产生的副作用等，使大学生群体呈现四大问题：一是部分大学生精神空虚，信仰缺失，以“事不关己，高高挂起”的虚无主义生活态度对待生活和事业，过着“无兴趣、无所谓、无意义”的空虚精神生活；二是部分大学生信仰盲目，摇摆不定，从入党积极性就可以看出，从入学时的积极要求，到后来的质疑、徘徊，再到最后的消极放弃；三是部分大学生信仰功利，虽有理想信念，但把理想和拜金主义、功利主义、实用主义、个人主义联系在一起；四是甚至有的大学生产生了宿命论思想，把社会进步、个人成功的希望都寄托在宗教上。

面对新形势下出现的新问题，自2010年9月建筑工程学院二级关工委成立后，学院关工委充分借助关工委老同志在大学生思想引领上的优势。逐步走出了一条“1 + 1 + N”（即：

学院关工委3位老同志分别与1个学生党支部、1个学生班级和N个“困难”学生结对帮扶）老少共话模式，坚定青年信仰的新路子，为学院加强学生思想引领做出极大贡献。

我们的具体做法是：

一、结对一个学生党支部，辅助党支部建设

学院关工委3位老同志分别与1个学生党支部结对子，积极配合学院教育主渠道，深入到学生党员和入党积极分子中，采取多种形式开展中华民族优良传统教育、中国革命传统教育和理想信念教育，帮助他们树立正确的世界观、人生观和价值观。4年多来，关工委老党员对学生党员和入党积极分子进行党课教育近40次，分别对入党积极分子进行了“端正入党动机，实现入党愿望”“入党是一个学习的过程”等的教育，给党员讲了“重温入党誓词，发扬先锋模范作用”“学党史，增强大学生的使命感和责任感”等内容的党课；组织党员和入党积极分子共同学习了《十二五规划纲要主要内容》《胡锦涛同志“七一”讲话的主要内容和学习体会》《深入学习十八大精神》等报告。

关工委老党员还通过对党支部所属各班级的走访了解，深入党员和入党积极分子中间，发现了支部存在党员模范带头作用不强、支部联系服务群众不够紧密等方面突出问题。关工委老党员针对一系列问题，积极联系支部党员干部，主动找党员干部谈心，分享入党这么多年来的心得，用许多鲜活的实例，勉励党员，要时刻以党员的标准严格要求自己，并发挥党员的模范带头作用，用自己的行动影响他人，践行入党时的誓词。

二、结对一个学生班级，创建和谐班级

学院关工委3位老同志还分别与1个学生班级结对，在协助辅导员老师抓考风考纪、学风建设和创建优秀班集体方面起到了积极作用。4年来，关工委老同志在班级建设中，做了大量的工作。他们围绕狠抓班风学风建设，开展创建优秀班集体活动，指导帮助同学们举办了“团结一心，群策群力，创建优秀班集体”“新青年、新生活、新风范”和“喜迎十八大”等主题活动。他们召开了学习经验交流会，组建了互帮互助小组，推动了寝室文化建设，组织了小型多样的文体比赛。通过丰富多样的活动，使班集体凝聚力大为增强，班风学风发生显著变化。学院关工委还配合学校做好毕业生就业服务指导工作，有针对性地进行思想教育工作，通过宣传国家有关方针、政策、法规，引导大学生正确对待就业，增强大学生基层意识和创业意识。经过多方面努力，班级建设取得可喜成绩。以关工委老师结对的给排水09级1班为例。该班从大一时的“三多”班级（挂科多、旷课多、矛盾多），到大四转变为四川理工学院优秀班集体。该班毕业时，42名学生中共有党员22人，其中正式党员8人，共有16位同学获得过奖学金，4人顺利考上硕士研究生，2位同学分别考上公务员和边防武警，9名同学被评为优秀毕业生。

三、结对N个“困难”学生，感化困难学生

建工学院关工委配合学院相关部门，开展“一帮N结对子”爱心帮教活动，加强“困难”学生身心健康教育（即关工委老同志每人定向帮扶几个困难学生，对思想行为有偏差、

学习有困难和生理心理有缺陷的“困难”学生给予特别的关爱。）关工委老同志在思想上、学业上、生活上给这些学生提供关爱和帮助，使这些困难学生在亲情温暖中得到感化和转化，取得非常好的效果。截至目前，已定点帮扶了 13 名“困难”学生，切实解决了他们的困难。如土木 08 级 4 班代某（因母亲在“5・12”汶川大地震中不幸遇难，导致她性格孤僻，消极学习）、工管 10 级蔡某（原支部支委，因工作方法单一、沟通能力不强，支委改选时落选，心情抑郁）、07 级土木冯某（原四川石室中学学生，因高考未考上理想的大学，在大学里自我放弃，无心学习，成天在寝室睡懒觉）、07 级土木罗某（家庭条件优越，沉迷网游，不思进取，累计挂科达 23 科），他们与关工委同志结对后，关工委同志多次耐心地与其交流思想，在生活上给予其父母般的关爱，在学习上给予更多鼓励指导。最终，这些同学在关爱下，走出成长的阴影，顺利完成大学阶段学业。这些鲜活的案例充分体现了老同志对青年关爱的力量，这种力量是普通教育无法解决的。

4 年来，建筑工程学院关工委按照上级关工委的部署，求真务实、勇于创新、开拓进取，在实践中总结经验，探索规律，使学院关心下一代工作取得了明显成效。

一、老少共话，发挥老党员示范引领作用，党建工作上新台阶

建工学院关工委充分发挥老党员的示范、引领作用，激励大学生党员事事争先进、处处做表率，真正发挥党员的先锋模范作用，推进建工学院学生党建工作。4 年来，建工学院递交入党申请书的人数由 2010 年的 62% 上升到了 73%，入党积极分子人数由 58.5% 上升到了 69%。在严把“质量关”的前提下，党员率从 16.8% 升为 19.5%。先后有 2 名党员被授予省级荣誉称号，6 名党员被授予校级荣誉称号，2 个学生支部被学校党委授予“先进党支部”等光荣称号。

二、老少共话，尊重大学生教育主体地位，班级建设结硕果

“90 后”大学生大多数都有很强的自尊心和上进心，强烈地关心自己的前途和命运，渴望自我完善和自我实现。通过关工委老党员与学生平等对话，尊重了大学生在高等教育中的主体地位，给予了大学生个性展示平台，使大学生积极、主动参与教育活动，创建了和谐向上的班集体。4 年来，学院关工委对口联系的学生班级学生旷、缺课比例控制在 2% 以下，班级晚自修率保持在 60% 以上。毕业生的就业率均达到了 98%，先后有 100 多人次获得校级及以上奖励，85 名学生在校内各级学生组织担任主要职务。8 个班次被评为学校“先进班集体”和“先进团支部”，3 个班级荣获四川理工学院“十佳班集体”称号。

三、老少共话，深入大学生内心世界，困难学生被转化

学院关工委老党员经常与困难学生沟通，了解困难学生内心，用知识去引导学生，用理想去激励学生，用亲情去感化学生，使困难学生感到温暖，感受真爱，帮助他们树立正确的人生观、价值观。在关工委老一辈党员艰苦奋斗、严谨治学的精神感染和带动下，共有 5 名思想行为有偏差的学生、4 名网瘾学生和 4 名学习困难学生被成功感化，在关爱中健康成长。

青春牵手夕阳红　共谱互助关爱歌

——记关心老一辈工作委员会

新疆石河子大学关工委

为进一步弘扬尊老敬老的传统美德，充分发挥“五老”的言传身教作用，2013年我们石河子大学成立了“关心老一辈工作委员会”（简称“关老委”），从而实现了关工委与“关老委”的有效对接，相互合作，共同进步，实现了老少共建、老少共话、老少共进的和谐校园。

一、石河子大学“关老委”简介

（一）成立背景：老吾老以及人之老

据统计，2020年，我国老年人口将达到2.4亿人，占总人口的17.17%。从社会范围内看，对“中国大妈”、老人摔倒扶不扶的争论，使得社会集体敬老意识受到冲击；从大学范围内看，一阵风似的敬老院关爱老人的模式，使得很多敬老院不堪其扰。为使老一辈们充分感受到关怀，石河子大学走出了一条新的敬老模式：长期、点对点、双向关爱模式。首先针对大学退休教师开展“一对一”或者“多对一”的双向关爱：大学生志愿者们深入老教师家中，开展结对互助的长期志愿服务，主要从事生活护理、精神关怀、情感陪护等，同时老一辈为大学生们提供人生导航、生涯规划等。

（二）工作模式：幼吾幼以及人之幼

“建立忘年友谊，传授人生经验、关怀学生成长”，是石河子大学老教师对于年轻人的工作誓言。为了固化校“双向关爱”活动成果，已有109对结对老师与大学生志愿者签署了承诺书，承诺：大学生志愿者在校期间与结对离退休老师开展长期化、常态化的志愿服务，离退休老师承诺帮扶结对大学生志愿者。

二、石河子大学“关老委”与“关工委”的工作实践

（一）老教师为青年大学生提供人生导航

石河子大学充分发挥“全国五好关工委先进集体”的强大资源，将之于“关老委”全面合作，重点发挥老教师的余热与资源。对于当代大学生，教师“言传身教”的作用不可忽视。退休教师作为教育者不仅“言传”，而且还结合自身丰富的阅历“身教”。这样的榜样示范作用是强有力的教育因素，具有强烈的感染性、连续性和广延性。

1. 融情教育

“双向关爱”不仅让退休教师的晚年生活充满新的希望，更让大学生在结对关爱的过程

中学会做人、学会成长。在结对互助的生活中，经常会听到：

“最近家里怎么样？给父母打电话了吗？”

“最近物价又涨啦，不要给我们买东西了，要学会省钱，孝敬父母。”

“听说你还带了份家教，要注意路上安全，不要太累了。”

诸如此类关心的问候，缘于退休教师对于志愿者真挚的关爱，也让每个志愿者从中体会到了从点滴小事做起，关心家人、努力学习，逐步形成良好的道德品质。

2. 学业辅导

对学习上存在困难的学生个别辅导答疑，对学有余力的学生进行竞赛辅导，让退休教师虽离职位但不离专业。学生亲切地称呼这些老师为学业和人生的“第二导师”。

退休教师赵俊龙说“双向关爱活动，顺民意，和民心，为离退休教职工做了一件大好事，对老同志来说乃一大幸事！全体退休教师将继续不遗余力地在科学研究、教学、督导等方面工作发挥余热。”退休教师钻研专业的认真，对待学术的严谨，感染着每一个志愿者，进一步提高了学科教学质量，提升了学生的综合素质。

3. 经验传授

历尽沧桑、在无数经验教训的不断积累中，人才能真正发现其真谛，感悟生之意义。退休教师们在他们的人生旅途中，也积累了丰富的生活经验、社会经验等。他们多是当年凯歌进新疆的一代人或是“红二代”，他们经历了兵团屯垦的艰苦岁月，有很多坚韧的品格值得学生好好地学习。

同时，他们还将生活细节的经验也传给了学生。诸如：

“煮抹布的时候在水里加一点醋，既可以消毒，煮出来的抹布也不会硬。”

“挑西瓜的时候为什么要拍拍西瓜呢？因为随着西瓜的成熟振动的频率逐渐下降，拍出的声音就会越闷。”

在与退休教师结对互助、沟通交谈中，老人们将自己的所学、所思、所记都通过生活的点点滴滴渗透给了学生们，他们所积累的经验是一笔宝贵的财富。

（二）大学生为老教师提供志愿服务

退休教师家中子女多不在身边，随着年龄增大，外出活动也相对减少了，人际关系逐渐变窄，随之导致了精神生活的贫乏，诸如此类，现象严重影响了老年人的身心健康。“关老委”通过实际行动，立足当前实际，紧跟时代步伐，为退休教师们提供多渠道、全方位的服务。

1. 亲情沟通

寒冷的冬季，大学生志愿者亲手编织围巾赠送给退休教师。

“爷爷，下雪天冷了，这是我为您织的围巾，我给您戴上，祝您身体健康……”

“很暖和，谢谢你啊。”

围巾并不昂贵，但是却以实际行动弘扬了尊老爱幼的传统美德，并温暖了老教师的心，让他们的冬季不再寒冷。

如此温暖的一幕幕在每个结对退休老教师家中时时发生：

“奶奶，今天测的血压是多少啊？我今天有实验，估计做完会比较晚了，明天再去看您。”

"好好，今天血压正常着呢，你就安心做实验，按时吃饭啊。"

短短的对话，或许会让人以为是一对祖孙在聊天，但实际是大学生志愿者和结对互助的退休教师的对话，一份小小的关爱，融化了退休教师的孤寂。

2. 定期体检

通过定期与学生志愿者座谈，了解结对老教师的情况以及亟待解决的问题，发现初期的"双向关爱"活动让每一位退休教师在情感上得到了关爱，但是同学们普遍反映，应该更注重老教师的身体健康，于是关老委联合医学院专业学生定期开展为退休教师身体检查活动。医学院志愿体检服务队成员表示："这些爷爷奶奶把他们的青春献给了这所美丽的大学，如今他们退休了，我们在享受这舒适的学习生活环境的同时，能做的就是发挥所长，每月定期为他们做体检，让每一位老教师健康、快乐每一天。"定期体检进一步增强了"双向关爱"活动的实效性，让退休教师不出家门就可以做体检，也让大学生从中体悟得到了愉快、幸福和满足。

3. 追求新知

退休教师大多出生在旧社会，成长在新中国，他们的思想观念、思维模式甚至生活习惯，大多与中青年之间存在很大的差异。而退休教师虽然脱离了工作岗位，但是他们非常渴望依旧能够与时俱进。

"小王同学，你看我用你教我的办法，今天用电脑浏览了新闻，确实快！"

"是呀，现在浏览信息大家都用网络，您要是有时候没看上，或者看了还想继续看，网络都可以实现。爷爷，我记得你说想听孙子说话了，那想不想看看孙子是胖了还是瘦了呀？"

"想想，我当然想了，这个网络也可以？"

"当然了，来我来帮您实现这个愿望！"

很多老人都有这样小小的愿望，大学生志愿者在走进退休教师，关心他们日常生活的同时，更注重老人们的精神需求，通过教会他们使用电脑、网络，引导他们的思想不落伍，跟上时代步伐，寻觅获得幸福的更多途径，更好地融入现代社会中，争做新时代的"求知"老人。

三、石河子大学"关老委"工作的成效

（一）将敬老长期化、定点化

通过开展关老委敬老活动，将短期、扎堆敬老活动转化为长期定向关爱活动，并建立长效机制。在关老委的支持下，实行由校内"双向关爱"向石河子社区辐射，做到学生为老人提供生活服务，老人为学生提供寻梦导航。

（二）将关爱双向化、情感化

通过开展"关老委"敬老活动，提高老年人的精神文化生活质量。"关老委"有组织、有计划地通过多形式、多渠道，最大限度地满足退休教师的精神需求，发挥退休教师的余热，让老人时时被"温暖"所包围，让学生处处被"恩情"所感染。

（三）将服务细微化、具体化

通过开展关老委敬老活动，寓教育与生活之中，从而避免了"高、大、全"的标准，从

身边小事做起，贴近当代大学生的现实生活；提升了大学生的服务意识和思想觉悟，培养了大学生的组织观念，增强大学生的政治责任感和使命感。

石河子大学“关老委”以学校为基点，以家庭为依托，整合校内外的资源，做到“家校”互动，使学校、退休教师、大学生共同承担传承中华民族传统美德教育的重任，点面结合，纵横交错的多层次、全方位的工作网络，增强了大学生的责任感、感恩意识，并使之成为大学生不断前进的源动力，也成为我校“五老”工作的一项品牌与亮点。

第九辑　帮困助学

有爱者善终成　五年公益做慈善

华中农业大学关工委

“阳光家园”是华中农业大学关工委指导帮助下的一个自发形成的群众团体，其主旨是为拥有爱心的师生员工搭建一个帮困助学的平台，为贫困大学生及困难教职工提供帮助，为构建和谐校园、和谐师生关系、和谐社会添砖加瓦。

5 年前，原华中农业大学副校长阮桂美和退休教职工肖琼玲、刘敏等人萌生了一个念头：办一个服务本校贫困生和空巢家庭老人的爱心组织。2007 年，在学校的资助下，解决了办公场地和一些必要设备。几位老同志商定了工作方案，志同道合的人率先组成了家园的志愿者团队。2008 年 12 月 10 日，华中农业大学关心下一代工作委员会下属的“阳光家园”正式揭牌成立。

5 年多来，阳光家园的成员已由最开始的几位离退休老同志，逐步发展了更多志愿者和团体的参与，成为以“让关爱成为一种习惯，并影响身边的每一个人”为理念，感召更多爱心人士做“慈善事业”的群众组织；家园服务项目也由最初的募捐衣物、帮助校内孤寡老人到募捐善款、开办阳光超市、建立爱心慈善基地、参与“物回宝”等多项公益项目；家园服务资助对象也由校内贫困生和空巢老人，逐步走出校园，面向社会做慈善公益活动。主要是：

一、募捐衣物

“阳光家园”的工作是以志愿者的身份，从募捐衣物开始的，“阳光家园”拟定了《物品募集与管理办法》《志愿者招聘办法》《志愿者责任与义务》等管理规定，并制定了志愿者值班制度，每周一至周五安排两名志愿者值班。值班人员都尽职尽责，对收领物品及时登记造册，并对部分物品清洁、整理和消毒。

“阳光家园”得到了校宣传部门和学工、团委的大力支持，招募志愿者和联络需要帮助的对象。每年志愿者都保持在 50 多人（其中教职工 30 多人，学生 20 多人）；5 年来，家园共募集衣物 30000 多件，图书 2000 多册，这些衣物和图书一部分放在“阳光超市”，以 1—5 元的价格义卖给我校贫困学生，一部分过旧的衣服送往“物回宝”，大部分衣物和书籍送往贵州、福建、湖南等我校大学生支教地区、寄往甘孜地震灾区、甘孜色达县泥朵乡小学、四川石渠县孤儿院、云南西双版纳勐海县布郎山乡九义学校、英皇慈善养老中心等贫困和受灾地区。

二、募捐善款

阳光家园的善款筹措渠道有三：一是直接来自学校师生的募捐；二是来自“阳光超市”的义卖；三是来自慈善总会的善款。5 年来募集善款共计 74000 多元。这些善款一部分用于资助我校困难大学生，一部分上交湖北省慈善总会。

2011 年 4 月，我校园艺林学学院 0801 班陈天天同学患有急性白血病，生死攸关，对于家境贫穷的一个农村孩子来说，几十万元的医疗费就是天文数字。“阳光家园”得知这一消息后，联系园艺林学学院在全校范围内开展向陈天天同学捐款的活动，并主办募捐晚会，“阳光家园”志愿者主动捐款共计 4600 元。“阳光家园”还决定将阳光超市当年募得的 2000 多元作为爱心款捐出。同时，“阳光家园”积极与陈天天所在院系、校团委联系并准备材料，及时向湖北省慈善总会提交书面申请。经过多次与慈善总会沟通，最终为其争取到 20000 元医疗救助款项，中央电视台为此也作了现场采访。

三、开办阳光超市

“阳光家园”在省慈善总会的支持下用一年时间完成了阳光超市的选址和内部装修工作，于 2011 年 3 月正式开业。“阳光家园”的志愿者将募集到的衣物被褥或用品清洗、整理、消毒后在“阳光超市”义卖给学生，使贫困学生及时方便地得到他们所需的物品，解决他们的一时之难，同时将义卖所得，用于贫困学生的资助。

四、从“结对服务”到“爱心小屋”

关爱老人是中华民族的美德，“阳光家园”开办以来，先后与 10 多个空巢老人的家庭结对，并为学校有困难的人员和家庭提供帮扶，根据帮扶家庭要求，以定期或不定期方式上门提供生活上的帮助和精神上的慰藉，几年来结对家庭的志愿者都坚持的非常好，得到了帮扶家庭的好评。

“阳光家园”在立足做好校内关爱工作的同时，不断扩大校外影响和帮扶工作。“爱心家园”在省荣军医院建立了关心孤寡老人的爱心基地——“爱心小屋”，目前爱心小屋项目固定志愿者有 13 人，参与志愿者活动 30 多人次，每年多次组织志愿者前往荣军医院送去衣物，探望老人，老人们不仅身体感到温暖，重要的是得到了精神上的慰藉。

五、参与“物回宝”爱心基金行动

2013 年，“阳光家园”积极配合“物回宝”爱心基金行动，一方面号召广大师生员工、居民朋友，可用衣服待收集清洗整理后，捐给需要的困难群体，废旧衣物家园帮助送往“物回宝”，每公斤捐赠 5 角钱给“物回宝”爱心基金，用于支持湖北省的慈善事业。另一方面也组织了学生志愿者到社区去收集闲置衣物近千件，为省慈善总会募集爱心基金。该项目为广大在校大学生提供了社会实践和互动学习的平台，提供了参与公益慈善活动的机会。

5 年多的慈善历程，阳光家园得到了来自学校领导、各职能部门和广大师生员工的大力支持，现已有固定志愿者 50 多人，发展募捐衣物、募捐善款、开办阳光超市、建立爱心慈善基地、参与“物回宝”等多项公益项目，受益群体也从校内扩展到社会所有需要帮助的人们，真正实现了家园“帮助别人，快乐自己”的公益理想。

“阳光家园”志愿者的默默付出也得到了校内外广泛的关注和褒扬，2009 年被选为校园媒体关注团体，南湖新闻网、新华网、中央电视台等多家媒体机构也相继给予报道，使得“阳光家园”的爱心理念和善举得到更大范围的播撒。

2013 年 12 月 5 日，国际志愿者日，也是中国青年志愿者行动 20 周年的日子，包括阳光家园志愿者在内的华中农业大学 2 万多名志愿者收到了一份来自中南海沉甸甸的礼物。中共中央总书记、国家主席、中央军委主席习近平给华中农业大学“本禹志愿服务队”亲笔回信，鼓励志愿者们弘扬志愿精神，“与祖国同行，为人民奉献”，作为“本禹志愿服务队”的一分子，阳光家园的老同志们也备受鼓舞。

2014 年 1 月 3 日晚，大型公益宣传活动“2014 年慈善之夜暨‘阳光行动’梦圆盛典”电视晚会在湖北广播电视台举行。阳光家园作为唯一入选团队获得湖北省慈善总会颁发的“优秀志愿者”荣誉称号。

5 年多来，已经有超过几万名在校大学生和贵州、青海等地的孩子们感受到了家园的温暖。“老骥伏枥志千里，不待扬鞭自奋蹄”，这个由 50 多名学校离退休教职工和学生志愿者组成的志愿服务机构，在华中农业大学的土地上不停播撒着温暖。愿阳光家园燃起的“爱心火炬”能被接力传递，让更多的人感受到这温暖，这爱心。

为特困优秀学生设立奖学金

重庆大学关工委

1994 年，重庆大学成为首批试行大学生上学缴费的学校之一。出于对学生的关心，我校关工委深入各学院开展了调查，发现部分学生来自生活贫困的家庭，缴费上学后，给他们的生活和学习带来了更大的困难，这个学生群体约占学生总数的 20%，其中特别困难的学生约占 9%。为此，我校关工委向学校党委提交了调研报告，建议由学校关工委募集资金设立“关工委特困优秀学生奖学金”，帮助特困优秀学生顺利完成学业。经学校党委认真研究，批准了校关工委的报告。

一、具体做法

（1）自该奖学基金的设立得到批准以后，我校关工委通过学校多个渠道进行宣传，认真开展基金的募集工作。我校离退休老同志和在教职工响应号召积极捐款，其中江泽佳老校长就带头捐款 5 万元，校内不少二级单位也捐款支持。我校关工委还收到校外老同志和企业的捐款，香港企业家刘灌尧先生曾三次为该基金捐款共计 30 万港元。该奖学金从 1995 年设立至今，募集基金已达 230 多万元。

（2）为了管好用好该项奖励资助基金，我校关工委制定了《重庆大学关工委特困优秀学生奖学金评审条例》，规定了评奖范围，评奖条件、评选程序和办法。“重庆大学关工委特困优秀学生奖学金”由学生本人申请，学生所在学院推荐，党委学生工作部审核公示，学校关工委主任办公会批准。每年于 12 月底前，我校关工委召开颁奖大会，为获得“重庆大学关工委特困优秀学生奖学金”的学生颁发获奖证书和奖学金。学校主管学生工作的校领导、有关部门领导、各学院有关领导和二级关工委主任到会祝贺。学校领导和关工委老同志分别讲话，对获奖学生给予勉励。获奖学生代表也上台发言，表达自己的感恩之情和为祖国建设而努力学习的决心。

二、取得的初步成效

我校关工委坚持每年评选 50 ～ 100 名特困优秀学生，先后奖励资助特困优秀大学生 1800 多人次。奖励资助经费从开始的每人 500 元，逐步增加至每人 1000 元，现已达到每人 2000 元，同时对身患重病等有特殊困难的学生也及时给予资助。目前资助和奖励金额已达 150 余万元。该项奖学金确实达到了关工委老同志帮助特困优秀学生顺利完成学业，教育和鼓励这些学生树立清贫励志坚、艰苦当大任的志向，克服生活和学习上的困难，积极进取，实现全面发展的目的。曾经获得“重庆大学关工委特困优秀学生奖学金”的计算机学院董春华同学，在重庆大学关工委成立 20 周年前夕给学校关工委写来了一封感谢信。他在信中写道：“我在 2008 年有幸获得关工委特困优秀学生奖学金 1000 元。在别人眼里也许不多，但却是我人生中最重要的一笔财富。我还清晰地记得那天颁奖的场景和那天聚餐时老师们嘘寒问暖的话语。各位长辈说得最多的就是：现在辛苦点没事儿，记得一定要好好学习。在那一刻，我的心融化了，感动了，因为这种无私的爱和无价的情。我知道，其实你们的经济也不宽裕，生活也就算安稳，每个月的退休金也不多。就在你们默默奉献了一生，本应安享晚年的时候，你们仍挂念着我们这些经济困难的同学，担心我们吃不饱，穿不暖，总想着要让我们有个安心稳定的学习环境，是你们不求回报的付出让我感觉到了阳光般的温暖。在这 20 年的历程中，有许多重庆大学学子在关工委的亲切关怀下，在各位成员的辛勤付出下，得以成功完成学业，走上工作岗位，或者继续深造。”他在信中表示，获得该奖学金，他不仅获得了一些生活支持，更学会了感恩，明白了自己的社会责任，学会了如何尽己之力去帮助别人，如何以自己的实际行动回报社会，回报他人。

2009 年 4 月，中央电视台记者到我校采访了校关工委和受关工委资助的三位学生。而后，中央电视二台“生活”栏目报道了重庆大学关工委开展“扶贫助学工程”和受资助的特困优秀学生的事迹。《重庆日报》《关心下一代杂志》、重庆市关工委和重庆市教委关工委简报等也多次予以报道，在学校和社会上都产生了很好的影响。

“帮困助学”的案例

北京物资学院关工委

一、具体背景介绍

河北省万全县顾家沟，是个被一条河滩与外界阻隔的偏僻山村。过去没有出过一个大学生的顾家沟村，如今已经有 8 名学生走进了高等学府。“北京物资学院杨爷爷来了”，成为当地孩子奔走相告、欢呼雀跃的大事，帮困助学缘由还得从一封感谢信说起。

1997 年 10 月 22 日，河北省张家口市万全县顾家沟小学的刘建云老师，给我校党委寄来一封感谢信，感谢 96221 班邵娜同学为遭受严重旱灾的小学生捐助棉衣，并提出大学生与小学生建立“手拉手”活动的愿望。院报全文转载了这封感谢信，引起了全院学生很大的反响，大家纷纷捐款捐物。1998 年寒假，邵娜同学（她是该县人，但没去过顾家沟）去顾家沟小学考察；暑假期间，邵娜、江连凤、林建明、杜玉珉、杜静、于志龙和唐琳琳七名同学组成的爱心考察小组，再次对顾家沟小学进行了实地考察。考察后，院报社记者团和院广播台的同学与顾家沟的小学生开展“手拉手，一帮一”的活动。1999 年 1 月，98121 班全体同学在王葆荣老师的带动和组织下，给顾家沟小学寄去了捐助的现金和衣物。

2000 年 6 月，退休教师杨洪璋老师和邵娜、张志华、刘永杰同学，到顾家沟与小学生共庆“六一”儿童节，杨洪璋被全国优秀教师、省级劳模万全县顾家沟小学刘建云扎根山区 37 年的事迹所感动。杨洪璋了解到不少学习优秀的学生因家庭困难小学毕业就不能读书了，他就挨家挨户去做工作，对家庭有困难的学生，杨洪璋自己带头捐钱，发动北京物资学院的师生捐款、捐助衣物和学习用品等，开始了“一帮一”帮困助学活动，使失学的孩子都回到了幸福的课堂。2003 年学校成立关工委，杨洪璋老师担任关工委副主任，他带动离退休老同志和学校师生积极参与，帮困对象由小到大，由点到面，由学生到师生员工，由校内到校外，17 年从未间断。

二、具体做法和体会

（一）领导重视和机制完善是做好帮困助学工作的保证

多年来，学校党委切实加强对校关工委工作的领导，成立关工委领导小组，党政齐抓共管，有关部门密切配合，形成工作合力，在活动场所、活动经费、人员配备、舆论环境等方面积极为关工委工作创造条件。

1. 领导重视，机制完善

学校党委高度重视关工委工作，原党委书记阙光淮、纪委书记张希平先后担任过关工委主任，做了大量工作。2012 年学校为了加强对关工委工作的领导根据工作需要，对关工委成员进行调整，由党委书记李石柱兼任关工委主任、纪委书记赵凤琴兼任关工委常务副主任。2013 年 8 月，关工委主任李石柱、副主任赵凤琴等一行 13 人到河北承德高庙堡小学走访，与贫困山区的资助学生进行了面对面交流，学校将在高庙堡小学信息化建设，教师发展培养和贫困学生资助等方面进一步加大援助力度并形成长效机制，使学校关工委工作提高到一个新水平。

2. 职能部门大力支持

学校每年都定期召开关工委工作会议，通报关工委工作情况，及时调整关工委人员，职能部门一把手兼任关工委副主任，举全校之力，各部门协同配合提供支持。2012 年，学校建立了爱心“捐助站”，后勤管理处提供 8 间库房约 260 平方米给“爱心捐助站”存放捐赠的衣物，修缮资金 5 万多元，学生公寓中心洗衣房免费清洗上衣、衬衫、裤子和大小床单，后勤车队为师生提供车辆；学校图书馆提供大量书架用来摆放捐助的图书和衣物等。

3. 保障活动经费

学校每年拨专款保障关工委活动经费，2013 年经费提高到 4 万元。截至 2014 年 5 月，学校各部门（组织部、学生处、研究生部、团委及二级学校）资助经费 10 万多元。学校还委托北京华育助学基金会监管捐资助学活动资金的管理和使用，保证捐资助学资金使用的公开透明。

（二）广大师生参加和社会力量参与，是做好帮困助学工作的基础

1. 师生积极参与

关工委通过“阳光工程”，发动全院师生参加到帮困助学活动中捐钱捐物，从资助一个顾家沟小学扩大到万全县的 23 所中小学，被资助的孩子已经超过了 260 人，资助款超过了 30 万元。我校师生先后到万全县 100 多次，人数达 1700 多人次。经过 10 多年的努力，顾家沟人的观念变了，读书好学蔚然成风，孩子基本能完成九年义务教育，好一点的还可读到中专、高中，再好一点的还考上了大学和研究生。

2. 动员社会力量参与

早在 2005 年中国教育电视台就报道了我们的活动情况，随后《中国教育报》《北京日报》《北京青年报》等报刊陆续做了报道，北京电视台、北广传媒、河北卫视和中央电视台还做了访谈节目。这些宣传感动了很多社会人士，他们主动跟我们联系，愿意和我们一起来帮困助学。到目前为止，一共有 22 位社会人士捐出 145600 元，运往万全县的物品，是“天地华宇”物流配送公司免费运送，“帮困助学”社会效果显著。

（三）以老同志为主体长期坚持奉献，是做好帮困助学工作的关键

杨洪璋老师长期担任我校关工委副主任，他是一个有威望、有能力、有热情、肯奉献的“关工委一号老人”。从 2000 年 6 月第一次带领大学生去顾家沟帮困助学开始，就把自己的全部心血和热情都倾注到了那里。受杨洪璋感染的一批离退休老同志，和他一起，长年坚持，把师生捐助的衣物收集起来，送到贫困学生的手中。北京物资学院 1200 多（人次）师生资助困难学生 160 多人，捐助款项约 15 万元，把对贫困学生的关爱洒遍顾家沟、孔家庄、洗马林等 20 多所中小学。

三、取得明显成效

（一）帮困助学是开展教职工思想政治工作、提升其幸福感的重要方法

教师与学生接触较多，对学生的思想行为影响更直接，他们的思想政治素质和道德情操对学生的健康成长具有重要的示范引导作用。据统计，在17年的时间里，学校有60%的教职工跟随杨洪璋老师去过河北万泉资助学生，经过10多年的努力，顾家沟人的观念变了，读书好学蔚然成风，学校教师以热爱学生、教书育人为核心，以“学为人师，行为世范”为准则，在帮困助学的过程中实现了“双赢”，提高了教职工思想政治素质和职业道德水平，同时也提升了学校教职工的幸福感。

（二）帮困助学是对大学生进行德育教育的重要途径

在“帮困助学”的工作中，大学生每次到河北万全，不仅对那里的孩子有很大帮助，他们自身也受到很大教育，从而使大学生从深层次认识我国国情，在活动中使大学生树立艰苦奋斗、勤俭节约精神和增强社会责任感。在北京物资学院，志愿服务精神已经深入到各个班级、年级、社团组织、党团支部，志愿服务已经成为一种大学生思想政治教育的常态模式，融入了学院工作的方方面面，被大学生们自觉传承下来，并在不断创新和发扬光大。截至目前，我校参与帮困助学活动大学生，共有4名大学生毕业后选择到农村当村官或当老师。

（三）帮困助学是学校服务社会的重要手段

河北省万全县是国家级贫困县，顾家沟村是个被一条河滩与外界阻隔的偏僻山村。学校党委高度重视学校师生与顾家沟小学“一帮一”的资助活动，充分调动了师生的积极性，10多年坚持帮困助学，大学之中有大德、有大道、有大爱、有大师、有大精神，把聚焦重点地区帮困助学作为学校服务社会的重要平台，使大学服务社会功能落到实处，贫困地区和我校大学生都受益，实现双赢，得到社会广泛认可。

北京物资学院关工委紧紧围绕立德树人的中心，17年坚持帮困助学，得到了各级关工委及领导的大力支持并加以推广。2012年10月30日，北京教育系统关工委在我校召开高校关工委帮困助学工作现场会；2012年12月14日，教育部关工委来我校调研指导工作。2013年6月8日，北京教育系统关工委在我校举行北京高校关工委捐赠军训服装工作启动仪式；2013年底共有25所高校捐赠活动，共捐赠12519套军训服，分别赠给河北承德和隆化地区的学生。此外，还有其他兄弟院校来我校相互交流关工委工作。北京市关工委主任、北京教育系统关工委主任范伯元对北京物资学院关工委的工作给予充分肯定，指出要通过宣传表彰、经验交流和新闻媒体，大力进行推广，用典型引路的方法，进一步推动关心下一代工作创新发展。

关心下一代工作是一项功在当代、利在千秋的伟大事业。北京物资学院关工委将再接再厉，继续做好帮困助学工作，为青少年健康成长成才做出新的贡献！

孕育和传递爱心的奇葩

——“关爱超市”品牌活动

江苏大学关工委

江苏大学“关爱超市”于2005年11月正式挂牌成立，是一个专门服务于贫困学生的公益组织。“关爱超市”面向全校师生，尤其是即将离校的毕业生募集适合大学生使用的衣物、书籍、学习用品，经整理后再次摆放出来，供贫困大学生无偿挑选使用。其目的是通过搭建关爱平台，帮助贫困学生缓解经济压力、解除后顾之忧，同时在校园中弘扬关爱同学、奉献社会的崇高精神。“关爱超市”成立以来，已有8000多名师生捐献衣物6万多件、书籍两万多册；共有5000多名贫困学生前来无偿领取衣物3万多件、书籍1.5万多册。此外，校关工委还不定期选取部分衣物送给在镇江市务工的农民工和革命老区人民无偿使用，既做到物尽其用，又切切实实帮助了那些确有需要的困难群众，因此受到他们的热烈欢迎。

江苏大学自2001年正式组建成立以来，学生数量迅速增加，生源遍布五湖四海。2012年在校学生已达到4万多人，其中有20%的学生是来自“老”“少”“边”“穷”地区的贫困学生，国家制定了一系列奖、免、贷、补、助政策，学校也出台了大量相应措施，以保证“决不允许一个学生因家庭贫困而辍学”的要求落到实处。关工委老同志通过联系班级、走访同学等多种渠道了解到，有不少同学（特别是南方的同学）缺少御寒冬衣和棉被，有些农村来的同学连一件像样的衣服都没有。老同志们看在眼里，急在心中，总想着用什么办法来为同学们排忧解难，使他们能够安心完成学业。经过反复酝酿，决定与校工会联合发出倡议，动员全校教职工捐献衣被，再转赠给缺衣少被的学生。

倡议得到广大教职工的热烈响应，2002～2005年间，关工委定时定点开展捐赠活动，先后募集了近万件衣服，前来领取衣物的同学有数百名。在这一工作中，关工委又发现，必须着力解决扩大捐赠来源、建立捐赠品管理制度、力求捐赠衣服更加适合学生需要并方便学生领用等现实问题，急需搭建一个工作平台：有合适的场所、有固定的管理服务人员、有相应的管理制度。经反复酝酿，决定将这个平台取名为“关爱超市”。当校关工委成立“关爱超市”的构想一经提出，立即得到校党政领导的大力支持，责成后勤部门在靠近大学生活动的主操场边上安排近200平方米的用房，并从预算外经费拨出6万多元用于维修，而且明确指出一定要保证办好“关爱超市”。

2005年11月，江苏大学关工委“关爱超市”在校有关领导和学工处、后勤等部门的关心和支持下，在全校上下的浓浓爱意中正式挂牌成立，参加挂牌仪式的有分管学生工作的校党委副书记、学工处、后勤部门领导和关工委领导。当时就有许多大学生闻讯前来挑选、领取自己所需衣服和书籍。

江苏大学关工委“关爱超市”在近8年多的工作实践中，以学生为本，全心全意为学生服务，形成了一整套常态化的工作制度和方法。不少老职工一退休，就来到校关工委主动要求分配工作。目前，在关爱超市工作的关工委老同志已由成立时的20多人增加到46人。

为了做好关爱超市的管理服务工作，关工委组织他们每天轮流义务值班，她们的工作职责是：①接受全校教职工和学生的爱心捐赠，对捐赠上来的书籍和衣服做到即时登记、分类整理、快速上架；②热心接待前来选取领用衣服和书籍的同学；③不定期整理晾晒衣物，确保捐赠衣物摆放整齐，有条不紊。关工委规定，凡是本校学生，即可凭本校有效证件前来免费领取自己所需的衣服和书籍。这些被大学生亲切地叫做“阿姨”“奶奶”的关爱超市“职工”还主动热情地当起学生的参谋，帮助她（他）们挑选衣服。为了充分发挥关爱超市的作用，让教职工捐献的衣服做到物尽其用，关工委还规定大学生可以为自己的父母和亲人挑选合适的衣服带回家。

为了扩大“货源”，关爱超市除了平时值班接受零星的捐赠外，2008年起，关工委在每年5月份还会给全体毕业生写倡议信，一方面对毕业生完成学业即将投身祖国的建设事业表示祝贺；另一方面希望他们在离开母校之际，把不想带走尚能利用的衣服、书籍捐献给“关爱超市”，把爱心传递给尚未谋面的学弟学妹。几年来，每逢毕业生离校之时，在校学工处举办的“物资交流大会”上，关工委都会设立专门的爱心捐赠接受站，毕业生们踊跃前来捐衣捐书。望着收到的堆积如小山似的衣服和书籍，许多大学生志愿者都不禁被关工委老同志的奉献精神所感动，主动前来帮忙。在六月初的骄阳下，青、老志愿者在忙碌着，有的在忙着整理、打包，有的在装车、运输。江大校园里，关工委老同志和青年大学生的辛勤汗水挥洒在一起，爱心在交融、在传递、在发扬光大。同时，按照关爱超市的规定，对那些捐赠衣物和书籍总计满十件（册）的同学，均发给捐赠证书。当同学们受捧着红彤彤的捐赠证书时，一个个都喜笑颜开：我又为母校做了一件好事!

任何有需要的同学都可以在“关爱超市”上班期间来领取衣物和书籍，此外，关工委每年都会举办两三次大规模展送活动，每次展送活动都有上千名同学到展送现场选取合适的衣服和书籍，总量达到数千件、上千册。每次大型晾晒和展送活动，都有近百名大学生志愿者主动前来帮忙，他们为老同志们对学生的这种关爱行为和奉献精神深深感动，他们也为自己能参加这样有意义的活动感到光荣。

关爱超市自成立以来，始终贯彻以学生为本、帮困助学为宗旨，使广大贫困学生不但在经济上得到了帮助，而且让他们的心灵也沐浴在爱的海洋中。与此同时，我们还将爱心活动延伸向社会：①我校体育部一位来自广西的老师，专门到“关爱超市”领了300套军训服装，寄回广西农村老家给乡亲们。这位老师表示，以后还要选取更多衣服寄给他的乡亲们；②为了帮助在镇江打工的农民工，2010年“关爱超市”挑选了3000多件衣服专车送给镇江大港万亩良田工程的外来农民工和他们的家属；③结合百名教授老区行活动分别于2011年12月在句容天王镇、2012年4月在丹徒区辛丰镇、2012年12月在丹阳市延陵镇共送出各种衣服3000多件，受到了农民群众的热烈欢迎；④2013年4月得知丹徒某技工学校工地农民工住房火灾，烧毁了许多农民工衣被的消息后，校关工委很快为他们送去衣服500件、工作鞋100双，以解决农民工的燃眉之急。

江苏大学关爱超市成立8年来，坚持以关爱同学为本，耐心做小事、真心做实事、用心做好事，充分发挥退休老同志的光和热，为每一位贫困大学生成长成才做出了绵薄的贡献，而且也更大范围的撒播和传递了爱心。

我们还要不断总结关爱超市发展中的经验和不足，健全完善关爱超市的组织管理制度，加快形成一套常态化工作机制和方法，全力搭建关爱同学的桥梁与平台，努力使关爱同学、奉献社会的伟大精神在校园传播、在社会传递、在历史传承。

江苏大学关工委关爱超市在社会上特别是教育界引起了强烈反响：教育部关工委领导曾多次来我校视察、指导；省内百余所兄弟院校关工委前来参观交流；乃至北京市教育局关工委、北京市教育系统关工委、广东省教育厅关工委、安徽省教育厅关工委和大连市教育局关工委均组团来我校考察交流，大家都留下了深刻的印象。其中北京市教育局关工委的代表们（由15所高校组成）在考察结束后都竖起了大拇指，并异口同声夸奖："江苏大学关工委真正为贫困大学生做了大好事、大实事！"江苏省教育系统关工委更是一直关心呵护"关爱超市"这朵新苗的生长、发展，经常给予指导，并于2013年授予其"工作创新一等奖"；又于2014年5月在我校组织召开了"全省教育系统学校'关爱超市'推广工作会"，与会代表包括全省各市教育局关工委和近50所高校关工委的领导和代表，总数逾百人。江苏省教育系统关工委主任葛高林同志在总结讲话中高度评价了我校关爱超市，并明确指出为各单位举办关爱超市提供了样板。

大爱无言　润物无声

河南师范大学关工委

年过八旬的河南师范大学校医院退休医生梁声翕老人，于2012年光荣地加入了中国共产党，实现了60年来想要成为一名党员的愿望。她身体一直不好，却始终把别人的健康放在心上；她不富有，却用自己微薄的退休金无偿资助大学生。20多年来，她用一份润物无声的爱心感动着身边的每个人。

她为学生办"工资卡"

说起梁医生，师大很多人都知道这个熟悉的名字。自1996年起，她用自己不多的退休金，通过民盟组织"秘密"资助家庭经济困难的大学生，资助金额至今累计达4万多元。18年来，她资助的贫困大学生中已有7名考上了硕士研究生，目前还有3名在校大学生在领着她的补助。

为了保护孩子们的自尊心，她为受助的学生们专门开了账户，每月退休金一发下来，她就将钱划拨到孩子们卡上。在1996～2007年年底期间，每人每月50元。从2008年1月起，她把学生的生活费涨到了每人每月 70 元。虽然钱不是很多，但这一份持续 18 年的支持，不得不让人感动。

柴臻臻是河南师范大学化学与环境科学学院 2008 级学生，她已经找到了一份不错的工作。在她的大学生活里，有一个人对她的影响很大，那就是资助她的梁声畲老人。

2008 年，她刚进入大学不久，辅导员直接找到了她，告诉她有一位学校退休医生梁声畲老人要资助她念大学，“当时我真的很吃惊，觉得自己非常荣幸。”柴臻臻说道。不久后，她见到了和蔼的梁奶奶。每月，梁医生都把钱打到柴臻臻的账户上，4 年来从未间断。

柴臻臻一有时间就会约上同受资助的其他同学去看梁奶奶，陪她说说话。每次到家里，她都要帮梁奶奶打扫卫生，梁奶奶总会拦下。“臻臻，不用你干，我身子骨还硬朗……”梁奶奶把资助的学生看作自己的孩子，总是带着温暖的微笑。“平时多注意身体，经常给家里打个电话。”这是梁奶奶最常对学生说的话。有时，梁奶奶也会给学生讲自己的经历，将宝贵的人生经验告诉大家。

柴臻臻说：“梁奶奶就像我的亲奶奶一样，我们很谈得来，有什么心事我会找她聊聊，就会豁然开朗。”

为了将来帮助更多的贫困学生完成学业，老人提前立下遗嘱，并向党组织请求要把自己省吃俭用积攒下来的 10 万元作为助学基金，建立“长效机制”，资助更多的家庭经济困难大学生，让慈善能更长久地做下去。

“学高为师，德高为范。秉承师大人的优秀传统，她十几年如一日对我校贫困学生无私资助，用热心和爱心为社会培养了一批又一批栋梁。”我校学生处写给梁医生感谢信中的几句赞语，承载了一份爱与爱的回应，也是学校对老人爱心的肯定。

她的爱心源于大家

梁声畲的人生经历非常坎坷，生活的不易非但没有让她却步，反而让她更加坚强，并从生活中学会了感恩。1933 年，她出生在信阳市潢川县。14 岁便离家到汉口求学，1950 年 1 月到重庆，成了中国人民解放军军政大学二野三分校的一名学生，从此踏上了军旅生涯。1950 年 5 月份，梁声畲考上了川东军区卫校，也就是现在的重庆医科大学。之后，她先后在川东军区直属医院、四川省绵阳市剑阁县人民医院做外科大夫。

1959 年梁声畲主动申请调到北大荒乌苏里江边的 851 农场工作。在条件极端恶劣的北大荒，生活异常艰苦。从家乡到部队，从部队到地方，梁声畲先后在北大荒、完达山的林场和信阳淮滨县医院工作，后调到河南师范大学校医院。

梁声畲医生早年曾建立了家庭，后离异，没有子女。1950 年，梁医生不幸感染上结核病。几十年来，多次病危，身边都没有亲人，是单位的同事和周围邻居的关心照顾，使她一次次度过危险期。对于身边曾帮助过她的那些人，她一直非常感激，并将这份感谢深埋心底。她也常怀着一颗感恩的心，只要自己有能力就向别人奉献爱心，报答党和国家。

爱心的脚步从未停歇

梁医生在 1990 年退休，本可以靠着退休金过舒坦的日子，但她却没有这样做，而是成为了新乡市慈善协会会员，去帮助需要帮助的人。

平时，她省吃俭用，自费购买了药箱、听诊器等常用医疗器具及药品，发挥自己曾是医生的一技之长，多年来始终坚持主动上门为家属院的老人量血压，并义务为学生治病。

2008年五六月梁医生分两次向新乡市慈善协会捐款3万元，用于贫困家庭白内障患者的“复明工程”。受到资助的22名患者全部是因为家庭困难看不起病而常年受到白内障困扰的，经过手术他们都已重见光明。梁医生因此被评为“爱心大使”。在新乡市慈善协会为梁医生举行的颁奖典礼上，在场的每个人都被她的事迹深深感动，而她却一直在感谢：“感谢慈善协会挑选了这些符合条件的患者，感谢新乡市第二人民医院为他们做手术，为了达成我的心愿麻烦大家，我真是感觉很不好意思。”作为主角的她始终将自己放得很低很低，始终怀抱着一颗感恩的心。

2008年对中国来说是一个多灾之年。南方雪灾、汶川地震都牵动着梁医生的心。看到电视中那些等待救助的老人孩子、坍塌的房屋和道路时，她心疼极了，拿出自己好不容易攒下来的几千元积蓄，毫不犹豫地捐给了灾区。

1998年以来，梁医生的先进事迹多次被中央广播电台、《大河报》《平原晚报》《河南师大报》等媒体报道。面对广泛的赞誉声，梁医生总是说：“这么多年，我有好多次病情严重，多亏组织和同事们的照顾，我才活到今天。我别的也做不了什么，就尽自己所能帮助别人，算是对社会的一点回报吧。”

而对自己，老人却一直舍不得花钱。因为曾罹患结核病，她身体一直不好，如今已经八旬高龄了，身边无儿无女，独身住在一个40多平方米的小房子里。通往卧室的过道里，放着一张已辨不出底的旧桌子。卧室内，一张小床上仅放了一条旧被子，一张旧圆桌上堆满了药瓶。不足两平方米的厨房，堆放着一个炉子和一堆煤球。家中稍微值点钱的大概就是一台老式冰箱和一台21英寸电视。吃的是粗茶淡饭，穿的是朴素的衣服，老人就一直过着这样简朴的生活。

梁医生的爱心行动从未停止过。2003年，梁医生决定将自己的骨骼捐献给我校生命科学学院，用于教学和科研。2007年，她又与河南省眼科研究所眼库取得联系，坦然立下遗嘱捐献眼角膜，希望将来给他人带去光明。

一份十页的入党申请书

虽然她做了很多好事，但她却从不向党邀功。但随着年龄的逐渐增长，中国共产党为人民服务的宗旨深深地吸引着她，要加入中国共产党的心愿越来越强烈。于是，老人不再犹豫，再次拖着病重的身体拿起了笔，她要趁着自己还神志清醒的时候向党再次表明自己的心迹，完成多年的夙愿。4000多字的入党申请书用了10页的稿纸，难以想象一个年近八旬的老人用颤抖的手写下庄严的入党请求的情景。“我仰慕共产党的理想、信仰和追求，不气馁，不放弃，坚决跟党走。”老人的入党宣言，是那么有力、坚定。

校医院退休职工党支部非常重视老人的入党申请，支部书记路矿生多次与梁医生交流思想，与支部党员研究讨论梁医生入党问题，并详细了解老人的基本情况和政治历史。校党委组织部对梁医生积极要求入党一事也非常重视，考虑到老人的实际情况和强烈愿望，进行了特审特批，终于完成了老人几十年的心愿。

大爱无言，润物无声。她的爱心正如一束阳光，照亮了多少人的生活；如及时的雨露，滋润着多少人的心田。没有华丽的语言，但是她的精神依旧散发着无与伦比的光芒。

关心助学基金　从物质到精神扶贫帮困

广州中医药大学关工委

我校关工委2009年倡导成立的关心下一代助学基金（以下简称“关心助学基金”）截至2013年底已筹得185万元，资助了贫困家庭或遇到特殊困难学生396人，还对在学校关工网站宣评工作等方面做出成绩的379人次实施了奖励，一批出身贫困家庭的学子得到了从物质到精神的帮扶，实现了由“受助”到“获奖”的跨越。

一、认识设立关心助学基金的必要性可行性

2009年5月21日，我校关工委领导班子调整刚满两个月，就把倡导成立关心助学基金摆上主任秘书长联席会议议事日程。

会议对设立关心助学基金的必要性和可行性进行了深入的分析：第一，我校学生来自全国各地，贫困学生占较大比例，而且有逐年增多的趋势。据有关部门统计，2008～2009学年度全日制在校生贫困面约为20%，特困面为4.6%，即我校在校生中属于贫困生的有三四千人，其中特困生近千人。第二，有些离退休老同志开展其他关心下一代工作力不从心，如果设立关心助学基金，这将为他们提供了一个力所能及参与关工委工作的平台。第三，我校广大教职员工，特别是离退休教工有扶贫帮困助学的优良传统，此前以我校教工名义设立的奖助学金已有“邓铁涛奖学金”、罗元恺和郑德基“中医药教育奖学金”“袁浩奖学金”“靳瑞奖学金”“周岱翰奖学金”等，帮助并激励了不少学生顺利地完成学业。第四，设立关心助学基金，意义不仅在于离退休老同志量力而为、集腋成裘、聚沙成塔，还在于产生影响、带动辐射、感动周围，我校的在职教工、广大校友以至社会人士也会因此伸出帮困助学之手。

经过充分的讨论，与会的我校关工委常务班子成员达成了设立关心助学基金很有必要且也可行的共识，筹建工作随后紧锣密鼓地开展。

二、采取推动关心助学基金运作的有效措施

2009年6月5日，我校关工委向全校离退休老同志发出题为《每人每月拿出十元钱帮助贫困学生过难关》的设立关心助学基金倡议书，并积极采取各项有效措施，推动关心助学基金的运作。

（一）规范管理

颁布《广州中医药大学关心下一代助学基金会章程》和《广州中医药大学关心下一代助学基金会捐赠办法》，明确所有捐款不分校内校外、不论数额多少，均由学校财务处开出正式票据，由学校财务处设专户管理，并在“关心下一代工作”网站（以下简称“关工网站”）上公布。

（二）领导带头

2009年6月19日，我校关工委再次召开主任秘书长联席会议，审定关心助学基金章程和捐赠办法，关工委主任黄朝阳带头捐款，常务班子中的10位老同志全部捐款，累计捐款已达36320元。这个带头行动在全校老同志中产生了良好影响，捐款的老同志已经达到351人，占老同志总数的21.80%。

（三）典型引路

2009年6月10日，关工委主任黄朝阳、常务副主任马定科深入医学信息工程学院关工分委做动员工作，使该院教工为关心助学基金注入了第一笔捐款。广州市建筑机械施工有限公司在马定科动员下，成为第一个捐款设立冠名助学金的校外单位。校内外典型产生了良好的引导效应。全校12个关工分委全部都为关心助学基金组织捐款；校外捐款总额约占全部基金的75%。

（四）骨干尽力

全国模范教师、我校中药栽培领域首席教授徐鸿华欣然担任关工委副主任兼扶贫帮困助学工作组组长，为关心助学基金的建设与发展呕心沥血，除了个人捐款5500元，还捐出每本定价120元的著作400本供义卖资助特殊困难学生或者赠送学生，并动员社会上两家企业设立冠名助学金，两家企业捐款总额达到89万元。关工委学生就业指导工作组组长、针灸康复临床医学院关工分委主任肖鑫和教授把为广州市老干部大学讲课多年的酬金及其银行利息、正式出版著作《百岁工程》稿费等共57390元捐了出来，还在自己工作、生活、同学圈子里广泛动员，联系到校外捐款超过10万元。马定科担任中学教师时的学生庄楚雄先生捐款10万元，我校终身教授、原副校（院）长欧明教授夫人的表姐、暨大老讲师梁榆珍女士捐款3万元等，这些都从一个侧面反映出我校关工委骨干为关心助学基金筹款的尽心尽力。

三、让贫困学子从物质到精神得到悉心帮助

在关心助学基金的运作过程中，我校关工委坚持贯彻既要钱，更要精神；既给钱，更给思想的理念。我们坚持每颁发一次助学金，都组织一次申请者必须参加的浏览学校关工网站有感征文（简称“网评征文”）、召开一次冠名者受邀出席的颁发大会、聘请一批受助者义务担任网站宣评员、评选一批成绩突出的网站宣评员等系列活动，不断地弘扬中华民族乐善好施与知恩图报的传统美德。

可喜的是，我们的理念得到捐资者的理解、认同和支持，也得到受助者的接受、升华和践行。受惠同学普遍表示，他们已经深刻地体会到学校关工委在发放助学金时反复灌输的理念：出身不由己、道路自己走，只要肯付出、一定有回报，受助不耻辱、获奖才光荣！

在每年的助学金颁发大会上，我校关工委都向受助者发出聘请学校关工网站宣评员的函，同时发给《学校关工网站宣评员“五个一”工作要求》。许多同学在履行每周浏览一次网站、每月反馈一次信息、每季度带动一位同学、每半年推荐一篇文章、每学年进行一次总结的“五个一”职责中，从被动甚至抱怨，到主动以至乐此不疲。2011年美善堂助学金获得者林诗蓉同学，在出色完成“五个一”工作、以第一名的成绩荣获“优秀宣评员”称号之后，毅然舍弃校报记者团学生记者身份，选择继续担任关工网站宣评员。她特地给学校关工网站发来了《新心声》：过去一年里，网站不仅给了我物质上的资助和奖励，更多时候是给了精神上的满足感和自信。网站是最好的倾听者，宽容地听取我的絮絮叨叨。感谢网站和网站背后的“关工委”们，是你们在无形中给了我自信和成就感，让我知道：只要全力以赴，我可以做得很好。

2011年，我们组织已受助而担任宣评员的同学对当年助学金申请者的网评征文进行评选，写得好与评得准都有奖。2010年获得临困补助的邹万茂同学在这项活动中脱颖而出，成为网评征文优秀文章评选优胜奖一等奖获得者。活动使他深切地体会到“关心助学金是神奇的纽带”：联结了学校的离退休老前辈和在职的老师们，联结了校内师生和社会贤达，联结了老一辈和新一代，联结了去年的“我”和今年的“你”，形成了一个庞大的关心与受关心群体，共同奏响中华民族传统美德的时代乐章！

组织宣评员队伍，开展“五个一”工作，使我校青年学生不但成为学校关工网站教育对象的主体，而且也是网站建设维护的重要力量。据统计，全校已有1427人次的学生总共3613篇稿件在网站刊发。此外，仅2013年，我校关工网站宣评员就带动了全国48所高等学校以及一些社会单位总共97人关注我校关工网站并发来浏览感想。

另据统计，关心助学基金建立以来，396位“受助”同学中，成为“获奖”同学的有149人次。有的同学还从“受助者”变成“资助者”，2009年市建机施助学金获得者黄文婷同学就是其中的一位典型代表。2010年10月，她得知自己获得学校关工网站“先进宣评员”一等奖，即致信学校关工委要求把300元奖金全部捐给一位身患重病的同学，用作这位同学的医疗费用。学校关工委婉言谢绝以后，她获悉学校关工委联合患病同学所在学院义卖关工委领导捐献的著作，为患病同学筹措医疗费用的消息，便自行到义卖现场把奖金捐了出来。

我们从宣评员给学校关工网站的来稿中了解到，许多关心助学基金资助的同学因信息反馈提高了阅读和表达能力，因宣评带动增强了人际沟通能力，因宣评推荐受到了比较深刻的思想道德教育。要求关心助学基金资助者担任学校关工网站宣评员，表面上看是受助者对资助者的回报，实质上是资助者对受助者一种更有意义地给予！

大学生温暖之家

广东海洋大学关工委

广东海洋大学关工委“大学生温暖之家”创办于1999年，至今已有15个年头，在我校主校区和霞山校区分别有活动场地并挂牌。十多年如一日，坚持至今，作为关工委对大学生进行教育和帮助的一个有特色的工作平台。通过这个平台，老同志与大学生广泛开展谈心活动，筹集资金帮扶贫困生，积极为大学生排忧解难，使大学生在接受关爱的同时懂得感恩，回报社会和关爱他人。10多年来，我们老同志800多人次和2000多名大学生进行了交流，为他们排忧解难，在全面关心大学生健康成长过程中做出了贡献，多次受到上级关工委的表彰。省高校关工委领导称“海洋大学关工委是全面关心青年学生健康成长的典型”。原广东省委书记林若同志说：“海洋大学关工委是‘三个代表’在基层解决广大师生迫切需要解决的问题的典型。”回顾“大学生温暖之家”从无到有，从小到大，不断探索和完善，积累了一定的经验，取得一定的成绩。我们的具体做法如下：

一、坦诚相待，心心相印

我们充分利用“大学生温暖之家”这个平台，积极开展谈心活动。一是主动走出“家”门，关工委老同志深入学生宿舍、教室，主动找学生谈心；二是热情迎进“家”门，对前来谈心的大学生热情接待，坦诚相待。多年来的实践告诉我们，只有诚心诚意爱学生，全心全意帮学生，才会有越来越多的学生主动来到温暖之家，感受老同志的关爱和帮助，这个“家”才会越办越红火。在实践中我们注重“三个结合”：一是思想教育和心理疏导相结合。学校建立了校、院、班三级心理健康教育和监测网络，配备专职老师，强化了大学生心理健康教育工作。我们接触到有心理障碍的学生不是个别的。他们有的由于身患重病、家庭不幸、爱情受挫、学习掉队等原因而悲观失望，精神恍惚。为防止他们发生问题，我们热情关怀、同情和鼓励他们，一次次进行思想启发和心理疏导，直到他们走出迷茫，恢复正常生活为止。工程学院有一位学生迷恋上网导致五门功课不及格，产生严重的悲观情绪，我们配合有关方面对他耐心疏导，跟踪服务，终于使他转变过来，迎头赶上，不仅学期末考试科科及格，最后还考上研究生。航海学院关工委深入学生中去，及时掌握学生的特殊情况，认真做细致的思想教育工作，使一个因家庭问题几次产生轻生念头的学生得到及时的帮助，消除了轻生念头。二是解决思想问题和实际困难相结合。在我校学生中常见的困难有：学习掉队、经济困难、担心就业无着落。我们急同学之所急，千方百计为他们排忧解难。如给学习掉队的学生联系授课教师进行个别辅导。为提高就业率，老同志积极配合职能部门利用自身在社会上的威望和广泛的社会关系提供就业信息。对经济困难同学，与有关部门联系增加勤工助学岗位，发动社会团体和个人设立奖助学金和建立关工委帮扶基金，减免学费和帮助联系银行贷款，举办免费超市和免费书市，为全校学生联系买保险，推荐学生利用课外时间到食堂帮厨解决吃饭问题等。这些办法有力保证这部分学生安心学习，完成学业，顺利走上社会。因此，同学们对老同志、对“温暖之家”怀有特殊的感情。经管学院一学生做过两次脑部手术，虽然遇到许多困难，但在老同志的帮助下一一解决了。她康复后的第一件事就是跑到大学生温暖之家，深情地对老同志说：“是你们给了我第二次生命，我一定好好学习，回报老同志”。三是迎进来和带出去相结合。在迎进来的学生中，属特殊情况的个别谈心，属共性问题的开座谈会，大家一起讨论达成共识。除了面对面的教育，温暖之家的老同志带学生参加有意义的公益活动，如每年的植树活动，到烈士陵园扫墓，参观军舰，科技扶贫，关爱孤寡老人、残疾儿童和小学生等，使大学生接触社会，了解社会，懂得如何做事，如何做人。同学们写的“关工委，我们的温暖之家”一文中赞扬原关工委主任李启枢等老同志“我们感到这些随和智睿的老同志身上有一颗温暖炽热的心，他们和同学们不仅是聊一聊，帮一帮，给予的都是智慧和力量。”

利用网络手段和大学生进行谈心是我校“大学生温暖之家”的又一个亮点。我校主校区和霞山校区之间的距离较远，老同志和学生不住在同一校区，客观上给关工委老同志关爱学生工作带来许多不便。为能够超越时空限制，不必跑路，随时随地能和同学进行交流，吕育朴、庞东等老同志开辟网上“QQ”聊天和同学们交流，把对学生的关爱延伸到网上，取得明显效果。我们的具体做法是：①贴近学生广交朋友，为网上 QQ 聊天创造条件。要使学生主动加入 QQ 群，前提是学生认定老同志是他的好友，值得信赖。要吸引更多同学加入，主要通过如下渠道：一是通过老同志给学生讲课或当义务辅导员熟悉学生，老同志教书育人非常热心，关爱青年满腔热忱，同学们看得清楚，愿意交心当朋友。二是参与学生的党建工作，通过和发展对象谈话，相互认识，使不少年轻朋友加入 QQ 群聊天行列。三是深入学生“社团”，和他们一起参加活动。老同志的言传身教深深打动了他们。因此同学们都愿意参加 QQ 聊天，人数不断增多，有些学生毕业了也继续保持联系。②开辟“论坛”，拓宽工作领域。QQ 聊天是面对一个个熟悉的学生单独交流，而论坛则不同，面对一批不认识的学生，并都不以自己真实姓名出现在论坛上。因此，他们更敢于说心里话，发表自己的真实意见。在论坛中我们了解到海大学生整体素质是好的，他们爱党、爱国、爱人民，有理想、有道德、有抱负，思想活跃，追求进步。但也暴露出一些值得我们老同志关注和帮助解决的困惑问题。如：在学习方面，有的学生说学习状况不好，不知怎么办？有的想学好外语不知从何入手。有的明知学习不勤奋但又改不了懒惰毛病。在思想方面，有的家庭经济条件太差，有退学念头。有的找不到实习地点焦急求助。在前途目标方面，有的说学这个专业有前途吗？能找到工作吗？在交流方面，有的说很多人不合自己品位，合不来；有的说自己条件不错，就是没有人跟我交朋友。在与异性交往方面，有的因“失恋”而悲观消沉，无精打采；有的则陷入爱的幻想迷惘，想入非非。

面对大学生各种思想的真实流露，关工委老同志有针对性地以关爱的心情、温馨的语气来表达看法，并尽力帮助解决他们求助的问题，同学们都纷纷表达了感激之情。实践证明，开辟 QQ 聊天与论坛，是点与面的结合，各有特点，各有所长，相得益彰。

二、帮困助学，为贫困生排忧解难

我校现有学生2.8万多人，贫困生占有相当的比例。如何使这些学生顺利完成学业，是关工委“大学生温暖之家”又一关注的工作重点。为此，我们千方百计筹措资金解决贫困生的实际困难，为他们排忧解难。一是建立“爱心帮扶基金”。以我校学生社团“爱心社”为主体，在关工委的指导下，自成立以来已连续12年通过向社会和学校师生员工筹集善款建立“爱心帮扶基金”累计16万多元，帮扶贫困生2193人次，受到同学们的赞扬。尽管筹集的捐款数额不是很大，但同学们这种善举令人感动。同学们拿着捐款箱在宿舍大院，在教室门口、在办公楼前、在饭堂门口、在教工宿舍区，一分一角的筹集，还有到一些企业、团体拉赞助。他们年复一年，学生毕业了一届又一届，连续12年从不间断。使“奉献爱心，倡导文明”的良好风气在校园传承，是我校精神文明建设的又一亮点，很值得赞扬。二是通过学校和学院积极争取社会团体、企业和校友的大力支持，在我校设立各种奖助学金。到目前为止包括中海工业有限公司等企业、团体以及热心校友个人在我校设立的奖助学金项目累计21项，已发放金额共273.54万元，受益学生1798人，解决一大批学生的实际困难，使他们顺利完成学业。三是学校千方百计挖掘勤工助学岗位，在有限的办学经费中拿出一笔钱补助贫困生。近6年用于勤工助学补助达955.67万元，帮扶学生3804人。四是学校饭堂开设“特殊”窗口，专为特困生提供免费饭菜。通过一系列的有力措施，帮助这些同学解决困难、渡过难关。

三、大学生关爱他人，回报社会

“大学生温暖之家”通过一系列的谈心活动以及助学帮困，给大学生带来了温暖。通过互帮互助，促进了校园和谐，推进了校园的精神文明建设。大学生在受到关爱的同时，学会了关爱他人，懂得感恩和回报社会。我校爱心社等社团的同学们10多年来坚持定期到湖光镇敬老院慰问老人送温暖。到湛江市特殊教育学校探望残疾学生，开展联谊活动。每年校关工委、团委带领爱心社等社团的同学先后到雷州、麻章、遂溪、廉江、东海岛、坡头区等地农村开展科技扶贫系列活动，至今已进行了14年。大学生把慰问当地孤寡老人和为小学生义务支教、为村民义务修理电器、科技扶贫等列为必不可少的内容。通过这些活动，同学们懂得了如何回报社会和对社会尽责。一些毕业的校友到工作岗位后仍不忘回报社会，情系母校。如在深圳工作的韦刚勇同学自费回湛江农村进行社会调查，把30多位特困子弟情况通过上网发动更多的热心人士给予帮扶。在花都市工作的蔡丽玲同学专程回母校参加“爱心社”成立4周年庆祝活动，留下8000元作为“爱心基金”。校友冯德芬回到顺德后发动18位阿姨捐款2.5万元送给湛江聋哑学校以表爱心。“爱心社”多次评为学校优秀社团，同学们的这些义举得到媒体的好评以及上级关工委领导的充分肯定。《湛江晚报》和湛江碧海银沙网站多次报道。省高校关工委的领导还给爱心社题词：“海洋大学爱心社，让青春献给社会，让爱心充满校园，奉献爱心青春美。”这是对该社团工作的充分肯定。2008年四川汶川大地震发生时，同学们在校园内第一时间就筹得善款11万多元支援灾区。我校外国语学院一位同学患再生障碍性贫血骨髓象，医疗费昂贵，同学们在校团委的倡议下积极捐款，一次就筹得善款14万多元，为该同学的早日康复伸出援助之手。

我校关工委“大学生温暖之家”已经历15个春秋，是深受同学们喜爱的“家”。在大家的共同努力下，它将继续焕发出强大的生命力。细水长流，温暖常在，为培养一批批合格的人才做出应有的贡献。

爱心帮助成长

——开展“帮困助学”活动十八年

贵阳中医学院关工委

1988年，中国共青团第十二次代表大会通过了共青团体制改革的决议。这次大会后成立了共青团中央事业开发委员会。该委员会的工作内容之一就是筹办中国青少年发展基金会（以下简称“中国青基会”）。中国青基会成立后，资助农村贫困孩子上学的“希望工程”破土而出，为全国所关注和拥护。

1994年4月，我院成立了“关心下一代协会”（1996年更名为“关心下一代工作委员会”）。根据全国关工委的工作方针，结合扩大招生后，我院来自贫困地区学生增多的实际，为了帮助贫困大学生解决生活上的一些困难，使他们能较顺利地完成大学学业，1996年，我院关工委在我省高校中率先在本院师生中发起了“帮困助学”爱心捐款活动。募集的捐款主要资助本院来自农村的贫困学子，并给这一爱心捐助活动冠名为“身边希望工程”，每年开展一次。18年来，在学院党委和行政的高度重视下，各级党政负责同志的大力支持、积极参与捐赠下，全院各级党团组织、各二级学院关工委积极工作、全院师生员工积极参与，院关工委共筹集资金（含社会和两所附院资助）近150万元，举行了18次“身边希望工程”帮困助学资助仪式，受助特困学生近2600人次，在一定程度上帮助贫困大学生解决了一些生活困难，使他们较顺利地完成学业、较顺利地成长成才。“身边希望工程”帮困助学活动也逐渐成为我省高校关工委工作的一项品牌。

一、我们的具体做法

（一）发出倡议

每年10月，院关工委都要向全院师生员工发出《贵阳中医学院“身边希望工程”帮困助学倡议书》。倡议书发至各职能部门、各二级学院、各班级、两所附属医院。倡议书号召、动员全院师生员工伸出援助之手，慷慨解囊，为“身边希望工程”帮困助学活动贡献一份力量，给贫困学生一份切实的帮助。

（二）组织师生员工捐款

每年的10～12月，院属各职能部门、各二级学院、各班级、两所附属医院分别组织师生员工捐款。从 1996 ～ 2013 年，我院关工委共收到全院师生员工“身边希望工程”爱心捐款约 85 万多元。2005 年，我院“身边希望工程”纳入了“贵阳中医学院大学生思想政治教育‘六大工程’”中的“温暖工程”，成为学生思想政治工作的重要渠道之一。

（三）“一帮一”结对子帮扶

一些教职员工还开展了“一帮一”结对子活动，以个人的名义每年一次性捐出数百元至千元资助一名品学兼优的贫困学生，直至其大学毕业为止。一些教职工还对考上研究生的贫困学生继续资助到其获得硕士学位为止。我院实验动物研究所副所长钱宁老师就是其中之一。钱宁老师是一位身患癌症的中年党员教师。他患病后，院关工委的同志去看望他时，劝他暂停这种“一帮一”的资助，把钱用于治病和保养上，却被他婉言拒绝了。又如，原学院外事办主任盛海英同志，自 1997 年以来，连续 18 年，每年捐款 1000 元，先后“一帮一”资助了 6 名贫困学生克服学习期间的困难。

（四）向附属医院和社会募集捐款

我院两所附属医院积极支持院关工委的工作，除每年组织医护员工向“身边希望工程”捐款外，从 2005 ～ 2010 年，两所附属医院共出资 34 万元帮助院关工委建立了“身边希望工程爱心助学基金”。在今年我校开展的群众路线教育活动中，两所附属医院研究决定：从 2014 年起，每年继续各资助 5 万元为帮困助学基金。款项统一由学院计财处管理，主要用以解决每年“身边希望工程”资助的补充和少数贫困学生一些临时性、应急性的特殊困难。凡遇患绝症或重病的学生、家遇天灾人祸等情况的特殊困难学生，院关工委都会给予特别的资助。我们还用这笔基金对我院扶贫点的希望小学送去图书、书包和文具等。在开展“身边希望工程”帮困助学活动中，我们还采取走出校园、向社会募集捐款的方式筹集资助款，如向安顺制药厂、黔灵公园弘福寺以及一位日本友人等募集捐款共 3 万元。我院前任院长沈冯君教授在香港讲学期间，积极为我院贫困学生募集希望工程基金。2010 年，香港恒都电信有限公司董事长孟振雄先生出资 12 万元，资助了我院 20 名贫困生，每人 6000 元。孟振雄先生又于 2011 年至 2014 年每年出资 15 万元，共资助我院贫困学生 105 名，每人 6000 元。

（五）举行资助仪式

每年的三四月，院关工委都要举行“身边希望工程”帮困助学资助仪式。资助仪式上，关工委向受助同学和参会人员通报前一年“身边希望工程”捐款情况，宣布受助学生名单，受助学生代表在会上发言，最后，院关工委领导讲话，鼓励同学们要铭记全院师生员工的关爱，战胜困难，自强不息，勤奋学习，将来回报社会。

二、具体工作措施

（一）成立“‘身边希望工程’帮困助学活动领导小组”

1996 年 10 月，成立了“贵阳中医学院‘身边希望工程’帮困助学活动领导小组”，由分管关工委工作的在职校领导、院关工委主任任组长，院关工委副主任和各位委员为成员，办公室设在院关工委办公室。以后的 2001 年、2004 年、2007 年、2010 年、2012 年、2014 年都根据院关工委成员的变动进行了调整，以确保‘身边希望工程’帮困助学活动的顺利进行。

（二）制定完善管理制度，保证助学活动规范化

我院“身边希望工程”启动伊始，就着手制定了管理制度，并随着管理制度的运行效果和外部环境的变化进行一些调整。1996 年 10 月制定了《贵阳中医学院“身边希望工程”帮困助学实施管理规则》；2005 年 9 月制定了《贵阳中医学院“身边希望工程”帮困助学管理制度》；2013 年 4 月，我们与学生处共同制定了《贵阳中医学院“身边希望工程”助学金管理办法》。

学校的规章制度，明确规定了“身边希望工程”帮困助学金的资助对象、资助比例、资助标准、审批手续、助学金的管理和使用、对受助学生的管理、情况反馈等。每年 3 月份，我们与学生处协同，根据学生处提供的各二级学院贫困生人数，再按比例将资助名额分配到各二级学院。各二级学院按条件，评选出品学兼优的贫困生作为受助对象，并认真填写《贵阳中医学院“身边希望工程”帮困助学金申报表》，经二级学院党委、二级学院关工委审核后，报“贵阳中医学院‘身边希望工程’帮困助学活动领导小组”审批，经公示后确定，然后召开资助仪式发放资助款。从 2005 年起，每年资助款项都打入受助学生饭卡上，以确保资助款能解决贫困学生生活困难问题。

三、取得初步成效

“身边希望工程”帮困助学活动雪中送炭，在一定程度上帮助了一批贫困地区考入大学的学生，缓解了家庭的负担，解决了一些生活困难，使他们亲自感受到了社会、学校、老师和同学的温暖和关爱，激励他们战胜困难，奋发向上，努力成才，回报社会。

从部分同学在资助仪式上的发言中，可以看到他们所获得的教益：“学院的‘身边希望工程’帮困助学活动让我们重新看到了求学的希望，让众多的学子从困苦中走向了希望的大道，得以顺利完成梦寐以求的大学学业。贫困并不能锁住我们火热的心，不能埋没我们的求知欲，更不能绊住我们的前进脚步。贫困是暂时的，阳光是永恒的。我们一定不辜负各级领导、关工委和老师、同学对我们的厚爱，一定会在各方面严格要求自己，努力把自己培养成高层次、高素质人才，用学到的知识和青春为社会贡献自己的力量。”

“我是学院‘身边希望工程’帮困助学活动受助学生之一。能得到这次爱的资助，心里无比的高兴！我从小失去父母，妹妹天生残疾。家中靠养父种植农作物维持生活。不久，养父养母离异，我和妹妹再次失去家庭温暖，成为单亲孩子。从那时起，我只能依靠学校、老师、同学及亲属的帮助来解决我的学习、生活困难。考上大学后，我又非常幸运地成为学院‘身边希望工程’帮困助学受助学生。我有一个笔记本，上面记录了从 1999 年到现在，资助过我的学校、社会团体和个人、老师和同学，这些记载时刻提醒我：一定要铭记努力学习报效社会的信念，不要辜负资助者的期望，永远不要忘记在我成长的过程中帮助过我的人。我要学好专业知识，用知识改变命运，毕业后用实际行动奉献社会，报效祖国。”

“春天来了。今年的春天，天特别蓝，我的心情，就像春天里的太阳。因为，刚开学，我和许多同学就收到了 800 块钱的‘身边希望工程’帮困助学助学金。这些钱可不是一个小数目，它凝聚着老师和同学对我们的真爱和帮助。滴水之恩、当涌泉相报！我忘不了那一双双援助之手！忘不了那一张张温暖的笑脸！我会坚持下去，努力学习专业知识，当一名出色的医生，用自己的实际行动去回报社会，去帮助那些和我一样需要帮助的人们，为实现‘中国梦’奉献自己的微薄力量。”

同学们的发言流露出对捐赠者的由衷感激，对未来的希望，以及战胜贫穷、挑战困难的勇气和立志成才、回报社会的决心。可见“身边希望工程”帮困助学活动对受助学生的思想、学习产生了明显的积极影响。到现在为止，我院贫困生无一因生活困难而辍学。而受助的学生走上工作岗位后，大多数成为各条战线的骨干，为社会做出了应有的贡献。如：盛海英同志“一帮一”曾资助的安贞祥同学从本科毕业至硕士研究生毕业，后又考取博士生，现在已是贵阳中医学院第一附属医院的消化内科的主治医生。

在献爱心主题教育活动中立德树人

云南艺术学院关工委

人们都熟知苏联的尼·奥斯特洛夫斯基，中国的革命前辈吴运铎、高士奇和当代作家张海迪、史铁生，他们都因为身残志坚、创作了鼓舞人心的优秀作品而闻名于世，备受尊崇。我们身边这位重残一级的作家潘柏君及其作品，也许远远不及上述名人名作，但是，他的身体状况和生活条件更恶劣，他的写作更艰辛，因此他的成果尤其难能可贵。

潘柏君，生长在普洱市景东县漫湾镇安召村一个贫苦的彝族家庭。初中毕业后，曾在当地担任过 7 年小学代课老师。1997 年 12 月 3 日 22 岁的潘柏君不幸遭遇车祸，造成头、面、背部和髋骨等多处重伤，双腿脱臼，乃至肝脾破裂、胸腔积液。虽经省内外专家六次重大手术、竭力救治，保留下一条性命，最终还是由于颈椎、胸椎的粉碎性骨折导致高位截瘫，四肢功能丧失。在昆明医院住了两年回到家乡不久，潘柏君的爷爷和父亲因病相继去世，后来母亲也改嫁离家，身边只剩下体弱多病的妻子和幼儿。在贫病交加、债台高筑的逆境中，潘柏君没有悲观绝望，依然能勇于直面残酷的命运，立志用文化知识和自身的力量来改变人生。可是，车祸带来的大脑、眼睛和神经系统等方面的后遗症使他连起码的常用汉字都忘得一干二净，万般无奈，只好从查阅《新华字典》开始，一字一字地重新学起。他每天坚持学 5 页，硬是花了 4 个多月的时间，才把 634 页的字典啃完。记忆力渐渐恢复后，潘柏君又自学了汉语言文学专业的全部课程，并攻读了 1000 多万字的中外名著。“读书破万卷，下笔如有神。”于是，这位年轻的残疾人萌发了提笔写作的欲望和激情。那是 1998 年 8 月，由于长期卧床、褥疮感染，不时发生高烧，饱受病痛折磨的潘柏君思绪万千、感慨无穷，很想把自己的一腔愁苦和悲愤之情倾吐出来，诉诸笔端，可是他脊椎上固定着两块钢板，加之因截瘫平面高致使双手一点动弹不了，就只得用口述的方法，由背着婴儿的妻子李俊玢坐在病榻边记录。记完后，让妻子一遍遍念给他听，又一遍遍修改，就这样反复折腾了几天，才好不容易完成了第一篇文学作品《八月感怀》。潘柏君让妻子把文稿寄到《景东报》。两个月后，该报竟然刊登了这篇抒情散文。而后，潘柏君相继给《思茅报》《春城晚报》《云南乡镇企业》等报刊投稿，大多作品被发表了。这无疑增强了他在崎岖的文学之路上摸索向前的信心。他先是用嘴咬着钢笔在纸上滑动。随着双手功能的渐渐恢复，他开始学会一笔一画地写字。经过两千多个日日夜夜的含辛茹苦、胼手胝足的磨砺，他竟然完成了 100 多万字的作品，有些已在《民族文学》《中国残疾人》《边疆文学》《云南日报》等报刊发表，并荣获中国散文学会的"特别荣誉奖"和《散文选刊》的"佳作奖"。对于一位除了大脑以外全身瘫痪的家居深山的贫苦农民来说，这样的成绩简直就是惊天地、泣鬼神的奇迹了。

2004 年 4 月的一天，一个偶然的机遇，潘柏君结识了云南艺术学院年近古稀的吴德铭教授（院关工委顾问），向他坦诚地陈述了自己的身世、家庭和不幸遭遇，剖露了内心的思想情感，同时捧上自己的一些习作，谦虚地恭请这位老作家给予指点。吴德铭教授素来关心下一代工作，省关工委副主任兼教育厅关工委主任吴家仁曾在大会上隆重表扬"不少会员从各方面关怀年轻一代的健康成长。例如云南艺术学院吴德铭教授牵线搭桥，从深圳市同维电子有限公司引进 150 万元，在大理白族自治州建立了两所希望小学"。（载于《厚德年华》一书）眼下，吴教授对面前这位形容枯槁的病残青年十分同情，更被他顽强不屈的求生意志和进取精神所感动，决心尽力给他一些道义上的支持和物质上的帮助。除了赠送书籍（包括本人著作）和药品等外，不时通过电话和书信对潘柏君进行鼓励。2005 年春节前潘柏君来昆明治疗时，吴教授专程去看望他，发觉他的病情更加严重，于是决意借助自己的专业特长，大力宣传潘柏君的感人事迹和高尚德行，让更多的人了解、关注和参与援救这位生命垂危者。首先，作为云南当代文学研究会的常务理事，吴教授撰写了两万多字的评论文章《微弱生命的高昂强音——读解潘柏君其人其文》，在研究会的学术年会上宣讲，他在发言的结语里大声疾呼："对于这样一个极度孱弱的随时都可能被病魔击倒的但却仍然不甘愿苟活着的生命，对于这样一位蜗居于山村的阴暗（白天都需点灯）的土屋一角、但却仍然要把自己已经非常贫乏的热血投入他心目中最神圣的文学事业，企望用自己萤火一般的心血之作，为他所爱恋不舍的祖国和人民增添一点光明和温暖的年轻人，我们难道不应该给予更多的同情、理解和帮助吗？希望我们的社会、我们的事业，在大搞锦上添花的同时，千万不要淡忘了雪里送炭。"长篇演讲激起强烈反响，当代文学研究会的教授、学者和作家们纷纷自发地向潘柏君捐赠钱款、书籍、药品及衣物。继之，吴教授又写了一篇报告文学《奏响生命的强音》，在《云南日报》（2005 年 6 月 24 日）发表后好评如潮，云南、上海、北京等地各界人士和驻滇部队都以各种方式对潘柏君表示热情关心、赞赏和声援。

与此同时，吴教授向云南省关工委主任刘树生（原中共中央候补委员、省委副书记、省政协主席）、执行主任张宝三（原省委秘书长、省人大副主任）等同志反映了潘柏君的情况，受到领导们的高度重视和关怀。刘树生主任说："这位身残志坚的年轻人，在极其艰难的条件下，仍能够顽强乐观地生活，甚至还以超越常人的毅力，写了许多思想内容健康的鼓舞人的好作品，对社会做出积极贡献，这种精神很了不起，反映了一种高尚的人生观和价值观，是值得大家、特别是年轻一代学习的。"刘老还慷慨地捐献出近万元的离休生活费，购买了一台簇新的电脑和打印机，嘱托省关工委副秘书长、办公室主任李润玲和秘书韦钊亲自送到潘柏君手里。潘柏君感激不已，情辞恳切地写道："刘老赠送的电脑和打印机，犹如给了我一双新腿，有了它们与我朝夕为伴，给予我无尽的关爱和力量，还有什么陡峭的悬崖不能攀登？"2007年3月，潘柏君的散文集《生命绝唱》公开出版了。在这本书的扉页上，刘树生吴德铭教授素来关心下一代工作，省关工委副主任兼教育厅关工委主任吴家仁曾在大会上隆重表扬"不少会员从各方面关怀年轻一代的健康成长。例如云南艺术学院吴德铭教授牵线搭桥，从深圳市同维电子有限公司引进150万元，在大理白族自治州建立了两所希望小学。"（载于《厚德年华》一书）以遒劲、潇洒、激情飞扬的毛笔字题词："身残志坚，自强不息。"刘主任关怀、支持潘柏君的实绩，被吴德铭写进《奉献何道桑榆晚——刘树生同志离休后的生活》，该报告文学在"颂歌新时代"全国大型文学作品征评中获特别金奖，省委书记秦光荣阅读后很重视，特意留存之。

2007年4月9日《云南日报》刊登了吴德铭教授的文章《潘柏君与他的〈生命绝唱〉》，并在编者前言里写道："现在，高位截瘫重残的贫困青年潘柏君病情加重，又入院治疗，云南当代文学研究会的一些会员不断为他捐款，可还是解决不了急需的数万元医疗费用。为此，希望社会各界向潘柏君伸出热情的援助之手！"省委机关报的动员力量和导向作用，大大推进了关爱、援救潘柏君的热潮。省内外许多人争相购阅《生命绝唱》和捐款捐物。云南艺术学院党委书记袁斌看了《生命绝唱》及其书评后，在第一时间就明确表示："潘柏君自强不息的精神值得学习和宣传。我们艺术学院的师生可以从中受到教育、启发和鼓舞，并借此生动、具体的典型事例，推动爱国主义、社会主义、集体主义教育工作，树立正确的人生观、价值观和荣辱观。现在这位身残志坚的少数民族青年农民急需筹款治疗高危重病、抢救生命，希望我院师生发扬一方有难、八方支援和关爱老弱病残者的优良传统精神，以自己的力量和方式，向潘柏君同志奉献爱心、伸出援助之手。"他亲自向院团委指示，共青团、学生会干部要带头做好这项很有积极意义的工作。学院关工委领导闻讯后，立即意识到这是义不容辞的分内之事，主动与共青团、学生会配合、协作，共同承担起相关的宣传、组织活动。时任离退休工作处党总支书记李全泽和处长、院关工委秘书长娄彦杰等同志首先拟写了一份倡议书，提议广大师生为潘柏君慷慨解囊、义购《生命绝唱》一书。院关工委、离退处率先认购了10本书。离退处副处长李健驾驶自家的私车去探望这位残疾人作家，并将几大捆沉甸甸的书拉回学校，以便开展义卖活动。在党团组织和关工委的带动下，院宣传部、人事处、工会、图书馆等部门都踊跃购买了一部分书。2007年"五一"前，由院关工委、团委和作家班师生联合在校内外举办了两次募捐、义卖活动。本校设计学院、音乐学院、舞蹈学院、戏剧学院等单位的师生都积极参与了义举。舞蹈专业女生蒲银丽把50元投进募捐箱后，在给潘柏君的留言簿上写道："请对生命永远抱有理想，因为永远都存在着希望。"院人事处长杨祝飞捐出100元后，奋笔题词："珍惜生命，热爱生活。"昆明市官渡区税务局转业军人刘应才放弃星期天的休假，为义卖活动无偿地开了一天车，临了捐出40元，题写了这样一句话："勇敢面对挑战，顽强生活下去！"昆明铁路局党校党委副书记李顺安专程赶来买了两本书，写了一句诗意盎然的赠言："生命是首澎湃欢畅的歌！"农工民主党官渡区副主委彭俊牛特意到义卖现场拍照、进行义务宣传，他买书后题了一句声称是发自肺腑的话："向潘柏君学习！"89 岁的企业退休干部胡蔼仁因患肺癌刚做过伽马刀手术，她阅读了《生命绝唱》后说："这本书给我增添了战胜疾病的力量。"她献出了 300 元有限的养老金。带头宣传、呼吁并参与组织这场义举的吴德铭教授，也捐赠了 1000 元。

由云南艺术学院党团、关工委共同倡导的献爱心主题活动，不仅使广大师生受到一次关爱他人、珍惜生命、知难勇进、励志成才等方面的深刻教育和强烈感染，也在省内外产生了日益宏大的社会影响。云南省作家协会主席黄尧、副主席欧之德说："潘柏君是我们作协的会员，我们应该给予关心，尽力帮助他解决生活、创作上的困难。"2007 年 5 月 9 日，欧之德等将 2000 元创作补贴费送到潘柏君手中；《边疆文学》选登了这位残疾人作家的一组优秀散文。《云南日报》文化生活部负责人李开义、熊玲和杨燕代表全体编辑看望潘柏君，向他赠送了两大包图书和 550 元个人捐款。5 月 17 日，云南省总工会党组书记、常务副主席卢正国与副主席王慧萍来到病榻前慰问这位因务工而受伤致残的农民工，代表总工会赠予 3 万元医疗费。接着，共青团云南省委副书记、省青联主席饶南湖等也亲自送来了 3 万元慰问金。这两大组织还与有关医院联系救治事宜，协调解决减免部分手术、治疗费用问题。6 月 4 日《云南日报》又以《"生命绝唱"牵动人心》一文，及时报道了上述大爱之海涌现的千层浪花。

在整个社会的关爱和援助下，潘柏君经过云南、北京等地专家的精心医治，逐渐脱离了死神的魔爪，慢慢恢复了局部健康。为此，他写了一篇《永远的爱》，感谢各界人士对自己的厚爱，他说："这会改变我的乖蹇命运，为我坎坷的人生开启新的一页。恩重如山的爱心，义深似海的真情，使我对前途更充满了希望和信念。"为了给潘柏君提供一个良好的生活、医疗条件，云南民族大学印刷厂领导把他从无量山的穷乡僻壤调到本厂编校室工作。潘柏君刻苦学用电脑，掌握了阅、录、排、校一条龙的编辑技能。2008 年他在朋友的帮助下开办了一个小型文化公司，北京等地有关媒体还主动向他介绍一些合作事项。一时间，潘柏君成了治疗、工作、学习、写作"四不误"的大忙人。他说："我要活得有价值、有尊严，要靠知识和劳动自食其力，回报社会和众多好心人的恩情。"

2008 年 11 月，潘柏君被评选为"云南十大杰出青年"之一，省委副书记（现兼省长）李纪恒亲自为他颁奖。2009 年他被评为"全国农民工先进个人"，坐着轮椅进入人民大会堂，领受国务院副总理（现为中共中央政治局常委、人大委员长）张德江颁发的奖状。2010 年 9 月，他又荣获首届"春城人才奖"，在大会上受到昆明市委领导的表彰。

如今，在包括云南艺术学院师生在内的许多干部、群众心目中，潘柏君始终是新时代的一位兼有崇高理想信念和求是务实行动的强者形象，是我们身边的一个可资效法的鲜活榜样。那场献爱心的主题教育活动，堪为培育、践行社会主义核心价值观的一则成功范例，对于促成良好的社会风尚，推进青年一代的立德树人事业，将继续释放积极的正大能量。

救助白血病大学生　我们在行动

青海畜牧兽医职业技术学院关工委

郭凡，青海畜牧兽医职业技术学院动物科学学系牧医（10）02 班学生，她生性开朗、活泼、大方，在校期间，先后获得“三好学生”“优秀班团干部”“国家奖学金”等荣誉。老师和同学们都很喜欢她，称赞她是一个“勤奋好学、诚实守信、品学兼优”的好学生。但不料命运总爱捉弄人，2013 年 2 月 12 日，在即将毕业的时候，她不幸被查出急性淋巴细胞白血病（简称白血病），不得不离开心爱的学校，躺在病床上，用孱弱的身体与病魔做斗争。

郭凡来自甘肃省一个偏远的农村，家境贫寒，家里共有 7 口人，80 多岁的爷爷瘫痪在床已经有 10 多年了，爸爸、妈妈身体也不太好，家里只有一亩多地来维持生计，家庭经济拮据，每年的学费都是靠贷款或从亲戚家借。被确诊为白血病时，初步预计：首期化疗费用将近 10 万元；若进行骨髓移植，单是第一次手术费用就得 30 余万元。高额的医疗费用，让郭凡一家束手无策，而对于一个农村贫困家庭来说，这无疑是晴天霹雳、雪上加霜的消息。

拥有健康和快乐是每个人的梦想。当我们和朋友纵情欢笑的时候；和家人团聚、共享天伦的时候；努力工作，畅想人生理想的时候，在我们身边却有这样一个人正在遭受着病魔的折磨！一位年仅 20 岁的花季少女，本应该与她的同伴们快乐地生活在大学的校园中、本应为梦想而去继续奋斗，却因无情的白血病而饱受疼痛的折磨和生死的抉择。

我们青海畜牧兽医职业技术学院在获得郭凡同学患病消息的第一时间，迅速行动，举行了一系列救助活动。

一、捐款伸援手，大爱无疆师生情

2013 年 3 月 21 日，在学院得知她的病况后，立即向全院师生发出了倡议书，3 月 22 日，立刻组织举行了一场“有爱就有希望，救助郭凡”捐款活动，在校的两千多名师生踊跃捐款，连正好来校的青海师范大学成教学院的 2 名老师，听说此事后也自愿加入到捐款行列。引人注目的是一个小朋友，代表腿上微有残疾，在学院当宿舍楼管的妈妈，被人抱着用小手将妈妈卖饮料瓶、废报纸等废品的 50 元钱投入捐款箱时，引来一阵热烈的掌声。这次捐款 6.5 万多元。同时学院还联系了青海省电视台、西宁市电视台等省内多家媒体，通过媒体的报道向校友和社会募捐。

带着学院的牵挂，带着全院师生的深情厚谊，3 月 23 日学院副院长杨广泉、学生处处长贾玉刚、动物科学系副主任彭措，驱车 300 公里前往兰州大学第一附属医院血液科，专程看望身患白血病住院治疗的郭凡同学，并且送去了爱心慰问金 1 万元。鼓励郭凡同学克服困难，积极配合治疗，早日康复，回到学校大家庭中继续学习、生活。

二、校、企一家情，青海省金澜商贸有限公司总经理马海元先生向郭凡同学捐款

2013 年 4 月 3 日上午我院实训基地——青海省金澜商贸有限公司总经理马海元先生专程来到学院，向郭凡同学捐款 5000 元，表达他对郭凡同学的亲切问候。马海元总经理表示，看到了有关新闻媒体关于学院向郭凡同学的报道，为了表达对郭凡同学的一点爱心，特意到学院捐款，表达对郭凡的问候，同时动员公司员工和爱心人士积极募捐，为郭凡同学医治做一点力所能及的事情。

学院党委书记伊青泉代表学院对马海元总经理的善举表示衷心地感谢，指出："我院郭凡同学是不幸的，在人生最灿烂的时候却与病魔羁绊前行；但她又是幸运的，因为有我院广大师生和马海元总经理最纯洁的爱心在伴她同行。郭凡出生在一个农村贫困家庭，无力承担巨额医疗费用而一筹莫展的时候，是我们大家，我们所有关爱她的人们给了她生命的希望。"马海元先生善行义举极大地鼓舞了在病榻上与病魔斗争的郭凡同学，在大家的祝福、关爱与帮助下，郭凡同学一定会战胜病魔早日康复。

三、爱牵农牧一家亲，情跨甘、青两地暖

2013 年 4 月 9 日，受青海省农牧厅党委书记、厅长张黄元的委托，省农牧厅副巡视员白凤奎、省农牧工会主席关维杰、主任科员孙颖，在学院党委书记伊青泉、院长杨予海陪同下赴甘肃省兰州大学第一附属医院亲切看望正在住院治疗的郭凡。为郭凡同学送去了青海省农牧厅党委和学院党委的亲切关心和鼓舞，并且送去了爱心慰问金 3.5 万元。

郭凡同学就读专升本的甘肃农业大学动物科学技术学院史兆国院长也一同看望了郭凡同学，他被郭凡同学的坚强深深地感动着，嘱咐郭凡同学安心治疗，同时表示免除郭凡同学专升本的所有学费，早日康复完成学业，为社会做出更大的贡献，并送去了 2000 元的慰问金。

四、奔赴千里传递真爱　毕业证发到病榻前

2013 年 7 月 4 日，学院院长杨予海、动物科学系主任岳炳辉、成教处处长曹振民、教务处副处长芦文君、学生处团委副书记张正伟等一行，奔赴千里，专程为远在甘肃省甘谷县磐安镇三十铺村的郭凡同学送去了毕业证书，并带去了学院党委对郭凡同学的深切关注和慰问。

杨院长代表院党委带去了对郭凡同学及其家人的深切慰问，并鼓励郭凡同学坚强面对，早日战胜病魔，对社会做出贡献。系主任岳炳辉也转达了全系教师对郭凡同学的深切问候和鼓励。病榻前，教务处副处长芦文君宣读了关于准予郭凡同学毕业的文件，杨院长为其颁发了毕业证书，并宣读了院党委关于免除郭凡同学大二、大三两学年学费的决定，学生处团委副书记张正伟现场为其办理了相关的毕业手续。

郭凡同学罹患重病后，得到了全院广大师生和社会爱心人士的广泛关注，广大师生纷纷伸出援助之手为郭凡同学传递爱心，使其病情得到了有效控制。奔赴千里专程为郭凡同学发放毕业证书，也是院党委传递爱心的一项决定。

学校不远千里，专程到学生家中为学生单独颁发毕业证书，对仍卧病在床的动物科学系

牧医（10）02 班学生郭凡来说，是值得留恋和纪念的一个日子，在青牧职院历史上这是第一次，是值得写入大事记的一天。

但天不遂人愿，2013 年 7 月，这个年轻的生命永远离开了我们，高额的治疗费压垮了这个原本贫困的家，学院将所剩的 9 万余元善款全部如数交给了郭凡的母亲，希望能对这个贫困的家有所帮助。

赠人玫瑰，手留余香；一方有难，八方支援。救助患病学生，我们在行动，但由于没有找到适配的骨髓，大家的爱心没有能留住这位坚强女孩年轻的生命。虽然她已离开了我们，但是坚信大家的这种无私关爱，真诚相助的传统美德，必将成为一种巨大的无形的精神力量，激发我们生者以更大的学习热情和积极性，向着更高的目标不懈努力。同时，这种精神上的食粮也远远不只停留于我们身上，它必将作为一种精神财富，滋养着一届又一届的莘莘学子茁壮成长，激励一批又一批热血青年刻苦学习，努力钻研，学有所成，满怀激情地自觉地发挥自己的聪明才智造福桑梓，回报社会。相信郭凡同学看到这些，也能在九泉之下含笑了。

少年智则国治，少年强则国强，少年富则国富。关心教育，支持教育，关爱孩子，关怀下代，是一个政党、一届政府为构建和谐社会，着眼当前，面向未来的战略眼光的高度体现。科教兴国，教育奠基，社会发展，人才为本，让我们的学生沐浴在爱的阳光下，在这个和谐的社会里听着窗外淅淅沥沥的雨滴打在窗台上，世界仿佛已经沉睡。

第十辑　专题调研

当代大学生核心价值观教育引导研究

——兼论高校关工委作用的发挥

北京交通大学关工委

青年兴则国家兴，青年强则国家强。青年一代有理想、有担当，国家就有前途，民族就有希望。大学生作为青年的优秀代表，他们的理想信念、价值追求和道德水平，事关党的事业薪火相传，事关国家长治久安，事关实现中华民族伟大复兴的中国梦。秉承立德树人这个根本，努力培养德智体美全面发展的社会主义建设者和接班人，是关心下一代工作义不容辞的神圣使命。

一、了解大学生，从调查研究入手

每个时代的青少年都有属于他们自身不可替代、不可复制的特点，都带有时代的鲜明痕迹。从 2008 年开始，“90 后”一代开始大规模进入高校学习，并成为当前高校的主流群体。这些出生、成长在经济快速增长和社会急剧变革时期的年轻一代，与其“40 后”讲革命讲理想讲传统的祖辈和“60 后”讲责任讲奉献讲集体的父辈在价值观念、行为准则、生活方式等方面都呈现出明显的区别。毛泽东同志讲，没有调查就没有发言权。要对当前大学生思想政治素质整体情况做出准确判断，不能靠我们头脑里对自身所处年代大学生的固有印象，唯有深入大学生中开展调查研究，才能真正了解他们在想什么、做什么、需要什么。这是我们全面客观了解大学生思想政治现状的重要渠道。

为此，北京交通大学关工委在教育部关工委理论研究中心指导下，依托中国下一代教育基金会支持的基金课题“关工委对青少年进行社会主义核心价值体系教育工作研究”，用了近两年的时间，对全国 17 个省 54 所各类高校近 5000 名大学生进行了问卷调查，形成了《当前大学生思想政治观念存在的问题与对策》调研报告。相关调研成果得到了领导的高度肯定，中国关工委顾秀莲主任和教育部袁贵仁部长都做了重要批示。顾秀莲主任指出：“这个课题做得很好。把握实情、有针对性开展工作，效果会更好。建议开一个新闻发布会宣传一下，以便在实际工作中落实。”袁贵仁部长指出：“关工委的调研报告全面深入，有较强的针对性、操作性，对全面贯彻落实好社会主义核心价值观教育有很好的作用，希望相关部门能吸收其新的内容进入有关工作安排中。谢谢淑兰、茂根同志和调研组的全体老同志。”

从调研的情况来看，当前高校大学生思想主流积极、健康、向上，政治立场坚定，对中国特色社会主义事业充满信心，对社会主义核心价值体系高度认同，其中大学生党员的情况更好一些。这是多方面多年来思政工作取得的成果，必须充分肯定并进一步巩固和发展。

调查显示，选择信仰社会主义和共产主义的比例占 82.4%，党员占 93.4%；对马克思主

义经典原著《共产党宣言》的作者有了解的占 77.3%，党员占 80.6%；认为我国必须坚持人民民主专政和人民代表大会制度的占 86.6%，党员占 89.4%；认为我国必须坚持公有制为主体、多种所有制经济共同发展的基本经济制度，不能搞私有化或单一公有制的占 74%，党员占 78%；认为我国必须坚持中国共产党领导的多党合作和政治协商制度，不能搞西方的多党制的占 73.1%，党员占 80.6%；赞同坚持社会主义核心价值体系是兴国之魂，是社会主义先进文化的精髓的占 87.7%，党员占 92.4%。这表明，大部分大学生的政治观念方向正确。

大学生中对成功人士的表征有正确理解的占 97.3% 以上，党员占 99.3%；认为当前最美现象是社会主义核心价值体系生动诠释的占 87.9%，党员占 91.7%；有正确交往观的占 80% 以上；把才能修养、性格爱好作为交友最重要因素的占 88%，党员占 90%；选择在遇到老人摔倒时，会主动上前搀扶和间接帮助的占 96.6%，党员占 97.9%。大学生中对我国在东海、南海面临着不断被骚扰滋事的挑战，选择维护国家主权和领土完整、理性爱国及做好军事准备的占 98.9%，党员占 99.5%；大部分对当前社会出现的贫富差距、反腐倡廉、教育公平、社会保障、留守儿童等问题比较关注；经常参加和偶尔参加志愿活动的占 87.6%，党员占 92.8%。这表明，大学生的价值观和社会责任感主流健康向上。

与此同时，在对相关调查数据进行比较时，我们也发现了不少矛盾和问题。比如，82% 的大学生选择了坚定信仰社会主义和共产主义的理想，74% 的大学生赞同我国实行的基本经济制度，可是，却有近 53% 的大学生认为新自由主义是符合当今世界发展趋势的理论，当然，这里不应该排除，有些并不了解新自由主义内涵，只不过是望文生义的表达。近 30% 的大学生不赞同在意识形态领域必须坚持马克思主义的指导地位，近 13% 的大学生认为这个问题说不清；26% 的大学生认为坚持马克思主义的指导地位会影响个性发展，20% 的大学生表示说不清。表示信仰社会主义和共产主义却又不赞同马克思主义的指导地位，赞同我国实行的基本经济制度却又认同主张私有化和绝对市场化的新自由主义，此类现象，看似矛盾，却是真实客观地存在。它如实地反映了部分青年学生头脑中的不少模糊认识和一定程度的思想混乱。

调研还发现，一些大学生对我国实行的根本政治制度和基本经济制度不认同或不能正确认识，对坚持走中国特色社会主义道路、对警惕西方敌对势力“西化”“分化”我国的图谋以及对阶级分析方法不认同或不能正确认识；个别大学生认为马克思主义指导地位影响个性发展、倾向于新自由主义思潮。这表明当今大学生的思想政治观念受到西方宪政民主、“普世价值”、新自由主义和历史虚无主义等错误思潮的影响，呈现出对一些西方思想理论盲目崇拜以致偏好的严峻态势。尽管这种情况只是少数，并不代表主流，但仍然值得引起重视。这也再一次警醒我们，进一步加强和改进大学生思想政治教育，任务艰巨，刻不容缓。

二、理解大学生，从认识社会入手

我们通过调研发现了当前大学生思想政治方面存在的一些问题。那么，导致这些问题产生的原因是什么呢？马克思主义哲学讲，内因是事物变化发展的根据，外因是事物变化发展的条件。外因通过内因起作用，有时甚至起非常重大的作用。青年大学生正处于世界观、人生观、价值观形成的重要时期，总的心理特征是正在走向成熟而未完全成熟，在思想、观念、行动上有较强的可塑性；同时又易于接受新鲜事物的影响，具有多变性。因此，在青年大学生成长过程中，极易受到复杂的社会因素的影响，社会环境这个外因起到的作用非常大。我们认为，一代人的成长在很大程度上是由特定的社会环境塑造的。当前一些大学生思想政治方面出现问题的根源，很大程度上不在于青年学生自身，而在于复杂、深刻的社会影响。

（一）社会变革的深刻影响

在当前我国社会深刻变革和对外开放不断扩大的条件下，国内各种社会矛盾和问题相互叠加、集中呈现，人们思想观念的独立性、差异性、多样性、多变性日益增强，意识形态领域出现一定程度的混乱，对大学生思想政治观念也造成了巨大冲击。比如社会主义初级阶段存在的分配不公问题让大学生对社会主义的认识产生了误差。部分大学生因为对当前存在的社会腐败、官僚主义等现象反感而产生排斥社会主义的情绪，进而导致对社会主义和共产主义理想信念的坚定性下降。市场经济的盲目性和自发性引起社会诚信体系的缺失，在很大程度上败坏了社会风气，并影响了大学生的思想。在所谓“金钱万能”的错误思想蛊惑下，一些大学生在潜意识中视金钱的多寡作为获取人生成功的标准，从而形成错误的金钱观、权力观、名利观，价值取向越来越功利化和现实化。

（二）西方社会思潮的冲击

当前，国际上围绕发展模式和价值观的较量日益凸显，各种思想文化交流、交融、交锋日趋活跃，意识形态渗透成为西方敌对势力对我国推行西化、分化战略的主要手段，意识形态领域渗透与反渗透的斗争尖锐复杂。青年大学生无疑是意识形态渗透和文化入侵的首选对象。以美国为首的西方资本主义国家凭借自身在经济科技文化传媒等方面的优势，不断通过充斥着暴力与欲望的电影大片、带有极强享乐性和刺激性的娱乐节目等，向我国青年大学生灌输西方价值和文化，导致很多大学生对西方文化盲目尊崇、依赖和追捧，我国传统文化中的道德精神、民族精神以及勤劳、朴素、团结等观念被一些大学生遗忘殆尽。此外，西方加紧对我国大学生进行普世价值、新自由主义思潮和历史虚无主义等意识形态渗透，妄图以此摧毁和瓦解青年大学生的理想信念，影响青年大学生的政治观取向和价值观选择，并在某种程度上已经取得了成效。

（三）高校自身出现的问题

复杂的国内外形势对高校意识形态工作和大学生思想政治教育带来了巨大挑战，导致产生了一系列问题。比如马克思主义在意识形态领域的主导地位弱化，一些领域存在“言必称欧美”的现象；基层党组织对意识形态工作的领导意识淡化，存在“说起来重要 忙起来不要”的现象；大学生思想政治教育实效性欠佳，存在“5 ＜ 2”“白＜黑”等现象（指 5 天的学校思想教育抵不上周末两天回家受到的社会负面影响，白天在课堂受到的正面教育不如晚上在宿舍上网接收的负面信息）；意识形态阵地管理不严，存在“以学术交流之名行意识形态渗透之实”等现象；思想政治理论课主渠道建设不力，存在一些教师“不学、不懂、不信、不用”等现象；新闻宣传方式方法亟待创新，存在“整版正面报道抵不上一条负面微博”等现象。这些问题的存在，也对大学生思想政治素质的教育养成造成了不利局面。

当然，尽管当前社会上存在一些不利于青年大学生成长的消极因素，但是我们应该看到，这些情况正在得到全面有效地改善。特别是以习近平同志为总书记的新一届中央领导集体主政以来，以巨大的决心和务实的举措，狠抓党的作风建设，深入开展反腐败斗争，大力加强意识形态工作，积极培育和践行社会主义核心价值观，各项工作取得一系列积极成果，为青年大学生健康成长创造了良好的社会环境。这些举措和成果，也让我们关心下一代工作战线的同志们感到欢欣鼓舞，为更好地推进工作信心百倍。

三、引导大学生，从发挥优势入手

2014 年五四青年节，习近平总书记在北京大学的讲话中指出：青年的价值取向决定了未来整个社会的价值取向，而青年又处在价值观形成和确立的时期，抓好这一时期的价值观养成十分重要。广大青年树立和培育社会主义核心价值观，要在勤学、修德、明辨、笃实上下功夫，加强道德修养、注重道德实践，善于明辨是非、善于决断选择，扎扎实实干事、踏踏实实做人，立志报效祖国、服务人民。高校是人才培养的重要基地，在青年中进行社会主义核心价值观的教育，不仅是培养德智体美劳全面发展的创新型人才的必要内容，更是造就我国民族复兴伟大事业的可靠接班人的力量之源。

近年来，高校关工委紧紧围绕立德树人这个根本，紧密配合学校中心任务，主动发挥自身优势特色，为加强和改进大学生思想政治教育做出了积极贡献。下一阶段，高校关工委将认真对照总书记的育人标准和要求，学习领会社会主义核心价值观精髓实质，进一步丰富有效抓手、进一步提高针对性实效性，进一步形成长效机制，实现高校关心下一代工作的创新发展。

（一）发挥组织员作用，加强学生党建工作

特邀党建组织员制度是 20 世纪 90 年代初由北京部分高校首先创立的。2010 年，教育部专门下发文件，对在高等学校聘请离退休老党员担任特邀党建组织员做出了进一步明确和规范。有关材料显示，21 世纪以来全国高校先后共聘请特邀党建组织员 7 万多名，目前在聘 1.2 万多名。聘请离退休老同志担任特邀党建组织员，是发挥关工委组织优势和老同志政治优势的重要途径，也是加强和改进学生党支部建设和提高学生党员发展质量的有效举措。

特邀党建组织员的主要任务是：协助学校党委有关部门，重点做好学校院（系）的学生党员培养、发展和考察工作；协助学校党委组织部门审查《入党志愿书》等有关材料，与入党申请人（入党积极分子）和发展对象进行谈话；协助学校党委有关部门，指导学生党支部的建设工作；开展大学生党建工作和学生党员思想状况的调查研究，及时发现问题，有针对性地提出改进工作的建议。

学生党员队伍建设是高校党的建设的基础工程。做好新形势下的学生党员发展和教育管理服务工作，对于提高学生党员队伍整体素质，培养造就中国特色社会主义事业合格建设者和可靠接班人，具有重大而深远的意义。参与学生党建工作是发挥高校关工委和老同志作用的重要平台。特邀党建组织员是高校关工委工作中最受欢迎的一个品牌。下一步，我们要认真学习贯彻教育部党组等部门共同印发的《关于进一步加强高校学生党员发展和教育管理服务工作的若干意见》(教党〔2013〕22 号)，结合校情、生情，有针对性地做好落实工作。要把思想入党放到重要位置，提高新党员质量，推动特邀党建组织员工作的创新发展，为服务

高校党建工作做出新的贡献。

（二）发挥“青蓝工程”作用，助力青年教师成长

“青蓝工程”，源于21世纪初，是辽宁省一些高等学校和中小学校的积极探索和有益实践。2010年4月，教育部关工委在辽宁沈阳召开了经验交流现场会。之后，在全国许多地方以不同方式、不同名称逐步展开和推进，取得了老少两代教育工作者“双受益、双提高、双发展”的效益，得到学校领导、青年教师和老年教师的普遍认同。“青蓝工程”，是聘请师德高尚、业务精湛的老教师参与培养青年教师工作，发挥他们“传”“帮”“带”的重要作用的生动表述。

许多地方和高校，采用老教师研究会、名师工作室、专家指导组、老教师督导团等多种形式，在制订教学计划、备课、听课、教学督导、教学质量评估、毕业设计等教学环节，在师德建设、教学态度、语言表述、教学方法、辅导员开展工作等方面进行了有力指导，在促进青年教师和辅导员队伍建设，提升教育、教学质量和管理水平等方面发挥了积极作用，丰富了在职教师培养模式，开拓了与系统培训相配合的培养青年教师的新途径。

青年教师是高校教学和科研的重要力量，他们的思想政治素质和道德情操对学生的健康成长具有重要的示范引导作用。现在高校中青年教师比例不断加大。据统计，2012年普通高校专任教师中，40岁以下占60.77%，专职辅导员中，40岁以下占80%。中组部等部门《关于加强和改进高校青年教师思想政治工作的若干意见》（教党〔2013〕12号），特别强调在工作中要充分发挥离退休老同志的作用。

我们要进一步深入开展“青蓝工程”，这是教育关工委一项独具优势的特色工作。要充分发挥广大离退休老教师特殊优势，做好“传”“帮”“带”，助力青年教师成长。2013年教师节，习近平总书记致信全国教师，嘱托“三个牢固树立”：牢固树立中国特色社会主义理想信念，牢固树立终身学习理念，牢固树立改革创新意识。这应当成为我们“青蓝工程”中的三个着力点。高校关工委要根据新要求，配合主渠道深入持续推动“青蓝工程”，为建设高素质教师队伍做出我们的贡献。

（三）开展主题教育活动，加强核心价值观引导

主题教育是各高校根据时代需要和学生成长特点，有针对性地确定主题教育内容，由学校关工委组织老同志协助学校党政部门，引导广大学生开展的特色教育活动。以重大节日、重要会议、重点事件为切入点，深入开展“中国梦”主题教育实践活动，是社会主义核心价值观教育引导的生动方式，是贴近青年学生的成长需求，实现传播理念、培育素质、励志青春、报效祖国成才目标的有效载体。

下一步主题教育活动要继续成为配合学校有关部门，做好大学生社会主义核心价值观教育引导工作的平台。通过举办专题讲座、征文大赛、电影展播、书籍推荐、歌曲传唱、网络文化等特色鲜明、内容丰富、形式多样的社会实践活动，进行中华传统文化教育、革命传统教育、理想信念教育。各地各高校关工委要高度重视和发挥广大“五老”懂教育、爱教育、善教育的独特优势，积极协助和参与主题教育活动，成为活动全过程实施的重要推动力量。

（四）发挥文化传承优势，丰富大学校园文化

校园文化是社会主义先进文化的重要组成部分，是社会主义核心价值观教育的重要载体，是广大师生员工共同创造和传承的精神价值和理想追求，是学校赖以生存和发展的动力源泉，是凝聚力量的精神纽带。热爱学校、熟悉历史和关爱学生，是老同志参与校园文化建设的独特优势，充分发挥他们在校园文化传承中不可替代的作用，是高校关工委工作的重要内容。许多学校老领导、老同志都对学校的精神、历史发展以及杰出校友的贡献，如数家珍，娓娓道来，其见之灼，其情之真，让一届届大学生深受感染。

下一步高校关工委将继续通过举办专题讲座、主题班会、培养样板社团和组织新生参观校园等形式，讲述学校办学特色、发展过程，解读学校精神，讲述为推动学校发展做出突出贡献的历史人物、杰出校友的故事，讲述学校在促进社会发展、民族振兴中的故事，大力弘扬爱国爱校的精神，践行社会主义核心价值观，激发学生成长成才的动力，积聚正能量。

（五）完善长效机制，密切协同配合

高校关工委始终坚持“围绕中心、配合补充，因地制宜、量力而为，立足基层、注重实效”的工作方针，坚持急党政所急、帮学生所需、尽老同志所能的工作定位，积极搭建适应学生需求、发挥老同志优势的关爱平台，充分发挥老同志“政治、经验、威望、亲情、时空”五大优势，对大学生进行社会主义核心价值观教育，引导广大青年大学生沿着中国特色社会主义道路，为实现中华民族伟大复兴的中国梦而努力奋斗。

关心下一代工作的开展，要依靠老同志们的热情和工作人员的奉献，也要依靠规章制度为关心下一代事业规定方向、提供依据，依靠建立长效机制保障关心下一代事业的可持续发展。教育部党组〔2009〕20 号文件是教育系统关工委建设的纲领性文件，是关工委抓工作的“尚方宝剑”，要扎扎实实地抓好落实。高校关工委将进一步健全组织制度，保障具有智慧和威望优势的老同志队伍“水常流，水质不变”，确保具有奉献精神和创新意识的工作人员能力不断提高。进一步完善工作机制，为老同志们指导学生第二课堂活动提供场地、经费、程序等方面的支持和保障。继续着力推动二级关工委的组织和制度建设。积极探索、逐步形成学习培训、调查研究、协作交流、表彰激励等一系列行之有效的制度机制，把高校关工委建设成学习型、服务型、研究型、创新型组织。为高校的内涵式发展，为大学生的健康成长、成为实现“两个百年”奋斗目标的有用之材、栋梁之材，做出我们的新贡献。

我校本科生党员思想建设专题调查

复旦大学关工委

复旦大学关工委自 2008 年以来围绕树立社会主义核心价值观对学生党员思想政治建设进行了系列调研。

2013 年，我们突出党员政治标准这一主题，以大样本量（有效问卷总数 1063 份，含本科生党员和入党积极分子）的问卷调查为主，完成了“关于新形势下大学生党员发展标准问题”的专题研究，对党员政治标准的内涵和学生党员发展质量保障体系做了探讨。

2014 年春季学期进行的本专题调研对上述主题的研究进一步深化，着重了解本科生党员和入党积极分子思想政治方面的鲜活思想和个例。关工委在校党委组织部、学工部支持下，到经济学院、新闻学院、国际关系和公共事务学院、计算机科学技术学院、生命科学学院和基础医学院进行专题调研。调研组在党总支、党支部书记（辅导员）、党员和积极分子几个层面上分别召开 3 ～ 5 人小型座谈会，进行开放、双向平等的交流与探讨，有的还进行个别交谈。调研结束后，向学院学生党总支汇报并一起进行探讨。

一、党员发展和党员教育工作的好经验和党员先进事例

（一）党员发展工作

7 个学院本科生党员发展工作都有比较完整的程序，工作做得比较认真。

各学院学生党总支确定入党积极分子和发展对象工作的参与度和公开性很高。对不符合条件的申请人不迁就。国际关系和公共事务学院学生党总支，在考察中发现有的被考察对象在一些基本问题上对党的认识不清，有的在参加共产党还是参加民主党派之间思想犹豫，均不予列入入党积极分子名单。

值得倡导的是，一些学院的学生党总支注意对好苗子进行个别培养和帮助。如，上海医学院基础医学学院 2010 级临床医学类专业一位新疆籍维吾尔族学生，家庭贫困，考入复旦后即申请入党。但他不适应复旦大学紧张的生活和学习节奏，学习成绩较差，在班级中排名 68 位，情绪波动。学院党组织对他做思想工作，关心帮助，他自己发奋努力，起早贪黑，学习更加刻苦，还积极参加公益活动，终被吸收为预备党员。他时刻以共产党员严格要求自己，无偿献血达 600 毫升。4 年刻苦学习，学习成绩从排名上升到第 32 位，还获得了国家励志奖学三等奖。去年如期转为正式党员。他总是说：“我想成为少数民族当中的优秀党员，回到西部，回到新疆，把党的政策宣传到民族地区，成为党和少数民族地区之间的桥梁。”

（二）党员教育工作

一般说，各学院党员教育主要有 3 种形式：组织生活、各种学习活动和社会实践。相对而言，效果更明显的是组织生活以外的各种学习活动和社会实践。

例如，新闻学院二年级党支部 2013 年党章学习小组的读书学习活动搞得有声有色。支部把党员、入党积极分子和申请入党的同学编在 4 个学习小组，读书书目为党章、《苦难辉煌》《理论热点面对面 2012》，各组选学其中一本，两周学习一次，读完后在小组展示自己的学习心得。一些同学写出的心得令人信服地感到他们的学习是真正“入脑”“入心”了。

一位正式党员联系自己的社会实践写了党章学习心得：今年夏天去云南省临沧市沧源县勐董镇帕良小学支教。在去小朋友家里走访中遇见一位 75 岁的老奶奶，她不会说汉语，也听不懂汉语，只会听、说他们当地佤族人的佤语。采访时要通过老奶奶的孙女的翻译。这位学生党员在心得中写道：“令我感到意外的是，当谈到当地的党建问题时，老奶奶突然说出了‘领导我们事业的核心力量是中国共产党，指导我们思想的理论基础是马克思列宁主义。’这是老奶奶唯一会说的一句汉语。沧源当地的党建工作落实得非常好，帕良村的受访者普遍表示，他们信共产党。即便是一些信仰基督教的家庭，也对共产党的领导持肯定的态度。对

于当地佤族人民来说，共产党和政府是不分家的，大家都认为政府的政策很好，佤族人因为党的政策而一年一年地过上了更好的生活。”这位党员同学说：“从回忆中跳脱开来，重新翻阅党章时，我意识到，党章里的每一句话都不是死的，而是在现实生活中有所照映的。”

又如利用新媒体平台开展党建活动。计算机科学技术学院是上海市易班（E-CLASS，集成了 BBS、社会性网络服务、博客、微博、手机应用等多种新型互联网应用）第二批试点单位。该院学生党总支开辟了“党员成长之家”平台。全院学生党员和入党积极分子成为平台的主人，一起学习、一起交流、一起成长。学生党总支定期将学院学生党建相关的活动通知、学习文件和影音资料、图文并茂的党建活动信息等上传发布。平台成为学生党员和入党积极分子获得党建信息的快捷渠道，他们参与的党建活动超越了本支部局限。他们还尝试在“党员成长之家”网络平台开展积极分子培养考察和组织发展工作，使之与线下的组织发展工作相结合，做到积极分子培养考察全方位，组织发展更公开透明。这个新媒体平台已经成为做好日常党建工作的有力补充，是多方面交流互动，密切党群关系的有用渠道。

（三）党员先进事例

这里的“先进事例”主要是从党员的思想政治素质而言。

如，某学院学生，正式党员 ×××，在谈到对通识教育核心课程“《圣经》与西方宗教传统”的感受和收获时，与其他一些同学不同，表示对其有所质疑：认为老师关于“《圣经》对当代中国特色社会主义核心价值观做出突出而被忽略的贡献”“《圣经》是中华文脉的‘血经’”等评价不妥。他写作的课程论文题目为“《圣经》文化对高校学生群体信仰的影响的调查及其功能探究”。他印制了 500 份问卷，在几个教学楼中随机发放，当面填写，收回有效问卷 412 份，回收率为 82.4%。在“您是否赞成大学生有基督教信仰？”问题回答中，赞成的学生比例为 29.7%，不赞成的为 21.2%，保持中立的学生为 48.1%。在“关于《圣经》及其思想内涵的本质”问题回答中，选择“唯心主义”的占到 52.6% 选择“历史文化的积淀及产物”的占 31.6%，对于马克思所说的宗教是“麻醉人民的鸦片”这一选项的比例仅为 0.3%。他认为《圣经》及其部分内容与主流意识形态相悖的本质从未改变，其中包含的消极和保守成分值得探讨和分析。

某学院新生党员 ××× 是在华师大二附中入的党，她在高一时就参加了学校党校培训。党组织安排包括她在内的 10 名积极分子到一大会址当义务讲解员，她一共去了 12 次，每次一天。这个活动使她对党产生了深厚感情，也了解了党艰难曲折的历史。她在中学还参加了“晨辉”小组（20 多名成员），他们观看电影《信仰》，学习了毛泽东的《改造我们的学习》和《共产党宣言》。她是华师大二附中发展的 12 名党员之一。尽管是大一新生，但却使人感到比较成熟。

二、新形势下党员发展和教育工作的新挑战、存在的不足和问题

（一）就几个个例探讨新形势下党员发展和教育工作面对的新挑战

某学院四年级学生党员 ×××，学业成绩突出，曾获得 2012 ～ 2013 学年国家奖学金。2013 年后开始要求退党。2014 年 5 月 11 日提交退党申请，申请中说：“我决定退出中国共产党。原因如下：我自觉没有共产主义信仰，也不是一个纯粹的唯物主义者……道不同，不

相为谋。为了更好接纳自己，我不希望硬给自己定一个伟大的目标，也不希望刻意改变自己认知世界的方式……”此前，3 月，特邀党建组织员老同志对她进行劝导、帮助时，她说：“高中时申请入党，当时年龄小，没想清楚，父母认为入党有好处，所以就入了。”还说：“‘没有共产党就没有新中国’，这是执政党自己说的，谁承认了？至于中国发生的变化，一党制，无从比较。”“我有时去天主教堂玩，听唱诗，感觉那种状态挺好。”该学生党员现在已经被学院分党委除名。

某学院三年级预备党员 ×××，2012 年入党。关工委老同志和他交谈中涉及对一些大是大非问题看法，对党的历史和现今改革开放他坚持自己一套偏激、错误的看法，如：“中国发展了，不改革开放不照样会发展吗？改革开放搞成什么样子了？扶植新资产阶级发展经济，私有化，两极分化”“为什么要中国特色，社会主义就是社会主义”现在是“后 30 年否定了前 30 年”……这次两个小时的交谈在激烈争辩中无果而终。接着，他在电子邮件中向老同志表示，他与外国某大学的外籍华人教授写的“学术”著作的错误观点“站在同一立场”：“全面彻底否定文化大革命‘是大陆官方定调’。在这个官方定调的话语框框里，不少政治和知识精英把 1966 到 1976 年这段时间定义为‘十年浩劫’，是‘按照官方定的话语来构建历史’。”

某学院新生党员 ×××，在给老同志的电子邮件中说，进入大学之初，读梁启超著的《李鸿章传》，书中对于太平天国运动的评价立场与（中学）教科书中的评价有很大差异。书中对于太平天国的评价是“至其真相，实与中国古代之流寇，毫无所异”，而教科书对太平天国运动的评价则基本是赞扬的。他声称：“我们应该拥有获得更客观的历史教育的权利。教材历史政治色彩太浓、立场偏向明显，是对接受教育者人格的不尊重”，理应“给受教育者自由、客观的教育，……而不是被强制灌输”。“学术、知识要自由独立，教育也要自由独立。我们现在的教育需要改变，因为真相是不会被永远瞒住的，总有一天真相会呈现在大众的面前”。“人讲人品，党也应该讲党品，人品有缺陷，难有成就，党品有缺陷，就会无可避免地遭遇危机。”后经老同志耐心帮助，该生认识有所转变。

以上几个个例值得深思。这几位本科生党员暴露的问题有一定“思想理论深度”。他们有的信仰丧失、选择退党，有的思想极端、固执己见，有的党员意识薄弱、奢谈“自由”，缺乏对错误思想理论的鉴别力。他们所受思想影响既有来自社会大环境的，也有来自学校小环境的，包括学术烟幕下的这样那样的“名人著作”，其中还可能有宗教的影响。这说明今天我国大学生面对的是前所未有的意识形态多元化环境，争夺青年的斗争是客观存在。而且，不能不正视，在意识形态领域“西强我弱”态势不可能很快改变。

（二）工作中存在到不足和问题

（1）发展工作严格掌握标准，特别是政治标准方面还不够到位。个别党员在这方面是不合格的。

（2）入党积极分子和发展对象的考察有些环节不够到位。虽然坚持了考察、培养的程序，但对考察对象思想情况的深入了解不够。

（3）不少党员即使表现较好，但党员意识，特别是政治责任、政治意识尚待增强，对共产党员是工人阶级有共产主义觉悟的先进分子缺少深入地理解。

（4）党员教育制度性的组织生活对许多党员缺少吸引力，针对性和思想性不够高。即使在一些政治性很强学科的学院，党支部组织生活，不乏政治话题，但对党员应该如何在思想政治上要求自己也还不够清晰、鲜明。

（5）在新形势下，入党积极分子和党员的考察和教育难度大大增加。学生党建工作队伍尤其是最基层的辅导员（在本科一般也是党支部书记），亟须提高思想理论水平，思想工作和组织工作能力。学生业余党校（包括二级党校）的培训工作和存在的问题需总结和提高。

三、几点建议

（1）加强学习，统一认识，深刻理解党中央关于发展党员控制数量、提高质量、把政治标准放在首位方针的现实迫切性和深远意义。这个方针是关系培养中国特色社会主义事业合格建设者和可靠接班人、保证国家长治久安的长远战略方针。

（2）强调和坚持把政治标准放在首位，就是要重视从思想上建党。看一个发展对象是否具备党员条件，最重要的是看他在政治上是不是符合党员的标准和要求，特别看他是否具有共产主义信仰和中国特色社会主义信念，入党动机是否端正。要考察学生的综合素质、一贯表现和关键时刻表现。

（3）强化党支部书记（辅导员）培训既是学生党组织思想理论建设当务之急，又是队伍建设长远需要。培训内容应以学习党中央重要文件和习近平系列重要讲话为中心，结合研究国内外重要热点和意识形态重大原则问题。要帮助他们扩大观察国际国内问题的视野和知识面。学习要联系工作，联系思想，联系研究学校学生党建状况和学生思想动向，提高政治坚定性、敏感性和鉴别力。

高校关工委老同志在学生基层党建工作中发挥作用研究

西南财经大学关工委

一、积极申报课题研究

从20世纪80年代，离退休老同志自发参与关心下一代工作以来，老同志们退而不休、发挥余热，积极参与高校学生党建工作，配合主渠道，在大学生党员培养、教育、发展过程中发挥了积极作用。为进一步提高关工委老同志参与高校学生基层党建工作的科学化、规范化水平，各高校关工委结合自身实际，探索出许多具有推广价值的经验和做法，并取得丰硕成果。同时，我们也注意到，自教育部办公厅下发《关于在高等学校聘请离退休老同志担任特邀党建组织员的意见》以来，对于指导关工委参与高校学生基层党建工作具有重要的指导意义，但面对新时期高校学生基层党建工作新的特点，高校关工委也面临着诸多挑战，需要我们进一步梳理和解决。

2010年，西南财经大学关工委特向教育部申报教育部人文社会科学研究专项任务项目（高校思想政治工作）获得立项，项目编号：10JDSZ2044，课题负责人：欧兵（校党委副书记、纪委书记，关工委主任、研究员、经济学博士），课题成员：廖明铨（关工委副主任、教授）、艾鸿（关工委秘书长、学工部部长、高级政工师）、侯德芳（关工委成员、教授）、段海燕（关工委成员、教授）、邹涛（学工部思政办公室，讲师）等。

课题历史两年（于2012年12月结项），得到了学校领导的高度重视和相关部门、学院（中心）的大力支持，在对全国15个省市38所高校的关工委老同志、高校教师、高校学生3个群体进行访谈和问卷调研基础上，重点从组织机制建设、队伍建设、工作方式和方法三方面系统梳理了目前高校开展此项工作中存在的主要问题，进行了原因分析，并提出了相应的对策和意见。

二、课题研究的主要内容

（一）调研全面扎实，覆盖面广形式多样

本课题调研选取了包括北京大学、复旦大学、南开大学、浙江大学、四川大学等在内的全国重点高校，共计38所，覆盖了北京、天津、上海、浙江、江苏、江西、四川、陕西等15个省份，遍及东、中、西部，基本上能够较为客观地反映关工委老同志参与高校学生基层党建工作的现状。开展西南科技大学、省外高校实地进行调研3次；先后组织课题前、中、后期专题研讨会6次，关工委老同志、相关职能部门、学院（中心）负责人、专业教师、学生党员代表分别就课题的相关内容进行了座谈研讨；通过承办成都片区高校关工委工作会议，认真听取37所兄弟高校对此项工作的意见和建议。

（二）文献整理系统全面

通过对教育相关文件、历年全国关工委相关会议纪要、工作纪要、历年全国关工委工作经验总结、优秀高校关工委建设经验报告等文献材料的系统整理和梳理，基本理清了30多年来关工委参与高校学生基层党建工作的历史沿革、具体内容、工作意义、已有成绩、工作优势、存在问题系等方面的内容。

（三）形成高质量调研报告

1. 对30多年来关工委工作参与高校学生基层工作的发展阶段进行了系统的梳理和总结

一是首先提出了“萌芽期”(20世纪80年代)“建设期”(20世纪90年代初～21世纪初)“提升期”(教党〔2009〕20号文件下发以来)关工委参与高校学生基层党建工作的3个发展阶段，及其主要的特点和任务；二是对30多年来，关工委参与高校学生基层党建工作所取得的成绩进行了总结和归纳。在对38所高校调研基础上，以教党〔2009〕20号文件下发为分界线，梳理了特邀党建组织员工作开展之前和之后两个时期，关工委参与高校学生基层党建工作所取得的成绩。特别是特邀党建组织员工作开展以来，典型高校的典型做法；三是系统阐述了关工委老同志参与高校学生基层党建工作的五大优势，即讲立场重信念的政治优势、懂教育善教育的经验优势、爱学生亲校园的情感优势、学为师引为范的威望优势、较灵活机动的时空优势。

2. 问题和原因分析紧密联系当前工作实际

30 多年来，关工委老同志参与高校学生基层党建工作，配合主渠道，在大学生党员培养、教育、发展过程中发挥了积极作用。面对新时期高校学生基层党建工作新的特点，高校关工委也面临着诸多挑战，需要我们进一步梳理和解决。结合对全国 38 所高校的系统调研，课题主要从组织机制建设、队伍建设、工作方法和方式三方面进行了广泛调研，以查找关工委工作存在的问题并分析其原因。一是在组织机制建设方面，存在保障机制建设相对不足、与基层党组织的长效沟通机制建设相对不足、二级关工委建设不平衡的问题；二是队伍建设方面，存在年龄结构偏大、队伍整体素质与参与基层党建工作的实际需要还有一定差距、队伍在师生中的宣传和影响力相对不足的问题；三是工作方式和效果方面，存在参与基层党建工作的着力点相对集中，作用有待进一步加强；参与基层党组织活动的内容和形式较为单一，创新性和感染力不足；教育效果有待进一步提高的问题。造成上述问题的主要原因，我们认为：一是制度机制建设在重视程度、规范性方面相对不足，宣传意识相对薄弱；二是组织建设的有效性相对不足，上下衔接不够顺畅；三是队伍建设在科学选聘、系统培训方面相对不足；四是多校区办学及工作缺乏系统规划，导致教育效果不尽人意。

3. 对策和建议具有较强的针对性和可操作性

参与课题研究的主要同志具有多年丰富的学生教育管理一线工作经验，在认真听取校内外专家、教师、学生意见基础上，对针对上述问题及原因，课题提出以下对策建议：一是进一步完善组织机制建设：从健全领导班子，增强秘书处的服务功能；重视工作制度和机制的规范化建设，加强二级关工委建设；理顺工作关系，完善沟通机制建设等方面提出了具体思路和做法；二是进一步重视队伍建设：重点从建立科学的选聘机制、完善科学的培训机制、建立长效激励机制提出具体的思路和做法；三是重视工作内容和方式创新，提出：重在活动、贵在坚持、体现创新；层次分明、重视网络、灵活多样；突出优势、发挥所长，突出实践；把握重点、突出难点、找准着力点的具体思路和做法。

三、课题研究取得初步成效

（一）进一步深化关工委老同志参与学生基层党建工作研究的影响力

（1）2012 年 10 月，学校承担成都片区关工委工作协调会，结合课题成果，将关工委参与学生基层党建工作作为主要议题做大会发言，受到兄弟高校的好评。

（2）学校在第十七次全国高校党建工作会议做大会交流发言，课题相关部分作为汇报的重要内容。

（3）学校参与 2012 年全国高校学生党建工作现场经验交流会上做大会交流发言，课题相关部分作为汇报重要内容。

（4）2012 年 10 月，学校成功承办全国高校党建工作创新论坛，并做大会主题发言，课题相关部分作为发言重要内容。

（5）学校参与四川省首届全省辅导员党建工作培训做专题讲座，课题相关部分作为讲座的重要内容。

（6）参与 2012 年四川省思想政治教育年会做主题发言，课题相关内容作为会议主题发言的重要内容。

（二）拓展科研领域

完成中期阶段性成果《当前关工委老同志参与高校学生基层党建工作的思考》，发表于2012年12月《学校党建与思想教育》，B2级，刊号ISSN 1007-5968CN 42-1422/D，全国中文核心期刊、北大中文核心期刊，是全国教育系统唯一党建期刊。

（三）带动本校关工委参与学生基层党建工作蓬勃开展

针对课题提出的问题和解决办法，学校进一步探索了我校关工委老同志参与学生基层党建工作的方式和途径，有力推动并指导了我校特邀组织员工作的开展，课题研究以来，带动二级关工委建设、参与校院两级学生基层党建工作等方面，有长足进步。

调查研究是关工委做好工作的基本功

安徽师范大学关工委

调查研究是关工委一项基础工作，也是发挥老同志优势的重要平台。其主要目的在于掌握第一手材料，增强关工委工作的针对性、实效性，扩大关工委工作的影响力，有利于促进关心下一代工作健康可持续发展。

进入21世纪以来，校关工委立足于新形势新情况新要求，把调查研究作为开展工作的切入点和做好工作的基本功。围绕现代家庭教育、关工委自身建设、青年教师培养、大学生成长成才等专题，深入开展调查研究，也形成了一些成果，并在工作中得到了应用。

自1999年至2004年，校关工委“家教理论研究组”老同志多次奔赴合肥、宿州、滁州、霍邱等地的现代家庭教育“实验区”，开展专题调研指导。为宣传普及现代家庭教育知识，倡导正确的家庭教育观念、传授科学的家庭教育方法，营造和谐美满的家庭成长环境，探索学校、家庭、社会协调一致、相互配合的德育机制，进行了积极地探索和尝试。在调查研究基础上，为省教育厅关工委设计编制了27项现代家庭教育研究课题。在《家教周报》上发表研究文章20多篇。完成了省教育厅关工委下达的《现代家庭教育新编教材》（综合研修卷和幼儿卷）的编写任务，其中余永德先生和林若男先生主编的《现代家庭教育教材》（综合研修卷），由人民日报出版社出版，全国发行。有关专家给予“具有时代性、创新性和超前性”的评价。

教育部党组〔2009〕20号文件下发以后，校关工委认真组织班子和骨干成员学习座谈，在准确把握和深刻理解其精神实质的基础上，组织班子成员和内设机构负责人，在校、院两个层面广泛听取意见，开展专题调研。重点是对照20号文件要求，从关工委自身找差距，在薄弱环节上抓突破。通过集思广益，校关工委对班子和内设机构进行了调整充实，壮大了工作队伍，确立了“学习型、务实型、创新型、服务型、和谐型”等“五型”关工委的建设目标。修订了“工作条例”，进一步明确了“学习、汇报、交流、会议、调研”五项工作制度，制订了内设机构“工作职责”以及“创建五好关工委和关工委先进个人”活动方案。为校党委制定贯彻“意见”(师发〔2010〕26号) 做好参谋、咨询，有针对性地建言献策。

2010年6月，校关工委启动了“双创建”活动实施方案，每3年一个轮回，届时进行总结评比表彰。初衷是以活动促建设。到2011年10月，活动时间过半，校关工委组成2个组，深入到18个二级关工委，进行了为期两周的“双创建”活动开展情况专题调研。活动前事先印发调研通知，明确调研目的、内容、方式和要求。各学院党委、关工委高度重视，都做了精心准备，介绍情况客观真实，既谈亮点和特色，又谈不足与建议。由于校院关工委密切配合，此次专题调研达到了“摸清情况、理清思路、落实措施、推动工作”的预期目的。校关工委撰写的《在探索中前进，在创新中发展》的调查报告，在省关工委《安徽关工通讯》上发表，省教育厅关工委《关工简讯》予以转载。2013年12月，校关工委出台了《关于加强院级关工委建设的实施意见》，经校领导同意，由学校办公室转发至各单位、各部门。2014年3月，校关工委组织申报了《高校二级关工委长效机制建设》研究课题，现已完成前期调研、信息采集和资料收集，目前正进行中期论文撰写修改，拟于2015年3月结题，出两篇论文，争取在省级刊物发表，为高校二级关工委长效机制建设提供借鉴。

为准确掌握当代大学生的思想脉搏，从2002年下半年至2012年6月，校院关工委先后组织开展了10多项专题调研，内容涉及女大学生和一年级大学生的特点及其工作规律、消费与网络、贫困生情况、“90”后大学生的党建工作等方面，撰写了10多份有情况、有分析、有建议的专题调查报告，其中《大学生入党心态调查与分析》《贫困生抽样调查》在省关工委《安徽关工通讯》上全文发表，其余的调研报告也先后在省教育厅关工委关工信息上刊载。2007年，数学与计算机科学学院关工委对我校花津校区7个学院04、05级的学生上网情况进行问卷进调查，发现在被调查的学生中，有80%的学生在中小学就上网。更引起关注的是上网目的：43.5%的学生上网主要是玩，45%的学生通宵上网，50%的学生上课疲倦，17%的学生因上网经常逃课。关工委老同志“急党政所急”，组织召开了“网络与我们”大型恳谈会。会上，大家畅所欲言，各抒己见，老教授、老领导们语重心长、晓之以理。师生平等对话、真情互动，对有“网瘾”的学生触动很大，纷纷表示：远离不良网络嗜好，谱写无悔青春。到会的现职领导充分肯定了关工委的工作，认为：召开恳谈会我们没想到关工委却想到了，其效果远远超出了我们的想象，对老同志们的辛勤工作一再表示感谢。2008年，校关工委会同学生处对文学院贫困生情况进行了抽样调查，对解决高校贫困生学习生活困难问题提出了建议，为主管部门决策提供了有价值的参考。2011年12月校关工委“大学生思想教育组”会同学生处、学工部，在全校08至11级22261名本科生中，按照15%的比例，采用分层抽样的方法，开展了《大学生发展状况》问卷调查。问卷涉及理想信念、价值取向、学习行为、道德情感、实践活动、消费观、恋爱观、择业观、心理健康状况、辅导员工作等10个方面的内容。发放问卷3339份，回收有效问卷3093份，有效回收率达到92.63%。经过认真统计、分析、研究，撰写了《大学生发展状况》调查报告。调查发现：我校大学生主流是健康向上的，有志向有追求，道德认知认同清晰，学习目的更为现实。但也存在值得重视的问题：如89.9%的被调查者在上大学前就接触或信仰宗教，23.37%的学生表示会参加宗教节活动，有15.8%的被调查者信仰宗教。又如83.7%的被调查学生对“考试舞弊”选择“习惯了”或“可以理解”。对“一夜情”选择“可以接受”或“完全可以接受”的占12.5%；对“长明灯长流水”选择“视而不见”的占13.9%。再如，对3093名学生进行“抑郁程度”调查时，有365人认为“可能存在抑郁症”，占11.8%。有501人肯定自己有“抑郁症状”，占16.2%。在“择业去向”选择上，仅有2.0%的毕业生表示愿意“去农村”。校关工委将调查结果及时地向老同志们通报，为他们开展大学生思想教育提供第一手材料。2012年6月，为参加全省“爱安徽，爱家乡”征文活动，校关工委联合校团委组织指导大学生开展“暑期社会调查”，他们根据自己的见闻和感受，紧扣主题，积极撰写征文，热情讴歌改革开放以来家乡发生的巨大变化。从全省征文评选结果看：优秀51篇（最高奖项），并在《安徽日报》全文发表，我校学生有3篇入选。另有两篇征文入选省关工委《安徽关工通讯》。校关工委也被评为全省征文“组织奖”（本科高校两所）。

围绕青年教师培养，校关工委“青年教师指导组”于每年五四青年节和“教师节”前后，都要召开青年教师座谈会，交流教书育人的心得体会，听取他们对青年教师培养方面的意见和建议，对他们正当的利益诉求，关工委老同志通过不同方式向校领导和有关部门转达，为青年教师成长积极营造和谐宽松的环境，争取更多的政策支持。还通过组织开展“本科教学质量工程建设”专访调研，为跻身国内一流本科教学水平行列献计献策。

校关工委高度重视调研成果应用，努力把调研成果转化为谋划工作的思路、领导工作的能力、推动工作的举措，团结带领广大关工委老同志，为大学生和青年教师做好事、办实事、解难题倾心尽力。也积累了一些成功做法，可概括为四个方面：一是开展思想教育求“实”。关工委老同志经常带着责任、带着对问题的思考，就近就便深入学生教室、宿舍，与大学生平等对话、坦诚交流，坚持耐心疏导，避免空洞说教，突出个性化，不唱一个调，力求把日常思想教育工作做实、做细、做出成效。有些老同志还通过报告、讲座、书信、短信等平台，从勤学、崇德、担当、诚信、感恩等方面发表真知灼见，全面关心大学生健康成长。二是指导社团活动求“效”。我校学生社团多，指导任务重。校关工委充分发挥老同志的优势，参与组织指导大学生社团活动，为拓展综合素质、培养科学精神、创新精神和实践能力，在各类应用技能竞赛中取得骄人的成绩发挥了重要作用。如：物理与电子信息学院应用专业学生，在全国电子设计大赛中荣获二等奖，在全省竞赛中荣获1个一等奖、2个二等奖。“环境保护协会”承担的“全国青少年生态环保社团小额资助美涂士”项目（青弋江水质调研），在全国评比中获一等奖。“数学建模协会”在2013年全国数学建模大赛中获1组国家一等奖、5组国家二等奖。三是助学济困求“真”。关工委老同志采取“一对一”结对子的方式，给予“学困”同学实实在在地帮助。以“24小时援助热线”“知心屋”“关爱日”为平台，为“心困”同学开展心理健康咨询服务。关工委组织力量，开展考研辅导，收集提供就业信息，为缓解就业压力提供力所能及的帮助。外国语学院关工委动用了海内外校友资源为学院募集爱心资金100多万元，已资助了500多位寒门学子；音乐学院关工委常务副主任辛祥利连续8年拿出积蓄10多万元，资助困难学生、农村留守儿童；中国青年“五四奖章”获得者、入选全国助为乐好人榜、文学院关工委秘书吴青山老师，于2004年12月创办了“芜湖市五四爱心学校”，在这10年时间里，组织了4000多名志愿者，为3000多名贫困家庭学生、农民工子女、农村留守儿童，奉献了30多万小时的无偿家教，把爱心洒向全省乃至全国的老少边远地区。四是教学督导求“严”。现在学校青年教师多，他们学历层次和专业水平都很高，但缺乏课堂教学经验，有80多位退休教师参加校院本科教学督导工作。校教学督导团每年坚持听课近700节，涉及300位左右的任课教师，其中60%是青年教师。他们虽然听课的类型多，涉及教师多，但仍然坚持高标准严要求，做到客观、公正评教，及时反馈结果，深受青年教师敬仰。体育学院一位青年教师开始教学水平一般，在该院关工委常务副主任王守奎老师的悉心指导下，教学水平提高很快，两年后获得了校教学优秀成果奖。广大青年教师普遍感受到：关工委老同志们严谨的治学态度和敬业精神，对他们影响深远。

总之，多年来校关工委坚持把调查研究作为开展工作的切入点，做好工作的基本功，不断创新工作方法，拓宽工作领域，积极开展形式多样，内容丰富、主题鲜明的教育实践活动，为服务学生成长成才、服务学校和谐发展，做了大量的卓有成效的工作。校关工委先后被评为全国、全省教育系统关心下一代工作先进集体和全国、全省关心下一代工作先进集体，2012年“大学生素质教育报告团”被评为全省教育系统关心下一代工作先进集体。有80多人次被评为不同层级的先进个人。2013年10月11日，在“庆祝校关工委成立20周年暨‘双创建’活动表彰”大会上，校党委给3位老同志颁发了“贡献奖”和24位老同志颁发了“荣誉奖”，授予9个二级关工委“双创建”活动先进集体和34位老同志“双创建”活动先进个人称号。这些成绩和荣誉凝聚着关工委老同志的辛勤劳动，也彰显了“专项调研”这一工作品牌的效用。

大学生思想政治状况调查案例

广东韩山师范学院关工委

案例摘要：本案例通过对韩山师范学院大学生进行问卷调查和召开座谈会活动，了解当前大学生的政治信仰、理想信念，价值取向和心理素质等状况。调查结果显示，大学生的思想政治状况主流是好的，他们爱国、爱党、热爱社会主义，有理想、有抱负、能担当，是党和人民可以信赖的一代大学生。但也有部分学生思想认识存在偏差或模糊不清的问题，关工委针对学生中存在的问题请专家开设专题讲座、提出意见建议供学院领导和有关部门参考，为做好大学生思想政治教育建言献策。

一、前言

大学生是青年当中的佼佼者，他们有知识、有文化、思想活跃、思维敏捷、风华正茂，是中国特色社会主义事业的建设者和接班人，党和人民对他们寄予殷切期望。为了更好地了解当今大学生的思想状况，以利于有针对性地开展大学生思想政治教育，韩山师院关工委于2011年5月底至6月下旬组织开展了一次全校性的“大学生思想政治状况调查”。

本次调查关工委分别在中文系、政法系、外语系、数学与信息技术系、物理与电子工程系和生物系6个系一至三年级学生中随机各选取一个班共6个班233名大学生参加问卷调查。其中“80后”出生的有66人占28.3%，“90后”出生的有167人占71.7%，男生43人占18.5%，女生190人占81.5%，中共党员11人占4.7%，共青团员218人占71.7%，一般群众4人占0.17%。除了问卷调查外，关工委还主持召开6场座谈会，参加座谈会的有学生代表、辅导员、班主任和教师代表共69人。

问卷调查内容分为九部分：①大学生对政治宗教信仰的看法；②大学生对理想信念与政治制度的看法；③对中国共产党的看法；④对我国政治体制改革的看法；⑤大学生对价值取向的看法；⑥大学生心理素质调查；⑦大学生对精神与物质方面的选择；⑧大学生对婚恋的认识；⑨大学生当前关注的国内国际问题。

二、调查内容和结果

（一）大学生思想政治基本状况

问卷调查结果显示，大学生多数人“相信”和“基本相信”马克思主义（占81.5%），赞同走中国特色社会主义道路是中国发展的必然之路（占83.3%）；他们拥护我国现行政治制度，认为中国共产党领导下的多党合作制“适合中国国情”（占87.1%）；他们热爱中国共产党，认同或基本认同“没有共产党就没有新中国”（占96.1%）；赞同中国共产党是中国特色社会主义的领导核心（占88%）；他们对我国政治体制改革持高度热情，赞同“政治体制改革要积极稳妥推进”（占92.7%）；他们在处理国家、集体利益和个人利益问题上坚持“党和国家利益高于一切”“个人利益服从国家、集体利益”（两项合计占90.9%）；部分学生还表示愿意“到基层去向广大群众学习”（占21.0%）；“应当服从祖国的需要，到祖国最需要、最困难的地方去”实现自己的人生价值（占18.0%）。

他们也有自己美好理想，憧憬着将来自己“有一个美满的家庭”（占51.5%），“有一份理想的职业”（占45.9%），对将来的职业“公务员”“教师”“自主创业”是他们的首选（分别占30.9%、31.8%和32.2%）。他们心理素质总体良好，自主意识强，在学习、生活、就业、人际交往等方面碰到困难、挫折时，能够以积极的态度想办法克服和化解，如在对待学习上遇到压力时，他们主动自己想办法（70.4%），找同学帮忙（占24.9%）；在生活上碰到困难时找父母、亲友帮忙（占57.5%）或自己想办法解决（占41.6%）；在男女交友碰到挫折时，他们多数人表示理智对待（占69.5%）或者找同学、朋友沟通（占39%）。他们做好心理准备，面对严峻的就业形势，就业岗位不理想时会遇境而当（占69.1%），以后再伺机择业。

问卷调查显示，大学生普遍认为物质是生存的基础，他们以务实的态度看待物质与精神的追求。他们多数人把有限的生活费用在“购买学习用品”（33.0%）和“购买书籍”（占28.3%），他们经常上网的目的更多是“搜集学习资料”（占54.9%），家庭经济较好的学生考虑花钱用在“娱乐旅游活动”（占29.6%）或者购买化妆品（占4.3%）。由于现代社会人际交往的需要，他们也会把钱花在交友消费（占20.6%）。总之，大多数学生的物质追求是“量力而行”，并不存在盲目攀比的消费现象。大学生对婚恋观的认识是比较正确的，他们多数人对当前社会上存在的一些不良现象，如拜金主义、享乐主义持反对和批判的态度（如反对学生当情妇的占受访学生的 91.4%），他们懂得做人应当自立自强、洁身自好，他们认为找对象最主要的条件（多项选择）是人品（占 73.4%）和实际能力（占 34.3%），以金钱和外貌取人分别占 1.3% 和 3.9%。

调查显示，大学生平时关心时事政治，通过各种媒体如网络、电视、报纸、广播等了解国内外形势，关心国计民生和国内外热点问题，表现了当代大学生应有的政治素质和社会责任感。

本次调查各项数据显示，大学生主流思想状况是健康的，他们的思想意识、政治态度、价值观念、心理素质以及婚恋态度等比较符合社会主义核心价值体系的内容和要求，虽然他们也有不足之处，甚至有些学生稚气未脱，思想比较躁动，比较自我，但他们爱国、爱党、热爱社会主义，有理想、有抱负、有担当，是党和人民可以信赖的一代大学生。

（二）大学生思想认识和心理存在的问题

1. 少数学生对马克思主义认识模糊，理想信念淡薄

本次问卷调查显示少数学生对马克思主义的看法表示“半信半疑”或“不相信”，还有少数学生对“中国特色社会主义道路是中国发展的必然之路”表示“不赞同”或“不知道”，也有少数学生对“只有社会主义才能救中国，才能发展中国”表示“不赞同”。有一部分学生对新中国的政党制度即中国共产党领导的多党合作和政治协商制度形成的历史进程不了解，因此对中国不能搞西方的多党制，不能搞多党轮流执政，不搞三权鼎立和两院制表示“不赞同”或“不知道”。在座谈会上，也有教师反映当前的学生对理想信念的考虑是比较现实的，对理论的东西不感兴趣，对马列主义的认识比较淡薄。

2. 一些学生的入党动机不正确，带着功利化或从众心理要求加入党组织

根据座谈会反映，目前一些学生要求入党存在不正确的认识，一是认为入党有利于就业（如报考公务员，有些单位要求中共党员）。二是认为入党是为了证明自己优秀（优秀学生才能入党，入党说明自己是优秀的）。三是被动要求入党，有从众心理，或是父母希望他（她）入党。四是想通过入党获得将来的实际利益等。

3. 部分学生自卑心理严重

他们认为就读学校不是“985”或“211”重点大学，以后毕业工作难找，心理压力大。

本次调查，在接受问卷调查 233 名大学生中占 45.1%（105 人）表示自己平时最大压力是“未来就业”。座谈会上也有师生反映在校学生不少人存在自卑心理，由于用人单位看重的是“985”“211”重点大学的毕业生，而韩山师院不在其列，所以担心毕业工作不好找。其中有些学生心理压力大，忧心忡忡，表现出情绪焦虑、心情抑郁、精神自闭、闷闷不乐，甚至有学生认为大学是痛苦的，生活并不美好。

三、几点建议

大学生思想政治教育工作是一项系统工程，要按中央 16 号文件《关于加强和改进大学生思想政治教育工作的意见》要求，结合我院大学生实际情况多方一起开展工作，营造全员育人的大学生思想政治教育良好环境，为此提出如下建议：

（一）切实加强思想政治理论课教学工作，发挥思想政治理论课教学主渠道作用

据了解，不少大学生重视专业课学习而不重视思想政治理论课学习，认为学了“无用”，这是部分学生思想认识出现偏差或模糊不清的直接原因。因此要切实加强思想政治理论课教学工作，改进教学方法，提高教学质量。要敢于和善于联系学生思想实际和社会热点问题，坚持理论联系实际，对部分学生中存在的思想认识问题如：中国共产党领导下的多党合作和政治协商制度、政治体制改革、西方的“民主”、所谓的“普世价值观”、宗教的基本知识等问题，向学生讲深讲透，解开学生思想疙瘩。要组织学生课堂讨论，组织大学生参加社会实践，深入农村、企业、社区，了解国情、民情、社情，从理论与实际的有机结合上提高大学生思想认识，增强思想政治理论课对大学生的吸引力，真正让这门课成为大学生个人思想和政治成熟的必修课。

（二）大力加强师德教育，发挥教师教书育人为人师表的示范作用

教师是学生在学期间接触最多的人，他们在课堂内外的言行举止对学生会产生直接的影响。自古以来，师者，传道、授业、解惑，教师是学生思想、学业的守护者和引路人。但目前有的学校一些教师没尽到教师责任，教师上完课走人并非个别现象，没有把关心学生健康成长作为自己分内事，甚至个别教师在课堂上的言论给学生造成不良影响。因此要大力加强师德教育，弘扬教师教书育人为人师表优良传统，让教师自觉把社会主义核心价值体系内容融入本科教学中。同时要把相关内容列入教师年度考核，强化教师育人责任和表率作用。

（三）充分发挥党组织和学生党员在大学生思想政治教育中的重要作用

本次调查显示，目前少数大学生存在理想信念淡薄，对政治理论学习淡漠，对有些社会现象看不惯、想不通，有思想迷茫、认识模糊等问题。应对这一情况，除了学校职能部门和教师加强对大学生思想政治教育外，可依托各系学生党总支，组织成立马列主义（社会主义）理论学习小组。学习小组以学生党员、团员为骨干，吸收入党积极分子参加。学习方式以贴近学生关注的问题开展学习讨论为主。学习小组聘请指导老师，加强对学生学习的引导。利用课余时间学习马列主义、学习中国特色社会主义理论，学习中宣部组织编写的《七个“怎么看”》《六个“为什么”》等理论联系实际文章，提高大学生运用马克思主义分析问题、解答问题的能力和水平。学习小组要持之以恒，同时把学习理论和社会实践结合起来，和学生党建工作结合起来，在校内培养一批有马列主义理论素养、有远大理想、品学兼优信仰马克思主义的大学生，发挥他们在大学生中的带头模范作用。

编后记

《桑榆霞满天》在秋意盎然的季节问世了。

这本书是高校关工委品牌工作优秀案例选编。

108篇优秀案例覆盖了25个省、自治区和直辖市，来自98所高等学校，不少的省（区、市）有多篇入选，也有的高校1校多篇。

栉风沐雨，砥砺前行。20多年来，特别是教育部党组20号文件下发以来，各地高校关工委始终坚持以立德树人为根本任务，积极配合主渠道，扎实努力，锐意创新，做了大量卓有成效的工作。这些优秀案例覆盖了高校关工委十大品牌工作，凝聚着智慧、经验和成功做法，其内容丰富，特色鲜明、可操作性强，充分展现了高校关工委以及广大"五老"关爱后代、辛勤耕耘、无私奉献的崇高精神，以及他们忠诚党的教育事业，热爱学校、热爱学生的真情实感。

为了集中展示与宣传、深化和推广高校关工委十大品牌工作，我们《关心下一代》杂志社受教育部关工委的委托，精心整理、汇集出版了《桑榆霞满天——全国高校关工委工作十大品牌优秀案例选集》，其主旨在于让广大关工委工作者学习和分享工作的范式与经验，并期望大家在当前新的工作形势与挑战面前，勇于创新、积极探索，创建更多受学校和师生欢迎的关心下一代的工作精品。

在本书编辑出版过程中，我们得到了教育部关工委领导的悉心指导，田淑兰主任还特意为本书题写了序言；上海市教育系统关工委为本选集的编审出版给予了全力支持，在此一并表示感谢。

秋日的夕阳格外美丽，一抹晚霞依然照得满天彤红，真可谓"莫道桑榆晚，为霞尚满天"。

编　者

2015年5月